एक जन बुद्धिजीवी के वैचारिक नोट्स

समकालीन सोच के डॉ. पी.एन. सिंह लिखित अग्रलेख

एक जन बुद्धिजीवी के वैचारिक नोट्स

समकालीन सोच के डॉ. पी.एन. सिंह लिखित अग्रलेख

डॉ. पी.एन. सिंह

सम्पादक

गोपेश्वर सिंह

वाणी प्रकाशन

वाणी प्रकाशन
4695, 21-ए, दरियागंज, नयी दिल्ली 110 002
फ़ोन : +91 11 23273167 फ़ैक्स : +91 11 23275710
शाखाएँ
अशोक राजपथ, पटना 800 004, बिहार
कॉफ़ी हाउस कैम्पस, महात्मा गांधी मार्ग, इलाहाबाद 211 001, उत्तर प्रदेश
महात्मा गांधी अन्तरराष्ट्रीय हिन्दी विश्वविद्यालय, वर्धा 442 001, महाराष्ट्र
www.vaniprakashan.in
marketing@vaniprakashan.in
sales@vaniprakashan.in

EK JAN BUDDHIJEEVI KE VAICHARIK NOTES
by Dr. P.N. Singh
Edited by Gopeshwar Singh

ISBN : 978-93-88434-70-6
Criticism

प्रथम संस्करण 2019

मूल्य : ₹ 350

यश प्रिंटोग्राफ़िक्स, नोएडा-201 301 (उ.प्र.) में मुद्रित

वाणी प्रकाशन का लोगो मक़बूल फ़िदा हुसेन की कूची से

दो शब्द

समकालीन सोच पत्रिका का सम्पादन वर्ष 1989 से, स्वामी सहजानन्द सरस्वती की 100वीं वर्षगांठ पर विशेषांक के रूप में, मेरे कतिपय मित्रों के सहयोग से, शुरू हुआ था और यह प्रयास आज तक किसी न किसी रूप में कायम है। इसका मुझे सम्पादक बनाया गया और मेरे सम्पादन में ही यह पत्रिका निकलती रही है। इस पुस्तक के निबन्ध समकालीन सोच के कुछ सम्पादकीय हैं।

मार्च 2008 से ही मैं मानसिक रूप से अस्वस्थ हूँ। उसके बाद के लिखे गये सम्पादकियों में मैंने क्या लिखा है, कैसे लिखा है, मुझे कोई विशेष आइडिया नहीं है। फिर भी लिखता रहा हूँ, लेकिन वर्तमान अंक से ही इस सम्पादकीय दायित्व को मैं एक अन्य मित्र को सौंप रहा हूँ, और मुझे विश्वास है वे भी इस पत्रिका को कुछ नया आयाम देकर आगे बढ़ायेंगे।

अचानक दिल्ली विश्वविद्यालय के प्रोफेसर गोपेश्वर सिंह ने इसके कुछ सम्पादकियों को प्रकाशित कराने की बात कही। उनके आग्रह पर मैंने कुछ सम्पादकीय चुनकर उनके द्वारा प्रस्तावित पुस्तक के लिए भेज दिया। अतः इस पुस्तक के प्रकाशन का श्रेय पूर्णतः प्रोफेसर गोपेश्वर सिंह को ही है, अन्यथा बहुत सम्भव है ये सम्पादकीय यूँ ही पड़े रह जाते। मैं इस कार्य के लिए प्रोफेसर गोपेश्वर सिंह के प्रति आभारी हूँ। पुस्तक की गुणवत्ता तो इसके सुधी पाठकों को ही तय करना है।

अन्त में मैं अपने टाइपिस्ट जानसेर आलम के प्रति आभार व्यक्त करूँगा। जिसने इसे मेहनत से टाइप किया है, और इसके प्रकाशक वाणी प्रकाशन, दिल्ली के प्रति भी कृतज्ञ हूँ जिन्होंने इसे प्रकाशित किया है।

पी.एन. सिंह
गौतम बुद्ध कॉलोनी
रोज़ा शाहजुनैद, मालगोदाम रोड
गाजीपुर-233001 (उ.प्र.)
मो. 9451316529

अनुक्रम

भूमिका

एक जन बुद्धिजीवी के वैचारिक नोट्स

लेखक और मनुष्य दोनों ही रूपों में डॉक्टर पी.एन. सिंह मेरे प्रिय हैं। मुलाकात सिर्फ़ दो-चार बार की है। लेकिन उनके वैचारिक लेखों ने मुझे हमेशा सोचने-समझने की पर्याप्त खुराक दी है। जितनी साफ़ उनकी दृष्टि और समझ है उतना ही पारदर्शी है उनका व्यक्तित्व। उनके लेख जब मैं पढ़ता हूँ, फोन पर जब भी हमारी बातचीत होती है, मैं हमेशा बौद्धिक और आत्मिक ऊष्मा महसूस करता हूँ। सच्चे अर्थों में वे हिन्दी के पब्लिक इंटेलेक्चुअल हैं। इसलिए उनके वैचारिक लेखों को किताब का रूप देने और उसकी भूमिका लिखने की बात जब सामने आई तो अनेक व्यस्तताओं के बावजूद मैं इनकार नहीं कर सका। मैंने इसे अपना सम्मान माना। मैं इस किताब की भूमिका लिख रहा हूँ तो इसके पर्याप्त कारण हैं, जो समाज, राजनीति, साहित्य और संस्कृति सम्बन्धी पी.एन. सिंह की व्यापक चिन्ताओं की देन हैं।

पी.एन. सिंह 'समकालीन सोच' नाम से वर्षों तक एक पत्रिका निकालते रहे हैं। पत्रिका अपने सामाजिक, साहित्यिक सरोकारों के कारण मेरे लिए हमेशा पठनीय रही। मेरे लिए उसका सम्पादकीय विशेष आकर्षण का केंद्र था। इस सम्पादकीय में उनके व्यापक अध्ययन, अनुभव और सामाजिक सरोकारों से उपजे हुए प्रश्न होते थे। 'समकालीन सोच' के सम्पादकीय को पढ़ना हर दृष्टि से अपने को समृद्ध करना था। व्यापक तैयारी के साथ लिखे हुए उनके अग्रलेखों में जितनी वैचारिक ऊष्मा होती थी, उतनी ही अनुभव की ऊष्मा भी। मैं चाहता था कि उन अग्रलेखों को एक जगह पुस्तकाकार प्रकाशित किया जाए। मुझे खुशी है कि यह शुभ कार्य सम्पन्न हो रहा है और पी.एन. सिंह के जीवनकाल में हो रहा है। 'समकालीन सोच' और पी.एन. सिंह के प्रति मेरी राय हमेशा ही ऊँची रही। इसका प्रमाण है वह टिप्पणी जो वर्षों पहले 'जनसत्ता' (23 मार्च 2009) में 'हाशिए की सक्रिय आवाजें' शीर्षक से मैंने लिखी थी। वह टिप्पणी मुझे आज भी प्रासंगिक लगती है। इसलिए पी.एन. सिंह के वैचारिक लेखों पर कुछ कहने के पहले मैं उसे पढ़ने का आग्रह करूँगा।

2.

'समकालीन सोच' का नया अंक (45 वाँ) सामने है। गाजीपुर (उ.प्र.) से लगभग सत्रह वर्षों से डॉक्टर पी.एन. सिंह के संपादन में निकलने वाली यह पत्रिका त्रैमासिक है। पंजीकृत है, इसलिए कहने को त्रैमासिक है, वरना निकलती अनियतकालीन की तरह है। जब कागज़-प्रेस के खर्चे का इंतजाम हुआ और रचनाएँ जुट गयीं, तब पत्रिका निकल गयी। सम्पादक और उनके साथियों की अनियतकालीन रचनात्मक मस्ती की तर्ज पर निकलने वाली इस पत्रिका के संरक्षक एवं सम्पादक मंडल में कई लोग हैं। उनमें सबसे बड़ा नाम नामवर सिंह का है। लेकिन लगता नहीं कि उनका संरक्षण कभी इस पत्रिका को मिला होगा। नाम शोभा के लिए है। इन लोगों से कितनी मदद मिलती है, यह तो पी.एन. सिंह ही जानें! लेकिन कुल मिलाकर वे ही इसके पीर-बावर्ची-भिस्ती-खर हैं। बीमार हैं, पर पत्रिका निकाले जा रहे हैं।

पत्रिका का नया अंक सामने है और पी.एन. सिंह का चेहरा आँखों के सामने घूम रहा है। दो बार की मुलाकात है। दिल्ली में और बलिया में। सेमिनार के दौरान। अंग्रेज़ी के रिटायर्ड अध्यापक। खूब पढ़े-लिखे और बेहद शरीफ। आधुनिक और प्रगतिशील सोच के व्यक्ति। अंग्रेज़ी में भी लिखते हैं, लेकिन मन रमता है हिन्दी में। कई पुस्तकें हिन्दी-अंग्रेज़ी में प्रकाशित हैं। लघु पत्रिकाओं में उनके लेख कभी-कभार पढ़ने को मिल जाते हैं। अच्छा लिखते हैं और साफ़ लिखते हैं। मित्रवत्सलता के मारे हैं, सो परिचितों-मित्रों का फोन कर हालचाल पूछते रहते हैं। अब वे बीमार हैं। स्मृति साथ नहीं दे रही है। कभी-कभी कुछ याद नहीं रहता। फिर भी पत्रिका निकल रही है। समानधर्मा साथियों की एक बड़ी जमात जो है उनके साथ।

'समकालीन सोच' जैसी पत्रिका न भी निकले तो क्या फर्क पड़ेगा? आज तक इस पत्रिका ने ऐसा कोई विवाद न खड़ा किया, जिसके कारण कोई इसे याद रखे या इसकी भूमिका रेखांकित करे। कोई नवीनता का आग्रही और विवादधर्मी या विवादप्रेमी व्यक्ति पी.एन. सिंह को सलाह दे सकता है कि आराम कीजिए। क्यों हलकान हुए जा रहे हैं! बहुत-सी पत्रिकाएँ निकल रही हैं। आप जिन्हें छाप रहे हैं, उन्हें वे छाप देंगी। लेकिन सवाल सिर्फ़ 'समकालीन सोच' जैसी पत्रिकाओं का नहीं है। ऐसी दर्जनों पत्रिकाएँ छोटे-बड़े शहरों से निकल रही हैं। गाजीपुर से हैदराबाद तक, कलकत्ता से जम्मू तक। हिन्दी में निकलने वाली लघु साहित्यिक पत्रिकाओं की संख्या, एक अनुमान के आधार पर, चार-पाँच सौ तो होगी ही। ज़्यादातर पत्रिकाओं के पास सम्पादक और उसके साथी रचनाकार साथियों की घर-फूँक मस्ती और कुछ कर गुजरने की रचनात्मक बेचैनी के अलावा कोई दूसरा

संसाधन नहीं। खुद ही लिखते हैं और खुद ही जेबें ढीली करते हैं। दिल्ली में बैठे ज़्यादातर लेखक उन पत्रिकाओं में नहीं लिखते। ये पत्रिकाएँ लिखने वालों को कुछ दे नहीं पातीं, इनकी प्रसार संख्या हज़ार-दो-हज़ार से अधिक नहीं होती। इनके प्रोडक्शन का स्तर भी ठीक नहीं होता। सो ज़्यादातर सफल और तथाकथित बड़े लेखक इसमें नहीं लिखते। इन लघु पत्रिकाओं का काम घरेलू कुटीर उद्योग की तर्ज पर चलता है। इनके पीछे न तो कोई संस्था या बड़ा घराना होता है और न विज्ञापन बटोरने की कला में माहिर दिमाग़। बस, ये निकलती जाती हैं। हाँफती, सुस्ताती और आगे बढ़ती। बिना कोई हंगामा बरपा किये। प्रश्न है कि 'समकालीन सोच' जैसी छोटी जगहों और छोटे संसाधनों से निकलने वाली पत्रिकाओं की भूमिका क्या है? दिल्ली में या बड़ी जगहों में बैठे मुझ जैसे पाठक को कोई फर्क नहीं पड़ता। ऐसी पत्रिकाएँ निकलें तब भी, न निकलें तब भी।

लेकिन तभी भीतर से एक आवाज आती है। फर्क ऐसी ही पत्रिकाओं और उसके जुनूनी सम्पादकों तथा उसके लेखक साथियों की वजह से पैदा होता रहा है। 'उदंत मार्तंड' से चलकर 'समकालीन सोच' तक हिन्दी पत्रकारिता की यात्रा अनेक कड़वे-मीठे अनुभवों और उतार-चढ़ावों का इतिहास है। इस बीच हिन्दी बाज़ार की और कमाने के साथ ही हैसियत बनाने की भाषा बन चुकी है। उसकी दुनिया बड़ी पूँजी से संचालित है और बड़ी पूँजी के जो खेल होते हैं, वे सब उसके साथ हैं। कुछ लघु पत्रिकाएँ भी बहुत ही चमक-दमक के साथ निकल रही हैं और लेखकों को पारिश्रमिक भी दे रही हैं। कहा जाता है कि इनके सम्पादक-प्रकाशक विज्ञापन के जरिए इतना जुटा लेते हैं कि न सिर्फ़ पत्रिका की चमक बनी रहती है, बल्कि बिना नौकरी किये उनके जीवन की भी चमक बनी रहती है। बहरहाल, पूँजी की चमक से चमकती-दमकती पत्रिकाओं से अलग 'समकालीन सोच' जैसी साधारण ढंग से लगभग चुपचाप-सी निकलने वाली पत्रिकाओं की भूमिका पर विचार करें तो हम पायेंगे कि नयी रचनाशीलता और सोच के प्रकाशन में इनकी कितनी बड़ी भूमिका है।

भूमंडलीकरण के दौर में पूँजी की माया ने बहुत कुछ बदला है। न तो बुनियादी परिवर्तन के आदर्शों से संचालित राजनीतिक दल हैं और न भारतीय राष्ट्रीय आन्दोलन की चेतना वाले अख़बार और मीडिया के दूसरे रूप। चेतना सम्पन्न मध्यवर्ग की जगह लालची और अवसरवादी मध्यवर्ग दाखिल हो चुका है। तथाकथित मुख्यधारा के राजनीतिक दल और तुमुल कोलाहल पैदा करता मीडिया जब कुछ भी सार्थक नहीं कर रहा है, तब परिधि से उठती आवाज़ों की ओर ध्यान जाता है। छोटी-छोटी पत्रिकाओं, छोटे-छोटे ग्रुप और छोटे-छोटे आन्दोलनों के जरिए 'हैव' और 'हैव नॉट' के बीच के विकराल अन्तराल के विरुद्ध आन्दोलनरत आवाज़ों की ओर महानगरों में

कम ध्यान दिया जाता है। लेकिन मुझे लगता है कि साहित्य, संस्कृति और राजनीति की बुनियादी और परिवर्तनकारी लड़ाई की असल चमक इन्हीं आवाज़ों में है। परिधि से उठने वाली आवाज़ों में मार्क्स, गाँधी, अम्बेडकर आदि के नाम पर चलने वाला सोच आगे का है मगर उनकी चेतना से सम्पन्न। ये छोटी-छोटी आवाजें और लड़ाइयाँ ही समता, स्वतन्त्रता और विश्व बन्धुत्व के निर्माण की नयी जमीन बनायेंगी।

जरा सोचिए कि जब तथाकथित मुख्य धारा के राजनीतिक दल सिर्फ़ चुनावी धंधेबाजी में लगे हों, मीडिया फूहड़ मनोरंजन और अन्धविश्वास बेच रहा हो, धर्माचार्य तन्त्र-मन्त्र के साथ अफीमी अन्धविश्वास का नशा बेच रहे हों, सामाजिक कार्यकर्ता एन.जी.ओ. के जरिए कमाई करते हुए लड़ाई का भ्रम पैदा कर रहे हों, तब उम्मीद किससे की जाए! अपनी निराश मनोदशा में हम जब-जब नज़र उठाते हैं, हमारी नज़र परिधि की ऐसी ही ईमानदार कोशिशों पर टिकती हैं। पर्यावरण, साहित्य, नाटक, राजनीति आदि क्षेत्रों में सक्रिय और प्राणपण से लगी इन कोशिशों की अपनी सीमाएं होंगी और उनके अन्तर्विरोध भी होंगे, किन्तु उसकी नीयत में खोट न मिलेगी।

नलिन विलोचन शर्मा ने साहित्य के इतिहास दर्शन पर बात करते हुए कहा है कि साहित्य का इतिहास वस्तुतः गौण लेखकों का इतिहास होता है। आशय यह है कि बड़े और महान लेखक जिस वातावरण की उपज होते हैं, उसके निर्माण में बुनियादी भूमिका गौण लेखकों की ही होती है। महानों की चमक से चौंधियाती हमारी आँखें अक्सर गौण लेखकों की भूमिका की अनदेखी करती हैं। हिन्दी के जो महान लेखक आज इतिहास के पन्नों पर दिखते हैं, उनका इतिहास लिखते हुए उनकी पृष्ठभूमि पर भी हमारी नज़र होनी चाहिए। हम जब अपने साहित्य और पत्रकारिता के इतिहास पर नज़र डालते हैं तो हैरत होती है कि बड़े नगरों के साथ छोटे-छोटे शहरों और कस्बों की सक्रियताओं ने कितनी बड़ी भूमिका निभाई है। लहेरियासराय, आरा, खंडवा, अजमेर, मिर्जापुर आदि कुछ छोटे शहर इतिहास के पन्नों में अपनी चमक के साथ मौजूद हैं और मौजूद हैं वहाँ से निकलने वाली पत्रिकाएँ, जिन्होंने न सिर्फ़ नयी रचनाशीलता की जमीन तैयार की, बल्कि इतिहास बनाने की भी शुरुआत की।

'समकालीन सोच' तो एक बहाना है। मैं इसके जरिए हिन्दी की उन सैकड़ों पत्रिकाओं की ओर आपका ध्यान चाहता हूँ जो अपने-अपने शहरों-कस्बों में इस नाउम्मीद और मायावी पूँजी के दौर में नयी पीढ़ी के लिए 'लाइट हाउस' की तरह हैं। उनमें छपकर या उनके द्वारा आयोजित छोटी-छोटी बैठकों में शामिल होकर नए लेखक वह तमीज और संस्कार पाते हैं, जो उन्हें आज न तो कोई नेता दे रहा है, न धर्माचार्य, न मीडिया और न कोई समाजसेवी। सेकुलर सोच और आधुनिक दृष्टि के निर्माण में जगह-जगह अलख जगाती इन दर्जनों पत्रिकाओं

की भूमिका बड़ी जगहों और बड़े घरानों से निकलने वाली पत्रिकाओं की तुलना में ज़्यादा सक्रिय और रचनात्मक है। क्या ही अच्छा हो कि हर कस्बे और हर मोहल्ले में पी.एन. सिंह जैसे लोग हों और 'समकालीन सोच' जैसी पत्रिकाएँ हों और उनके प्रकाश-वृत्त में नया आकार ग्रहण करता, छोटा ही सही, लेखकों-पाठकों का वर्ग हो! दुनिया बड़े प्रयासों से ही नहीं, छोटे प्रयासों से भी सुन्दर बनती है।

3.

'समकालीन सोच' के अग्रलेखों को एक साथ पढ़ना अपने समय-समाज के जरूरी सवालों के सामने खड़ा होना है। राजनीति, भाषा, जाति, धर्म, आधुनिकता, मार्क्सवाद, सामाजिक न्याय, धर्मनिरपेक्षता आदि के प्रश्नों से टकराने के क्रम में लिखे गये इन अग्रलेखों को पढ़ना अपने को वैचारिक रूप से उन्नत करना और बौद्धिक रूप से समृद्ध करना है। भूमंडलीकरण के भारत में पाँव पसारने के बाद भारतीय समाज, साहित्य, राजनीति तथा अन्य क्षेत्रों में जो बदलाव आए, उनकी पड़ताल करने का काम जिन पत्रिकाओं ने किया उनमें अग्रणी भूमिका 'समकालीन सोच' और उसके अग्रलेखों की भी है। इसलिए इनका एक जगह प्रकाशन आवश्यक था।

पी.एन. सिंह वैचारिक ऊर्जा मार्क्सवाद से प्राप्त करते हैं। इसी के साथ वे गाँधी, अम्बेडकर, लोहिया आदि समाज-चिन्तकों को भी सहानुभूति के साथ अपने दृष्टि-पथ में रखते हैं। देश-दुनिया और अपने आस-पास की सामाजिक-राजनीतिक हलचलों पर भी उनकी नज़र रही है। इस कारण उनके चिन्तन में खुलापन और गतिशीलता है। वे मार्क्सवाद के कठमुल्लापन से मुक्त मार्क्सवादी समाज-साहित्य के गहरे अध्येता हैं। उनके कथन में 'पालिटिकली करेक्ट' होने की चिन्ता की जगह सच को कहने का साहस है। वह साहस जिसका इधर के वर्षों में अभाव होता गया है। वे समाज की तथ्यगत सच्चाई पर तो नज़र रखते ही हैं, समाज की 'साइकी' को भी अपने चिन्तन के क्रम में समझने की कोशिश करते हैं। इसी के साथ यह भी कहने दीजिए कि वे देश-दुनिया के बड़े-बड़े लेखकों को जहाँ उद्धृत करते हैं, वहीं किसी स्थानीय व्यक्ति के अध्ययन-अनुभव को भी पूरे सम्मान के साथ अपने चिन्तन में जगह देते हैं। इन कारणों से उनका चिन्तन हमारा अपना लगता है।

हर समाज को महानायकों की जरूरत होती है। लोग अपनी समस्याओं के निराकरण के लिए किसी ऐसे नायक की खोज करते हैं जो संघर्ष में उनका नेतृत्व कर सके। स्वयं नेतृत्व न सँभाल कर किसी अन्य के नेतृत्व में किसी आन्दोलन या क्रान्ति में भाग लेने का मनोविज्ञान प्रायः सभी देशों और सभी कालों में होता है। हमारे यहाँ तो अवतारवाद के मूल में यह धारणा ही काम करती है कि जब समाज पर

संकट के क्षण आते हैं तो भगवान मनुज रूप में धरती पर आते हैं। भारतीय समाज में राम-कृष्ण अवतार लेने वाले महानायक तो हैं ही, आगे चलकर अनीश्वरवादी गौतम बुद्ध को भी भगवान का अवतार मान लिया गया। भगवान का दर्जा प्राप्त इन महानायकों के अतिरिक्त मार्क्स, लेनिन, गाँधी, माओ आदि को भी महानायकों की श्रेणी में ही रखा जाता है। आख़िर ऐसे महानायकों की जरूरत क्या है?

'महानायकों पर कुछ विचार' शीर्षक अपने अग्रलेख में पी.एन. सिंह ब्रेख्त के नाटक 'गैलिलियो का जीवन' से दो संवाद उद्धृत करते हैं। गैलिलियो का एक शिष्य जब कहता है कि 'वह भूमि दुखी रहती है जिसके पास नायक नहीं होते' तो गैलिलियो कहता है कि 'नहीं, उस दुखी भूमि को ही नायकों की आवश्यकता रहती है'। ब्रेख्त के इस कथन के आलोक में पी.एन. सिंह ने महानायकों के स्वरूप, उनकी आवश्यकता और उनकी कोटि पर चिन्तन किया है। अपने यहाँ से लेकर दुनिया भर के नायकों को दृष्टिपथ में रखते हुए वे उन्हें नायक, महानायक, महापुरुष आदि कोटियों में रखते हैं। इसी के साथ वे लिखते हैं कि 'नायकों का भौतिक आकार-प्रकार एवं सांस्कृतिक स्वरूप उनके सन्दर्भ समूहों की राजनीतिक, सामाजिक शक्ति और उनके सांस्कृतिक स्तर पर निर्भर करता है। इसी शक्ति एवं स्तर के बल पर वर्ण-धर्म के पुजारियों ने राम और कृष्ण को गढ़ा, वर्ग-धर्म के पुजारियों ने मार्क्स, लेनिन एवं माओ को, राष्ट्रधर्म के पुजारियों ने गाँधी को और आज दलित धर्म के पुजारी अम्बेडकर को गढ़ने में लगे हैं। कृतज्ञ पुजारी हमेशा एकांतिकता का (Exclusivism) का शिकार होता है। वह अपने धर्म को सर्वश्रेष्ठ धर्म और अपने नायक को सर्वज्ञ, सर्वगुण सम्पन्न एवं सर्वश्रेष्ठ बताता है।

नायक से महानायक और महामानव की यात्रा के भी अपने कारण होते हैं। पी.एन. सिंह लिखते हैं कि 'अगर इतिहास प्रवाह में किसी वर्ग-विशेष का समूह-विशेष की 'हेजीमनी' स्थापित होती है तो वह अपने नायक को महानायक बनाता है, उस पर अप्रतिम वीरत्व आरोपित करता है। इसी प्रक्रिया में वह अपने महानायक को भी सुसंगत एवं परिनिष्ठित बनाता है और उसके मानवीय एवं करुणामय रूप को उकेर कर उसे सार्वत्रिक एवं सार्वकालिक बताता हुआ महामानव की श्रेणी में ले आता है'। समाज की विकास प्रक्रिया में 'कभी-कभी ऐसे नायक भी महानायक मान लिए जाते हैं जो कल तक उस समाज में उतने मान्य नहीं थे। ऐसा क्यों होता है? पी.एन. सिंह की राय है कि 'कभी अपनी 'हेजीमनी' को कायम रखने की विवशता में तो कभी अपनी उन्नत सांस्कृतिक समझ के चलते वह अपने देव-लोक में प्रति तीर्थंकरों को भी सम्मान समायोजित करता है और इस प्रकार एक विराट सांस्कृतिक सामाजिक समझौते का प्रारूप गढ़ता है। तुलसी के राम शिव पूजक हैं और शक्ति-पूजक भी।

उन पर न शम्बूक की हत्या का अपराध है और न ही गर्भिणी सीता के निष्कासन का। वे शबरी की जूठी बेर खाते हैं और निषादराज को अनुज बताते हैं। नास्तिक और इसीलिए त्याज्य गौतम बुद्ध भी कालान्तर में 'भगवान बुद्ध' घोषित हुए और विष्णु के अवतार मान लिए गये। इसी प्रकार ईसाइयों में विधर्मी एवं 'चुड़ैल' जॉन ऑफ़ आर्क को चर्च द्वारा सन्त की गरिमा प्रदान की गयी और अब लूथर कैथोलिकों के बीच भी आदरणीय हैं। समय के साथ नायकों का अर्थ विस्तार होता रहता है और कभी के निन्दित अम्बेडकर आज विभिन्न कारणों से सर्वाधिक सम्मानित किये जा रहे हैं"। अपने लम्बे विश्लेषण के बाद पी.एन. सिंह उस मनोवृत्ति का विश्लेषण करते हैं जिसमें स्वार्थ प्रेरित समाज अपने नायकों-महानायकों में से किसी की प्रशंसा और किसी का अवमूल्यन करता है। अन्त में वे हमारे समय के इस अराजक दौर में उस मनोवृत्ति की चर्चा करते हैं जहाँ महात्मा गाँधी को गोली मार दी जाती है। उनका कहना है, और ठीक ही कहना है कि आज हमारे पास कोई महानायक नहीं है, यह बौने नेताओं का समय है। हम अपने नेताओं, गाँधी, अम्बेडकर, लोहिया आदि को उचित सम्मान नहीं देते। आज के हालात पर उनकी टिप्पणी है : "सन्त जॉन की ही तरह गाँधी को भी आम जन ने महात्मा और सन्त माना, वे बुद्धिजीवी जो उनके चमत्कारी व्यक्तित्व को समझ सके उन्होंने यथासम्भव अनुगमन किया, मतवादियों ने गालियाँ दीं, निहित स्वार्थों ने जेल में रखा और धर्मान्धों ने गोली मार दी। आज भी स्थिति कहाँ बेहतर है! बल्कि कुछ अतिरिक्त गिरावट ही आयी है। छोटे-छोटे हितों में विभक्त जनता केवल अपने-अपने बौने नेताओं को ही आज सुनने-समझने के लायक बना दी गयी है। मानो किसी महानायक के आगमन की पृष्ठभूमि बन रही हो। वह समाज तो हतभाग्य होता ही है जिसे बार-बार महानायकों की आवश्यकता पड़ती है। किन्तु उससे भी अभागा वह समाज होता है जो अपने महापुरुषों को उचित सम्मान देने की तमीज नहीं विकसित कर पाता। आज हम इस दोहरे दुर्भाग्य के शिकार हैं"।

पी.एन. सिंह जब अपने अग्रलेख लिख रहे थे तब उन्हें भरोसा था कि हिन्दूवादी शक्तियाँ सत्ता में नहीं आएँगी! जब उनके अग्रलेख पुस्तकाकार प्रकाशित होने को हैं तब यूपी और केंद्र दोनों जगह हिन्दूवादी शक्तियाँ ही प्रचण्ड बहुमत से सत्ता में हैं। उनके भरोसे को इस बीच का राजनीतिक परिवर्तन प्रश्नचिह्न लगाता-सा लगता है। **'धार्मिक उन्माद और बुद्धिधर्मी का दायित्व'** शीर्षक अपने अग्रलेख में वे लिखते हैं, 'आज अचानक धर्मनिरपेक्षतावादी सुरक्षात्मक बना दिये गये हैं और साम्प्रदायिक ताकतें आक्रामक बनी हैं। यह विवेक पर नफ़रत के बढ़ते दबाव का सूचक है। कैसा होगा वह भारत जिसमें नफ़रत जीत चुकी होगी और विवेक तथा संयम पराजित हो चुके होंगे!' जिसकी आशंका उन्हें थी अब वह घटित हो चुका

है—विवेक तथा संयम पराजित हो चुके हैं और साम्प्रदायिक ताकतें जीत चुकी हैं। क्यों ऐसा हुआ? इसकी गहन पड़ताल करते हुए पी.एन. सिंह मण्डलवादी राजनीति, दलित राजनीति के साथ कम्युनिस्ट राजनीति की उन कमजोरियों को रेखांकित करते हैं जिनकी वजह से साम्प्रदायिक राजनीति को पैर पसारने का मौका मिला। आज़ादी की स्वर्ण जयन्ती के अवसर पर अपने अग्रलेख 'राष्ट्रीय आज़ादी की स्वर्णजयन्ती' में वे आज़ादी के सपनों के धीरे-धीरे टूटते जाने की बात करते हैं और यह भी बताते हैं कि वैश्वीकरण ने रही-सही कसर भी पूरी कर दी है। जाति निरपेक्ष, धर्म निरपेक्ष और आर्थिक-सामाजिक समतामूलक समाज बनाने का हमारा सपना टूट रहा है। भ्रष्टाचार का बोलबाला है और आम आदमी परेशान हैं। पी.एन. सिंह इसी अग्रलेख में लिखते हैं : ''चारों ओर अराजकता एवं भ्रष्टाचार व्याप्त है और ये दोनों ही गाँधीवादी, लोहियावादी, मंडलवादी अथवा अम्बेडकरवादी राजनीति के मुद्दे नहीं हैं। आम लोगों की इहलौकिक नियति से जुड़ा समाजवाद अवमूल्यित है तथा राष्ट्रीय एकता और अखंडता की अनिवार्य शर्त 'सेक्युलरिज्म' अत्यन्त विवादित। आज 'सेक्युलर' राजनीति जातिपरस्त है और राष्ट्रवादी सम्प्रदायपरस्त। इन दोनों में कोई गुणात्मक अन्तर नहीं दिखता। विचारधारा का स्थान जातिवाद अथवा क्षेत्रवाद ने और संस्कृति का स्थान साम्प्रदायिकता ने ले लिया है। आरक्षण की सकारात्मक नीति भी आरक्षणवादी राजनीति में विकृत होकर सत्ता हथियाने एवं सामाजिक वर्चस्व स्थापित करने का उपकरण बन गयी है जिसके फलस्वरूप एक उल्टे किस्म का आक्रामक मनुवाद राजनीतिक एजेण्डा है। 'अगड़ों', 'पिछड़ों', 'दलितों', 'अल्पसंख्यकों' आदि की राजनीति मूलतः 'क्रीमीलेयर' की राजनीति है जिसके चलते अन्तिम निरीह व्यक्ति को उतने में ही छीना-झपटी कर लहूलुहान होना है जितना इस 'क्रीमीलेयर' के टेबुल से जूठन के रूप में नीचे गिरता है या उस पर छूट जाता है।''

ऊपर के उद्धरणों से साफ़ है कि पी.एन. सिंह अपने समय के गहरे विश्लेषक हैं। वे असुविधाजनक सवालों से मुँह नहीं चुराते बल्कि अपनी राय दोटूक ढंग से रखते हैं। इधर के वर्षों में बुद्धिजीवियों में असुविधाजनक सवालों से बचने और 'पॉलिटकली करेक्ट' होने की प्रवृत्ति खूब बढ़ी है। वे अभिव्यक्ति के खतरे उठाने की बात खूब करते हैं लेकिन खतरे उठाते नहीं देखे जाते। पी.एन. सिंह के लिखे अग्रलेख इस तरह के चतुर-चालाक बुद्धिजीवियों से उलट असुविधाजनक सवालों से तो टकराते ही हैं, अभिव्यक्ति के खतरे भी उठाते हैं और 'पॉलिटकली करेक्ट' होने की चिन्ता से भी पूरी तरह मुक्त होते हैं। भाजपाई राजनीति ने मुसलमानों को अघोषित तरीके से राष्ट्रीय शत्रु घोषित कर रखा है तो मण्डलवादी राजनीति ने अगड़ों को। इस पर पी.एन. सिंह की दोटूक राय

है कि, "सवर्ण अथवा मुसलमान को राष्ट्रीय शत्रु घोषित करने वाली किसी भी राजनीतिक पहल को बन्द गली में प्रविष्ट कर किंकर्तव्यविमूढ़ हो जाना है"।

पी.एन. सिंह दलितों, आदिवासियों, पिछड़ों, हाशिए के समाज के उत्थान के समर्थक हैं पर उत्तर-आधुनिकता के बहुत से अतिरेकों से वे बचते हैं। कुल मिलाकर वे आधुनिकता के गर्भ से निकले मूल्यों के हिमायती दिखते हैं। उनके लिखे पर नज़र डालते हैं : "प्रबोधन युग अर्थात् औद्योगिक युग आधुनिकतावाद का विधायक सोच का अग्रदूत और अलम्बरदार था। वह ज्ञान, विज्ञान, तर्क, विवेक, प्रगति, विचारधारा आदि की बात करता था, वह आगे देखू था। 19वीं सदी का हिन्दुत्व भी कमोबेश उसका उत्तराधिकारी था। लेकिन उद्योगोत्तर समाज अर्थात् तकनीकी क्रान्ति वाले समाज का उत्तर-आधुनिकतावादी पीछे देखू है, भावात्मक विवेक की बात करता है और यह मानकर चलता है कि व्यक्ति को तार्किक विवेक दिया ही नहीं जा सकता, वह भावना और अतर्क के पाश में फंसे रहने के लिए अभिशप्त है।"

पी.एन. सिंह के चिन्तन का क्षेत्र बहुत व्यापक है। वे समता, स्वतन्त्रता, आरक्षण, जाति, धर्म आदि के सवालों पर खुले मन और प्रगतिशील दृष्टि से विचार करते हैं तो राहुल सांकृत्यायन, भगत सिंह, कॉडवेल और पी.सी. जोशी के भी वैचारिक अवदानों का आकलन करते हैं। गौतम बुद्ध और प्रेमचन्द यदि एक साथ उनके लिए विचारणीय हैं तो दलित जागरण से पैदा हुए प्रश्नों पर भी उनकी नज़र है। 'कम्युनिस्ट मेनिफेस्टो' की वैचारिक शक्ति और उत्तर औपनिवेशिक दौर में उसकी सीमाओं को रेखांकित करते हुए पी.एन. सिंह कहीं अतिरेक का शिकार नहीं होते। हिन्दी-उर्दू विवाद हो या हिन्दी प्रदेशों का आर्थिक-सामाजिक पिछड़ापन, राजनीति में नैतिकता के आग्रह का सवाल हो या एक बुद्धिजीवी की समाज-निर्माण में भूमिका का सवाल—पी.एन. सिंह की गहन विश्लेषण-क्षमता देखने लायक होती है। 1990 के बाद के लगभग ढाई दशक के समाज, देश और देश से बाहर के हालात पर हिन्दी का कोई बुद्धिजीवी इतने व्यापक स्तर पर टिप्पणी करता रहा हो और अपनी टिप्पणी से झकझोरता रहा हो, वह पी.एन. सिंह के अतिरिक्त कोई दूसरा नहीं हो सकता। यही दौर है जब 'हंस' में लिखे राजेन्द्र यादव के अग्रलेख भी चर्चा में होते थे, लेकिन श्री यादव के अग्रलेखों में दलित विमर्श और स्त्री विमर्श की प्रमुखता होती थी और विमर्शधर्मी आरोप होते थे, वहीं पी.एन. सिंह के अग्रलेखों में वैचारिक खुलापन और दुराग्रहों से मुक्ति दिखती है। समाज को जागरूक बनाने वाली पी.एन. सिंह की यह बौद्धिक-वैचारिक पहल हिन्दी प्रदेश के उन बुद्धिजीवियों की कतार में उन्हें शामिल करती है जो राहुल सांकृत्यायन, हज़ारी प्रसाद द्विवेदी, भगवतशरण उपाध्याय, रामविलास शर्मा आदि से बनती है। 1990 के बाद लगभग पचीस वर्षों तक उन्होंने

हिन्दी के वैचारिक माहौल को गर्माए रखने में अपने को होम कर दिया। वे हिन्दी से बटोरने वाले नहीं, उसे समृद्ध करने वाले हिन्दी के सच्चे पब्लिक इंटेलेक्चुअल हैं।

4.

'समकालीन सोच' में प्रकाशित पी.एन. सिंह के कुछ राजनीतिक-वैचारिक अग्रलेखों के पुस्तकाकार प्रकाशन का स्वागत है। मेरी हार्दिक इच्छा थी कि वे अग्रलेख एक जगह पुस्तक रूप में प्रकाशित हों! पी.एन. सिंह वर्षों से गम्भीर बीमारी की चपेट में हैं। उपचार और देखभाल की ज़िम्मेदारी तो परिवार के लोग उठा रहे हैं, लेकिन साहित्यिक-सामाजिक मित्र मण्डली का यह दायित्व है कि उनके लिखे की चिन्ता करें। ख़ुशी है कि यह काम पूरा हो रहा है। ख़ुशी यह भी है कि यह काम पी.एन. सिंह के जीवन काल में पूरा हो रहा है।

यह पुस्तक 'एक जन बुद्धिजीवी के वैचारिक नोट्स' नाम से छप रही है। जन बुद्धिजीवी वही नहीं है जो ज़्यादा पढ़ा-सुना जाय। वह भी है जिसके लिखे में उसके समय-समाज के न सिर्फ़ जरूरी सवाल हों, बल्कि वह दोटूकपन, निर्भीकता और तलस्पर्शी दृष्टि भी हो, जिसे जन समुदाय धारण करे तो आगे का सफ़र सुगम हो जाये। मुझे लगता है कि पी.एन. सिंह इसी कोटि के जन बुद्धिजीवी हैं। उनके ये वैचारिक लेख उन सभी कसौटियों पर खरे उतरते हैं, जिनकी अपेक्षा हम एक ईमानदार, निर्भीक, विवेकवान और दृष्टि-सम्पन्न बुद्धिजीवी से करते हैं।

इन शब्दों के साथ हिन्दी के एक सच्चे और ठेठ जन बुद्धिजीवी के वैचारिक लेखों की यह किताब आपके सामने है। इन शब्दों के साथ यह किताब हिन्दी समाज के सामने रखते हुए मुझे प्रसन्नता हो रही है कि पी.एन. सिंह के प्रति मेरे मन में जो सम्मान भाव है उसे मूर्त रूप में प्रकट करने का मुझे अवसर सुलभ हो रहा है। हिन्दी समाज की ओर से मैं उनके स्वस्थ और सक्रिय जीवन की कामना करता हूँ।

—गोपेश्वर सिंह

महानायकों पर कुछ विचार

बर्तोल्त ब्रेख्त के एक सुप्रसिद्ध नाटक 'गैलीलियो' में जब गैलीलियो का एक शिष्य ऐन्द्री कहता है कि "वह भूमि दुखी रहती है जिसके पास नायक नहीं होते" तो गैलीलियो उसे आगाह करता है : "नहीं। दुखी भूमि को ही नायकों की आवश्यकता रहती है।" यह सामान्य सी टिप्पणी चौंकाने वाली एवं अत्यन्त अर्थगर्भित है। पीड़ित समाज ही अपने उद्धार के लिए नायकों के अवतरित होने के सपने गढ़ता है और जो नायक उसे उसके अनुभूत दुखों से मुक्ति दिलाता है उसे वह नायक, महानायक, महापुरुष अथवा अवतार कहता है। असहायता-बोध की तीव्रता के अनुपात में ही नायक का आकार-प्रकार छोटा-बड़ा होता है। नायकों की खोज में हिन्दू और यहूदी एक जैसे दिखते हैं। हज़ारों वर्षों से ये एक के बाद दूसरा मुक्तिदाता खोजते रहे हैं। वैसे प्रत्येक परम्परागत समाज में वह खोज कमोबेश रहती है। अभी तक दुनिया का कोई समाज अपने अस्तित्व के प्रति इतना आश्वस्त एवं निश्चिन्त नहीं हो पाया है कि वहाँ नायकों की खोज बन्द हो गयी हो। इस दृष्टि से विभिन्न समाजों के बीच अन्तर केवल मात्रात्मक मिलेगा।

नायकों का आकार-प्रकार, सोच एवं आचरण उनके अपने-अपने समाजों की जातीय परम्परा, उनका सामाजिक सांस्कृतिक स्तर, उनके समक्ष उपस्थित चुनौतियों का स्वरूप तथा नायकों की अपनी-अपनी चित्ति आदि से तय होते हैं। इसी कारण नायक विभिन्न रूपों एवं भूमिकाओं में दिखाई देता है। कभी वह तीर एवं तलवार धारण किये आता है जैसे राम, कृष्ण, मुहम्मद आदि; तो कभी वह सन्त रूप में अर्थात् प्रेम, आस्था और करुणा के साकार प्रतीक के रूप में जैसे बुद्ध, जीजस, गाँधी आदि, कभी वह अपने विवेक और विचार स्वातंत्र्य के लिए शहादती मुद्रा में दिखाई देता है जैसे सुकरात, जॉन आफ आर्क, लूथर आदि; तो कभी वह आक्रोश से भरा, तमतमाया आक्रामक विचार-पुरुष के रूप में प्रस्तुत होता है जैसे लेनिन, माओ, अम्बेडकर आदि। इतनी बाह्य भिन्नताओं के बावजूद उनमें एक मूल सोद्देश्य होता है और वह यह कि सभी अपने सन्दर्भ समूह—देश, समाज, राष्ट्र आदि के अत्यन्त

असहाय क्षणों में उपस्थित चुनौतियों के उत्तर के रूप में ही सामने आते हैं। अक्सर प्रभु-वर्गों की विवेकहीन स्वार्थ-पूर्ति और क्रूर मदांधता के शिकार लुटते-पिसते वर्गों के मुक्ति संग्राम के दौर में ही उसका निर्माण होता है। वह ऊपरी तबकों से भी आता है और निचले तबकों से भी। लेकिन पीड़ित तबकों से उठा नायक सामान्यतया उग्र, आक्रोशयुक्त और कभी-कदा प्रतिशोधी भी होता है। यह आमूल परिवर्तन हेतु बेचैन रहता है। लेकिन ऊपरी तबकों से आया नायक संयम, सन्तुलन और करुणा की शिक्षा देता तथा अतीत की दुहाई देते हुए वर्तमान को न्याय एवं विवेक देने के लिए प्रयासरत दिखता है। वह सामाजिक-राजनीतिक बदलाव की अपरिहार्यता को रेखांकित करते हुए भी नैरंतर्य पर बल देता सुनाई देता है। एक जैसे सामाजिक सपनों के बावजूद एक में परम्परा के प्रति आग्रह, संयम और करुणा की प्रधानता होती है, और दूसरे में आक्रोश और राजनीति की।

नायकों का भौतिक आकार-प्रकार एवं सांस्कृतिक स्वरूप उनके सन्दर्भ-समूहों की राजनीतिक-सामाजिक शक्ति और उनके सांस्कृतिक स्तर पर निर्भर करता है। इसी शक्ति और स्तर के बल पर वर्णधर्म के पुजारियों ने राम और कृष्ण को गढ़ा; वर्ग-धर्म के पुजारियों ने मार्क्स, लेनिन एवं माओ को, राष्ट्रधर्म के पुजारियों ने गाँधी को और आज दलित-धर्म के पुजारी अम्बेडकर को गढ़ने में लगे हैं। कृतज्ञ पुजारी हमेशा एकान्तिकता का शिकार होता है। वह अपने धर्म को सर्वश्रेष्ठ धर्म और अपने नायक को सर्वज्ञ, सर्वगुण सम्पन्न एवं सर्वश्रेष्ठ बताता है। वह अपने नायक की आँखों से ही अन्यों को देखता-समझता है और उन्हें निन्दा अथवा आदर का पात्र बनाता है। उसका नायक ही उसके सपनों और उसके प्रशंसा एवं निन्दा के सन्दर्भों को तय करता है। अगर नायक के हाथ में तीर-तलवार है और उसमें आक्रोश एवं प्रतिशोध दिखता है, तो फिर उसके पूजकों को इनसे विमुख नहीं किया जा सकता। संघर्ष की घड़ी में वे उसके वीर एवं रौद्र रूप को याद करते हैं तथा स्थिरता, शान्ति एवं समृद्धि की घड़ी में उसके रमणीय एवं करुणामय रूप को उकेरते हैं। अगर इतिहास-प्रवाह में किसी वर्ग-विशेष या समूह-विशेष की 'हेजीमनी' स्थापित होती है तो वह अपने नायक को महानायक बताता है, उस पर अप्रतिम वीरत्व आरोपित करता है। इसी प्रक्रिया में वह अपने महानायक को भी सुसंगत एवं परिनिष्ठित बनाता है और उसके मानवीय एवं करुणामय रूप को उकेर कर उसे सार्वत्रिक एवं सार्वकालिक बताता हुआ महामानव की श्रेणी में ले जाता है। कभी अपने 'हेजीमनी' को कायम रखने की विवशता में तो कभी अपनी उन्नत सांस्कृतिक समझ के चलते वह अपने देव-लोक में प्रतितीर्थंकरों को भी सम्मान समायोजित करता है और इस प्रकार एक विराट सांस्कृतिक सामाजिक समझौते का प्रारूप गढ़ता है। तुलसी के

राम शिव-पूजक हैं और शक्ति-पूजक भी। उन पर न शम्बूक की हत्या का अपराध है और न ही गर्भिणी सीता के निष्कासन का। वे शबरी की जूठी बेर खाते हैं और निषादराज को अनुज बताते हैं। 'नास्तिक' और इसीलिए त्याज्य गौतम बुद्ध भी कालांतर में 'भगवान' बुद्ध घोषित हुए और विष्णु के एक अवतार मान लिए गये। इसी प्रकार ईसाइयों में 'विधर्मी' एवं 'चुड़ैल' जॉन आफ आर्क को चर्च द्वारा सन्त की गरिमा प्रदान की गयी और अब लूथर कैथोलिकों के बीच भी आदरणीय हैं। समय के साथ नायकों का अर्थविस्तार होता रहता है और कभी के निंदित अम्बेडकर आज विभिन्न कारणों से सर्वाधिक सम्मानित किये जा रहे हैं।

मेरे एक बुजुर्ग मित्र श्री उमाशंकर सिंह कहा करते हैं कि शीर्ष पर हमेशा स्थान खाली रहता है, संघर्ष और भीड़ तो केवल बीच में है। यह कथन सुकून देता है और आशान्वित भी रखता है। लेकिन इसमें इस बात की अनदेखी है कि, दरअसल, बिचौलिए ही किसी को शीर्ष पर पहुँचाते, किसी को वहाँ बरकरार रखने और किसी को वहाँ से विस्थापित करने में परेशान, तमतमाए और लहू-लुहान रहते हैं। अम्बेडकर जैसा महानायक भी इससे मुक्त न रह सका था। अतः संघर्ष हर स्तर पर है। यह सार्वकालिक और सार्वभौम है। इस कारण अब तक के इतिहास को मार्क्स ने 'प्राग् इतिहास' (pre-history) मानकर एक वर्ग-विहीन और राज्य-विहीन सामाजिक-राजनीतिक व्यवस्था का एक सुसंगत किंतु दिवास्वप्नी प्रतीक प्रस्तुत किया था। संघर्ष क्रूर और अमानवीय न हो जाए, इसीलिए बुद्ध, सुकरात, जीजस और गाँधी जैसे लोग अपना सद्प्रयास नहीं छोड़ते। मेरी समझ है कि मानवीयता हमेशा समझौतापरस्त ही है तथा समझौता विहीनता में अमानवीयता के तत्व देखे जा सकते हैं। यहीं पर नायकों की चार श्रेणियाँ बनती हैं—नायक, महानायक, महापुरुष और महामानव, नायक और महानायक में केवल मात्रात्मक अन्तर है। प्रत्येक राजनीतिक-सामाजिक संगठनकर्ता जो समाज एवं सत्ता के भौतिक स्वरूप को प्रभावित करता है, नायक है, और अगर उसने अत्यन्त व्यापक स्तर पर प्रभावित किया और उसका प्रभाव टिकाऊ हुआ तो वह महानायक की मर्यादा प्राप्त कर लेता है। लेकिन महापुरुष बनने के लिए महानायक का सक्षम संगठनकर्ता होने के साथ-साथ विचार-पुरुष होना आवश्यक है। समुद्रगुप्त, स्कंदगुप्त, सिकंदर, चन्द्रगुप्त द्वितीय, बाबर, नैपोलियन, विस्मार्क, चर्चिल आदि महानायक हैं, महापुरुष नहीं। इनके सरोकारों के केन्द्र में राजनीतिक सत्ता है। किन्तु सत्ता से सरोकार रखते हुए भी अशोक और हर्ष महापुरुष हैं। इनमें व्याप्त मूल्य-बोध इनके सत्ता-बोध से वजनदार लगता है। अकबर को अगर-मगर के साथ ही महापुरुष का दर्जा दिया जा सकता है। लेनिन, माओ, अम्बेडकर और नेहरू भी इसी श्रेणी में गिने जाएंगे। महानायक

और महापुरुष के बीच कुछ गुणात्मक अन्तर अवश्य होता है, लेकिन महानायक और महामानव के बीच तो सम्पूर्ण गुणात्मक उछाल है। महामानव के स्तर पर सत्ता का सरोकार समाप्त हो जाता है। इसका प्रेरणा-स्रोत त्याग और बलिदान है, न कि उपलब्धि अथवा यश। इस स्तर पर पक्ष-विपक्ष का सहज अतिक्रमण है। महामानवत्व एक सांस्कृतिक अवधारणा है। यहाँ के केन्द्रीय सरोकार मूल्यगत हैं। यह स्थिति भी संघर्षमूलक हो सकती है, लेकिन महामानव सत्य और करुणा से संचालित होता है न कि आक्रोश और नफ़रत से। वह संघर्ष में निहित अंधपक्षधरता और तज्जनित क्रूरता का निर्णायक अतिक्रमण होता है। यह श्रेणी बुद्ध, सुकरात, जीजस और गाँधी की है। अम्बेडकर जब तक मायावती जी की कसौटी पर खरा उतरते रहेंगे तब तक महानायक की सीमा में बँधे रहेंगे। लेकिन उनका अन्तिम बौद्ध-रूप जो 'भगवान बुद्ध और उनका धर्म' में अभिव्यक्ति पाता है, उनमें निहित महामानव का दर्शन होता है।

प्रत्येक महामानव अनूठा एवं अतुलनीय होता है। वह इतिहास के किसी खास बिन्दु पर किसी खास आवश्यकता की पूर्ति करता है। अगर तत्कालीन राजनीतिक, सामाजिक एवं सांस्कृतिक स्थिति को देखें तो स्पष्ट दिखेगा कि भारतीय स्वतन्त्रता संग्राम न अम्बेडकर के नेतृत्व में लड़ा जा सकता था और न ही मानवेन्द्र के नेतृत्व में, क्योंकि उस राष्ट्रवादी दौर में दलितवाद अथवा सर्वहारावाद हाशिए की चीज़ें थीं। उस परिस्थिति में जिस विराट राष्ट्रीय समझौते की जरूरत थी वह गाँधी के नेतृत्व में ही सम्भव हो सका, यद्यपि प्रयासरत सभी थे। इसके माने यह नहीं कि अम्बेडकर और मानवेन्द्र राष्ट्र-विरोधी थे जैसा कि कांग्रेसियों ने चिल्ला-चिल्ला कर कहा, और न ही गाँधी सर्वहारा विरोधी थे जैसा कि मानवेन्द्र ने बताया, या दलित-विरोधी थे जैसा कि अम्बेडकर ने कहा। दरअसल सबकी अपनी-अपनी प्राथमिकताएँ थीं जिन्हें दरकिनार कर उनका सम्यक आकलन सम्भव नहीं है, सामाजिक मुद्दे जो तब हाशिए पर था, आज केन्द्रस्थ है और इसी कारण डॉ. अम्बेडकर जो तब केवल एक नायक थे आज महानायक हैं। अब उन्हें महापुरुष का भी दर्जा दिया जाने लगा है और एक गम्भीर पुनर्मूल्यांकन के दौर से हम गुजर रहे हैं। इस प्रकार से देखने पर सबको शीर्ष पर यथोचित स्थान मिल जाता है और मेरे बुजुर्ग मित्र का कथन अर्थ पा जाता है।

लेकिन लोकतन्त्र में एक अनिवार्य बुराई है। इसमें अत्यन्त छोटे लोग बड़ों का मूल्यांकन करने लगते हैं। पैमाना इतना छोटा और मात्रात्मक होता है कि वे महापुरुषों एवं महामानवों की गुणात्मक उछाल को समझ ही नहीं सकते। महानता केवल प्रयासों और उपलब्धियों का योग नहीं हुआ करती। दरअसल, छोटे लोगों के पास उपलब्धियों की सूची बड़ी लम्बी होती है। महापुरुष भी अक्सर असफल दिखाई देते हैं और महामानवों को तो असफल होना ही होना है। 15 अगस्त, 1947

को गाँधी इस देश में सबसे दुखी प्राणी थे और उस दिन सन्देश देने तक के लिए भी उनके पास कुछ नहीं था। जिन्ना साहब खुशियाँ मना रहे थे क्योंकि वे जीते थे, गाँधी दुखी थे, क्योंकि उनका मानवीय सपना टूटा था। बहुत से बुद्धिजीवियों को गाँधी जैसों में असंगति और क्रमभंग दिखते हैं। लेकिन, पटेल से अधिक असंगति नेहरू में है, नेहरू से अधिक अम्बेडकर में और अम्बेडकर से अधिक असंगत गाँधी हैं। जिन्ना और गोलवलकर संपूर्णतः सुसंगत दिखते हैं क्योंकि इनके खाके सुस्पष्ट और सपाट थे। प्रसिद्ध मार्क्सवादी विचारक कॉडवेल तो यहाँ तक कहते हैं कि इतिहास में कम ही महानायक सुपठित हुए हैं, लेकिन सभी अत्यन्त बुद्धिमान और मौलिक रहे हैं। उन्होंने अक्सर पुरानी, अनगढ़ और असंगत भाषा बोलते हुए इतिहास को अकल्पनीय ढंग से आगे ढकेला है। प्रश्न भाषा का नहीं, प्रश्न मंशा का है। इसीलिए पढ़े-लिखों को वे पहेली लगते हैं, लेकिन उनके सामान्य, अपढ़ अनुगामी उनकी भाषा और मंशा बखूबी समझते हैं। महापुरुष हमेशा ही नया सन्देश और नया आत्मविश्वास लिए आता है और अपने सन्दर्भ समूह को अनुप्राणित कर अनगिनत लोगों को इतिहास-निर्माण में झोंक देता है। वह सकारात्मक व्यक्तित्व होता है, और इतिहास को हमेशा जाने-अनजाने सकारात्मक दिशा देता है। वह विशुद्ध राजनीतिक सत्ता के व्याकरण में नहीं खपता और न वहाँ से समझा जा सकता है। वह सत्ता से बड़ा होता है और उसका गन्तव्य दूरस्थ होता है। उसके नेतृत्व में अवरुद्ध इतिहास का एक केन्द्रस्थ फाटक टूटता है जहाँ से आगे बढ़ने की अनेक राहें फूटती हैं। आज की सबसे बड़ी त्रासदी यह है कि सत्ता से स्वतन्त्र महानता का कोई सन्दर्भ नहीं बनता। मात्रात्मकता के वर्तमान दौर में महानता की समझ मुश्किल है क्योंकि यह मूलतः गुणात्मक होती है।

मेरी एक समझ यह भी है कि मतवादी मस्तिष्क महानता के सम्यक आकलन के योग्य नहीं होता। इसी के चलते बड़ों-बड़ों ने अपने मूल्यांकन में गलतियाँ की हैं। अपने कलकत्ता प्रवास के दौरान सुनता और विश्वास करता था कि ''लेनिनवाद से गाँधीवाद की तुलना करना लेनिनवाद को अवमानित करना है'' और ''महानता के लिए शक्ति चाहिए'' और ''शक्ति बन्दूक की बैरल से फूटती है।'' इतिहास ने ऐसे दावों को झुठला दिया है। मतवादी व्यक्ति किसी भी सामाजिक परिघटना को एक खास कोण और एक खास अपेक्षा से देखता है। पूँजीवादी, वर्गवादी, वर्णवादी, जातिवादी, दलितवादी आदि सबके अपने-अपने मोटे-मोटे चश्मे हैं। उनके विवेचन-विश्लेषण का अपना-अपना मकसद है। चर्चिल ने लेनिन को खारिज कर दिया और अगर सराहा भी तो मात्र उनकी ''नयी आर्थिक नीति'' के लिए। लेनिन ने तॉल्सताय को केवल अपनी क्रान्तिकारिता के दायरे में ही समझा। इसी प्रकार तॉल्सताय और वाल्तेयर ने

अपने-अपने नैतिक एवं राष्ट्रीय पूर्वग्रहों के चलते शेक्सपियर को छोटा बताया और शेक्सपियर ने अपने राष्ट्रीय पूर्वग्रह के कारण जॉन आफ आर्क को अवमूल्यित किया। राहुल सांकृत्यायन ने कालिदास को चापलूस और अश्वघोष को महान नाटककार बताया, गौतम बुद्ध को स्वीकारा और महावीर को सम्पूर्णतः खारिज कर दिया। इसी प्रकार अम्बेडकर ने समूची हिन्दू परम्परा में केवल अन्याय और उत्पीड़न देखा, जबकि अरविन्द और सर्वपल्ली राधाकृष्णन जैसे विचारकों को केवल महानता ही दिखी। बल्कि अनुभवाश्रित गाँधी हिन्दू अतीत एवं वर्तमान दोनों को इन विचार-पुरुषों की तुलना में कहीं अधिक विवेकसंगत दृष्टि से देख पाये।

इसी सन्दर्भ में यह भी रेखांकित किया जा सकता है कि निहित स्वार्थ वाले लोग किसी महापुरुष को समझने में बिल्कुल ही अक्षम होते हैं। मायावती जी का गाँधी को गलियाना वैसा ही सतही और स्वार्थ-प्रेरित है जैसा आडवाणी जी की गाँधी और अम्बेडकर की प्रशंसा। कांग्रेसियों की गाँधी-मुक्ति उतनी ही गहरी है जितनी सपाइयों की अम्बेडकर-भक्ति। केरल में मौलिकतावादी मुसलमानों के वोट के चक्कर में बुजुर्ग मार्क्सवादी नेता श्री नम्बूदरीपाद ने तो गाँधी, फ्रंटियर गाँधी और अब्दुल कलाम आज़ाद को सुलेमान सैट और प्रतिबन्धित इस्लामिक सेवक संघ के नेता अब्दुल नासिर मदनी को एक ही पलड़े पर रख दिया है। लेकिन एक विद्वान मार्क्सवादी हीरेन मुखर्जी भी थे जिन्होंने गाँधी और नेहरू का सर्वाधिक सन्तुलित, ईमानदार एवं रोचक विश्लेषण प्रस्तुत किया। आज कल गाँधी-निन्दा का एक बढ़िया राजनीतिक-बौद्धिक व्यवसाय चल पड़ा है और इस निन्दारस में अनेक किताबी क्रान्तिकारी और पहचान के संकट से ग्रस्त 'रहबरी' बुद्धिजीवी आकंठ डूबे हुए हैं। लोग यह भूलते जा रहे हैं कि गाली-गलौज आलोचना नहीं है और ऐसी आलोचना मूल्यहीनता और संशयवाद को जन्म देती है जो किसी भी समाज की जीवनशक्ति को कमज़ोर करने के लिए काफी हैं। प्राचीन यूनानियों के पराभव के कारणों में एक कारण यह भी बताया जाता है कि वहाँ या तो संशयवादी विचारक बचे थे या गुलाम। गुलाम केवल मालिक की सेवा करना जानता था और संशयवादी हर चीज़ की खिल्ली उड़ाता था। विवेकसंगत केन्द्रीयताओं के अभाव में रोमन प्रहारों के सामने यूनान को झुकना पड़ा। केन्द्रीयताओं के अभाव में समाज न सुरक्षित रह सकता है और न विकसित हो सकता है और ये केन्द्रीयताएँ अक्सर समाज-विशेष के महापुरुषों के जीवन एवं सोच के इर्द-गिर्द बनती और विकसित होती हैं। जार्ज बर्नार्ड शा जैसा बुद्धिधर्मी साहित्यकार भी अन्ततः इसी निष्कर्ष पर पहुँचा था। अपने विख्यात नाटक 'सेण्ट जॉन' का समाधान उन्होंने जिस रूप में किया है वह अत्यन्त महत्त्वपूर्ण एवं दृष्टि-सम्पन्न है। जॉन आफ आर्क को 15वीं सदी में निहित

स्वार्थों ने षड्यन्त्र करके 'विधर्मी' एवं 'चुड़ैल' घोषित कर ज़िन्दा जलाया था और अन्ततः उन्हें 1920 में 'सन्त' घोषित किया गया। नाटक के उपसंहार में जिन लोगों ने ज़िन्दा जलाया था उनकी आत्माएँ दुखी हैं और अपने किये पर पछता एवं प्रायश्चित कर रही हैं। सन्त जॉन की आत्मा अत्यन्त प्रभावित होती है और उसे लगता है कि दुनिया अब अपने सन्तों का स्वागत करने लायक हो गयी है और वह मनुष्य रूप धारण कर पुनः पृथ्वी पर आने की इच्छा व्यक्त करती है। लेकिन सभी भयग्रस्त हो पीछे हटते हैं और फिर सम्भल कर कहते हैं "नहीं", क्योंकि उसे पुनः वे ज़िन्दा जलाने के लिए विवश होंगे। वे मृत सन्त जॉन की पूजा कर सकते हैं, लेकिन जीवित जॉन को गिरफ्तार करना, फिर न्यायालय में दण्ड दिलवाना और दण्ड को सैनिकों से क्रियान्वित कराना उनकी मजबूरी होगी। सन्त जॉन की दुखी आत्मा स्वार्थों के फलीभूत लोगों की इस विडम्बना पर चीख उठती है : "इस खूबसूरत दुनिया के निर्माता, हे ईश्वर! तुम्हारी वह दुनिया कब तक अपने सन्तों के स्वागत के योग्य होगी? कब तक? आख़िर कब तक?" सन्त जॉन की ही तरह गाँधी को भी आमजन ने महात्मा और सन्त माना। वे बुद्धिजीवी जो उनके चमत्कारी व्यक्तित्व को समझ सके उन्होंने यथासम्भव अनुगमन किया; मतवादियों ने गालियाँ दीं, निहित स्वार्थों ने जेल में रखा और धर्मान्धों ने गोली मार दी। आज भी स्थिति कहाँ बेहतर है! बल्कि कुछ अतिरिक्त गिरावट आयी है। छोटे-छोटे हितों में विभक्त जनता केवल अपने-अपने बौने नेताओं को ही आज सुनने-समझने के लायक बना दी गयी है। मानो किसी महानायक के आगमन की पृष्ठभूमि बन रही हो। वह समाज तो हतभाग्य होता ही है जिसे बार-बार महानायकों की आवश्यकता पड़ती है, किंतु उससे भी अभागा वह समाज होता है जो अपने महापुरुषों को उचित सम्मान देने की तमीज नहीं विकसित कर पाता। आज हम इस दोहरे दुर्भाग्य के शिकार हैं। देखें कब इससे उबरते हैं, कब तक?

समकालीन सोच, सितम्बर 1994

युग-पुरुष राहुल

राहुल सांकृत्यायन जन्मशती समारोहों का सिलसिला अब समापन की ओर है। यह सुखद है कि हिन्दी संसार ने राहुल को ससम्मान याद किया है। राहुल ने हिन्दी को जो विपुल ज्ञान-राशि और विराट साहित्य सौंपी है वह अप्रतिम है। विश्व में ऐसे बिरले ही मिलेंगे। अब तक छपी उनकी कृतियाँ करीब 22000 पृष्ठों में हैं, और अभी बहुत कुछ अनछपी हैं। हिन्दी मनीषा को सूचित, शिक्षित, समृद्ध और आधुनिक बनाने का मानो उन्होंने बीड़ा ही उठाया हो। हिन्दी भाषा को उन्होंने *मध्येशिया का इतिहास, विश्व की रूपरेखा, वोल्गा से गंगा, दर्शन दिग्दर्शन, बुद्धचर्या, ऋग्वैदिक आर्य* और *मानव समाज* जैसे ग्रन्थ दिये जो तब तक किसी भी भारतीय भाषा में नहीं लिखे जा सके थे। 'मध्येशिया का इतिहास' जैसा मौलिक, प्रामाणिक और पांडित्यपूर्ण ग्रन्थ तो इस विषय पर विश्व की किसी भी अन्य भाषा में नहीं लिखा जा सका था। ठीक यही दावा 'वोल्गा से गंगा' के लिए भी पेश किया जा सकता है। हिन्दी मनीषा को उन्होंने अपने अनुवादों, संपादनों, टीकाओं एवं स्वतन्त्र ग्रन्थों द्वारा बौद्ध दर्शन से अवगत कराया। अपनी दुःसाध्य तिब्बत यात्राओं के द्वारा अपनी जान को जोख़िम में डालकर, बौद्ध दर्शन एवं साहित्य की मूल कृतियों को उपलब्ध कराया। 'हिन्दी काव्यधारा', 'दक्खिनी काव्यधारा', 'आदि हिन्दी की कहानियाँ और गीत' को सम्पादित कर तथा स्वयम्भू एवं सरहपाद आदि पर स्वतन्त्र विवेचना प्रस्तुत कर राहुल ने हिन्दी भाषा एवं साहित्य के फलक को सुसंगत एवं विस्तीर्ण बनाया। हिन्दी को उन्होंने 'शासन शब्द-कोश' और 'तिब्बती हिन्दी शब्द कोश' (दूसरा भाग अभी तक अप्रकाशित है) दिया। इतना ही नहीं, हिन्दी संसार प्रमुखतः राहुल के माध्यम से ही साम्यवादी चेतना से अवगत हुआ। आशय यह कि हिन्दी सेवा के नाम पर पद, प्रतिष्ठा और पैसा तो बहुतों ने कमाया, लेकिन हिन्दी की निस्पृह सेवा तो राहुल ने ही की।

राहुल जी केवल महाज्ञाता ही नहीं थे, युगपुरुष भी थे। उनमें वह मानवीय संवेदना और अतिरिक्त ऊर्जा थी जो उन्हें स्थापित सोच, जड़ समाज और निरंकुश सत्ता के विरुद्ध सीधी राजनीतिक कार्यवाहियों का जोख़िम उठाने के लिए विवश

करती थी। प्राच्यविद डॉ. के. पी. जायसवाल के आग्रह पर रामोदार साधु सीधी राजनीति से अलग हुए थे, यद्यपि डॉ. जायसवाल अपने इस आग्रह के औचित्य के प्रति शंकालु थे क्योंकि उन्होंने उस युवक संन्यासी में गाँधी जैसी तेजस्विता देखी थी। रामोदार साधु ने उनकी बात मानी और अपना समय सार्थक परिभ्रमण, पठन-पाठन, चिन्तन-मनन और लेखन में लगाया। एक अरसे बाद किसान आन्दोलनों ने उन्हें पुनः अपनी ओर खींचा, और वे कम्युनिस्ट पार्टी से भी जुड़े। लेकिन कुल मिलाकर उनका राजनीतिक अवदान प्रमुखतः वैचारिक ही रहा।

राहुल जी मिशनरी थे। अतः उन्होंने बहुत कुछ लिखा जो परिचयात्मक और प्रचारात्मक है। 'इस्लामिक रूपरेखा', 'साम्यवाद ही क्यों'?, 'तुम्हारी क्षय हो' तथा मार्क्स, एंगेल्स, लेनिन, स्तालिन, माओ आदि की जीवनियाँ आदि अनेक पुस्तकें उन्होंने हिन्दी पाठकों को सूचित करने एवं उनके वैचारिक फलक को उदार बनाने के लिए लिखी थीं। इसी उद्देश्य से उन्होंने भोजपुरी में आठ नाटक लिखे। 'बाइसवीं सदी' जैसी पुस्तक लिखकर हिन्दी पाठकों को सामाजिक सपना दिया, और 'भागो नहीं दुनिया को बदलो' जैसी पुस्तक के द्वारा उस स्वप्न को साकार बनाने के लिए ललकारा। उन्होंने सरल, सहज हिन्दी लिखी और गुणवत्ता की ओर बहुत कम ध्यान दिया। उनके पास समय नहीं था। वे बहुत जल्दबाजी में थे। धर्मानन्द कोशाम्बी और भगवतशरण उपाध्याय जैसे लोग, जो उनकी प्रतिभा से अभिभूत थे, उनकी जल्दबाजी पर चिन्तित थे। अमृत राय ने जब उनका ध्यान इसकी तरफ खींचा तो उन्होंने हँसते हुए इतना भर कहा कि बाद वाले लोग आवश्यकतानुसार सुधार-परिष्कार कर लेंगे। राहुल जी को बहुत कुछ करना था। उनको दुहराने और पीछे देखने की फुरसत नहीं थी। वे सोलह से बीस घंटे प्रतिदिन कार्य करते थे। जीवन में एक मिनट भी नहीं गँवाया। बहुत कुछ आमजन को सूचित और शिक्षित करने के लिए लिखा गया। उन्हें आत्मनिर्मिति की चिन्ता नहीं थी। अतः उन्होंने ज्ञान को अबूझ और रहस्यमय बनाने का प्रयास नहीं किया। उन्हें मालूम था कि अबूझ और रहस्यमय होते ही ज्ञान समझदारों की तिजोरियों में बन्द हो जाता है और आमजन अज्ञानी और गुलाम बना दिये जाते हैं। शूद्रों के अधःपतन के कारणों की चर्चा करते हुए डॉ. अम्बेडकर ने यह रेखांकित किया कि उन्हें सर्वप्रथम उपनयन संस्कार से वंचित कर ज्ञानार्जन से वंचित किया गया जिसके परिणामस्वरूप वे अन्ततः सभी कुछ से वंचित हो गये। उपलब्ध ज्ञान को सार्वजनीन बनाने के लिए जनभाषाओं के प्रयोग का साहस राहुल जैसे महापण्डित ही कर सकते हैं। यह कार्य कभी बुद्ध ने किया था और बीच में तुलसी ने।

राहुल जी को पढ़ते समय गाँधी और स्वामी सहजानन्द की याद आती है। इन तीनों ने अनुभवों की रोशनी में उत्तरोत्तर का भी विकास किया। लेकिन गाँधी जी

और स्वामी जी का ज्ञान-बल सीमित था, और जो था उसमें बहुत कुछ परम्परागत था। आश्चर्य नहीं कि सोच में गतिशील होते हुए भी दोनों अपनी मूल आस्था और आचरण में हिन्दू बने रहे। लेकिन राहुल के पास विपुल ज्ञान-सम्पदा थी, वैकल्पिक परिप्रेक्ष्यों की गहरी समझ थी, नये प्रयोजनीय आयामों के प्रति पर्याप्त संवेदनशीलता थी। वे आस्थावादी थे, लेकिन उनकी आस्था का केन्द्र कोई लोकोत्तर शक्ति नहीं बल्कि इहलौकिक मनुष्य था जिसके दुःख-दारिद्रय की समझ और निवारण के सन्दर्भ में ही किसी विचार अथवा आस्था को वे अपनाते या छोड़ते रहे। इस प्रक्रिया में उनका बुद्धिधर्मिता ने भी बहुत साथ दिया था। अतः किशोर केदार पाण्डेय पहले रामोदार साधु बने, फिर आर्यसमाजी प्रचारक, फिर बौद्ध-भिक्षु और अन्ततः मार्क्सवादी। वस्तुतः बौद्ध जीवन-दर्शन और मार्क्सवाद में वे कोई अन्तर्विरोध नहीं देखते थे। निष्ठावान रामोदार साधु ने देवी-दर्शन का व्रत लिया, कई दिनों तक उपवास और पूजन-अर्चन किया, और उसके बाद भी जब देवी का दर्शन नहीं हुआ तो निराश होकर धतूरे का बीज खाकर आत्महत्या का प्रयास किया। जान तो बच गयी, लेकिन कई दिनों तक बेहोश रहे और महीनों तक आँखें प्रभावित रहीं। अनुभव और ज्ञान के उत्तरोत्तर विस्तार के बाद मालूम हुआ कि देवी-दर्शन की बात 'बकवास' थी। बौद्ध भिक्षु होते हुए भी वे बुद्ध की पूजा नहीं करते थे। वे उन्हें महापुरुष मानते थे और यथासम्भव उनका अनुसरण करते थे। वे बुद्ध के एक वचन को हमेशा उद्धृत करते रहे : ''भिक्षुओं, मैं नौका की तरह धर्म का उपदेश करता हूँ। यह पार होने के लिए है, पकड़ कर बैठने के लिए नहीं। जिसे हमने अधर्म मान लिया है उसे छोड़ देना पड़ता ही है, किंतु जिसे हमने धर्म भी मान रखा है और कालांतर में हमें लगे कि वह धर्म भी त्याज्य है, तो उसे भी छोड़ ही देना चाहिए।'' ऐसा किसी अन्य धर्म पुरुष ने कहने का साहस नहीं किया है। राहुल जी बुद्ध के इसी विवेक के कायल थे। उनकी समझ बनी कि सनातनी हिन्दू दायरे में सामाजिक-बौद्धिक विवेक सम्भव नहीं है। अतः वे 1930 में विधिवत बौद्ध-भिक्षु बने थे क्योंकि इससे अपने सांस्कृतिक मूल से कटे बगैर व्याप्त सामाजिक-बौद्धिक जड़ता से मुक्ति पायी जा सकती थी। यही बात 1956 में डॉ. अम्बेडकर ने अपने धम्मचक्र प्रवर्तन के अवसर पर दी थी। इस प्रकार इन दोनों ने यह संकेत दिया कि बौद्ध जीवन-दर्शन को धुरी बनाकर ही एक नये समरस एवं विवेकशील भारतीय समाज का निर्माण सम्भव है। राहुल ने बुद्धकालीन सामाजिक यथार्थ पर तीखी टिप्पणियाँ भी कीं और बुद्धवादी समाज-दर्शन को आधुनिक सन्दर्भ देना चाहा। इसी उद्देश्य से डॉ. अम्बेडकर ने अपना चर्चित ग्रन्थ 'बुद्ध और उनका धम्म' लिखा।

राहुल जी 1939 में कम्युनिस्ट पार्टी के औपचारिक सदस्य बने थे और मृत्युपर्यन्त (1948 के बाद तीन-चार वर्षों को छोड़कर) सदस्य बने रहे। लेकिन वे अपनी भाषा-नीति और हिन्दू-मुसलमान नीति पर अडिग रहे। वे हिन्दी राष्ट्र भाषा और 'जनपदीय' भाषा आन्दोलन के अग्रणी एवं प्रखर वक़्ता रहे। वे इस्लाम का देशीकरण और उर्दू लिपि का देवनागरीकरण चाहते थे। वे हिन्दू को धर्म नहीं संस्कृति मानते थे। वे चाहते थे कि इस्लाम को भी भारतीय पहचान वाला धर्म बनना चाहिए। इसी में वे भारत का तथा मुस्लिम अल्पसंख्यकों का हित देखते थे। बौद्ध बनकर भी कोई भारतीय संस्कृति से नहीं कटता, बल्कि उसकी सर्वाधिक विवेकशील धारा का अंग बनता है। भारतीय इस्लाम को भी कुछ ऐसा ही बनने की कोशिश करनी चाहिए।

राहुल जी भारतीय नवजागरण के अन्तिम युगपुरुष हैं। यह नवजागरण काल राममोहन राय से प्रारम्भ होकर राना डे, ज्योतिबा फुले, सर सैय्यद अहमद खाँ, दयानन्द सरस्वती, विवेकानन्द, रवीन्द्र, गाँधी, नेहरू, अम्बेडकर और राहुल तक फैला है। अपनी-अपनी सीमाओं में इन सबने समाज, सत्ता और संस्कृति के स्वरूप और आकांक्षा को संस्कारित किया और प्रबोधन के नये-नये क्षितिज खोले। इन राष्ट्रपुरुषों में प्रायः पंडित तो सभी थे, लेकिन महापंडित तो केवल अम्बेडकर और राहुल थे। राहुल ने बौद्ध जीवन-दर्शन की लुप्त कड़ियों को खोजने-जोड़ने का आजीवन प्रयास किया और उसे बोधगम्य बनाया। डॉ. अम्बेडकर ने उसे सामाजिक आधार दिया। इन दोनों के बिना रहस्याच्छादित भारतीय अतीत पर यथार्थपरक एवं विवेक संगत टिप्पणी सम्भव नहीं थी। इनका स्वर थोड़ा कर्कश जरूर है, लेकिन इनकी मंशा पवित्र है।

राहुल जी के जीवन में अनेक अन्तर्विरोध दिखते हैं। कुछ ने उनकी क्रान्तिनिष्ठता और संस्कृतिनिष्ठता में अन्तर्विरोध देखा है, तो कुछ ने उन्हें मात्र एक वैचारिक यायावर बताया है। एक तरफ बौद्ध करुणा की बात करना और दूसरी तरफ गोमांस सेवन का रस लेकर वर्णन करना, अजीब सा है। किन्तु बहुत कुछ तो वे जड़ सनातनी चेतना को झकझोरने के लिए करते हैं। अनेक सनातनी विधि-विरोधों का वे खुला उल्लंघन करते हैं। पुरोहितवादी कर्मकाण्ड, ब्रह्मचर्य, शाकाहार, जाति-प्रथा इत्यादि का उन्होंने खूब मजाक उड़ाया। वैसे उनमें अनेक परस्पर विरोधी स्थितियाँ हैं। एक ही साथ समाज और चिन्तन, आंचलिकता और अन्तरराष्ट्रीयता, परम्परा-विरोध और संस्कृतिनिष्ठता, कठोरता और परदुखकातरता, लोक-संग्रह और लोक-विग्रह, प्रतिभा-भंजन और प्रतिभा-निर्मिति, सहजयानिता और वज्रयानिता आदि न जाने कितनी परस्पर विरोधी स्थितियों के समाहार थे, राहुल जी। इसीलिए न कभी निन्दकों की

कमी रही और न पूजकों की। स्वतः वे निन्दा, प्रशंसा और पूजा से बेखबर अपने अनुभव, ज्ञान और विवेक के सहारे चलते रहे। अन्यथा, प्रायः चालीस भाषाओं को जानना और उनमें पढ़ना-बोलना, साहित्य, दर्शन, इतिहास, राजनीति, पुरातत्व, नृतत्व का प्रामाणिक विद्वान बनना, उपन्यास, कहानी, नाटक, डायरी, यात्रा-संस्मरण आदि लिखते रहना, विभिन्न भाषाओं से अनुवाद करना, दुरूह ग्रन्थों को अनूदित करना उन पर टीकाएँ लिखना और उन्हें सम्पादित करना, विभिन्न भाषाओं के शब्दकोश तैयार करना जैसे कार्य सम्भव नहीं थे। राहुल जैसा व्यक्ति ही तिब्बत के बौद्ध विहारों की निषिद्ध कोठरियों से बौद्ध दर्शन एवं साहित्य के लुप्त अनेक ग्रन्थों की मूल पांडुलिपियों को प्राप्त कर सकता था और उन्हें बाइस खच्चरों पर लाद कर, जान को हथेली पर लिए, दुर्गम रास्तों से होते हुए, पटना संग्रहालय तक पहुँचा सकता था। उनमें से अनेक को हिन्दी में अनूदित किया और उन पर टीकाएँ लिखीं। धर्मकीर्ति और असंग के मूल ग्रन्थ उन्हीं द्वारा प्रकाश में लाए गये। उनके प्रयासों के लिए विश्व के बौद्ध विद्वानों ने उन्हें साधुवाद दिया। इन ग्रन्थों के लिए राहुल को पश्चिमी स्रोतों से विपुल धनराशि देने की पेशकश हुई थी। लेकिन उन्होंने अपनी असीम अभावग्रस्तता के बावजूद, इस समूची ज्ञान-सम्पदा को पटना संग्रहालय को यूँ ही दे देना ही उचित समझा। आश्चर्य नहीं, राहुल जी एकमात्र ऐसे हिन्दीवादी हिन्दी मनीषी है जिनका यश भाषा, धर्म, क्षेत्र और राष्ट्र का अतिक्रमण कर सका।

राहुल जी की बहुत-सी मान्यताएँ आज अप्रासंगिक हो गयी हैं। सशस्त्र क्रान्ति और सर्वहारा का अधिनायकवाद इत्यादि की अपील अब नहीं के बराबर है। गणराज्यों की समानता का उनका सपना आज कोई मानी नहीं रखता। इसी प्रकार आज हिन्दू संस्कृति नहीं बल्कि धर्म बन गया है, और उर्दू और इस्लाम का देशीकरण सम्भव नहीं है। लेकिन राहुल के बहुत सारे मूल सरोकार रूढ़िवादिता धार्मिक पाखण्ड, रहस्यमयता और यथास्थितिवाद का मुखर विरोध, नकल के स्थान पर अक्ल पर अदम्य ज्ञान-पिपासा, निष्कर्षों को निरन्तर नवीनतम अनुभव और ज्ञान की कसौटी पर कसते रहने का विरोध और प्रयोजनहीन होते ही उन्हें त्यागने का साहस, ज्ञान, आस्था और आचार की अन्विति, आम आदमी के सुख-दुख से वास्तविक जुड़ाव, उनकी निर्भीक सहजता और अकुण्ठ सरलता इत्यादि कभी पुराने पड़ने वाले नहीं हैं।

कार्ल मार्क्स पर लिखते हुए लाइब्नेख ने कहा कि महापुरुष अथक और तलस्पर्शी बुद्धि वाला होता है। लेकिन इतना ही काफी नहीं लगता। वह निर्भीक, बुद्धिनिष्ठ, विवेकशील और परदुखकातर भी होता है। वह केवल निषेध का नहीं, बल्कि सकारात्मक विकल्पों का प्रतीक होता है। राहुल में यह सब कुछ था। अनुदार

सनातनियों ने उन्हें केवल निषेध का प्रतीक मानकर लांछित किया। लेकिन राहुल के पास बुद्धिनिष्ठ विवेक था। अतः तुलसी के काव्यत्व को स्वीकारने में उन्हें परेशानी नहीं हुई। बौद्ध होते हुए भी बौद्ध जीवन-दर्शन की सीमाओं का उन्होंने बेहिचक रेखांकन किया। मार्क्सवादी होते हुए भी दलीय मार्क्सवाद की सीमाओं से बेखबर नहीं रहे। वेदान्त के कटु आलोचक होते हुए भी श्रवण और संन्यासी के निस्पृह विवेक पर उन्हें भरोसा था। इतना ही नहीं, गाँधी को उन्होंने एक दौर में 'पूँजीपतियों का एजेण्ट' कहा था, लेकिन 1948 में उनकी तुलना गौतम बुद्ध से की, और उनसे प्रेरणा लेकर सिगरेट पीना छोड़ा। उनमें अपने विचारों, मान्यताओं एवं आस्थाओं का अनवरत पुनरीक्षण करते रहने का साहस था और उत्तरोत्तर सकारात्मक विकल्पों को तलाशते रहने की ललक थी।

आचार्य कुबेरनाथ राय ने सही ही उन्हें 'सनातन भारतीय वामधारा के अभिनव तीर्थंकर' के रूप में अभिहित किया है। दरअसल, वोल्गा से गंगा इस वामधारा को चिह्नित करती है जिसके वे उत्तराधिकारी हैं। यह परम्परा ऋग्वैदिक बुद्धिवादी आचार्य अंगिरा से प्रारम्भ होती है, और नागदत्त, अश्वघोष, धर्मकीर्ति से होती हुई, बाबा नुरुद्दीन के सूफी मानवतावाद से संस्कारित होकर राहुल तक आती है। 'सिंह सेनापति' से पता लगता है कि अतिवादी महावीर भी इस परम्परा से बाहर हैं। यह बुद्धि और विवेक से युक्त 'मध्यमा प्रतिपदा' वाली परम्परा है। यहाँ जड़ें अपनी मिट्टी में धँसी हैं, लेकिन वाह्य स्वस्थ हवाओं से एतराज नहीं है। शायद परम्परा है जो अतीत से वर्तमान और भविष्य को अपेक्षाओं के सन्दर्भ में देखती हैं। यह जड़ व्यवस्था एवं वायवीय संस्कृति-बोध की शिकार नहीं है। वह अपनी पहचान को बचाते हुए उत्तरोत्तर विकासमान है। आश्चर्य नहीं, 'राहुल सांकृत्यायन' नामकरण में रामोदार साधु का 'रा' और केदार पाण्डेय का सांकृत्य गोत्र सुरक्षित है। यह है राहुल का परम्परा-बोध। देर-सबेर हिन्दी मनीषा ने, जन्मशती समारोहों के बहाने ही सही, राहुल जी को ससम्मान याद किया है और उन्हें समग्रता में देखने की कोशिश की है। यही राहुल के समर्पित प्रयासों का वास्तविक प्रतिफलन है। विचारशील विवेक कुछ देर तक नकारा जा सकता है, लेकिन पराजित नहीं किया जा सकता। अन्ततः वही आने वाली पीढ़ियों के लिए प्रकाश-स्तम्भ बनता है। राहुल जी भी एक ऐसे ही प्रकाश-स्तम्भ हैं।

समकालीन सोच, जनवरी-अप्रैल 1994

भगत सिंह, कॉडवेल और पी.सी. जोशी को याद करते हुए

वर्ष 2007 पाँच विलक्षण प्रतिभाओं—आचार्य हज़ारीप्रसाद द्विवेदी, महादेवी वर्मा, भगत सिंह, क्रिस्टॉफ़र कॉडवेल और पूरनचन्द्र जोशी का जन्म-शताब्दी वर्ष है। इनमें प्रथम दो हिन्दी साहित्य-साधना से जुड़ी प्रतिभाएँ हैं। वर्तमान सम्पादकीय में भगत सिंह और पूरनचन्द्र जोशी को संक्षेप में याद करने की योजना है। ये दोनों भी कलम के सिपाही थे, लेकिन इतने से इनकी व्याख्या पूरी नहीं हो जाती। ये क्रान्तिकारी भी थे और अपने साहसी राजनीतिक व्यवहार के द्वारा इन्होंने अपनी बौद्धिक समझ को व्यापक अर्थवत्ता प्रदान करने का प्रयास भी किया। इसीलिए इन्हें मैं पहले याद करना चाहूँगा।

भगत, कॉडवेल और जोशी तीनों समाजवादी क्रान्तिकारी थे और इन्होंने अपनी क्रान्तिकारिता को केवल साम्राज्य-विरोध या सत्ता-विरोध तक सीमित नहीं रखा। इन्होंने विषमता-विहीन स्वाधीन समाज का सपना देखा और इसके लिए राजनीतिक संघर्ष का जोख़िम उठाया। भगत सिंह और कॉडवेल ने खूब सोच-समझ कर शहादत कुबूल की और पूरनचन्द्र जोशी ने स्वाधीनता के विचार की सामाजिक प्राणप्रतिष्ठा के लिए अन्तिम साँस तक संघर्ष किया और अनेक उतार-चढ़ावों को झेला। यह सही है कि किसी बड़े सामाजिक मुद्दे के लिए विचारशील व्यक्ति की शहादत उसे औदात्य प्रदान करती है, लेकिन उतने ही तेजस्वी व्यक्ति जो अपने को खतरों के बीच भी बचा पाता है या जिसे शहीद होने का सौभाग्य नहीं प्राप्त हो पाता, उसका अन्त उतना नाटकीय, दीप्तिमय और अश्रुसिंचित नहीं हुआ करता। शहादत एक असीम सम्भावना है जिससे हमारे सारे अधूरे सपने जुड़ जाते हैं, लेकिन जो शहीद नहीं हो पाता उसे संघर्षरत होकर इतिहास के दायित्व को ढोना होता है जो कहीं अधिक दुष्कर और गद्यमय है। इतिहास में वाशिंगटन, लेनिन, गाँधी, माओ और मण्डेला जैसे बिरले सौभाग्यशाली हैं जो अपने जीवन-काल में ही अपने सपनों को साकार होते या किसी निर्णायक बिन्दु तक पहुँचते देख पाते हैं। इसलिए अगर

पी.सी. जोशी का साम्यवादी स्वप्न साकार न हो सका तो इससे उनके संघर्षों की अर्थवत्ता कम नहीं हो जाती। दरअसल, भगत, कॉडवेल और जोशी एक ही किस्म की क्रान्तिकारी प्रतिभा थे।

यह कहना अप्रासंगिक नहीं होगा कि हर किसी का जन्मना या मरना अर्थवान नहीं होता, किसी शहजादे और शहंशाह का भी नहीं। जन्मना और मरना अनिवार्य नैसर्गिक घटनाएँ हैं जो जीवन का दो छोर बनाती हैं और सामान्य से सामान्य स्थिति में भी अपनों को उल्लसित करती या रूलाती हैं। अगर किसी के जन्म का उल्लास और मृत्यु का शोक अपनों तक ही सीमित रह जाय तो इसके माने यह कि व्यक्ति ने जीवन में कोई मानसिक और सामाजिक दूरी नहीं तय की, वह अपने जीवन को कोई बड़ा अर्थ नहीं दे सका। सुख और दुख के सन्दर्भ में अपनों का अतिक्रमण नैसर्गिक नहीं है, इसे अर्जित करना पड़ता है। इसीलिए व्यक्तियों का जन्म लेना, जीना और मरना एक-सा नहीं होता। साधारण व्यक्ति में प्राकृतिक अधिक और असाधारण में अर्जित अधिक हुआ करता है। दोनों ही जन्मते-मरते हैं, लेकिन दोनों एक तरह से नहीं जीते। एक केवल अपनी जिन्दगी को ढोता है और दूसरा इतिहास का दायित्व ढोता है और मानव नियति की किसी महत्तर सम्भावना का प्रतीक बन जाता है। हमारे जैसे लोग ऐसे ही लोगों को याद कर अपनी अर्थवत्ता का एहसास करते हैं। लेकिन कितने इतना करने लायक भी बन पाते हैं? इतिहास के वर्तमान अमरीकी दौर में ऐसे 'सेकण्ड आर्डर' (टी.एस. इलियट) मनीषा की आवयकता है। वर्तमान उत्तर-समाजवादी कारपोरेट लोकतन्त्र के दौर में जब निर्वैयक्तिक निस्पृह साधनाएँ अपना औदात्य खो चुकी हों, जब जिन्दगी की अर्थवत्ता आत्यंतिक रूप से आर्थिक कमाई से जुड़ती गयी हो; जब शहादत बेवकूफी और ईमानदारी आत्मरत विभ्रम घोषित हो; जब करोड़ों-करोड़ में मनोरंजक अभिनेता, गायक-नर्तक, खिलाड़ी और एक सीमा तक अपराधी भी समाज और राष्ट्र के गौरवशाली प्रतीक बनते गये हों; इतिहास एवं संस्कृति की उदात्त स्मृतियाँ अप्रासंगिक स्मरण या अतीत का बोझ बनती गयी हों; जब अर्थवत्ता फूहड़ एवं आत्मघाती लोकप्रियता द्वारा विस्थापित हो; और जब राजनीति जो व्यक्ति, समाज एवं राष्ट्र की जिन्दगी को गहराई से प्रभावित करती है, सम्पत्तिशालियों की रखैल और अपराधियों की शरणस्थली या संरक्षिका के रूप में सामने हो, तब यह आवश्यक हो जाता है कि रैडिकल विवेक के लिए जगह बनाई जाए, इसके लिए वैचारिक आन्दोलन चलाए जाएँ ताकि एक सही समाजवादी परिप्रेक्ष्य एवं उद्देश्यों के साथ राजनीति की पुनर्वापसी सम्भव हो सके, ताकि मनोरंजन व्यवसाय की लक्ष्मण-रेखा तय की जा सके और वर्तमान उपभोक्तावादी पागलपन पर

प्रभावी अंकुश लगाया जा सके। आज के कारपोरेट साम्राज्यवाद को पीछे धकेले बग़ैर यह सब सम्भव नहीं है। इसी सन्दर्भ में मुझे भगत, कॉडवेल और जोशी याद आते हैं।

भगत सिंह : समाजवादी राष्ट्रीय चेतना के क्रान्तिकारी प्रतीक

सरदार भगत सिंह हमारी राष्ट्रीय चेतना के क्रान्तिकारी प्रतीक हैं। समाजवादी प्रतिबद्धता ने उनकी आरम्भिक राष्ट्रवादी उग्रता को सेक्युलर क्रान्तिकारी आयाम दिया और इसी सन्दर्भ के चलते वह क्रान्तिकारी चेतना के निरापद राष्ट्रीय प्रतीक हैं। अपने बलिदान से एक दिन पूर्व 22 मार्च, 1931 को अपने साथियों के नाम लिखे पत्र में उन्होंने स्वयं लिखा था—"मेरा नाम हिन्दुस्तानी क्रान्ति का प्रतीक बन चुका है।" स्वयं नेहरू ने अपनी 'आत्मकथा' में भगत सिंह के 'अचानक, आश्चर्यजनक रूप से लोकप्रिय' होने की बात लिखी है। गुप्तचर ब्यूरो की एक रिपोर्ट के अनुसार तो उन्होंने 'कुछ समय के लिए...अग्रणी राजनीतिक व्यक्तित्व के रूप में मि. गाँधी को भी मात दे दी थी।' लेकिन उस साढ़े तेईस वर्ष की उम्र में भी भगत सिंह ने मानसिक प्रबुद्धता अर्जित कर ली थी। अपने उक्त पत्र में उन्होंने यह भी लिखा है कि अगर वह फाँसी से बच जाते तो शायद उनके क्रान्तिकारी व्यक्तित्व की चमक धूमिल पड़ जाती, लेकिन शहीद भगत भारतीय माताओं को क्रान्ति-पुत्र पैदा करने की प्रेरणा देता रहेगा। भगत सिंह गलत नहीं थे। उनकी शहादत ने उनकी चमक को कायम रखा है, जबकि नेहरू राजनीतिक विमर्श से गायब हैं, महात्मा गाँधी चुनौती झेल रहे हैं, और एक दौर के निन्दित अम्बेडकर अभिनन्दित होकर दरकिनार होने की स्थिति में हैं। धम्मनिष्ठ दलित मसीहा के रूप में अम्बेडकरी जीवन-बोध एवं राजनीति की सीमाएँ थीं और नवदलित उन्हें उसी में कैद रखकर सन्तुष्ट हैं। मेरी यह भी समझ है कि 30 जनवरी, 1948 ने महात्मा की सेक्युलर सम्भावना को बचा लिया और नितान्त धार्मिक होते हुए भी वह हमारे सेक्युलर राष्ट्रवाद के एक प्रामाणिक प्रतीक बने रहेंगे। इसी प्रकार हमारे लोकतन्त्र का यह बेशर्म कारपोरेट-पूँजीवादी दौर रैडिकल विकल्पों के प्रति आकर्षण बनाये रखेगा और; निश्चय ही, भगत सिंह की क्रान्तिकारी चेतना को अर्थवत्ता प्रदान करेगा। भगत सिंह को आसानी से दरकिनार नहीं किया जा सकेगा, क्योंकि विषमता-विरोध और सेक्युलर जीवन-बोध उनकी क्रान्तिकारी राष्ट्रीयता की रीढ़ हैं। इसी माने में वह सावरकर से भिन्न हैं जो अपने हिन्दुत्व को अतिक्रमित नहीं कर सके। देश की समाजवादी शक्तियों को यह श्रेय जाता है कि इन्होंने भगत सिंह और सुभाषचन्द्र बोस के साथ-साथ लगभग समूची क्रान्तिकारी राष्ट्रीय विरासत को सांस्कृतिक राष्ट्रवादियों से छीनने में सफलता पायी है।

जब कभी भी मैं भगत सिंह की क्रान्तिकारी अर्थवत्ता के बारे में सोचता हूँ मुझे

1928 का उनका वह प्रस्ताव याद आता है जिसे उन्होंने अपने क्रान्तिकारी साथियों के समक्ष रखा था। वह लगभग इक्कीस वर्ष के थे। भगत सिंह के उस प्रस्ताव में पाँच बिन्दु थे जिनसे देश के क्रान्तिकारी आन्दोलन को एक नयी दिशा मिली। ये पाँच बिन्दु थे–1. साहस के साथ समाजवाद को लक्ष्य घोषित करना; 2. तद्नुसार पार्टी का नाम बदला जाना; 3. उन्हीं कामों को हाथ में लेना जो जनता की जरूरतों और भावनाओं से जुड़ी हों, और छोटे-छोटे पुलिस अधिकारियों और भेदियों को मारने में शक्ति का अपव्यय न करना; 4. धन-संग्रह के लिए निजी घरों पर हाथ न डालकर केवल सरकारी खजानों को लूटना और 5. सामूहिक नेतृत्व के सिद्धान्त का कड़ाई से पालन करना। इस प्रस्ताव पर भगत सिंह ने अपने लाहौर और कानपुर के साथियों को विश्वास में लिया था और काकोरी के जेल से बाहर चन्द्रशेखर आज़ाद और कुन्दन लाल से भी सहमति प्राप्त कर ली थी। उन्हीं की पहल पर 8 और 9 सितम्बर 1928 को दिल्ली के पुराने किले के वीरान में पाँच प्रान्तों से आये विभिन्न गुटों के प्रतिनिधियों की बैठक हुई थी। बंगाल से आये दो प्रतिनिधियों ने इसका बहिष्कार किया। इसमें समाजवाद को अन्तिम लक्ष्य स्वीकार किया गया और शचीन्द्र नाथ सान्याल द्वारा 1923 में गठित 'हिन्दुस्तान रिपब्लिकन आर्मी' की तर्ज पर 'हिन्दुस्तान सोशलिस्ट रिपब्लिकन एसोसिएशन' (एच.एस.आर.ए.) जैसा संगठन गठित किया गया। इतना ही नहीं, काल्पनिक धार्मिक आस्था को व्यक्तिगत सरोकार मान कर उसे क्रान्तिकारी लक्ष्य से अलग कर दिया गया। यह भी निर्णय किया गया कि देश में अलग-अलग क्षेत्रों में सक्रिय साम्राज्य-विरोधी क्रान्तिकारी गुटों से संपर्क कर एकसूत्रता प्रदान करने के प्रयास किये जायेंगे।

ध्यातव्य है कि यह देश की क्रान्तिकारी परम्परा से मूलभूत अलगाव था। पहली बार क्रान्तिकारियों ने मात्र साम्राज्य-विरोध की अंधता का एहसास किया था और स्वाधीन समाजवादी भारत की तस्वीर देश के सामने प्रस्तुत की थी। दूसरी बात यह कि बंगाल के क्रान्तिकारी संगठन–'अनुशीलन समिति' और 'युगांतर' अपने आस्थावान धार्मिक सदस्यों को नास्तिक सदस्यों से श्रेष्ठ मानते थे। क्रान्तिकारियों द्वारा काली पूजा आम चलन में थी। विवेकानन्द का प्रभाव स्पष्ट था। पहली बार इनमें मार्क्स और लेनिन के नाम लिये जाने लगे। इस प्रकार क्रान्तिकारी चेतना का लौकिकीकरण हुआ और अब ये वास्तविक रूप में राष्ट्रीय होने का दावा कर सकती थीं। आन्दोलन ने धार्मिक कटघरों से मुक्ति ले ली। भारत जैसे बहुधर्मी देश में सेक्युलर हुए बगैर राष्ट्रीय नहीं हुआ जा सकता। कम-से-कम, मैं यही समझ पाया हूँ। अखिल भारतीय संगठन होने की आकांक्षा तो स्पष्ट ही है। आश्चर्य नहीं, इस क्रान्तिकारी आन्दोलन के बिखराव के बाद लगभग सभी क्रान्तिकारी

आर.एस.पी. अथवा भारतीय कम्युनिस्ट पार्टी में सक्रिय रहे। देश का कम्युनिस्ट आन्दोलन इसका वारिस बना। इसने अपनी इस महान विरासत के साथ क्या सलूक किया, क्यों किया या क्यों करना पड़ा—यह गहन विमर्श का मसला है। वैसे भगत सिंह के पत्रों एवं निबन्धों से इस पर रोशनी पड़ती है। वह स्वयं एहसास करने लगे थे कि क्रान्तिकारी उग्रता ने उन्हें बन्द गली में पहुँचा दिया था। दरअसल वह क्रान्ति के सन्दर्भ में बम और पिस्तौल की सीमाओं को भी समझ चुके थे। चन्द्रशेखर आज़ाद ने भी जवाहर लाल नेहरू से यही कहा था। क्रान्तिकारी आन्दोलनों को जनता की सहानुभूति तो मिलती है, लेकिन जनता साथ नहीं देती, अगर उसे दूसरे विकल्प उपलब्ध हैं। भारत में बहुत सारे विकल्प उपलब्ध थे।

मुझे भगत सिंह इसलिए भी महत्त्वपूर्ण लगते हैं कि उनमें भारतीय लेनिन बनने की पूरी सम्भावना थी। लेनिन के बड़े भाई पर जार अलेक्जेण्डर द्वितीय पर बम फेंकने का आरोप था। लेनिन भी जेल भेज दिये गये थे। लेकिन कुछ ही दिनों बाद उन्हें जेलर की इस संस्तुति पर मुक्त कर दिया गया था कि कैदी किताबी कीड़ा है और इसलिए इससे किसी नुकसान की आशंका नहीं है। समाज में तब यही आम धारणा थी कि क्रान्तिकारी हथियार-प्रेमी होते हैं, विचार-प्रेमी और ज्ञान-प्रेमी नहीं। बन्द दुनिया में पड़े लोग ऐसे ही सोचकर आत्ममुग्ध रहते हैं। खैर, भगत सिंह की जेल डायरी जो सत्यम वर्मा द्वारा सम्पादित शहीद-ए-आजम की जेल नोट बुक (परिकल्पना प्रकाशन, 3/274, विश्वास खंड, गोमती नगर, लखनऊ-10) को पढ़ते हुए बार-बार ग्राम्शी की प्रिजन नोट बुक्स की याद आती है। याद तो नेहरू भी आते हैं, लेकिन जेल में नेहरू जी उतने एकाकी नहीं थे और न ही उनके ऊपर मृत्यु की डरावनी साया मँडरा रही थी। डायरी से पता चलता है कि अमरीकी और फ्रांसीसी क्रान्ति के विचारकों से भगत सिंह का लगाव गहराता गया था। रूसो, टामस पेन, टामस जेफर्सन, पैट्रिक हेनरी आदि के प्रचुर उद्धरण अंकित हैं। इसी प्रकार मार्क्स, एंगेल्स और लेनिन से वह अभिभूत होते गये थे और इनकी बहुत सारी पुस्तकों से भी उद्धरण हैं। उनके एक क्रान्तिकारी साथी और जेल सहयोगी के अनुसार, जेल में भगत सिंह की गहन रुचि रूसी प्रयोगों में थी और 19वीं सदी के क्रान्तिकारी उभार और सोवियत क्रान्ति के बारे में उनके अध्ययन की गहराई की तुलना बहुत कम लोगों से की जा सकती थी। मृत्यु के साये में भी वह नास्तिकता का औचित्य-प्रतिपादन कर सकते थे, क्योंकि ईश्वर की अवधारणा को वह अपनी तर्कना और मानव गरिमा के विपरीत पाते थे। उसी स्थिति में वह अपनी नौजवान भारत सभा का घोषणा-पत्र लिख सकते थे और इसे 1857 से जोड़कर देखने की स्थिति में थे। क्रान्तिकारी रामसरन दास की काव्य-पुस्तक 'ड्रीम लैण्ड' की भूमिका लिखने की भी स्थिति में थे और

यह पहचान सकते थे कि स्वप्नदर्शी होना भी व्यवस्थागत फूहड़ता का एक खूबसूरत विकल्प है, और इस रूप में इसमें क्रान्तिकारी सम्भावनाएँ हैं। वह गाँधीवाद में भी क्रान्तिकारी सम्भावना देख सकते थे, क्योंकि इसमें भी सामूहिक कार्यक्रम पर बल है और जिसे और 'गर्मजोशी' देने के लिए क्रान्तिकारी रक्त की आवश्यकता थी। उनकी यह भविष्यवाणी भी सही साबित हुई है कि 'गाँधी को कोई उत्तराधिकारी मिलने वाला नहीं है।' वह यह समझने की स्थिति में थे कि आजीविका के लिए गंदे नाले में मछली पकड़ते या जाड़े की भात लहरी में ठिठुरते इनसान से धर्म और नैतिकता की बात नासमझी है। अब वह समझने लगे थे कि 'न तो मशीन और न ही मशीन के मालिक को मानव जाति पर शासन करने का अधिकार है।' उनमें वह समीक्षा-चेतना भी थी जो विचारधाराओं के जीर्ण-शीर्ण दुर्ग को नेस्तनाबूद कर सकती थी–'यदि कोई ऐसी चीज़ हो जो मुक्त चिन्तन को बर्दाश्त न कर सके, तो वह भाड़ में जाए।' फाँसी के फंदे के पूर्व तक वह अपने विश्वसनीय निकटस्थों से नयी-नयी पुस्तकों के लिए 'प्रार्थना' करते रहे, क्योंकि जेल के अधिकारी केवल धार्मिक पुस्तकें और कुछ उपन्यास ही उपलब्ध कराते थे। युवा भगत सिंह को मन बहलाव की नहीं ज्ञान और समझ की जरूरत थी, क्योंकि उन्हें एक नया समाजवादी भारत बनाना था। जेल में उन्होंने चार छोटी-बड़ी पुस्तकें भी लिखीं–आत्मकथा, समाजवाद का आदर्श, मृत्यु के द्वार पर, भारत में क्रान्तिकारी आन्दोलन, जिनकी पांडुलिपियाँ, परिवार की अकुशलता अथवा तत्कालीन शासन के षड्यन्त्र के चलते गायब हो गयीं। उनके वकील प्राणनाथ मेहता उनकी फाँसी से मात्र दो घंटे पूर्व उनसे मिले थे और उन्हें लेनिन की या लेनिन पर कोई पुस्तक पढ़ते पाया था। जो जेल अधिकारी उन्हें फाँसी के लिए ले जाने आया उसने भी उन्हें पुस्तक पढ़ते पाया और जब उसने चलने के लिए कहा तो उन्होंने पुस्तक पर नज़र गड़ाये, बायाँ हाथ उठाकर उससे कहा था–'ठहरिये, यहाँ एक क्रान्तिकारी दूसरे क्रान्तिकारी से मिल रहा है।' इसके बाद दो-चार वाक्य और पढ़कर उठ गये और कहा–''चलिए'', मानो फाँसी का फंदा भी उनकी आत्मोपलब्धि था। 23 मार्च 1931 को शहीद भगत सिंह की एक नयी जिन्दगी आरम्भ हुई–अधिक प्राणवान और प्रेरणादायी। मात्र 23.5 वर्ष की उम्र में उनके अध्ययन और चिन्तन में वह प्रौढ़ता आ चुकी थी कि यह विश्वास किया जा सकता है कि अगर वह जीवित बच गये होते तो भारत के क्रान्तिकारी आन्दोलन का इतिहास और इसका इतिहास लेखन दोनों भिन्न होते। क्रान्ति के इस शलाका पुरुष की सामाजिक-राजनीतिक अर्थवत्ता चुकने वाली नहीं है। विशेषतः युवा वर्ग के लिए जो इतिहास की संचालक शक्ति हुआ करता है।

क्रिस्टॉफ़र कॉडवेल

कॉडवेल एक मार्क्सवादी विचारक सौन्दर्यशास्त्री, समालोचक, संस्कृति-विमर्शकार, कवि, कम्युनिस्ट सक्रियवादी और स्वाधीनता के शहीद के रूप में याद किये जाते हैं। इनका जन्म लन्दन के निकट प्यूटनी में 22 अक्टूबर 1907 को एक कैथोलिक परिवार में हुआ था और इनका मूल नाम क्रिस्टॉफ़र सेन्ट जान स्प्रिग था। इनकी औपचारिक शिक्षा-दीक्षा स्कूल तक सीमित रही, लेकिन इन्होंने अपनी कुशाग्रता, विलक्षण तर्क-शक्ति, ज्ञान-पिपासा, श्रम और निष्ठा के बलबूते इतिहास, दर्शन, मार्क्सवाद, भौतिकशास्त्र, मनोविज्ञान, अर्थशास्त्र, एयर इंजीनियरिंग जैसे अद्यतन तकनीकी अनुशासनों में विश्वसनीय प्रवेश बनाया, चिन्तन-मनन किया और गम्भीरतापूर्वक लिखा भी। लेकिन यह सारी उपलब्धि उनके जीवन के लगभग अन्तिम ढाई वर्षों (1934 से 1936) के प्रयासों की फलश्रुति थी जब वह मार्क्सवादी हुए। उनके जीवन-वृत्तान्त से पता चलता है कि वर्ष 1934 के उत्तरार्ध में वह कभी मार्क्सवाद से आकर्षित हुए और पाप्लर कस्बे में श्रमिकों के बीच रहने चले गये, वहीं कम्युनिस्ट पार्टी के सदस्य बने और फिर उस यूनिट के सचिव भी। सुबह या शाम रेड स्टार' और 'डेली कंसर' वितरित करते, दीवाल-लेखन करते, नुक्कड़ सभाएँ करते, प्रदर्शनों में भाग लेते (एक बार जेल भी गये थे), लेकिन इस सबके समानान्तर उनकी एक गम्भीर अकादमिक एवं लेखकीय जिन्दगी भी रही जिसके बारे में वह एकबारगी मौन रहा करते। कम्युनिस्ट पार्टी में आने से पूर्व वह जासूसी उपन्यासों के लेखक के रूप में जाने जाते और लगभग आठ उपन्यास उन्होंने लिखे थे। साथ ही कुछ कहानियाँ और कविताएँ भी। इसी दौरान अपने बड़े भाई के प्रतिष्ठान में कार्य करते हुए उन्होंने हवाई उड़ान और हवाई इंजीनियरिंग पर भी पाँच स्तरीय पाठ्य पुस्तकें लिखीं और एक असीम परिवर्ती गियर का प्रारूप तैयार किया जो इंग्लैण्ड की प्रतिष्ठित पत्रिका 'आटोमोबिल इंजीनियरिंग' में प्रकाशित हुआ जिसने क्षेत्र के विशेषज्ञों का ध्यान आकर्षित किया था, जो थोड़े हेर-फेर के साथ द्वितीय विश्वयुद्ध में प्रयोग में भी लाया गया। 1935 में उनका अन्तिम उपन्यास 'दिस माई हैण्ड क्रिस्टॉफ़र कॉडवेल' के नाम से प्रकाशित हुआ। इसमें फ्रसायडवादी मनोविज्ञान का असर था और इसे वह एक गम्भीर सामाजिक उपन्यास मानते थे जो समाज एवं व्यक्ति की आंतरिक रुग्णता का विश्लेषण भी था। इसके बाद उन्होंने जो कुछ भी लिखा वह अत्यन्त गम्भीर था और मार्क्सवादी प्रभाव में लिखा गया था और क्रिस्टॉफ़र कॉडवेल नाम से लिखा था। ध्यातव्य है कि 'कॉडवेल' उपनाम उन्होंने अपनी माँ के नाम से लिया था। वह प्रायः पाँच हज़ार शब्द रोज़ टाइप से लिखते। यह एक रहस्य है कि उन्होंने क्यों अपने लेखन के बारे में पार्टी सदस्यों तक

से कभी चर्चा नहीं की। पार्टी-कार्य करते हुए उन्होंने अपने बौद्धिक एकाकीपन को बनाये रखा जो अत्यन्त ही सर्जनात्मक साबित हुआ। उनकी पाँच महत्त्वपूर्ण पुस्तकें—*इल्यूजन एंड रियालिटी* (दो खंडों में), *स्टडीज इन अ डाईंग कल्चर, क्राइसिस इन फिजिक्स, रोमान्स एंड रियलिज्म, पोएम्ज* इत्यादि उनकी शहादत के बाद छपीं और वह एक विशिष्ट मार्क्सवादी सौन्दर्यशास्त्री, साहित्य-समीक्षक और संस्कृति-समीक्षक के रूप में स्थापित हुए। इस प्रकार कॉडवेल जैसी साहित्यिक-सांस्कृतिक परिघटना एक मृत्योपरान्त निर्मिति है।

उनकी कविताओं पर मार्क्सवाद से अधिक फ्रायडवाद का प्रभाव है और वह भी किसी-न-किसी रूप में समूची ब्रिटिश बूर्जुआ संस्कृति की रुग्णता को ही अभिव्यक्ति देती है। इलिएट के प्रभाव में इनमें पर्याप्त प्रयोगधर्मिता है। लेकिन अन्य समालोचनात्मक पुस्तकों पर युगीन सोवियत मार्क्सवाद का निर्णायक प्रभाव है, यद्यपि फ्रायड, रिचड्र्स आदि का प्रभाव भी स्पष्ट है। बौद्धिक सृजन भी नितान्त बौद्धिक एकाकीपन में सम्भव नहीं हुआ करता। विभ्रम और यथार्थ (इल्यूजन एंड रियालिटी, 1937) उनकी कालजयी कृति मानी जाती है और इस पुस्तक में पूर्ववर्ती मार्क्सवादी दार्शनिक जी.वी. प्लेखानोव का प्रभाव स्पष्ट है जिसे वे स्वयंसिद्ध मान कर चलते हैं। फ्रायड और रिचड्र्स का प्रभाव जितना स्पष्ट है उतना ही उनसे असहमतियाँ भी। आदिकालीन कविता से लेकर बूर्जुआ कविता के सामाजिक आधार, उसके उद्भव एवं विकास, आर्थिक उत्पादन में तकनीकी क्रान्ति और काव्य-रूप में क्रान्ति के बीच अन्तःसम्बन्धों की व्याख्या, वर्चस्वशील बूर्जुआ व्यक्तिवाद का विभ्रम और उसकी काव्याभिव्यक्ति के बीच संश्लिष्ट सम्बन्ध, गीत-काव्य की आत्मगतता और उसकी समाज-निरपेक्षता, काव्याभिव्यक्ति और स्वातंत्र्यबोध, कविता, उपन्यास, गणित और संगीत की तात्विक, अन्तःसम्बन्द्धता और साम्यवादी कविता के संभावित प्रारूप इत्यादि की मौलिक, दृष्टि-सम्पन्न व्याख्या और विश्लेषण प्रस्तुत है। लगभग सभी स्वीकार करते हैं कि इस पुस्तक को पढ़ने और समझने के लिए अत्यन्त धैर्यवान मेधा अपेक्षित है।

स्टडीज इन अ डाईंग कल्चर में बूर्जुआ कला, बुद्धिधर्मिता, महापुरुष, सौन्दर्यबोध, स्वातंत्र्यबोध, दर्शन, अर्थशास्त्र इत्यादि का विस्फोटक विश्लेषण है, और कॉडवेल यह बताने के लिए प्रयासरत हैं कि बूर्जुआ संस्कृति के पास कोई केन्द्रीय विचार नहीं है, इसके विभिन्न अनुशासनों के बीच अराजकता व्याप्त है क्योंकि ये परस्पर स्वतन्त्र दिशाओं में क्रियाशील हैं। यह स्थिति बूर्जुआ व्यक्तिवाद के चलते है। इसलिए समाधान के रूप में वह केन्द्रीय विश्व-बोध के लिए मार्क्सवादी क्रान्ति की पुरज़ोर वकालत करते हैं। इसी प्रकार 'क्राइसिस इन फिजिक्स' में वह क्वान्टम फिजिक्स से जुड़े विभिन्न प्रयोगों एवं निष्कर्षों के अन्तर्विरोधों की व्याख्या करते हुए इसे

बूर्जुआ सांस्कृतिक संकट से जोड़ते हैं। 'रोमान्स एंड रियलिज्म' उनकी कालजयी कृति 'इल्यूजन एंड रियालिटी' का व्यावहारिक विस्तार मात्र है। उनका निष्कर्ष यह है कि हर क्षेत्र में, चाहे बौद्धिक हो अथवा भौतिक, बूर्जुआ संस्कृति संकटग्रस्त है और इसे केवल मार्क्सवादी विश्वबोध और क्रान्ति बचा सकते हैं।

किसी दिन दिसम्बर 1936 में पार्टी द्वारा उगाहे चन्दे से खरीदी गयी एम्बुलेन्स को वह स्पेन की नवगठित लोकतान्त्रिक सरकार की ओर से फ्रैंसको की फासिस्ट सेना के विरुद्ध लड़ रही अमेच्योर अन्तरराष्ट्रीय सेना को भेंट देने भेजे गये थे। लेकिन वहाँ वह 11 दिसम्बर 1936 को ब्रिटिश बटैलियन में शामिल हो गये और आर्टिलरी ट्रेनर बने। लन्दन के पार्टी कार्यालय के साथ उनका सम्पर्क टूट गया। अन्ततः 12 फरवरी 1937 की शाम अपनी पीछे हटती बटैलियन को फायर कवर देते हुए मारे गये। उनके स्पेन जाने के कुछ दिनों बाद उनके बड़े भाई इल्यूजन एंड रियालिटी की पांडुलिपि लिए पार्टी कार्यालय पहुँचे। पांडुलिपि के अवलोकन के बाद उन्हें तत्काल वापस बुलाने के प्रयास आरम्भ हुए, लेकिन तब तक वह शहीद हो चुके थे। फिर भी मृत्योपरान्त जो उनका लिखा हुआ प्रकाश में आया उसे देखते हुए सभी सहमत हैं कि उनमें एक ब्रिटिश लूकाच बनने की पूरी सम्भावना थी। फिर भी वे ब्रिटिश मार्क्सवादी समालोचना एवं संस्कृति-विमर्श के महत्त्वपूर्ण प्रस्थान-बिन्दु हैं।

ध्यातव्य है कि स्पेन के उस शिशु लोकतन्त्र को फासिस्टों का शिकार हो जाने से बचाने के सम्बन्ध में योरोपीय सरकारें मौन थीं। अभी तुष्टीकरण की योरोपीय और अंग्रेज़ी नीति कायम थी। लेकिन योरोप और अमेरिका के बड़े-बड़े बुद्धिधर्मी लेखकों ने लोकतन्त्र के पक्ष में कलम छोड़कर हथियार उठाना ही उचित समझा था। कॉडवेल, राल्फ फाक्स और कार्नफोर्थ जैसी प्रतिभाएँ शहीद हुईं और जार्ज आर्वेल तथा अर्नेस्ट हेमिंग्वे जैसे लोग जख्मी हुए। भारत से जवाहर लाल नेहरू भी बार्सिलोना पहुँचे थे। स्पेन का वह शिशु लोकतन्त्र स्वातन्त्र्य चेतना का प्रतीक बन गया था। 11 दिसम्बर, 1936 को ब्रिटिश बटैलियन में शामिल होने से ठीक पूर्व कॉडवेल ने जो कारण बताया था वह ध्यातव्य है–'आप जानते हैं कि लोकतान्त्रिक स्वतन्त्रता के महत्त्व के बारे में मेरी भावनाएँ क्या हैं? स्पेन की जनता को सैनिक सहायता की बुरी तरह जरूरत है और उनका संघर्ष, अगर असफल हुआ, कल निश्चय ही हमारा संघर्ष होगा, और इस विश्वास के बाद यह स्पष्ट है कि मेरा कर्तव्य कहाँ है।'

पी.सी. जोशी : भारतीय साम्यवाद के शिल्पी

भारतीय साम्यवादी आन्दोलन के बारे में यह आम मध्यवर्गीय समझ है कि अत्यन्त जनोन्मुख होते हुए भी यह सही अर्थों में भारतीय नहीं बन सका। अर्थात् यह एक

नितान्त राजनीतिक आन्दोलन बना रहा, उसमें भी एक ऐसा आन्दोलन जिसने अपने मार्क्सवाद या मार्क्सवाद-लेनिनवाद को न केवल भारतीय शब्दावली में ढालने से परहेज किया, बल्कि अपनी सांस्कृतिक जड़ों को इसने दकियानूस और प्रतिक्रियावादी मानकर इनकी कटु आलोचना की या अप्रासंगिक मानकर इनके प्रति उदासीन रहा। महावीर और गौतम की विराट करुणा और सामाजिक चिन्ता, उपनिषदों की बौद्धिकता और मध्ययुगीन वैष्णव चेतना के सामाजिक प्रयासों तथा अपने समकालीन गाँधी तक का सही मूल्यांकन करने में यह लगभग असफल रहा। स्वयं पी.सी. जोशी का, जो 1935 से 1947 तक के चुनौतीपूर्ण वर्षों के दौरान राष्ट्रीय महासचिव रहे, और जिन्होंने आन्दोलन को केवल बचाया ही नहीं, बल्कि लोकप्रिय भी बनाया हो, पार्टी के भीतर दरकिनार होते जाना और लगभग अनजान मर जाना भी इसके सत्ता-सरोकार की केन्द्रीयता का बोधक लगता है। आश्चर्य नहीं, अपनी ईमानदार राष्ट्रीय निष्ठा, त्याग और बलिदान तथा असंदिग्ध जनोन्मुखता के बावजूद यह उस भारतीय मध्यवर्ग की मुख्यधारा से कटा रहा जो राष्ट्रीय चित्ति का प्रतिनिधि और पुरोहित हुआ करता है।

यूँ तो कलकत्ता में मेरा कम्युनिस्ट आन्दोलन से संस्पर्शीय लगाव सन् 1959-60 से ही था, लेकिन गाजीपुर आने के बाद 1974 में ही मैं पहली बार भारतीय कम्युनिस्ट पार्टी का सदस्य बना था और पार्टी की छोटी-बड़ी जिम्मेदारियों का निर्वाह करता लगभग 1990 तक सदस्य बना रहा। लेकिन सोवियत संघ के विघटन और फिर मण्डल आयोग के बाद पार्टी मित्रों में पनपे सामाजिक भटकाव ने मुझे पस्तहिम्मत किया, कई रात नींद नहीं आयी और मुझे लगता कि विगत लगभग 30 वर्षों से मैं साम्यवाद के नाम पर एक सपना-मात्र पाले हुए था, हमारी वैज्ञानिक दृष्टि और इतिहास-बोध सम्बन्धी हमारे सारे दावों में कोई आधारभूत कमज़ोरी थी। फिर भी अभी वैचारिक लगाव कायम है, क्योंकि सोवियत प्रयोग की असफलता के बाद भी ऐसा कोई सामाजिक बोध और इतिहास-दृष्टि सामने नहीं है जो इसका विश्वसनीय विकल्प लगती हो।

मैंने पी.सी. जोशी को कभी देखा नहीं है, वैसे प्रकाशित चित्रों में उनके चेहरे से शालीनता, मासूमियत, ईमानदारी और निष्ठा का भाव टपकता है। कामरेडशिप के दिनों, लगभग हर शाम, हम कई-एक कामरेड, पूर्वांचल के लोकप्रिय कम्युनिस्ट नेता सरजू पाण्डेय के आवास पर इकट्ठे होते और तमाम गम्भीर-हँसोड़ चर्चाओं के दौरान यदा-कदा पी.सी. जोशी की चर्चा भी पाण्डेय जी करते। वह बताते कि कलकत्ता में 1948 की पार्टी कान्फ्रेंस में कामरेड जोशी अलग-थलग पड़ गये थे। वह स्टेज पर दरकिनार एक कोने में उदास बैठे दिखते, उनकी नीतियों के विरुद्ध लम्बे-लम्बे उग्र

भाषण दिये जाते, और सामने बैठे श्रोता-कामरेडों के बीच से रह-रह कर आवाज उठती—'हैंग, हैंग कामरेड जोशी', अर्थात् 'कामरेड जोशी को फाँसी दो, फाँसी दो।' वह रणदिवेवादी उग्रता का दौर था, और उस समय पी.सी. जोशी द्वारा 15 अगस्त 1947 को 'राजनीतिक आज़ादी' का दिन बताया जाना और आर्थिक एवं अन्य स्वतन्त्रताओं के लिए स्थापित अन्तरराष्ट्रीय एवं राष्ट्रीय बूर्जुआ तथा सामन्ती गठजोड़ की सत्ता के साथ दृढ़ 'एकता और संघर्ष' की नीति की वकालत किया जाना उस सत्ता का दलाल होना था। वह दौर वैचारिक उद्वेलन और आन्दोलनात्मक प्रयोगों का दौर था। स्थापित सत्ता के स्वरूप एवं वर्ग चरित्र को लेकर बावेला था। 1948 से 1951 तक रणदिवे की 'मास्को लाइन' चली और 1951-55 तक राजेश्वर राव की 'चाइना लाइन'। इनके बीच जोशी की भारतीय लाइन के लिए कोई जगह नहीं थी। इसलिए अपनी लाइन पर टिके रहने के लिए उन्हें पार्टी से निष्कासित तक किया गया। लेकिन एक-एक करके दोनों लाइनें प्रयोग में ध्वस्त हो गयीं, क्योंकि भारत रूस अथवा चीन नहीं था। अन्ततः 1955 में अजय घोष, जो भगत सिंह के साथियों में से थे, के महासचिव बनने के बाद पार्टी के भीतर अस्थायी सन्तुलन आया, 1956 में जोशी पुनः पार्टी के सदस्य बना लिए गये, और सोवियत सिद्धान्तकारों के हस्तक्षेप से भारतीय सत्ता के वर्ग-चित्रण को लेकर गम्भीर पुनर्चिन्तन की आवश्यकता महसूस हुई। इस प्रकार परिस्थितियों ने पी.सी. जोशी को सही ठहराया। लेकिन 1959 में उभरे चीन और भारत के बीच सीमा विवाद और 1962 में चीन-भारत युद्ध ने पार्टी के आंतरिक कलह को फिर से उभार दिया जिसकी चरम परिणति 1964 में पार्टी के साथ-साथ कम्युनिस्ट आन्दोलन के विभाजन के रूप में हुई। 1948 से 1964 तक के आंतरिक कलह के दौरान पी.सी. जोशी कभी कोई पहल करते नहीं दिखते। अब मसला डाँगे-राजे वर राव-मोहित बनाम रणदिवे-सुन्दरैया-गोपालन के बीच था। 1948 में दरकिनार होने के बाद पी.सी. जोशी कभी कम्युनिस्ट आन्दोलन के रंगमंच पर नहीं दिखे, यद्यपि उन्होंने नींव की मज़बूत ईंट का काम किया था। शायद आन्दोलनों के पास वैयक्तिक स्मृतियों के लिए कोई जगह नहीं होती। इनके केन्द्र में मुद्दे, विचारधारा और सांगठनिक सरोकार होते हैं, बीती व्यक्तिगत स्मृतियाँ नहीं। इसी माने में आन्दोलन निर्वैयक्तिक और निर्मम हुआ करते हैं।

पी.सी. जोशी सांस्कृतिक और अकादमिक रुचि के भी आदमी थे। पार्टी द्वारा दरकिनार किये जाने पर वे अपने अकादमिक सरोकारों से जुड़े रहे। पी.पी.एच. ने 1857 के शताब्दी वर्ष 1957 में जो मेमोरियल वाल्यूम प्रकाशित किया था उसमें पी.सी. जोशी के दो निबन्ध हैं जो उनकी अकादमिक रुचि, विस्तार और गांभीर्य के द्योतक हैं। उसी वर्ष उन्होंने 1857 पर लोकगीतों का एक संग्रह प्रकाशित किया

था जिसे मैंने अभी पढ़ा नहीं है, लेकिन उनकी भूमिका पर प्रशंसात्मक प्रेक्षण जरूर पढ़ने को मिले हैं। अपने महामन्त्रित्व के दौरान उन्होंने गाँधी और नरेन्द्रदेव से पत्राचार किया था, वह प्रकाशित है और भारतीय परिप्रेक्ष्य में कम्युनिस्ट आन्दोलन सम्बन्धी उनकी चिन्ताओं पर रोशनी डालता है। बदलते भारतीय सन्दर्भों में वह अपने आन्दोलन का विस्तार चाहते थे और इसके लिए सोवियत और चीनी अनुभवों को महत्त्वपूर्ण मानते हुए भी भारतीय परिवेश में उन्हें अक्षरशः प्रासंगिक नहीं मानते थे। वह सर्जनात्मक मार्क्सवादी थे। उन्होंने उसी दौर में हिन्दुत्ववादी साम्प्रदायिक खतरे को भाँप लिया था और वह नेहरूवादी धर्म-निरपेक्षता के समर्थक थे। इस सन्दर्भ में उन्हें समाजवादियों से भी कोई उम्मीद नहीं थी, क्योंकि 1957 में लोहिया जब जवाहर लाल नेहरू के विरुद्ध चुनाव लड़ रहे थे तो संघ परिवार ने हिन्दुत्ववादी करपात्री जी का समर्थन न कर लोहिया का समर्थन किया था। हाल के वर्षों में इन्हीं समाजवादियों से साँठ-गाँठ करते जनसंघ/भाजपा की राष्ट्रीय क्षितिज पर अन्ततः असरदार उपस्थिति बनी है। कहा जा सकता है कि 1948-54 के कम्युनिस्ट संकीर्णतावादी थे। एक दौर में समूचा आन्दोलन कांग्रेस-विरोधी दक्षिणपन्थी मुहिम का समर्थक बना जिससे हिन्दू साम्प्रदायिकता को बल मिला। पी.सी. जोशी को अन्ततः इतिहास ने सही साबित किया है। एक दौर में जो लोग पी.सी. जोशी को 'दलाल' और 'हैंग, हैंग' कह रहे थे आज वे भी अपने साम्प्रदायिकता-विरोधी अभियान में कांग्रेस के साथ हैं। डाँगे और जोशी सही थे, लेकिन डाँगे साहब अतिरेकी होकर अप्रासंगिक हो गये, और जोशी ने अकादमिक रास्ता पकड़कर अपने को सक्रिय राजनीति में अप्रासंगिक बना लिया।

अन्तिम दिनों में वह जे.एन.यू. से जुड़ गये थे और वहीं पी.सी. जोशी आर्काइव को समृद्ध बनाने में लगे थे। शायद अब उनका स्वास्थ्य साथ नहीं दे रहा था। 7वें दशक के उत्तरार्द्ध और आठवें दशक में मैं जब कभी भी जे.एन.यू. जाता तो जोशी आर्काइव में जरूर जाता। उसे मैंने हमेशा खाली और उदास पाया। वहाँ उनसे मिलने की हसरत भी कभी पूरी नहीं हुई। अक्सर सूचना मिलती कि तबीयत ठीक नहीं चल रही है। अन्ततः 1980 में 9 नवम्बर को उनका इन्तकाल हो गया और शायद ही किसी अख़बार में उनके मरने की सूचना प्रकाशित हुई हो। कम्युनिस्ट पार्टियों की प्रतिक्रिया भी दबी-दबी और सूचनात्मक थी। आज आत्ममुग्ध सी.पी.एम. क्या कर रही है, नहीं जानता, लेकिन सी.पी.आई. को धन्यवाद देना चाहूँगा जिसने अपने भूले-बिसरे एक दौर के बौद्धिक योद्धा को उसके जन्म-शताब्दी वर्ष में राष्ट्रीय स्तर पर याद करने के विवेक का परिचय दिया है। कतिपय प्रबुद्ध लोगों से अक्सर सुनता भी हूँ कि सी.पी.एम. अधिक व्यवहारपरस्त और राजनीतिक है, तथा सी.पी.आई. अधिक विचारधारात्मक और सांस्कृतिक।

पूछा जा सकता है कि पी.सी. जोशी का कम्युनिस्ट आन्दोलन को अवदान क्या है? यही प्रश्न श्रीपाद अमृत डाँगे के बारे में भी उठाया जा सकता है जो भारत में कम्युनिस्ट आन्दोलन की पहली पीढ़ी के कामरेड थे, जिनकी पुस्तक 'गाँधी एण्ड लेनिन' 1921 में प्रकाशित हुई थी जो लेखक के युवा-उत्साह के बावजूद गाँधी और उनके आन्दोलन का वस्तुगत आकलन प्रस्तुत करती है। डाँगे की दूसरी महत्त्वपूर्ण पुस्तक 'भारत : आदिम साम्यवाद से दासप्रथा तक' भौतिकवादी इतिहास-लेखन की दृष्टि से एक महत्त्वपूर्ण प्रस्थान-बिन्दु है जिसमें ऋग्वेद से लेकर महाभारत काल तक भारतीय समाज के विकास और उसकी धार्मिक-सांस्कृतिक प्रथाओं एवं प्रतीकों की मौलिक व्याख्या प्रस्तुत की गयी। पी.सी. जोशी ने डाँगे साहब की इस दृष्टि को सांगठनिक विस्तार दिया और इस प्रकार यह आम शिक्षित-अशिक्षित चेतना तक पहुँच सकी। ध्यातव्य है कि सत्यभक्त, गोकुल जी आदि द्वारा कानपुर में 1925 में भारतीय कम्युनिस्ट पार्टी का गठन हुआ और गठन के साथ ही पार्टी प्रतिबंधित कर दी गयी और अपने जन्म से लेकर 1943 तक यह एक अंडरग्राउण्ड संगठन के रूप में काम करती रही। इसके बहुत सारे सदस्य ट्रेड यूनियनों, किसान सभाओं, कांग्रेस समाजवादी पार्टी और कांग्रेस तक के मंच पर सक्रिय रहे और इन्हें अन्दर से रैडिकलाइज करने की कोशिश करते रहे। 1935 में पी.सी. जोशी को इसी अंडरग्राउण्ड पार्टी के महासचिव का दायित्व सौंपा गया था, और उन्होंने पार्टी को संगठनात्मक विस्तार दिया। प्रगतिशील लेखक संघ, इण्डियन पीपुल्स थियेटर (इप्टा), सांस्कृतिक दस्ता जैसे संगठनों के निर्माण में उल्लेखनीय भूमिका निभाई और कम्युनिस्ट कार्यकर्ताओं को सांस्कृतिक आयामों के प्रति संवेदनशील बनाया। इस संवेदनशीलता के अभाव में कोई भी आन्दोलन 'राष्ट्रीय' नहीं हो सकता। आदमी के सरोकार केवल रोज़ी-रोटी और राजनीतिक सत्ता के सरोकार नहीं होते। इन संगठनों ने बड़े-बड़े विचारकों, रचनाकारों, रंगकर्मियों और फ़िल्मकारों को आकर्षित किया जिनसे रवीन्द्रनाथ, प्रेमचन्द, जवाहर लाल नेहरू, ए.के. हंगल, के.ए. अब्बास, सरोजिनी नायडू, अमृतलाल नागर, राहुल, यशपाल, मामा बरेरकर, बलराज साहनी, कैफी आजमी, रामविलास, नामवर, भीष्म साहनी आदि प्रत्यक्षतः अथवा परोक्षतः जुड़े रहे। बहुत सारे रंगकर्मी, लेखक, रचनाकार, फ़िल्मी कलाकार और निर्देशक कम्युनिस्ट पार्टी के सदस्य भी बने और अपनी प्रतिबंधित स्थिति में भी पार्टी की सदस्यता 90,000 तक पहुँच गयी थी। ऐसा तब था जब सदस्यता खूब जाँच-परख कर दी जाती थी। लेकिन 1948 में रणदिवेवादियों के पार्टी के 'सर्वहाराकरण' के उन्माद ने पार्टी को मध्यवर्ग से लगभग काट दिया और पार्टी 'मास्को लाइन' और 'चाइना लाइन' की शिकार बनी, और यह रोग आन्दोलन के किसी न किसी अंग को आज भी प्रदूषित किये हुए है।

विद्यासागर नौटियाल की मानें तो पी.सी. जोशी में अपने छोटे-से-छोटे साथियों को आत्मीय संस्पर्श देने की अद्भुत क्षमता थी और साथ ही किसी को सच्चे कम्युनिस्ट में रूपांतरित कर देने की भी—'उन्होंने बहुत कम पढ़े-लिखे मजदूर नेता सनत सिंह को मौलाना यूसफ में तब्दील कर दिया।' राहुल जी की मानें तो 1930 के पेशावर के वीर नायक चन्द्र सिंह गढ़वाली को, कांग्रेस द्वारा अपमानित किये जाने के बाद, कम्युनिस्ट साहित्य पढ़ा-समझा कर उन्हें न केवल मजदूरों और किसानों का बड़ा नेता बना डाला बल्कि रॉयल सेना के जवानों तक को प्रभावित किया। 1946 का नाविक विद्रोह और उसमें तिरंगा के साथ कम्युनिस्ट झण्डा अकस्मात् नहीं फहराया गया था। रामविलास शर्मा की इस बात में दम है कि 1946 के नाविक विद्रोह के बाद अंग्रेजों को 1857 याद आया होगा और वे समझ गये होंगे कि सैनिक असन्तोष एवं विद्रोह के इस दूसरे आघात को वे सह नहीं सकेंगे। इसी समझ के नाते उन्हें भारत को स्वाधीन करने की प्रक्रिया आरम्भ करनी पड़ी और वे कांग्रेस एवं मुस्लिम लीग के नेताओं से बात-चीत करने लगे। 1946 की पीठिका में ही भारतीय स्वाधीनता के समय एवं स्वरूप को समझा जा सकता है और इसी सन्दर्भ में पी.सी. जोशी के सांगठनिक क्रान्तिकारी अवदान को भी। यह भूलना कृतघ्नता होगी कि उन्होंने दरकिनार कम्युनिस्ट आन्दोलन को राष्ट्रीय मुख्यधारा में ला खड़ा किया था।

बुद्धिधर्मी कम्युनिस्ट पत्रकार सुब्रत बनर्जी जो आजीवन पी.सी. जोशी के प्रति वफादार बने रहे, लिखते हैं कि पी.सी. जोशी अपने कम्युनिस्ट कार्यकर्ताओं को अत्यन्त सर्जनात्मक सलाह देते। वह प्रत्येक से कहते कि वह जहाँ कहीं भी हो उसे सर्वोत्तम बनने का प्रयास करते रहना चाहिए—कार्यालय में सर्वोत्तम कार्यकर्ता, शिक्षण संस्था में सर्वोत्तम छात्र, अगर स्वाधीनता सेनानी है तो सर्वोत्तम स्वाधीनता सेनानी इत्यादि। जब तक वह सर्वोत्तम होने का प्रयास नहीं करता रहता तब तक वह दूसरों के सम्मान और वफादारी का हक़दार नहीं हो सकता। वह यह भी कहते रहते कि अपने इतिहास, संस्कृति और सभ्यता का जो प्रगतिशील पहलू है उसको सामने लाना चाहिए, और इसके लिए वर्तमान के साथ-साथ जटिल भारतीय अतीत का भी निष्ठापूर्वक अध्ययन करना चाहिए। वह लोकभाषा और लोक संस्कृति के प्रबल पक्षकार थे और हमेशा कहते कि कम्युनिस्टों को जनता से जनता की भाषा में बात करनी चाहिए। तभी वे उसका विश्वास अर्जित कर उसका प्रबोधन भी कर सकते हैं। उनके पास भारतीय समाज और संस्कृति की बहुलता की स्पष्ट एवं स्वस्थ समझ थी, और वह हर प्रकार की संकीर्ण साम्प्रदायिक दृष्टि के विरोधी थे। वह कहते कि भारतीय आमजन क्या सोचते और कहते हैं बहुत महत्त्वपूर्ण नहीं, महत्त्वपूर्ण

यह है कि उन्हें समझाया और शिक्षित किया जाय क्योंकि वे ही क्रान्ति की धुरी हैं। इस रूप में पी.सी. जोशी कम्युनिस्ट सांस्कृतिक नवजागरण के एक अग्रदूत थे, जैसा कि अनिल राजिमवाले मानते हैं।

1939-1945 के महासमर के दौरान वह कम्युनिस्ट पत्रकारों से कहते कि उन्हें फ्रंट पर जाकर रिपोर्टिंग करनी चाहिए ताकि वह प्रामाणिक हो सके। वह सामान्य से फौरी मुद्दों एवं संघर्षों को स्वाधीनता संग्राम और साम्यवादी क्रान्ति के वृहत्तर सन्दर्भ में देखते-समझते। सुब्रत बनर्जी के लेखन से यह भी एहसास होता है कि पी.सी. जोशी हर क्षण एक सकारात्मक एवं प्रेरणादायी उपस्थिति होते। पार्टी द्वारा दरकिनार और अवमानित किये जाने के बावजूद वह आजीवन पार्टी और उसके सिद्धान्तों के प्रति जिसे उन्होंने एक खतरनाक दौर में बचाया और सींचा था, वफादार बने रहे, और किसी के प्रति उनके मन में कोई शिकायत नहीं थी। इतने सारे कटु अनुभवों ने उन्हें कभी तिक्त नहीं बनाया। वह सचमुच बड़े थे। उन्होंने अल्मोड़ा के बाहरी सरहद पर एक 'हिमालय सोशलिस्ट आश्रम' बनवाया था जो महात्मा गाँधी के आश्रमों की याद दिलाता था। उनके पास कुछ भी व्यक्तिगत नहीं था। वह एक तपस्वी कम्युनिस्ट थे। समय आया है जब पूरनचन्द्र जोशी को उनके समग्र में देखा जाय। विचारधारात्मक कठमुल्लापन और राजनीतिक महत्त्वाकांक्षाओं ने जितनी राख उस देशज कम्युनिस्ट शिल्पी पर फेंकी है उसे हटाया जाय। उनका पुनर्मूल्यांकन, ईमानदार मूल्यांकन ही उनके इस शताब्दी वर्ष में उनके प्रति वास्तविक श्रद्धांजलि होगी।

समकालीन सोच, जनवरी-जून 2007

प्रेमचन्द और गौतम बुद्ध

दलित चिन्तन, राजनीति एवं साहित्य का आहिस्ता-आहिस्ता रूपांतरित हो रहे हिन्दी सामाजिक-सांस्कृतिक परिवेश में हस्तक्षेप पोखरन-II विस्फोट की तरह जितना ही अपेक्षित एवं उत्साहवर्धक रहा, अपने तौर-तरीका एवं मंशा को लेकर उतना ही अनपेक्षित और विवादास्पद। इसने प्रगतिवादी सोच एवं व्यवहार की आत्मपोषी आश्वस्तता और ठहराव को भी धक्का दिया है और आज प्रगतिवादियों एवं दलितवादियों के बीच आंतरिक टकराव सतह पर है। प्रगतिवादी आलोचना एवं सृजन के केन्द्र में कार्ल मार्क्स, कबीर, प्रेमचन्द, निराला और मुक्तिबोध हैं, जबकि दलितवादी आलोचना और सृजन के केन्द्र में अम्बेडकर-चिन्तन और समूची गैर-वैदिक श्रमण परम्परा है। मार्क्स और अम्बेडकर जब तक एक-दूसरे से स्वतन्त्र अलग-अलग परिभाषित होते रहेंगे तब तक यह टकराव रुकने वाला नहीं है। हिन्दी दलित साहित्य ने अभी तक कोई बड़ा समालोचक अथवा सर्जक तो नहीं पैदा किया है, लेकिन इसके जज्बाती तेवर और नवसृजित महत्त्वाकांक्षा एवं मुखरता ने साहित्यिक सोच की जड़ता को तोड़ा है और हिन्दी संवेदना के अनुभव संसार को विस्तार दिया है, इसमें एक नया दलित आयाम जोड़ा है। इसका यह हस्तक्षेप पूर्व के किसी भी साहित्यिक हस्तक्षेप से अन्ततः अधिक सघन, गम्भीर एवं दूरगामी सिद्ध होगा क्योंकि यह केवल साहित्यिक आन्दोलन न होकर एक विराट सामाजिक-राजनीतिक आन्दोलन भी है, जिसके पास एक विराट अखिल भारतीय सामाजिक आधार है। फिलहाल, इसने कुछ मौलिक प्रश्न उठाए हैं जो 'रेटॉरिकल' होते हुए भी अर्थपूर्ण हैं। इसने अम्बेडकर, गौतम बुद्ध और दलित अस्मिता को केन्द्रस्थ रखते हुए एक सांस्कृतिक परिप्रेक्ष्य उभारा है जिसकी अनदेखी अब असम्भव है। अपनी प्रश्नाकुलता एवं परिप्रेक्ष्य का इसने सबको एहसास कराया है जो सम्प्रति स्थापित काव्य विवेक को एक महत्त्वपूर्ण योगदान है।

प्रस्तुत निबन्ध में दो बिन्दुओं पर विचार किया गया है—एक, प्रेमचन्द सम्बन्धी दलित प्रतिक्रिया; और, दो, गौतम बुद्ध पर दो दलित कवि दया पवार और कर्मशील भारती तथा हिन्दी नयी कविता के शीर्षस्थ प्रगतिशील कवि केदारनाथ सिंह द्वारा

लिखी एक कविता। प्रस्तुत संक्षिप्त विवेचनाओं के माध्यम से यह रेखांकित करने का प्रयास है कि कफन को लेकर उठा विवाद एक सीमा तक जायज है; कि केदारनाथ सिंह की कविता 'बुद्ध' में उभरा परिप्रेक्ष्य अपने काव्यत्व के बावजूद दलितों के लिए अपर्याप्त है।

I

प्रेमचन्द की कहानी कफन और दलित प्रतिक्रिया

दलित रचनाकार प्रेमचन्द साहित्य और विशेषतः उनकी कहानी कफन को इस बिना पर खारिज करते हैं कि यह सवर्ण संस्कारों से संपृक्त साहित्य है। वे प्रेमचन्द, निराला, मुक्तिबोध, नागार्जुन, त्रिलोचन, धूमिल आदि को अपना आदर्श नहीं मानते और न ही वे प्रगतिशील आलोचना के मानक नामवर सिंह की श्रेष्ठता और नेतृत्व को स्वीकारते हैं। अगर मोहनदास नैमिश राय की शब्दावली का प्रयोग करें तो अब दलित साहित्यकार दलितेतर साहित्यकारों की बहँगीदारी करने को तैयार नहीं हैं।[1] उनकी दृष्टि में अब तक का हिन्दी साहित्य सवर्ण साहित्य है और इसके दायरों को स्वीकार कर दलित संवेदना अपनी तेजस्विता और दिशा खो देगी। डॉ. अम्बेडकर की जो समस्या गाँधी और कांग्रेस को लेकर थी आज वही समस्या दलित रचनाकारों की प्रेमचन्द, नामवर और प्रगतिशील आन्दोलन को लेकर है। प्रगतिशील साहित्यकार इसका प्रतिवाद करता है, लेकिन अपेक्षाकृत संयम से और सुरक्षात्मक रहते हुए, शायद इस कारण कि दलित सत्य आज का सर्वाधिक ज्वलन्त सत्य है।

लेकिन अगर श्री नैमिश राय जैसे दलित साहित्यकारों की असंयत भाषा को दरकिनार रखा जाए तो उनके पक्ष को एकबारगी खारिज नहीं किया जा सकता। अब तक प्रेमचन्द कथा साहित्य स्थापित साहित्यिक-सामाजिक संस्कारों के दायरे में ही पढ़ा समझा गया है। 'पूस की रात', 'सवा सेर गेहूँ', 'ठाकुर का कुआँ', 'दूध का दाम', 'सद्‌गति' जैसी कहानियों को गरीब-शोषित जनों की मर्मान्तक पीड़ा की अभिव्यक्ति के रूप में देखने की एक परम्परा है। इसी प्रकार, 'कफन' अस्तित्ववादी निर्वासन, अजनबीपन आदि से उत्पन्न संवेदनशून्यता के साहित्यिक अंकन के रूप में समझी-समझायी जाती रही है। लेकिन दलित चेतना के साहित्यिक हस्तक्षेप से हिन्दी पाठक को पहली बार एहसास हुआ है कि प्रत्येक कृति मूलतः एक 'पाठ' है और इसका अर्थ लेखकीय कम पाठकीय अधिक होता है। अतः प्रत्येक पीढ़ी, समुदाय या व्यक्ति के लिए इसका अलग-अलग अर्थ है। 'कफन' इसका अपवाद नहीं। टी.एस. इलिएट ने लिखा है कि पिछले 300 वर्षों की शेक्सपियर-आलोचना सामाजिक बदलाव का आईना है। कबीर, तुलसी और प्रेमचन्द आलोचना की भी यही सच्चाई

है। आश्चर्य नहीं, आज 'कफन' दलित आक्रोश की शिकार है। दलित साहित्यकार द्वारा यह पूछा जाना कि आख़िर 'कफन' में संवेदनशून्यता और अमानवीयकरण के प्रतीक के रूप में घीसू एवं माधव को ही क्यों चुना गया? गैरवाजिब नहीं है, किसी ब्राह्मण, ठाकुर या कायस्थ को भी चुना जा सकता था। अगर यह दिखाना आवश्यक था कि अभाव, उत्पीड़न, शोषण एवं अज्ञान के सर्वाधिक शिकार दलित ही इस अमानवीय स्थिति के शिकार हुए तो फिर कहानी में गाँव के शासक वर्णों का अंकन कुछ इस प्रकार होना चाहिए कि घीसू और माधव अपनी संवेदनशून्यता में वर्णवादी व्यवस्था के 'विक्टिम' के रूप में उभर पाते। किसी 'विक्टिम' पर भला 'मारल जजमेंट' का क्या औचित्य! कहानी में सर्वप्रथम उन्हें अकर्मण्य और परजीवी बताकर उपहास और तिरस्कार का पात्र बनाया गया है और अन्ततः संवेदनशून्य दिखाकर घृणा का। यह अंकन सम्प्रति दलित अस्मिता के तो प्रतिकूल है ही, यह उस युग की 'हरिजन' चेतना के भी प्रतिकूल है। महात्मा गाँधी अपनी कल्पित वर्ण व्यवस्था में 'हरिजन' को समता और सम्मान देने के आकांक्षी थे। इस प्रकार इस कहानी में व्यक्त सामाजिक एवं भावनात्मक यथार्थ अनुचित है। अतः ओमप्रकाश वाल्मीकि, कंवल भारती, नैमिश राय जैसे दलित लेखकों द्वारा प्रेमचन्द पर आक्रोशयुक्त टिप्पणी स्वाभाविक है। दलित 'पाठ' के रूप में 'कफन' दलित अस्मिता को आहत करती है।

लेकिन विचित्र बात यह है कि 'कफन' प्रेमचन्द की सामाजिक चेतना की प्रतिनिधि रचना नहीं है। इसकी भावभूमि अन्य सहधर्मा कहानियों की भावभूमि से भिन्न ही नहीं प्रतिकूल है। अपने कथा-लोक में प्रेमचन्द शोषितों-पीड़ितों के साथ खड़े हैं। चाहे 'रंगभूमि' का सूरदास, 'कर्मभूमि' का बलराज, 'गबन' का देवीदीन, 'गोदान' के होरी-धनिया हों अथवा 'सद्‌गति' का दुखी, 'दूध का दाम' का मंगल, 'ठाकुर का कुआँ' की दलित कन्या गंगी या 'सवा सेर गेहूँ' का शंकर, प्रेमचन्द इन सबके साथ हैं। 1930 तक आते-आते वे गाँधीवादी सामाजिक चेतना को अतिक्रमित कर गये हैं। उपर्युक्त सभी पात्र छोटी समझी जाने वाली किसान जातियों या दलितों से आये हैं। मंगल भंगी है, दुखी चमार है, दातादीन खटिक है, और 'ठाकुर का कुआँ' की नायिका अछूत कन्या है। प्रेमचन्द ने नायक कम प्रतिनायक अधिक गढ़ा है। दुखी और मंगल के माध्यम से उन्होंने वर्णवादी क्रूर जड़ता की मार्मिक अभिव्यक्ति दी है। 'ठाकुर का कुआँ' में दलित अवचेतन में धँसे सामन्ती आतंक का अंकन है। होरी पुरोहिती-सामन्ती व्यवस्था पर कड़ा प्रहार। सूरदास और जसराज में सोवियत क्रान्ति की अनुगूँज है। दातादीन प्रचलित गाँधीवादी राजनीति पर क्रूर टिप्पणी है। उल्लेखनीय यह भी है कि वर्ण व्यवस्था के प्रतीक ब्राह्मण के प्रति प्रेमचन्द की वही दृष्टि है जो आज दलितों में व्याप्त है। प्रेमचन्द कहीं भी पुरोहितवाद का समर्थन करते नहीं दिखते। उनका सामाजिक गुस्सा भी प्रमुखतः ब्राह्मणों के विरुद्ध है।

उनकी यह मान्यता-सी है कि ब्राह्मण सुधारा नहीं जा सकता। अतः उसे वे वर्ण व्यवस्था की क्रूरतम अभिव्यक्ति के रूप में ही पेश करते हैं। उनके कथा साहित्य में कोई भी ब्राह्मण आदर्श पात्र के रूप में नहीं उभरता। अन्यों में उन्हें सम्भावनाएँ दिखती हैं। दलित और छोटी समझी जाने वाली जातियों के लोग हमेशा 'विक्टिम' के रूप में सामने आते हैं। पिछड़े तो अक्सर संघर्षशील दिखते हैं लेकिन प्रेमचन्द की दलित-दृष्टि 'हरिजनवादी' अर्थात् गाँधीवादी दृष्टि ही कही जाएगी। अभी उनका दलित दया, सहानुभूति और संबल का ही पात्र है। विद्रोह उसके बूते का नहीं। यही तत्कालीन यथार्थ भी है।

लेकिन मूल प्रश्न तो अभी भी अनुत्तरित है—घीसू और माधव का ऐसा चित्रण क्यों? इसके कई एक कारण गिनाए जा सकते हैं। एक प्रचलित कारण जिसकी ओर दलित रचनाकार ध्यान खींचते हैं वह है प्रेमचन्द का सवर्ण संस्कार। इस संस्कार के चलते अनजाने ही अछूत घीसू और माधव अनाद्रित होते हैं। उनके कथालोक में शायद ही कोई कायस्थ पात्र निकृष्ट हो और ब्राह्मण पात्र आदर्श। इस प्रकार के 'टाईप' पात्रों का बार-बार आना 'आइडियलॉजिकल' मायने रखता है। मंडलोत्तर सामाजिक चेतना ने हिन्दी साहित्य में पाठकों का ध्यान इधर खींचा है। दूसरा कारण, यह हो सकता है कि प्रेमचन्द ने किसी दलित परिवार को कमोबेश इसी स्थिति में देखा हो। ऐसी संवेदनहीन स्थिति किसी भी जाति-सम्प्रदाय में सम्भव है। लेकिन कथा में अंकित पात्र 'टाईप' बनकर 'यूनिवर्सल' हो जाता है और सामाजिक संवेदना को उद्वेलित करता है। कफन में घीसू और माधव ऐसे ही 'टाईप' हैं और अगर दलित हस्तक्षेप न होता तो, सम्भव है, ये प्रतीक बन जाते। गैर दलित पाठक जितनी तटस्थता से इन्हें ले पाता है उतनी तटस्थता दलित पाठक के लिए सम्भव नहीं। तीसरा कारण, यह भी हो सकता है कि घीसू और माधव कथाकार के कल्पना व्योम के पंछी हों और सृजन के एक आनन्दमय क्षण की अभिव्यक्ति मात्र हों। अर्थात्, घीसू और माधव विशुद्ध कल्पना-प्रसूत हैं जिनका कोई सामाजिक सन्दर्भ नहीं है। कफन में प्रेमचन्द का 'विजन' न ट्रेजिक है और न आदर्शपरक अथवा यथार्थपरक। कहानी में रचनाकार का 'मूड' हास-परिहास का है, हल्की-सी विडम्बना के साथ। इसमें मानव अवस्था की एक चरम स्थिति का अंकन है। अतः इस कहानी की एक बड़ी विशेषता यह है कि इसमें प्रेमचन्द असीम संयम और तटस्थता का परिचय देते हैं जो उनके आदर्शोन्मुख यथार्थवादी मिजाज के प्रतिकूल है। फिर भी, कुल मिलाकर, यही कहना उचित है कि कफन की रचना में, इसके भाव, भावना और वातावरण की रचनात्मक अन्विति में उक्त तीनों कारक एक ही साथ जाने-अनजाने प्रभावी रहे होंगे। अपने परिवेश और संस्कारों को सम्पूर्णतः अतिक्रमित कर पाना आज भी कठिन है जबकि आलोचना का स्वर उग्र है और राजनीतिक-सामाजिक क्षितिज पर परिवर्तन के संकेत इतने स्पष्ट हैं।

दरअसल, प्रेमचन्द व्यवस्था के केन्द्र से नहीं उसके हाशिए से बोलते हैं। वे वर्णवादी व्यवस्था के 'आइडियलॉग' नहीं हैं। अगर वे अपनी युगीन सामाजिक चेतना को पूर्णतः अतिक्रमित नहीं भी करते हैं तो उसका प्रतिनिधित्व भी नहीं करते। वर्ण व्यवस्था के केन्द्र से सूरदास का संघर्ष, दुखी, मंगल और शंकर की छटपटाहट की इतनी मर्मान्तक अभिव्यक्ति सम्भव नहीं थी। परानुभूत के साथ तादात्म्य की यह गहराई और सूक्ष्मता ही प्रेमचन्द की ताकत है, इसी में उनकी अर्थवत्ता है। आज की भावुक एवं परिवर्तन हेतु बेचैन दलित चेतना की दृष्टि से प्रेमचन्द का सामाजिक अंकन भले अपर्याप्त हो लेकिन, निश्चय ही, आज से 70-80 वर्ष पूर्व प्रेमचन्द अपने पारम्परिक समाज के समर्थक न होकर उसके विरोधी थे। कहीं भी वे पुरोहितवादी निकृष्टता और सामन्ती आतंक के साथ खड़े नहीं हैं। काश, दलित संवेदना थोड़ा सब्र और समझदारी से उनका पुनर्मूल्यांकन कर पाती!

प्रसंगात, एक बात की ओर ध्यान खींचना आवश्यक है। ओमप्रकाश वाल्मीकि की कविता 'ठाकुर का कुआँ' उद्धृत है—

चूल्हा मिट्टी का, मिट्टी तालाब का
तालाब ठाकुर का,
भूख रोटी की, रोटी बाजरे की,
बाजरा खेत का, खेत ठाकुर का,
हल के मूठ पर रखी हथेली अपनी
फसल ठाकुर का, कुआँ ठाकुर का,
पानी ठाकुर का, खेत-खलिहान ठाकुर के
गली-मुहल्ले ठाकुर के
फिर अपना क्या? गाँव? शहर? देश?

यहाँ सामन्ती शोषण को सम्पत्ति के मालिकाना से जोड़ा गया है। जो वंचित है वही शोषित, पीड़ित और अपमानित भी। सम्भव है, कविता का शीर्षक प्रेमचन्द की इसी शीर्षक वाली कहानी को ध्यान में रखकर चुना गया हो और श्री वाल्मीकि के मन में तुलना का बोध भी हो। लेकिन प्रेमचन्द की कहानी में भी यही व्यंजित है और अधिक मनोवैज्ञानिक गहराई के साथ। श्री वाल्मीकि में कुछ भी अनकहा नहीं है, लेकिन प्रेमचन्द में सब कुछ निहितार्थ है। अगर 'सद्गति', 'सवा सेर गेहूँ', 'दूध का दाम' और 'नमक का दारोगा' को ध्यान में रखें तो सारे परिप्रेक्ष्य उभर आते हैं। गोदान तो पुरोहिती, मक्कारी और सामन्ती जुल्म की महागाथा है। दलित संवेदना को इसे आत्मसात करना होगा। आशय यह कि कफन में निहित समाज-बोध को जो प्रेमचन्द के कथा साहित्य में व्यक्त समाज-बोध से मेल नहीं खाता और इस रूप में अपवाद स्वरूप है, केन्द्रस्थ करके प्रेमचन्द पर आक्रामक टिप्पणी करना या उन्हें

दलित विरोधी बताना, दलित संवेदना की अपरिपक्वता की पहचान है। नामवर जी का यह कहना कि अभी इसमें दोस्त-दुश्मन की सही, वस्तुनिष्ठ पहचान का विवेक नहीं है, सही लगता है। स्वर्ग में अकेले-अकेले अथवा सपरिवार पहुँचने के भले ही पुरोहिती प्रावधान हों, सामाजिक मुक्ति अकेले या सपरिवार नहीं मिलती। दलित रचनाकार यह जितनी जल्दी समझ जाए, उतना ही अच्छा।

I

गौतम बुद्ध दलित एवं गैरदलित संवेदना के आईने में

दरअसल, महापुरुष भी इतिहास-प्रदत्त एक 'पाठ' है जिसका विभिन्न समुदायों एवं विचार-दृष्टियों द्वारा अपने-अपने अनुभवों एवं अपेक्षाओं की रोशनी में अपना-अपना अर्थ होता है। जब तक वर्णवाद दैवीय और सनातन लगता था तब तक राम का 'मर्यादा पुरुषोत्तम' रूप ही रेखांकित होता रहा और 'मर्यादा' के पुनर्मूल्यांकन की आवश्यकता नहीं महसूस की गयी। अब समाज संक्रमणशील है और वर्णवादी मर्यादाएँ चुनौती झेल रही हैं। राम किसी को शम्बूक का 'हत्यारा' दिखते हैं और कोई उनके धनुर्धर रूप का पूजक है। अब विवेकानन्द का वेदान्तिक स्वरूप ओझल हो रहा है और उनकी सामाजिक बदलाव सम्बन्धी गर्जना सुनी जा रही है। धीरे-धीरे कबीर की काशी तो परम्परा और रूढ़ि का गढ़ लगने लगी है, लेकिन उनका मगहर क्रान्तिकारी चेतना का प्रतीक बन रहा है। आज तुलसी भक्त भी उनकी ब्राह्मणवादी चेतना को लेकर परेशान और सुरक्षात्मक है। कल के 'देशद्रोही' और 'अंग्रेज भक्त' अम्बेडकर आज 'देशरत्न' के रूप में सामने हैं और गाँधी त्रासद पुनर्मूल्यांकन के दौर से गुजर रहा है। अर्थात् भौतिक परिस्थितियों में बदलाव के साथ पारम्परिक प्रतीकों का अर्थ-संकोच अथवा अर्थ-विस्तार हो रहा है। अरहस्यीकरण के वर्तमान दौर में यह प्रक्रिया अत्यन्त तीव्र है। ए.एन. ह्वाइटहेड की यह स्थापना कि जो समाज अपने प्रतीकों का पुनर्मूल्यांकन नहीं करता चलता वह पथराकर पराभूत हो जाता है, भारतीय हिन्दू समाज पर समग्रतः लागू होती है। यह दुखद है कि अब हम पुनर्मूल्यांकन हेतु विवश हैं और गौतम बुद्ध का भी नये सिरे से, दलित चेतना के उभार के साथ, पुनर्मूल्यांकन हो रहा है।

अगर दकियानूस वर्णवादियों को दरकिनार कर दें तो गौतम बुद्ध भारतीय मूल के सभी समुदायों में एक सर्व-स्वीकृत श्रेष्ठ प्रतीक हैं। लेकिन तथागत के प्रति दलित एवं गैरदलित उद्‌गार में मौलिक फर्क है। इस सन्दर्भ में गौतम बुद्ध पर लिखी तीन कविताएँ मेरे सामने हैं—हिन्दी नयी कविता के शीर्षस्थ प्रगतिशील कवि केदारनाथ सिंह की कविता 'बुद्ध'[2], इसी शीर्षक की चर्चित मराठी दलित कवि दया पवार की

एक कविता[3], और हिन्दी के एक दलित कवि कर्मशील भारती की कविता 'अवतार नहीं हैं बुद्ध।'[4] इन कविताओं से अलग-अलग उद्धरण दिये जा रहे हैं जो दलित एवं गैरदलित मिजाज के अन्तर को ध्वनित करते हैं। सर्वप्रथम दया पवार की कविता 'बुद्ध' से एक उद्धरण :

मैं तुम्हें कभी नहीं देखता
जेतवन के बागों में / बन्द आँख बैठे हुए
ध्यानमग्न, कमलासन लगाए हुए;
x x x
मैं तुम्हें देखता हूँ / चलते बतियाते
धीमी स्वांस लेते (उपचार करते हुए)
गरीब, कमज़ोर लोगों के दुख पर;
एक झोपड़ी से दूसरी झोपड़ी में जाते हुए
जीवन को ध्वस्त करने वाले अहंकार में
हाथ में रोशनी लिए / दुख को
जो सोख लेता है ख़ून / छूत की बीमारी की तरह
एक नया अर्थ देते हुए

(अंग्रेज़ी अनुवाद से अनूदित)

अब कर्मशील भारती की कविता से उद्धरण :

आज से 2500 वर्ष पहले
ईसापूर्व बैशाख पूर्णिमा के दिन
राजा शुद्धोदन के घर / इस भारत की पावन भूमि पर
लुम्बिनी वन में / गौतम नहीं हुए थे अवतरित
किसी दैविक आकाशवाणी के साथ,
यदा-यदा हि धर्मस्य...
महाकारुणिक ने / स्वीकारा नहीं अस्तित्व
ईश्वर, आत्मा, ब्रह्म का / कहा नहीं कभी स्वयं को
अवतार, ईश्वर, ब्रह्म / स्वीकारा नहीं
अवतार का उत्तराधिकारी / ईश्वर का सन्देशवाहक

अब केदारनाथ सिंह को देखें :

इस विशाल देश के / धुर उत्तर में
एक छोटा-सा खंडहर है / किसी प्राचीन नगर का
जहाँ उसके वैभव के दिनों में
कभी-कभी आते थे बुद्ध

कभी-कभी आता था / बाघ भी
दोनों अलग-अलग आते थे

x x x

इस तरह चलता रहा
महान जीवन उस छोटे से नगर का
बुद्ध की करुणा / और बाघ के आतंक की
एक दूसरे को काटती / दोहरी छाया में
वहाँ लोगों का ख्याल था
कि बुद्ध समझते हैं / बाघ की भाषा
पर बेचारे बाघ के लिए / बुछ की पाली
घास की तरह सुन्दर थी / एकदम अखाद्य
इस तरह दोनों के बीच / एक अजीब-सा रिश्ता था
जहाँ एक ओर भूख ही भूख थी
दूसरी ओर करुणा ही करुणा
और दोनों के बीच / कोई पुल नहीं था

दया पवार के बुद्ध एक प्रज्ञासम्पन्न एवं करुणामय वैद्य हैं जो गरीबों और कमज़ोरों की झोपड़ी में जा-जा कर उपचार करते हैं; उन्हें वर्णवादी जड़ता के अन्धकार से निकालने हेतु घूमते हैं। कवि के लिए बुद्ध सकर्मक प्रज्ञा और करुणा के प्रतीक हैं, निष्क्रिय एवं अमूर्त करुणा उसके काम की नहीं। आश्चर्य नहीं, दया पवार को कमलासन लगाए ध्यानमग्न बुद्ध पसन्द नहीं हैं। ऐसा बुद्ध एक दलित कवि के लिए अप्रासंगिक है। इसी प्रकार दूसरे दलित कवि कर्मशील भारती को स्थान-काल निरपेक्ष अवतारी बुद्ध नहीं चाहिए। उनका बुद्ध ईश्वर, ब्रह्म, आत्मा, अवतारवाद आदि को नकारता है; हर किस्म के रहस्यीकरण के छद्म को ध्वस्त करके मानव चेतना को इतिहासपरक एवं यथार्थपरक बनाता है; और समता, मैत्री, प्रज्ञा, शील, करुणा और अहिंसा से युक्त एक ऐसा मध्यममार्गी 'धम्म' देता है जो सर्वसुलभ है। दलित कवि को अमूर्तन का व्यामोह नहीं है क्योंकि वह पारम्परिक अमूर्त एवं रहस्यमय पावन प्रतीकों की क्रूरता का शिकार रहा है। अतः उसे ऐसा बुद्ध चाहिए जो उसके सामाजिक संग्राम में प्रबोधक एवं मार्गदर्शक की भूमिका निभा सके—बिल्कुल ऐतिहासिक, ठोस, सक्रिय और आधुनिक मेधा वाला बुद्ध, विपश्यना-प्रेमी बुद्ध नहीं। इसी कारण दलित कवि में बहिर्मुखता है। ऐसा ही बुद्ध करोड़ों-करोड़ों दुखी जन तक पहुँच सकता है। आश्चर्य नहीं, दलित कवि जटिल बिम्बों एवं प्रतीकों की तलाश में नहीं रहता। वह सम्प्रेषणीय बने रहने के लिए प्रयत्नशील है जो उसकी स्थितिगत आवश्यकता है। अभी बहुत कम दलित कवि ऐसे हैं जिनकी भाषा साहित्यिक विमर्श के लायक है। शायद वह इसका आकांक्षी भी नहीं :

साहित्य हम भी सृजित करेंगे
नहीं होंगे जिसमें छन्द, नहीं होंगे कोई बंध
नहीं होगी कोई रोक-टोक कलात्मकता की
पर होगी इसमें मेरी अपनी वेदना / मेरा अपना दर्द

(डॉ. सी. बी. भारती की कविता *'साहित्य सृजन'* से)

स्पष्ट है, दलित कवि अभी अपने अस्तित्वगत पीड़ा से इतना आक्रान्त है कि उसे कलात्मकता की चिन्ता नहीं, वैसे वेदना की दमदार एवं ईमानदार अभिव्यक्ति, अर्थात् ऐसी अभिव्यक्ति जो रेटॉरिकल' न हो, अनचाहे ही कलात्मक हो उठती है। इसीलिए जहाँ दलित कवि ईमानदार है वहाँ कवि है और जहाँ वह नितान्त राजनीतिक है वहाँ, पानतावड़े के शब्दों में, 'गाली कविता' लिखता है, कविता नहीं।[5] ऐसी कविता का आन्दोलनात्मक महत्त्व चाहे जो हो, काव्यात्मक महत्त्व नहीं होता। लेकिन अतिशय कलात्मकता से उसका डरना स्वाभाविक है। वाल्टर बेन्जामिन के शब्दों में फासीवादी कविता अधिक कलात्मक होती है और क्रान्तिकारी कविता अधिक राजनीतिक।[6] दलित कवि के पास यह समझ है। इसी कारण वह अपनी अभिव्यक्ति को बहुत कलात्मक एवं अन्तर्मुखी नहीं बनाता, और अपने आदर्श प्रतीक गौतम बुद्ध को अभयमुद्रा में ध्यानमग्न, होठों पर भीनी मुस्कराहट लिए निष्क्रिय नहीं देखना चाहता। इस प्रकार दलित कवि का समाजबोध उसके कलाबोध को भी प्रभावित करता है। उपर्युक्त दोनों कविताओं में अभिव्यक्त गौतम बुद्ध इसके उदाहरण हैं।

लेकिन केदारनाथ सिंह की कविता 'बुद्ध' एक सजग, 'सेल्फकान्शस' कविता है। जितना ध्यान बुद्ध की करुणा पर है उतना ही ध्यान अपने कवि कर्म, अर्थात् भाव-संगठन, शब्द-संयोजन, बिम्ब-विधान, प्रतीक-योजना आदि पर है। जहाँ दलित कवि में बहिर्मुखता है वहीं केदार जी में अतिशय अन्तर्मुखता है। दलित कविता सम्प्रेषण-प्रधान है, केदार जी की कविता अभिव्यक्ति-प्रधान। केदार जी की काव्य- भाषा बिम्बों और प्रतीकों की भाषा है। उम्र के साथ केदारनाथ सिंह कुछ अज्ञेय-जैसे होते जा रहे हैं—अनपेक्षित अमूर्तन, रहस्यमयी अन्तर्मुखता, निजी प्रतीकों का बाहुल्य आदि जो सम्प्रेषण में बाधक हैं। अगर अज्ञेयमय कहना अच्छा न लगे तो शमशेरमय कहना बुरा नहीं होगा, क्योंकि कुल के बावजूद उनकी 'बात' प्रगतिधर्मा है।

खैर, उनकी कविता 'बुद्ध' की ओर ही लौटा जाए। यह कविता ठोस जमीन से प्रारम्भ होती है, बिल्कुल कर्मशील भारती की कविता की ही तरह एक खण्डहरनुमा ऐतिहासिक नगर, जंगल, बाघ, आमजन, भूख, घास, तेज हवा इत्यादि। लेकिन यह जमीन पर ठहरती नहीं, यद्यपि जमीन पर बने रहने का आभास देती है। निजी अतः अबूझ बिम्बों, प्रतीकों, संकेतों इत्यादि के सहारे कविता अन्ततः हिमालय की बर्फीली चोटियों की ओर निकल जाती है और संवाद कठिन हो जाता है। 'बाघ' प्रतीक भी

अबूझ बना रहता है। अगर बुद्ध की करुणा के वैषम्य (कन्ट्रास्ट) के रूप में बाघ लाया गया है तो बहुत मायने नहीं रखता क्योंकि बुद्ध की करुणा ऐसे किसी आलम्बन की मोहताज नहीं। यह तत्कालीन क्रूर वर्ण व्यवस्था का भी प्रतीक नहीं लगता क्योंकि यह 'कभी-कभी आ जाता था', जबकि समाज व्यवस्था की हिंसा का एहसास कदम-कदम पर होता रहता है। वर्णवादी बाघ की व्यापकता को अस्वीकार करने में सम्भव है, कवि के पारम्परिक संस्कार झाँक रहे हों। कवि को बाघ की हिंस्र भूख और बुद्ध की करुणा में कोई सेतु नहीं दिखता। यह संवादहीनता इतिहास- सिद्ध नहीं है। बुद्ध ने संवाद स्थापित किया था। कविता के अन्त में हिमालय की बर्फीली हवा में 'सिहरते' बुद्ध और 'हिलते' बाघ की ओर संकेत है, लेकिन दोनों कभी रूबरू नहीं होते। दो समानान्तर परस्पर-विरोधी सत्ताएँ कायम रहती हैं। केदार जी को बुद्ध की करुणा का भरोसा है और 'महाकारुणिक' बुद्ध पारम्परिक प्रतीक हैं। दलित रचनाकार को बुद्ध की प्रज्ञा-सम्पन्न सामाजिक सक्रियता का भरोसा है। महापुरुष में प्रज्ञा-सम्पन्न विनाश और निर्माण दोनों निहित हैं। डॉ. अम्बेडकर के शब्दों में कहें तो महापुरुष के एक हाथ में कोड़ा और दूसरे हाथ में झाड़ू होता है। अच्छा हुआ अम्बेडकर बुद्ध के प्रभाव में 'बाबा साहब' बन गये। शुद्ध करुणा के पास न विनाश की ताकत होती है और न बुराई को बुहारने की अक्ल। अतः यह व्यक्ति के रूपान्तरण तक सीमित रह जाती है, कोई विराट मूलगामी परिवर्तन इसके बूते का नहीं। निहित स्वार्थों के समक्ष करुणा अक्सर अक्षम सिद्ध होती है। आश्चर्य होता है कि क्यों केदार जी के बुद्ध टकराहट से बचने के लिए बाघ के सामने से सिर झुका/बढ़ जाते थे आगे?' इतने भर से दलित मिशन पूरा होने वाला नहीं है। इसीलिए विषयवस्तु एक होते हुए भी कथ्य के स्तर पर केदार जी की कविता सन्दर्भित दलित कविताओं से भिन्न है। यह एक कमोबेश प्रगतिशील रचना होते हुए भी दलित रचना नहीं है।

सन्दर्भ

1. मोहनदास नैमिशराय, 'हिन्दी में दलित साहित्य की उपस्थिति—एक पड़ताल', युद्धरत आम आदमी (अक्टूबर-दिसम्बर 1996), पृ. 33-34। विस्तार के लिए देखिए मेरा निबन्ध 'हिन्दी काव्य-चिन्तन एवं सृजन में दलित स्वर', शब्दिता (जून-नवम्बर, 1998)
2. केदारनाथ सिंह, अश्वघोष (जून, 1997), पृ. 27
3. दया पवार, ऐनअन्थॉलजी आफ दलित लिटरेचर (पोयम्स), ज्ञान पब्लिशिंग हाउस, नयी दिल्ली, 1992, पृ. 127
4. कर्मशील भारती, अश्वघोष (मई-जून, 1997), पृ. 27
5. डॉ. गंगाधर पानतावड़े, 'दलित साहित्य की प्रेरणा केवल अम्बेडकरवाद', युद्धरत आम आदमी, पृ. 28
6. वाल्टर बेन्जामिन, इल्युमिनेशन्स (फोन्टाना पेपरबैक, 1997), पृ. 243-44

समकालीन सोच, सितम्बर-दिसम्बर 1998

अल्डस हक्सली का भारत

पश्चिम के मन में एक लम्बे अरसे से भारत की एक कमोबेश स्थायी प्रतिमा बनी हुई है—एक गरम, गन्दे, कलहपूर्ण राष्ट्र की प्रतिमा, जहाँ कमरतोड़ गरीबी में एक विशाल अशिक्षित जनसंख्या जीती है। सामान्यतया भारत को पश्चिम में अधनंगे फकीरों, सपेरों, जादूगरों और रंगीले त्योहारों वाले देश के रूप में ही जाना जाता है एक ऐसा देश जो अभी भी मध्ययुगीन अन्धविश्वासों और बर्बरताओं से बाहर नहीं निकल पाया है। मैकाले का यह दम्भी कथन कि यूरोप के किसी पुस्तकालय के एक खाने में संचित ज्ञान-राशि भारत और पश्चिम एशिया की समूची ज्ञान-राशि से अधिक मूल्यवान है, इसी सन्दर्भ में अर्थ रखता है। जेम्स मिल, कैथेरिन मेयो, किप्लिंग, हैजलिट और एक सीमा तक ई.एम. फार्स्टर भी मैकाले की श्रेणी में ही आते हैं, और इन सबके भारतीय प्रतिनिधि हैं नीरद सी. चौधरी। लेकिन ऐसा नहीं कि सबने यही सोचा है। पश्चिम के प्राच्यविदों जैसे कोलब्रुक, जोन्स, मैक्समूलर आदि ने भारत को अध्यात्म, दर्शन, ज्ञान, कला और विवेक की केन्द्रस्थली बताया। मैक्समूलर ने पश्चिम को भारत से सीखने की बात कही और बासम ने इसे 'विस्मयकारी' बताया। लेकिन एडवर्ड सईद की 'प्राच्यवाद' की अवधारणा के बाद पारम्परिक प्राच्यवाद की अवधारणा विखंडित और लहूलुहान है। इसका एक कारण तो यह है कि इनकी प्रशस्ति का सन्दर्भ भारतीय सुदूर अतीत है, वर्तमान नहीं। कुछ एक अर्द्ध-भारतीयों ने अपने-अपने ढंग से भारतीय वर्तमान को समझने-समझाने का प्रयास किया है। वी.एस. नायपॉल ने इसे एक 'अन्धकार क्षेत्र' और 'घायल सभ्यता' के रूप में देखा है, और रूथ झाबवाला ने इसे 'गरमी और धूल' के देश के रूप में, जहाँ का ब्रह्मानन्द यौनानन्द में डूबा रहता है। राजा राव भी भारतीय धर्म-दर्शन को यूरोप को नहीं समझा सके। अध्यात्म का प्रतीक बनकर अनगिनत भारतीय 'भगवान' जो पश्चिमी देशों में दौड़ लगाते हैं, का प्रमुख उद्देश्य डालर का धन्धा है। आश्चर्य नहीं, हमारी आध्यात्मिक गर्वोक्ति की ओर कोई ध्यान नहीं देता और विदेशों में हमें, बकौल प्रोफे. आर.के. कौल, 'नवयहूदी' के रूप में देखा जाता है।

लेकिन हम केवल वही नहीं हैं जैसा कि हमें पश्चिम बताता है। पश्चिमी मूल्य और विवेक कोई अविवादित प्रतिमान नहीं हैं। फिर भी हमारे आदर्श और व्यवहार के बीच का अन्तराल हमें बताता है कि हम एक दो-मुँहे, बेहया और लबार राष्ट्र हैं। कल्पित आत्म-दीप्ति में चौंधियाए हमारे मन तक दूसरों की आलोचना का प्रकाश पहुँच ही नहीं पाता। जब भी मन्दिर-मस्जिद, मण्डल-कमण्डल, शरीअत, शिलापूजन, शिलान्यास, एकता-यात्रा इत्यादि की बेशर्म कुर्सीपरस्त राजनीति के बारे में सोचता हूँ तो उपर्युक्त कटु टिप्पणियाँ याद आती हैं। इसी सन्दर्भ में एक अंग्रेज विचारक-साहित्यकार अल्डस हक्सली का एक छोटा-सा निबन्ध "बनारस" बार-बार याद आता है। निबन्ध अत्यन्त छोटा किन्तु सारगर्भित है जो 14 जनवरी 1926 को लिखा गया था, लेकिन कई मानों में यह आज भी प्रासंगिक लगता है। यह एक विश्वसनीय आईना है जिसमें आज भी भारतीय हिन्दू अपना चेहरा देख सकता है। निबन्ध में मुख्यतः तीन बातों पर प्रकाश डाला गया है : एक, हिन्दू जीवन-दृष्टि सामाजिक विवेक पर नहीं, बल्कि धार्मिक अन्धविश्वासों पर टिकी है; दो, भारतवासियों को धर्म और ईश्वर की नहीं बल्कि सोच और नास्तिकता की आवश्यकता है; और तीन, बुद्धि और कल्पना जो मनुष्य की विशिष्टता के आधार हैं, कभी-कभार जानवरों से भी बदतर बन जाने के लिए विवश करते हैं।

जिस दिन हक्सली वाराणसी आये थे वह मकर संक्रान्ति के ग्रहण स्नान का दिन था। लाखों-लाख श्रद्धालु स्त्री-पुरुष, बूढ़े-बच्चे, धनी-गरीब, छोटे-बड़े झुण्डों में दूर-दूर से धूल फाँकते पैदल चलकर बनारस की घाटों पर इकट्ठे हुए थे। ग्रहण की स्थिति में ही सूर्योदय होना था। भारत में यह ग्रहण अत्यन्त आंशिक था जिसे जाड़े में सुबह नंगी आँखों से देख पाना सम्भव नहीं था। लेकिन भारतवासियों की आस्थावान आँखें अचूक थीं। सूर्योदय होते-होते हज़ारों-हज़ार की भीड़ पवित्र डुबकी के लिए बेचैन हो उठी। घना कुहरा और भयानक ठंड के बावजूद लोग तेजी से घुटने अथवा कमर भर पानी में खड़े होते, कुल्ला करते, खंखारते, थूकते, अपने देवता सूर्य को जल अर्पण करते, ज़ोर-ज़ोर से मन्त्रोच्चार करते, राम-नाम रटते और दो-चार डुबकी लगाकर नदी से बाहर निकल आते। यह अन्तहीन क्रम चलता रहता। कारण? हिन्दुओं को विश्वास है कि राहु और केतु नाम के दो सर्प-राक्षस उनके देवता सूर्य या चन्द्रमा को यदा-कदा निगल जाने की कोशिश करते हैं जिससे इन देवताओं को अपार कष्ट होता है और साथ ही पृथ्वी पर अन्तहीन अंधेरा छा जाने का खतरा उत्पन्न हो जाता है। हिन्दू इन प्राकृतिक शक्तियों को देवता मानता है। अतः वह ग्रहण के अवसर पर इन देवताओं के कष्ट-निवारण के लिए परेशान हो उठता है। दौड़कर तीर्थस्थलों में जाता है, पवित्र स्नान करता है और ईश्वर से प्रार्थना करता है

कि इस देव-दानव संघर्ष में वह उसके देवता का साथ दें। उसे यह भी विश्वास है कि इस संकट की घड़ी में पूजा, स्नान आदि से उसके देवता को प्रेरणा व प्रोत्साहन मिलता है और वह दुष्ट राक्षसों को पराजित करने में सक्षम होता है। इस विजय को भारतीय हिन्दू प्रकाश का अन्धकार पर, सत्य का झूठ पर और अच्छाई की बुराई पर विजय के प्रतीक के रूप में देखता है।

लेकिन हिन्दू इस देव-दानव संघर्ष को केवल प्रतीकात्मक मानता हो, ऐसी बात नहीं है। यह उसके लिए वास्तविक है। इस पर उसे कोई संदेह नहीं। वह सदियों से इसे वास्तविक मानता आया है। तो क्या हिन्दू की आस्था ज्ञान पर टिकी है? नहीं। इस आस्था का आधार केवल अज्ञान और अन्धविश्वास है। सामान्य पढ़ा-लिखा हिन्दू भी पृथ्वी से सूर्य अथवा चन्द्रमा की दूरी एवं उसके आकार से अपरिचित है। किन्तु कतिपय पढ़े-लिखे हिन्दू भी, जो इन भौगोलिक तथ्यों से बखूबी परिचित हैं, अपने धार्मिक आचरण में सामान्य अपढ़ हिन्दू से भिन्न नहीं दिखते। वे भी अन्धविश्वासों की जकड़ से नहीं निकल पाये हैं। ग्रहण के अवसर पर उनके चेहरों पर भी व्यग्रता, चिन्ता और भय देखे जा सकते हैं। भारत में ज्ञान व्यक्तियों को कम ही प्रभावित करता है। आधुनिक ज्ञान तो केवल सूचना की वस्तु है। अतः आचरण के स्तर पर पढ़े-अनपढ़ हिन्दू एक जैसे हैं।

यह बात बार-बार मन में उठती है कि हिन्दुओं के ज्ञान और आचरण के बीच इतना अन्तराल क्यों? आख़िर क्यों हिन्दू एक तरफ अध्यात्म की बात करता है और दूसरी तरफ निम्न भौतिक स्वार्थों में आकंठ डूबा रहता है? हिन्दू राजनीति और हिन्दू व्यवसाय में धर्म और तिकड़म का यह अद्भुत समन्वय क्यों? आख़िर क्यों वह अपने आदिम एवं पौराणिक देवताओं की कल्पित जीत से इतना आह्लादित हो उठता है? लगता है इतिहास में थका-हारा हिन्दू टूट गया है। अपने देवताओं की कल्पित जीत से अपने ऐतिहासिक पराभव की क्षतिपूर्ति करता है। जब वर्तमान कठोर हो जाता है तो आदमी कल्पना और फंतासी के सहारे जीने का प्रयास करता है। हिन्दू मन के साथ तो यह बात सर्वाधिक लागू होती है। धार्मिक आस्था और अन्धविश्वास ही हारी हुई जातियों का सहारा बनते हैं। हिन्दुओं में प्रचलित अनगिनत वीर-पूजाओं का यही मनोवैज्ञानिक रहस्य है। कायरों में वीर-पूजा के अनुष्ठान अधिक विकसित होते हैं। अन्धकार से घिरा जीवन ही निरन्तर प्रकाश की आकांक्षा करता है। कायर व्यक्ति अपनी वीरता और कंजूस अपनी दानशीलता की चर्चा करता रहता है। हिन्दू समुदाय की जीवन-दृष्टि शुतुर्मुर्गी हो गयी है। वह यथार्थ से घबड़ाता है और अध्यात्म, दर्शन तथा सौन्दर्य के अमूर्त संसार में पलायन कर जाता है। उसका सम्पूर्ण जीवन वास्तविक न होकर प्रतीकात्मक होता गया है। उसे

ब्रह्म और आत्मा वास्तविक लगते हैं और संसार नश्वर और माया स्वरूप। फलतः ज्ञान का स्थान अन्ध आस्थाएँ ले लेती हैं। सोच कुंठित हो जाती है, और व्यक्ति पुरानी समाज-रचना का शिकार हो नपुंसक हो जाता है। वर्ण और जाति के बंधन में फँसा हिन्दू समुदाय बौद्धिक-सामाजिक नपुंसकता का जीता-जागता उदाहरण है। वैचारिक-सामाजिक जड़ता अनिवार्यतः राजनीतिक पराभव देती है। हमारी सांस्कृतिक अहंमन्यता भी इस कटु सामाजिक यथार्थ को भुलाने की एक विलक्षण चेष्टा है। यह भी काल्पनिक क्षतिपूर्ति की हमारी असीम क्षमता का परिचायक है। किसी ने कहा है कि अहंमन्यता और आत्मपरायणता मूर्खों अथवा कमज़ोरों के ठोस कवच हैं। भारतीय संस्कृति के नाम पर हम इस कवच को धारण किये रहना चाहते हैं।

हिन्दुओं में व्याप्त ग्रहण सम्बन्धी अन्धविश्वासों की ओर संकेत करते हुए हक्सली दार्शनिक हो उठते हैं। प्रश्न करते हैं कि मनुष्य और पशु में क्या मौलिक भेद है? हक्सली के अनुसार मनुष्य पशुओं से भिन्न इस माने में है कि उसके पास बुद्धि और कल्पना-शक्ति है जो पशुओं में नहीं है। लेकिन उनका यह भी कहना है कि ये गुण उसके लिए वरदान भी हैं और अभिशाप भी। अभिशाप इस माने में कि अपनी बुद्धि और कल्पना-शक्ति के चलते वह केवल वर्तमान में नहीं जी सकता। वह आगे और पीछे दोनों तरफ देखने के लिए अभिशप्त है। उसे भविष्योन्मुख प्रामीथियस की त्रासदी भी झेलनी है और एपिथीमियस की दृष्टिहीन अतीतोन्मुखता का शिकार भी होते रहना है। वह हज़ारों वर्षों के इतिहास को अपने कंधों पर ढोने के साथ-साथ अनागत के असीम सुखों एवं शंकाओं का सपना भी देखता है। वह विगत और अनागत दोनों को ढोने के लिए विवश है। एक तरफ वह वेदों की अबूझ एवं आदिम ऋचाओं और उपनिषदों के वायवीय चिन्तन की प्रज्ञा-हीन रहस्यमयता का शिकार है तो दूसरी तरफ भविष्य के कल्पित स्वर्ग या मोक्ष की प्राप्ति की कल्पना से आह्लादित भी है, या भविष्य के गर्भ में छिपे रौ-रौ र्कस की पीड़ा से आतंकित और अनुशासित है। मनुष्य की बुद्धि उसे उसकी सीमाओं का अहसास कराती है और उसकी कल्पना उसे तर्कातीत ज्ञान के कल्पित लोक में पहुँचाती है। अतः यदा-कदा उसकी प्राथमिकताएँ ही उलट जाती हैं। वास्तविक अवास्तविक बन जाता है, और अवास्तविक वास्तविक। वह अपनी बुद्धि व कल्पना के सहारे ही सर के बल खड़ा हो दूर तक देखने का वहम पालता है। विवेक को नकार कर वह ज्ञान की तलाश करने लगता है और सृजनशील कल्पना को अस्वीकार कर जड़ अनुष्ठानों में नयी सम्भावनाओं की तलाश करता है।

कल्पना करें आदमी कैसा होता अगर उसके पास बुद्धि और कल्पना शक्ति न होती। हक्सली का मानना है कि वह दो पैरों वाला पशु होता। वह शुद्ध वर्तमान में

जीता और विगत के मोह और अनागत के आतंक से मुक्त होता। जब भूख लगती तो खाता, प्यास लगती तो पानी पीता, नींद आती तो सोता और आवश्यकतानुसार ही अपनी कामवासना को भी तृप्त करता। अर्थात् उसे 'जगत गति' नहीं परेशान करती। न वह सटोरिया बनता न मुनाफाखोर, न वह बैंकों के चक्कर में पड़ता और न ही जमीन में रुपया-सोना गाड़कर अपनी नींद हराम करता, न वह प्रेमाख्यान रचता और न ही उसे 'प्राइवेट लाइफ' की आवश्यकता होती। मेनका, शकुन्तला, हेलेन और क्लियोपैट्रा के शाश्वत व्यामोह से भी वह मुक्त होता। अयोध्या, मक्का और जरुसलम उसके लिए अप्रासंगिक होते। न वह तिरंगे झण्डे के लिए परेशान होता और न ही हँसिया-हथौड़ा अथवा चाँद वाले झण्डे के लिए। देशद्रोह और देशभक्ति भी उसके लिए बेमानी होते। अपनी आस्थाओं अथवा पहचान के लिए वह ख़ून नहीं बहाता। शिलान्यास, शिलापूजन और रथयात्राएँ उसे नहीं बाँध पातीं। खतना और बपतिस्मा के झमेले में नहीं फँसता और न ही शिखा और जनेऊ का गुलाम होता। उसे न शाही इमाम की जरूरत होती न अवैद्यनाथ की, न आडवानी की और न शहाबुद्दीन की। न वह जाति-बिरादरी क़े बारे में जानता न सम्प्रदाय के, न उसे नर्क का भय होता न स्वर्ग की लालच। कुल मिलाकर वह अतीत के मोह और अनागत के आतंक से सर्वथा मुक्त होता।

लेकिन क्या किया जाए? मनुष्य के पास बुद्धि है और कल्पना-शक्ति भी। वह चाहकर भी इनसे छुटकारा नहीं पा सकता। अतः आगे-पीछे देखना उसकी विवशता है। विगत को वह बोझ के रूप में ढोता भी है, और उसी से प्रकाश और प्रेरणा भी पाता है। अनागत के प्रति शंकालु भी रहता है और उसे अपनी इच्छाओं के अनुकूल ढालने की कोशिश भी करता है। भावुक क्षणों में वह कभी अतीत को भविष्य पर लादता है तो कभी भविष्य को वर्तमान पर। बुद्धि और कल्पना के सहारे ही वह अपने सामाजिक परिवेश और प्रकृति को देखता व समझता है तथा सामाजिक एवं प्राकृतिक घटनाओं की तरह-तरह से व्याख्या और विवेचना करता है। अतः नील नदी के जल के नियमित चढ़ाव व उतार की व्याख्या के लिए वह किसी पारलौकिक शक्ति की रचना करता है और फिर से उसे प्रसन्न करने के अनेक अनुष्ठान गढ़ता है। उसकी बुद्धि और कल्पना ही शाम के डूबते सूर्य के पुनरोदय को सुनिश्चित करने के लिए तरह-तरह के अनुष्ठानों का आविष्कार करती हैं। वही समुद्र-मन्थन की कल्पना करता है और उसी का देवता गरल-पान का साहस भी कर सकता है। सूर्य-ग्रहण और चन्द्र-ग्रहण जैसी प्राकृतिक घटनाओं में वही सुर-असुर संग्राम देख-समझ सकता है। वही पृथ्वी को नाग के फन पर टिका सकता है और उसके शयन-जागरण की कथा रच सकता है या उसे नथवा सकता है। इन्द्र और जीयस,

प्रामीथियस और शंकर, कैलाश और ओलीम्पस, मानसरोवर और हिपोक्रीन, कुबेर और प्लूटो जैसे प्रतीक उसी के जिज्ञासु मन और सृजनशील कल्पना की उपज हैं।

यह सब तो वह युगों तक मासूम मन से करता रहा। लेकिन विकास के साथ उसकी बुद्धि भ्रमित हुई। विकास के साथ मनुष्य वर्गों में बँटा, वर्ग-स्वार्थ पैदा हुए और बुद्धि और कल्पना उन्हें पोषित-पल्लवित करने लगीं। फिर उसने कर्मवाद का सिद्धान्त गढ़ा जिसने मनुष्य की सामाजिक-आर्थिक स्थिति को दैवीय-विधान घोषित कर दिया। अन्तर्विरोधों हितों की उत्पत्ति के साथ ही उसने अपनी वर्ण-व्यवस्था को भी ईश्वरीय-विधान घोषित कर उसे अपरिवर्तनीय और शाश्वत बनाने की कोशिश की। ईश्वर की धुरी के सहारे अब निहित स्वार्थों का पोषण आरम्भ हुआ। वह लौकिक दुखों को सह्य बनाने के लिए आत्यंतिक पारलौकिक सुखों की कल्पना करने लगा। वह हेरोद, नीरो, हिटलर, गोडसे और चाउचेस्क्यू बनने लगा। वैसे इनमें ही उसकी बुद्धि और कल्पनाशक्ति की सम्भावनाएँ नहीं चुक गयीं और अपने उदात्त क्षणों में वह बुद्ध, सुकरात, जीजस, मुहम्मद, मार्क्स, गाँधी, अम्बेडकर भी बनता रहा। वही देवता है और वही राक्षस भी। कभी उसमें बुद्ध की ऊँचाई दिखती है तो कभी हिटलर की नग्न नीचता भी। जब उसकी बुद्धि और कल्पना के साथ विवेक छीजा तो वह तैमूर और समोजा बना। बुद्धि, कल्पना और विवेक के साथ जब सामाजिक साहस नहीं जुटा सका तो वह कवि और कथाकार बना। होमर, वर्जिल, दाँते, शेक्सपियर, वाल्मीकि, व्यास, तुलसी, रवीन्द्र, निराला, इलियट, अज्ञेय आदि मनुष्य के सृजनशील किन्तु शाब्दिक विवेक की विलक्षण उपलब्धियाँ हैं।

हक्सली की यह शिकायत थी कि हिन्दू जितना ही अपने कल्पनाप्रसूत देवी-देवताओं के कल्पित सुख-दुख, जय-पराजय के प्रति संवेदनशील बना उसी अनुपात में वह अपने वास्तविक सुख-दुख, जय-पराजय आदि के प्रति उदासीन हुआ। दरिद्र, असहाय, भीख माँगते, अधनंगे लोग उनकी सहानुभूति के दायरे से बाहर पड़ते गये। अतः वे गाय को भर पेट खिला सकते हैं, लेकिन भूखे आदमी को नहीं। सर्दी, लू आदि के बावजूद लाखों-लाख की संख्या में ग्रहण-स्नान के लिए इकट्ठा हो सकते हैं, लेकिन अपनी राजनीतिक गुलामी से मुक्ति के लिए उनमें कोई खास संगठित पहल नहीं दिखती। हक्सली का मानना था कि अगर स्नान-पर्वों पर जुटने वाली भीड़ ही अंग्रेज़ी शासन के विरुद्ध खड़ी हो जाती तो अंग्रेजों को हिन्दुस्तान छोड़कर भाग जाना पड़ता। उन्हें हिन्दुओं की आध्यात्मिक स्वाधीनता राजनीतिक गुलामी का सुरक्षा-कवच लगती थी। सदियों की गुलामी ने उन्हें नैतिक एवं वैचारिक दृष्टि से जड़ बना दिया था। राजनीतिक दृष्टि से स्वाधीन हुए बगैर भारतवासी अपनी सोच और समाज-व्यवस्था में कोई विवेकशील बदलाव नहीं ला सकते थे। अतः उन्होंने

भारतीयों में वैचारिक नवजागरण की आवश्यकता को रेखांकित किया। उनका कहना था कि अगर वे भारतीय पूँजीपति होते तो सर्वप्रथम एक 'नास्तिकों की संस्था' स्थापित करते जो भारतीयों में व्याप्त धार्मिक अन्धविश्वासों को दूर करने का आन्दोलन छेड़ती। उनकी दृष्टि में भारत के लिए धर्म विलासिता है, आवश्यकता नहीं। वैज्ञानिक विवेक ही भारत में वह सामाजिक-सांस्कृतिक नवजागरण दे सकता है जो हमारी आर्थिक-सामाजिक पुनर्रचना में सहयोगी होगा।

लेकिन हक्सली नहीं जानते थे कि भारत की अपनी विडम्बनायेँ हैं। बिना सामाजिक-सांस्कृतिक क्रान्ति के ही देश स्वतन्त्र हो गया। डॉ. अम्बेडकर बेचारे तड़फड़ा कर रह गये। बिना वैचारिक क्रान्ति के ही यहाँ राजनीतिक उथल-पुथल आ गयी और सत्ता का हस्तांतरण भी हो गया। हक्सली गलत सिद्ध हुए। वे धार्मिक अन्धविश्वासों की राजनीतिक भूमिका के प्रति शंकालु थे। लेकिन गाँधी और जिन्ना के नेतृत्व में ये अन्धविश्वास ही राजनीतिक दृष्टि से निर्णायक सिद्ध हुए। गाँधी मध्ययुगीन सन्त के रूप में सामने आये, और जिन्ना एक आधुनिक राजनेता के रूप में। यूरोपीय सन्दर्भ में देखें तो गाँधी लूथर थे और जिन्ना मेकियावेली। एक आस्थावान था किन्तु दूसरे ने केवल आम जनता की आस्था पर अपनी राजनीति खड़ी की थी। दोनों ने धार्मिक अन्धविश्वासों का राजनीतिक उपयोग किया। लेकिन गाँधी कर ही यही सकते थे, और जिन्ना ने ठण्डे दिल-दिमाग़ से यह किया। एक के लिए धर्म आस्थागत प्रतिबद्धता थी, किन्तु दूसरे के लिए एक राजनीतिक हथियार जिससे आवश्यकतानुसार लोगों का गला तक काटा व कटवाया जा सकता था। धार्मिक होते हुए भी गाँधी धर्मान्ध नहीं थे; जिन्ना ने गैर-धार्मिक होते हुए भी धर्मान्धता को भड़काया। गाँधी जिन्ना साहब के साथ रह सकते थे, लेकिन जिन्ना को गाँधी किसी भी रूप में स्वीकार्य नहीं थे। अतः भारत का विभाजन हो गया। भारत विभाजित हुआ जो वैचारिक क्रान्ति न हो पाने का एक सीधा परिणाम था। लाखों-लाख की जानें गयीं और करोड़ों बेघर हुए। इस सन्दर्भ में हक्सली सही सिद्ध हुए।

लेकिन भारत और पाकिस्तान की विडम्बनाओं का अन्त यहीं नहीं हुआ। चूँकि भारतीय नेतृत्व ने धार्मिक उन्माद से परहेज किया था इसलिए स्वतन्त्र भारत में धर्मनिरपेक्ष राजनीति की आधारशिला रखी गयी। अर्थात् धार्मिक गाँधी के देश ने धर्मनिरपेक्ष बनने का प्रयास आरम्भ किया, लेकिन गैर-धार्मिक जिन्ना का पाकिस्तान मजहबी राष्ट्र बना। शायद, जिन्ना यह नहीं चाहते थे। वह अपने द्वारा ही सृजित परिस्थितियों के शिकार बने। जिन्ना साहब धर्म की विचारहीनता से परिचित थे, इसीलिए वे पाकिस्तान को आधुनिक आधार देना चाहते थे, लेकिन उन्होंने धर्म की राजनीति की थी। उनकी व्यक्तिगत सोच कभी चरितार्थ नहीं हो सकती थी। उनकी इच्छाओं के विपरीत पाकिस्तान में अल्पसंख्यक हिन्दू और बौद्ध सुरक्षित नहीं रह सके। जिन्ना

साहब का सेक्यूलर सपना उनके वास्तविक राजनीतिक प्रयासों के प्रतिकूल था। अच्छा ही हुआ कि ढाका विश्वविद्यालय में अपमानित होने के थोड़े समय बाद ही वे चल बसे।

गाँधी केवल धर्म की मानवीय सम्भावनाओं से वाकिफ थे, उसकी सीमाओं से नहीं। उसकी अन्धता और तर्कहीनता को वे समझ ही नहीं सकते थे। अतः उन्होंने धर्म का राजनीतिक उपयोग नेक इरादों से किया था। लेकिन गलती नेक इरादे से की जाए या बुरे इरादे से, परिणाम एक से ही होंगे। भारत को धार्मिक कट्टरता और अंधता से बचाया नहीं जा सकता था। धार्मिक गाँधी द्वारा साम्प्रदायिक सद्भाव के लिए किये जाने वाले अनशन का महत्त्व धार्मिक अंधता नहीं समझ सकती थी। इस महानतम हिन्दू को धर्मान्ध हिन्दुओं ने, हिन्दुत्व को बचाने के नाम पर, मार डाला। गाँधी अपने सेक्यूलर-लोकतान्त्रिक सपनों की रक्षा करते मारे गये। उनकी शहादत ने उनके कमज़ोर पक्षों को भी भुलाने के लिए विवश किया। जिन्ना साहब इतने ईमानदार नहीं थे कि उन्हें यह त्रासद गरिमा प्राप्त होती। वह टी.बी. से मरे और अन्तिम दिनों में उपेक्षित से रहे।

स्वाधीन भारत और पाकिस्तान अपने राष्ट्र-निर्माण की प्रक्रिया में अलग-अलग रास्तों पर चले। वहाँ के इस्लामी उन्माद ने लोकतन्त्र का सफाया-सा कर दिया और एक लम्बे अरसे से वहाँ सैनिक तानाशाहों का आना-जाना लगा हुआ है। आज तक संगीनों के साये में ही वहाँ का लोकतन्त्र साँस ले पाता है। भारत कुछ अधिक सौभाग्यशाली था। चूँकि धार्मिक गाँधी सहिष्णु और समझदार थे, इसलिए यहाँ राजनीति में नेहरूवादी हस्तक्षेप हो सका। देश ने लोकतन्त्र, धर्मनिरपेक्षता और मिश्रित अर्थव्यवस्था को स्वीकारा। नेहरू ने वैज्ञानिक सोच, विज्ञान और प्राविधिक विकास पर बल दिया। लगता था देश बिना किसी विशेष अवरोध के विकसित होता जायेगा। लेकिन धीरे-धीरे लोकतन्त्र चुनावतन्त्र में, और चुनावतन्त्र जात-सम्प्रदाय-तन्त्र में विकृत होता गया है। जात-पाँतवादी जुनून का उत्तर साम्प्रदायिक जुनून से दिया जाने लगा है। मजहबी पाकिस्तान की तरह ही धर्मनिरपेक्ष भारत भी अपने दूसरे विघटन के कगार पर है। आज पाकिस्तान धर्मान्धता के बल पर अपने वजूद को बचाये रखने की कोशिश में है और भारत अपने धर्मनिरपेक्षता के बल पर। पाकिस्तान इस्लाम और सेना के बिना टूट जायेगा और भारत धर्मनिरपेक्षता और लोकतन्त्र के बिना।

लेकिन एक प्रधानमन्त्री ने हिन्दुत्व के साम्प्रदायिक रथ को देर-सबेर रोककर यह सिद्ध किया कि अभी भी नेहरूवादी हस्तक्षेप सम्भव है। पुनः 'एकता यात्रा' के नाम पर साम्प्रदायिक हिन्दुत्व का जहर फैलाया जा रहा है। देखें, नेहरू के ये सत्तासीन उत्तराधिकारी कब हस्तक्षेप करते हैं। किसी न किसी बिन्दु पर यात्रा को तो ठप करना ही पड़ेगा। इतना ही नहीं, इस हस्तक्षेप के दायरे को शरीयत तक पहुँचाना होगा। 'मण्डल' के नाम पर उभरा ध्रुवीकरण इसका समाधान नहीं, एक तात्कालिक

उत्तर भर है। साम्प्रदायिक ध्रुवीकरण का उत्तर जातिवादी ध्रुवीकरण नहीं हो सकता। दोनों ही आत्मघाती हैं। मूल प्रश्न है : किस प्रकार धर्मनिरपेक्ष एवं जाति-निरपेक्ष राजनीति का संकल्प जुटाया जाए? अगर यह संकल्प न जुट सका तो राज्य किसी भी विघटनवादी अथवा फासिस्ट या नवसाम्राज्यवादी प्रयास के विरुद्ध कोई भी कारगर हस्तक्षेप करने का नैतिक आधार खो देगा। देश शोषित एवं रक्तरंजित होगा और भारतीय राज्य केवल मूकदर्शक बन जाने के लिए अभिशप्त।

अब पुनः हक्सली की तरफ लौटा जाए। निश्चय ही स्वाधीनता के सन्दर्भ में हक्सली गलत सिद्ध हुए। अन्धविश्वासी हिन्दुस्तानियों ने आख़िरकार स्वतन्त्रता प्राप्त कर ही ली, लेकिन देश का विभाजन एक सीमा तक अन्धविश्वासों पर टिकी राजनीति की ही उपज था। अतः स्वतन्त्र भारत अथवा पाकिस्तान के सन्दर्भ में हक्सली अभी प्रासंगिक हैं। देश में वैचारिक क्रान्ति की आवश्यकता बताते हुए उन्होंने नास्तिक अर्थात् लौकिक सोच को रेखांकित किया था। अभी भी देश में वैचारिक क्रान्ति के नाम पर कुछ भी खास नहीं हो पाया है। अभी भी भारतीय समाज हिन्दू, ईसाई, मुसलमान, सिख इत्यादि समुदायों में विभाजित है। इनमें से कोई भी जात-पाँतवादी जकड़ से मुक्त नहीं है। राजनीतिज्ञ इन्हीं पर अपनी-अपनी राजनीति की रोटी सेंक रहे हैं। साम्प्रदायिक तनावों के सन्दर्भ में तो हम 1946-47 की ओर लौट रहे हैं। पूरा देश मानों जात-पाँत और सम्प्रदाय की अफीम के नशे में है। मध्ययुगीन संस्कार जगाये जा रहे हैं। आवश्यकता है विवेकशील लौकिकता की। बिना वैज्ञानिक सोच के यह सम्भव नहीं। नेहरू ने आजीवन सोच की वैज्ञानिकता और अम्बेडकर ने उसकी 'सामाजिकता' पर बल दिया था। हक्सली की 'नास्तिकता' का भी कमोबेश यही अर्थ है। अगर हम अपने को ऐसा न बना सके तो पुराने संस्कारों के दबाव में हम जड़ पोथियों, सम्प्रदायों और संस्थाओं के शिकार बन जायेंगे। अनजाने ही हम अमानवीय बनते जायेंगे। सम्प्रदायवादी तनाव यही संकेत दे रहे हैं। रथयात्राएँ और जात-पाँतवादी युद्ध इसी के संकेत हैं। हक्सली को भी इसकी आशंका जरूर रही होगी क्योंकि अंग्रेजों का अपना इतिहास भी ऐसी बर्बरताओं से मुक्त नहीं रहा है।

तो क्या भारतीय संस्कृति-भक्त दूसरों के वैचारिक आईनों में अपने मुखौटों को देखने का साहस जुटायेंगे? इसमें जितनी ही देर होगी, सामाजिक संकट उतना ही गहराता जायेगा। हम सभी विकृत होते जायेंगे और धर्म तथा जात-पाँतवादी हितों के साये में अपनी पशुता को ही ताकत देंगे। इससे तरह-तरह के संकीर्ण आक्रामक गिरोह तो फूले-फलेंगे ही, लेकिन इंसानियत मुरझा जायेगी। यह समझना ही राष्ट्र-निर्माण का प्रस्थान-बिन्दु है? (1992)

समकालीन सोच, जनवरी 1992

हमारा धर्म-संस्कृति विमर्श

जब भी मैं धर्म-संस्कृति विमर्श के बारे में सोचता हूँ तो मेरे अभिन्न अग्रज रामनाथ जी याद आते हैं। रामनाथ जी बौद्ध हैं। अपने बाबा साहब अम्बेडकर के प्रति उनमें अटूट श्रद्धा है। बाबा साहब के कहे-लिखे को वह प्रश्नांकित होते नहीं देखना-सुनना चाहते, यद्यपि उनका प्रतिरोध अत्यन्त शालीन होता है। वह 'धम्म' और 'धर्म' में अन्तर करते हैं। वह बाबा साहब का उल्लेख करते हुए कहते हैं कि 'धम्म' व्यक्ति और समाज के रिश्तों के दायरों में परिभाषित होता है, जबकि 'धर्म' व्यक्ति और ईश्वर के बीच के रिश्तों के द्वारा। इसके अलावा, 'धर्म' में ब्राह्मण-केन्द्रीयता है और 'धम्म' में मानव-केन्द्रीयता। एक अपने को 'सनातन' घोषित करता है, लेकिन दूसरा स्थान-काल सापेक्ष है, क्योंकि यह शील, करुणा और प्रज्ञा द्वारा अनुप्राणित है। एक में आस्था और कर्मकाण्डों पर बल है, लेकिन दूसरे में विवेक पर। उनका यह भी मानना है कि 'धर्म' कभी भी वर्ग और जाति-विभेद से मुक्त नहीं हो सकता। यद्यपि 'धम्म' की सच्चाइयों से तो बहुत अवगत नहीं हूँ, लेकिन उनका 'धर्म' का क्रिटीक बहुत दूर तक सही है। अपने आदर्श रूप मे 'धर्म' या तो समाज-विमुख अध्यात्म है या समाज-निरपेक्ष ईश्वर-भक्ति। अपने व्यवहृत रूप में यह तर्कनारिक्त कर्मकाण्डों एवं अनुष्ठानों का जखीरा है। यहाँ संन्यास, भक्ति और पुरोहिती 'फुलटाइम जॉब्स' है। अपने सामाजिक संगठन एवं व्यवहार में भी यह विषमतावादी एवं विभेदक है। कर्मयोग की उदात्त अवधारणा भी न वर्णमुक्त है और न कर्मफल से मुक्त है। सामान्यतया हिन्दू परानैतिक होता है, क्योंकि प्रत्येक कुकर्म के दुष्परिणाम से मुक्ति के लिए इसके पास सस्ते-महंगे सर्वसुलभ कर्मकाण्डी अनुष्ठान हैं। अतः इसके शब्दकोश में अपराध-बोध और 'कनफेशन्स' के लिए कोई खास प्रावधान नहीं है। इसके अनुष्ठान इसे नैतिक जहमत से बचाते हैं। रामनाथ जी सही कहते हैं कि हिन्दू धर्म में सामाजिक विषमता भी अन्तर्निहित है। चूँकि यहाँ ब्राह्मण ही पुरोहित होता है इसलिए वह धर्म का प्रभामंडल समाज के शीर्ष पर बनाये रखता है। निश्चय ही, यहाँ 'भूसुर' और 'भूदेव' कहने की लम्बी परम्परा है। इसके ठीक

विपरीत 'धम्म' मूलतः अनिश्वरवादी, अनात्मवादी और क्षणवादी है। इसमें 'सम्यकता' का जीवन-दर्शन है और 'प्रतीत्य समुत्पाद' इसके ज्ञान-शास्त्र का केन्द्र है। इसी कारण यह राहुल जैसे वैचारिक यायावर और उग्र प्रज्ञावादी को भी आकर्षित करता है। इसने बी. आर. अम्बेडकर को भी अपनी सामाजिक समता के चलते आकर्षित किया। अश्वघोष और धर्मकीर्ति जैसे उग्र विचारक भी बौद्ध प्रज्ञा के मुरीद बने। आश्चर्य नहीं, महात्मा गाँधी जैसा महाकारुणिक भी आजीवन हिन्दू सामाजिक एवं अनुष्ठानिक जड़ता के चलते व्याख्यात्मक एवं सुरक्षात्मक बना रहा। आशय यह कि हिन्दू धर्म-व्यवस्था में तात्विक दोष हैं जो हिन्दू समाज-व्यवस्था को अनिवार्यतः संवेदनहीन बनाते हैं। अपनी मूल प्रेरणा में धर्म एवं समाज सुधार आन्दोलन होने के चलते बुद्ध-पथ में तात्विक रूप से कम दोष हैं, वैसे व्यवहार में यह भी रूढ़ एवं कर्मकाण्डी बनता गया है और अब तो राष्ट्रवाद का उपकरण बना जगह-जगह हिंस्त्र भी हो चुका है। लेकिन रामनाथ जी की दृष्टि इधर नहीं जाती। दरअसल, आस्थावादी दृष्टि अपने धर्म/धम्म के मानक आप्त-वचनों या आचरणों पर और दूसरों की व्यावहारिक सीमाओं पर ही टिकती है।

इतिहास के एक लम्बे दौर तक धर्म ही श्रेष्ठ मनीषियों की कर्म-भूमि रहा है। इसकी सामाजिक केन्द्रीयता को प्रभावी, वैचारिक एवं व्यवस्थागत चुनौती योरोपीय नवजागरण के दौर में मिली। मेकियावेली पहला महत्त्वपूर्ण राजनीतिक विचारक है जिसने धर्म को राज्य के अभीष्ट के रूप में नहीं बल्कि उपकरण के रूप में देखा। फैसन्सिस बेकन पहला महत्त्वपूर्ण दार्शनिक है जिसने अमूर्त दार्शनिक-धार्मिक मान्यताओं को झूठा बताया। भारत में लोकायतों ने यह कार्य बहुत पहले किया था, लेकिन वे किसी सुसंगत चिन्तन परम्परा को जन्म न दे सके थे। मात्र विद्रोह से विचार-व्यवस्था नहीं जन्मती। हीगेल ने भी धर्म को अवमूल्यित किया और गन्तव्य के रूप में इसे सौन्दर्यबोध के ऊपर लेकिन 'परम विचार' (grand idea) के नीचे रखा। कार्ल मार्क्स ने इसे 'छद्म चेतना' (false consciousness), 'विचारधारा' (ideaology) के रूप में देखा, लेकिन पीड़ितजनों के सन्दर्भ में इसकी मानवीय अर्थवत्ता को भी स्वीकार किया—'हृदयहीन परिस्थितियों का हृदय, 'अंधियारे जीवन का सूर्य', 'पीड़ित मानवता की कराह', अर्थात् निराश मन की एकमात्र आशा। मार्क्स का मंतव्य स्पष्ट है—अन्तर्विरोधों से मुक्त समरस समाज में धर्म जैसी काल्पनिक भावसत्ता की जरूरत नहीं होगी। साम्यवादी 'विजन' में यह सब निहित था। अतः सोवियत क्रान्ति के बाद अतिउत्साह में, सामाजिक-सांस्कृतिक विषमताओं की परिव्याप्ति के बावजूद धर्म-विरोधी मुहिम छेड़ी गयी जिसके खतरनाक परिणाम निकले। सेक्युलर 'परफेक्शनिस्ट विजन' उतना ही अमानवीय एवं प्रति-उत्पादक साबित हुआ जितना

शुद्धतावादी धार्मिक विजन। मूलतावादी शुद्धतावादी यह नहीं समझ पाता कि इतिहास का चक्का पीछे नहीं मुड़ता, कि 'रामराज्य', 'ईश्वरीय शहर' या 'ख़िलाफ़त' सब पीछे छूट चुके हैं। बेचैन सेक्युलर पूर्णतावादी भी यह नहीं समझ पाता कि इतिहास हमेशा मनचाहे तरीके से, मनचाही दिशा में, मनचाही गति से नहीं बनता है।

कभी-कभी धर्म और कविता को लेकर भी परेशानी होती है। मूलतः दोनों ही भावसत्ताएँ हैं और दोनों का उद्गम आदिम मानव के अस्तित्वगत संघर्ष हैं। मानवता की शैशवावस्था से ही ये उसके अस्तित्व की रक्षा, अभिव्यक्ति और व्याख्या से जुड़े हैं। मूलतः धर्म मुनष्य का आदिम विश्वबोध है और कविता उस विश्वबोध की सक्रिय आदिम अभिव्यक्ति। इसीलिए कविता को मानवता की मातृभाषा का दर्जा मिला है और पुरोहित मानवता का आदिम बुद्धिजीवी है। सम्भवतः इसी कारण दोनों ही व्यक्ति के 'सामान्यबोध' के इतने निकट पड़ते हैं और अपनी सीधी अपील बनाते हैं। सभ्यतागत विकास के साथ दोनों ही संस्कारित और रूपांतरित होते रहे और फिर दोनों ने अपना-अपना रास्ता भी पकड़ा। कविता देव-आवाहनों से होती हुई, महाकाव्यों के औदात्य और दर्शन की ऊँचाइयों को व्यक्त्र करती, अन्ततः औद्योगिक क्रान्ति के बाद आज या तो कुंठाग्रस्त खीझ या अस्वीकार की शिकार है या असहाय आँसुओं से नम है। अगर क्रिस्टॉफ़र काडवेल को याद करें तो आधुनिक कविता आज के वयस्क औद्योगिक समाज में बच्चे की मासूम खीझ या तुतलाहट है। नयी कविता अगर इस खीझ को व्यक्त करती है तो नवगीत उसकी तुतलाहट को। कुल मिलाकर कविता आज निष्प्रभावी है।

लेकिन धर्म ने दूसरा ही रास्ता पकड़ा। कविता की बैसाखी पर संस्थाबद्ध हो यह व्यवस्था में पथराता गया और एक लम्बे अर्से तक सहचरी रहने के बाद कविता उसकी सेविका एवं पोषिता बनी। आश्चर्य नहीं, दोनों ही 18वीं सदी के विवेकवाद के मिजाज के प्रतिकूल थे और इसलिए ही अप्रासंगिक घोषित हुए। धर्म विवेकवाद की सेक्युलर चेतना अर्थात् विज्ञान, राजनीति, गद्य इत्यादि के प्रतिकूल था। उत्साही नीत्से ने ईश्वर की मौत की घोषणा कर दी। डार्विन ने उद्‌विकास के सिद्धान्त द्वारा मनुष्य को देवत्व से वंचित कर उसे एक चैतन्य जानवर की कोटि में धकेल दिया। लेकिन कार्ल मार्क्स के मानववाद ने ईश्वर को मनुष्य का मानसिक उत्पाद बताकर मनुष्य को ही विधाता बनाना चाहा। सम्भवतः इस धर्म-विरोधी माहौल से प्रोत्साहित हो मैथ्यू अर्नल्ड को आशा बनी कि कविता धर्म का स्थान ले लेगी। वैसे तो प्रख्यात जार्ज बर्नार्ड शॉ ने इस नये तकनीकी युग में दोनों को अप्रासंगिक माना। फिर भी, अभी धर्म और क्रान्ति दोनों जीवित हैं, और दोनों ही पूँजीवाद के समृद्ध शिश्नोदरवाद

को झेल रहे हैं। लेकिन लगता है कि धर्म ने इसके साथ समझौता कर लिया है, किन्तु कविता में अभी भी बेगानापन, खीझ, कड़वाहट या रुदन की परिव्याप्ति है।

कहा जा सकता है कि विकृत समाज का धर्म दो छोरों पर जीता है—एक अमूर्त एहसास और अन्धविश्वास का छोर जिसे अध्यात्म कहते हैं, और दूसरा मूर्त अन्धविश्वास एक व्यवहार का छोर है जिसे कर्मकाण्ड कहते हैं। दोनों ही छोर जब राजनीति से जुड़ते हैं, अर्थात् जब इन्हें सत्ता का शौक हो जाता है, तब ये हिंस्त्र हो उठते हैं। हस्तिनापुर का सुख अत्यन्त मादक है। धर्म और राजनीति के संगम वाजपेयी जी भीष्म के अद्यतन संस्करण बने। साहित्य, सत्ता और धर्म की त्रिवेणी विष्णुकान्त शास्त्री की भी कोई बेहतर स्थिति नहीं रही। कर्ण की वफादारी ने उसे बड़ा बनया, लेकिन भीष्म पथॉस की अभिव्यक्ति हैं। अगर कुबेरनाथ राय के एक प्रतीक का उपयोग करें तो वर्तमान समय 'महाभारत' के युद्ध-पूर्व की प्रजागर रात है जिसमें सत्ता-पक्ष युद्ध का निर्णय लेगा और प्रतिपक्ष इसके लिए विवश होगा। कहीं हम 1946-47 की ओर तो नहीं मुड़ रहे है। एबनार्मल समय की एक और विडम्बना है—अनेक सेक्युलर शिखण्डी भी सत्ता-पक्ष की ओर से ही खड़े दिखते हैं। निराला की चिन्ता मन को दबोच लेती है : 'अन्याय जिधर है उधर शक्ति'। बहुतों को हिन्दुत्व में केवल साम्प्रदायिकता और पैसनेटिसिज्म दिखता है, और इस्लाम एवं मुसलमान हर स्थिति में सेक्युलर एवं लोकतान्त्रिक।

कुल मिलाकर इतिहास का यह नार्मल दौर नहीं है। ऐसे समय में साहित्य का समाज से सटाव अनिवार्य-सा है। दावे-प्रतिदावे आमने-सामने हैं और सभी अपने को आहत एवं अपमानित समझते हैं। आख़िर दुर्योधन के भी अपने ठोस तर्क थे। बेचारे भावुक डॉ. कृष्णबिहारी मिश्र की समझ में ही नहीं आता कि उनके जमींदार पिता अनुदार कहाँ थे या रामकृष्णदेव की भक्ति में सिमटी आस्था द्वारा इहलौकिकवादियों की सख्त आलोचना में बुराई क्या है? इनके ठीक विपरीत शालीन संवेदना के कवि केदारनाथ सिंह जो एक दौर में समझ नहीं पा रहे थे कि वह 'हिन्दू क्यों? हैं, आज 'शास्त्र' (धर्मशास्त्र) शब्द से डरने लगे हैं, क्योंकि इसमें 'शासक की सी ध्वनि' है। राजेश जोशी तो आज हिन्दू होने पर 'शर्मिन्दा' हैं। काश! इस्लामी जेहाद के इस क्रूर दौर में कोई डील-डौल वाला मुस्लिम बुद्धिधर्मी राजनेता या दानिश्वर अपनी शर्मिन्दगी का सार्वजनिक इजहार कर पाता। प्रश्न संवेदनहीनता या कायरता का नहीं है, प्रश्न मजहब की 'हेजीमनी' के अतिक्रान्त करने या उसे सीधे मुँह चुनौती देने का है। समाज के समक्ष केवल साम्प्रदायिक विभाजन की ही चुनौती नहीं है, जाति-विभेद और अगड़ा-पिछड़ा-दलित विभेद की भी चुनौती है। अतः जब तक विभिन्न जातियों, समूहों एवं समुदायों के जाने-माने एवं असरदार लोग अपनी विशिष्ट, संकुचित चेतनाओं को

अतिक्रान्त कर अन्यों के सुख-दुःख में प्रभावी ढंग से शिरकत करना नहीं सीखते तब तक सेक्युलर चेतना निर्बल बनी रहेगी। सामुदायिक चेतना तो विरासत में मिल जाती है, लेकिन सेक्युलर चेतना को सचेतन, बाह्य एवं आन्तरिक संघर्षों से गुजरकर अर्जित करना पड़ता है। यह उत्तराधिकार में नहीं मिलती। अच्छा भी है। यान्त्रिक रूप से प्राप्त धर्म कितना जड़ एवं मृत होता है, इसे बताने-समझाने की आवश्यकता नहीं है।

हिन्दी के कतिपय वरिष्ठ साहित्यकार एक अर्से से धर्म-संस्कृति विमर्श से जुड़े हैं। एक दौर में यह काम राहुल जी ने उत्साह के साथ किया था। उनके बाद के विमर्शकारों में रामविलास शर्मा, नामवर सिंह, राजेन्द्र यादव, विद्यानिवास मिश्र, शंभुनाथ, मुद्राराक्षस आदि प्रमुख हैं। इनके अतिरिक्त अनेक दलित एवं स्त्रीवादी विमर्शकार भी हैं। यशपाल और रांगेय राघव यहाँ इसलिए उल्लेखनीय नहीं हैं कि परम्परा के समग्र निषेध के कारण उनके साथ संवाद सम्भव नहीं हो पाता। रामविलास जी हिन्दू-हिन्दी चेतना के विविध प्रगतिशील आयामों को उभारने में इस कदर उलझे रहे कि वे अन्तर्साम्प्रदायिक टकरावों से जूझते नहीं दिखते। वे यह मानकर चलते हैं कि जातीय चेतना का निर्माण ही इसका समाधान है; वर्ग-चेतना हर सामाजिक-राजनीतिक समस्या का समाधान है। यह भी एक किस्म का रिडक्शनिज्म है जिसके प्रति रामविलास जी सावधान नहीं रहे। इधर नामवर सिंह अपने व्याख्यानों तथा 'आलोचना' और 'सहारा समय' में अपनी कतिपय टिप्पणियों में हिन्दू धर्म के सेक्युलर, मानवीय मिजाज और सामान्य जन की सहिष्णु जीवनचर्या को रेखांकित करते हुए वर्तमान राष्ट्रीय सत्ता-प्रतिष्ठान और संघ-विचार-प्रतिष्ठान को चुनौती देते दिखते हैं। बाबरी मस्जिद विध्वसं और गुजरात हादसे के बाद उनमें अप्रत्याशित तल्खी आयी है। शम्भुनाथ अपने निबन्धों और अभी हाल में प्रकाशित अपनी पुस्तकों 'धर्म का दुखान्त' और 'हिन्दी नवजागरण और संस्कृति' में यही करते दिख रहे हैं, लेकिन थोड़े विस्तार और ठण्डे मन-मिजाज से। नामवर जी और शंभुनाथ दोनों ही प्रमुखतया 'रामायण', 'महाभारत' और 'मानस' के सन्तों-भक्तों एवं नवजागरण पर केन्द्रित हैं। इन्हें ये लोग साझी राष्ट्रीय विरासत मानते हैं और इसलिए इन्हें संघ परिवार के एकाधिपत्य से बचाना चाहते हैं, क्योंकि इस विरासत की मूल प्रकृति संघ परिवार की कठोर विचारधारा के विपरीत है। लेकिन इस उपागम के अपने खतरे हैं। प्रेमचन्द, भारतेन्दु, निराला, तुलसी, भवभूति और कालिदास से होते हुए रामविलास जी ऋग्वेद की ओर मुड़े और वहीं के हो गये। अतः वर्चश्वशील संस्कृति से अभिभूत और इसके द्वारा आत्मसात कर लिए जाने का भी खतरा है। लेकिन विकल्प भी क्या है? खतरा तो मोल लेना ही होगा।

दलित विकल्प आरम्भ से ही सत्तासेवी और साम्प्रदायिक है, लेकिन इससे राजेन्द्र यादव और मुद्राराक्षस अभिभूत हैं। ये दोनों ही अम्बेडकरवादी विमर्श और विकल्प की सीमाओं की पड़ताल नहीं करते। 'विक्टिम' की प्रतिक्रियाओं को अपेक्षित सहानुभूति से देखना तो ठीक है, लेकिन थोड़ी बौद्धिक दूरी बनाये हुए ताकि उनकी सीमाओं और उनके वास्तविक आकार-प्रकार को देखा जा सके। वर्चश्वशील ब्राह्मणवाद का विकल्प प्रति-ब्राह्मणवाद नहीं हो सकता, इसकी तत्क्षण की सच्चाई चाहे जितनी भी मुखर क्यों न हो। इनके विमर्श में संश्लेष की कोई गुंजाइश नहीं है। इसी कारण वाल्मीकि, कंवल भारती, तुलसी राम जैसों की मुखर सांस्कृतिक एकांगिकता में साम्प्रदायिक जड़ता के खतरे हैं।

विद्यानिवास जी को एक अर्से से सुनता-पढ़ता आ रहा हूँ। उनके निबन्धों की सरलता-सहजता तो अच्छी लगती है, लेकिन उनकी लिजलिजी भावुकता, अतीत के प्रति रूमानी लगाव इत्यादि खटकते हैं। फिर भी नवभारत टाइम्स में छपे उनके लेखों में अभिव्यक्त उनका समावेशी सांस्कृतिक मन प्रभावित करता है। उनकी पुस्तिका भारतीय परम्परा से उसकी पुष्टि भी हुई है जो इधर हाल में मेरे हाथ लगी। यह पढ़कर अच्छा लगा कि यहाँ परम्परा में विरोध की समाविष्टि है और इसमें स्वीकार-परिहार दोनों भाव निहित हैं। अपनी 'सनातनी' केन्द्रीयता के साथ वह बहुलता को स्वीकारते-से लगते हैं। परेशानी यह है कि वह भारतीय चेतना को 'अनैतिहासिक' बताते हैं। 'पंडी जी' जीते इतिहास में हैं, लाभ इतिहास का उठाते हैं, समझौते भी इतिहास से करते हैं, लेकिन भारतीयता की पहचान के सन्दर्भ में उसके अनैतिहासिक मानस की बात करते नहीं थकते। नरेश मेहता का 'महाप्रस्थान' भी इसी अतिमानस भारतीयता की खोज है। लगभग इसी संस्कार वाले कथाकार 'गाँधीवादी' विवेकी राय किसी कीमत पर 'नेहरुआ' को क्षमा करने के लिए तैयार नहीं हैं और न ही बाबरी मस्जिद का ढहाया जाना या गुजरात का हादसा उन्हें खटकता है। इसी प्रकार कुबेरनाथ राय 'ऐतिहासिक' भारत को 'मृयमाण' और 'चिन्मय भारत' की चिरन्तन भारतीयता बताते हैं। लेकिन राय साहब के विमर्श में 'पंडी जी' की शालीनता नहीं है। 'पंडी जी' अपनी बात कहने में मशगूल हैं, कटु टीका-टिप्पणी में नहीं। लेकिन दुखद यह कि 'पंडी जी' को नरेन्द्र मोदी का गुजरात नहीं खटकता। गाँधी की बात करना और गुजरात पर चुप्पी गाँधी-निषेध तो है ही, हिंस्त्र साम्प्रदायिकता से समझौता भी है। 'पंडी जी' का विमर्शकार हमेशा सत्ता-ध्रुव के साथ होता है जिसे श्री कृष्णबिहारी मिश्र 'परम्परा का पुरुषार्थ' बताते हैं। वर्धा में नवल किशोर आचार्य ने कहा कि संस्कृत का पंडित सामान्यतया सत्ताप्रेमी होता है। विद्यानिवास जी भी अपवाद नहीं थे।

लगभग दो दशक पूर्व प्रख्यात गणितज्ञ-दार्शनिक ए.एन. ह्वाइटहेड की पुस्तक सिम्बलिज्म पढ़ा था जिसकी एक केन्द्रीय स्थापना हमेशा मन में कौंधती रहती है। उनकी स्थापना है कि जातियाँ अपने प्रतीकों के सहारे ही टिकती और संगठित होती हैं, लेकिन जो जाति समय के बदलाव के साथ अपने प्रतीकों की पुनर्व्याख्या नहीं करती, उनका अर्थ-विस्तार नहीं कर पाती, वह नयी चुनौतियों के समक्ष बिखर जाती हैं, और जीवित नहीं रह पातीं; लेकिन जो ऐसा कर पाती हैं वह टिकती हैं, कायम रहती हैं। यह एक ऐतिहासिक तथ्य है कि अपने तमाम सामाजिक अन्तर्विरोधों एवं आक्रामक बाह्य दबावों के बावजूद 'सनातनी' धर्म-संस्कृति कायम है। निश्चित रूप से इसमें कोई संजीवनी विवेक जरूर रहा है। डॉ. अम्बेडकर का यह कहना सही नहीं लगता कि इसका अस्तित्व मात्र, 'विजिटेटिव' रहा है, अर्थात् परोपजीवी, स्थिर, असोची और यांत्रिक। नव्य-अंग्रेज निराद बाबू इसकी अक्षुण्ण जिजीविषा दरकिनार रखते हैं। आनन्द कुमार स्वामी, अरविन्द, रवीन्द्र, राजा राव आदि केवल इसकी आध्यात्मिकता को रेखांकित करते हैं। तुलना में रामविलास जी सत्य के अधिक निकट दिखते हैं क्योंकि वह इसकी 'सांस्कृतिक इहलौकिकता' को रेखांकित करते हैं जो विभिन्न सांस्कृतिक क्रान्तियों से होकर गुजरती रही-ऋग्वेद, उपनिषद, सन्त-भक्त आन्दोलन और 19वीं सदी का नवजागरण। नेहरू ने भी इसकी सांस्कृतिक गत्यात्मकता पर बल दिया है। एक चर्चित विमर्शकार आशीष नंदी अपनी दृष्टि-सम्पन्न पुस्तक 'इन्टिमेट एनेमी' में इसके लचीलेपन (resilience) और 'आलोचनात्मक पारम्परिकता' (critical tradionalism) को रेखांकित करते हैं—अर्थात् एक परम्परा जो अपनी पुनर्व्याख्या करती हुई नयी परम्पराएँ सृजित करती रही है। विद्यानिवास मिश्र इसकी 'समावेशिकता' पर बल देते हैं, नामवर सिंह इसकी सहिष्णु, सृजनशील जीवन-पद्धति पर और शंभुनाथ इसकी उदार सर्जनात्मक साहित्यिक मनीषा की ओर ध्यान खींचते हैं।

कोई भी धर्म एवं संस्कृति गतिहीन भावसत्ता के रूप में जीवित नहीं रह सकती। सामान्यतः प्रत्येक संस्कृति के तीन रूप होते हैं—शास्त्रीय, ऐतिहासिक और व्यवहृत। हिन्दुत्व की भी यही स्थिति है। शास्त्रीय हिन्दुत्व किताबी है, यह स्मृतियों और धर्मशास्त्रों का धर्म है जिसमें कठोर सामाजिक विभाजन और नियमन है। लेकिन शिथिलताएँ भी हैं। सर्वाधिक निन्दित मनुस्मृति में भी अन्तर्विरोध हैं। कहीं नारी को देवत्व प्रदान किया गया है तो कहीं उसके अवगुणों की अतिरंजना भी है। इसी प्रकार इसमें समाज के जन्मना विभाजन की स्वीकृति है तो 'जन्मनाजायते शूद्राः कर्मणाद्विज उच्चते' जैसी स्थापना भी है। 'महाभारत' का शान्तिपर्व इस प्रकार के अन्तर्विरोधों से भरा पड़ा है। भीष्म ऊर्ध्वबाहु चिल्ला रहे हैं कि धर्म की बात कोई सुनने के लिये तैयार नहीं है। तुलसी में द्विज-श्रेष्ठता और वर्ण-धर्म पर बल है,

लेकिन इसके साथ ही 'मानस' मानवीय रिश्तों का अन्यतम महाकाव्य है। आख़िर तुलसी सीता-परित्याग और शम्बूक-वध जैसे आख्यानों को 'मानस' में जगह नहीं देते और इस प्रकार धर्म-शास्त्र पर व्यवहार को वरीयता देते हैं। तुलसी में लोक और वेद का अद्भुत सन्तुलन दिखता है। 'मानस' में गो-ब्राह्मण केन्द्रीयता के बावजूद, निषाद राज, शबरी, अहल्या इत्यादि प्रसंग इसकी ब्राह्मणेतर संवेदना की ओर संकेत करते हैं।

ऐतिहासिक हिन्दुत्व सुधार आन्दोलनों और विद्रोहों से भरा पड़ा है। बुद्ध-पथ एक सुधार आन्दोलन था जो कालांतर में स्वतन्त्र धर्म बन गया। कालान्तर में इसमें भी अनेक सम्प्रदाय सामने आये, यद्यपि सबने 'धम्म-पद', 'पिटकों' और 'निकायों' को ही अपना उपजीव्य बनाया। 'सनातन धर्म' में नाथों-सिद्धों के विद्रोह हैं और सन्तों की मुखर असहमतियाँ हैं। यहाँ पुष्यमित्र और शशांक हैं, लेकिन श्रीहर्ष, रामानन्द, विवेकानन्द, राममोहन राय, रामकृष्ण और महात्मा गाँधी भी हैं। अगर सावरकर-गोलवरकर-गोडसे हैं तो गाँधी-नेहरू-नरेन्द्रदेव-लोहिया भी हैं। आज भी बहुसंख्यक हिन्दू न संघी हैं और न तोगड़ियावादी। आज आडवानी-तोगड़िया मार्का हिन्दुत्व के कटुतम आलोचकों में प्रभाष जोशी, नामवर आदि हैं जिन्हें राजेश जोशी की तरह अपने हिन्दू होने में शर्मिन्दगी नहीं है। डॉ. अम्बेडकर के बिना भी संविधान तैयार हो जाता, लेकिन गाँधी और कांग्रेस के पास, जिन्हें वह जिन्ना साहब की तर्ज पर 'हिंदू संगठन' मानते थे, एक अग्रसोची राष्ट्रीय मन था और उसने सारी पुरानी बातों को भुलाकर, उन्हें पद और प्रतिष्ठा दी जिसका लाभ समूचे देश को मिला। ध्यातव्य यह भी है कि इसकी पहल महात्मा गाँधी ने की जिसकी बाबा साहब ने सर्वाधिक कटु आलोचना की थी। दरअसल, महात्मा फुले और बाबा साहब ने अपनी समालोचनाओं में हिन्दू परम्परा की जटिलता, ऐतिहासिकता, व्यावहारिक लचीलेपन और सुधार-प्रयासों की अनेदखी की और लिपिबद्ध शास्त्रों को केन्द्रीयता दी। इनका समूचा क्रिटीक दलित-दृष्टि केन्द्रित है जो परंपरा को समग्रता में नहीं देखता। प्रश्न इसकी समालोचना से असहमति का नहीं है, क्योंकि अंधा व्यक्ति ही इससे पूरी तरह असहमत होगा; प्रश्न इसके इकहरेपन का है जिसमें प्रत्येक हिन्दू खल है, जैसे आज के पश्चिमी विमर्श में सभी मुसलमान आतंकी और सभी ईसाई सेक्युलर और लोकतान्त्रिक हैं। इसका सीधा दुष्प्रभाव दलित चिन्तन एवं सृजन पर पड़ा है। दरअसल, पालेमिकल लेखन की यही सीमा है। यह अनुचर पैदा करता है, चिन्तक नहीं। ऐसा परिप्रेक्ष्य देर तक उत्पादक नहीं रह पाता। आश्चर्य नहीं, अब यह चुक गया-सा लगता है, क्योंकि अम्बेडकरवादी मायावती-कांसीराम और 'मनुवादी' आडवाणी-जोशी एक साथ खड़े दिखते हैं। अब तो मायावती जी को हिन्दू कार्ड खेलने से भी कोई गुरेज नहीं है। डॉ. अम्बेडकर को भी यह नहीं खटका कि

अपने शुद्धतावादी कथनों के बावजूद शास्त्रज्ञ ब्राह्मणों को भी शूद्र-राज में रहने का अभ्यास बहुत पुराना है।

यह सब लिखने के पीछे आग्रह यह है कि धर्म-संस्कृति विमर्श में आलोच्य धर्म-संस्कृति को उसके शास्त्रीय, ऐतिहासिक और व्यवहृत तीनों रूपों में देखना चाहिए और इस दृष्टि के साथ कि तीनों ही स्तरों पर अन्तर्विरोध अर्थात् परस्पर विरोधी स्थापनाएँ एवं आचरण मिलेंगे। 'कुरआन-ए-पाक' में काफिर को मिटा देने के भी निर्देश हैं और क्षमा, सदाशयता और सहअस्तित्व की हिदायत भी है। यहाँ जेहाद भी है और इसी से निःसृत सूफी-जीवन-बोध भी है। अर्थात् इसमें जेहाद, 'अक्ल' और 'अकीदा' दोनों के लिये जगह है। एक दौर में इस्लाम ने यूनानी और पौर्वात्य ज्ञान को संरक्षित किया था और एक दौर यह भी आया कि इसने कुरान की प्रतिष्ठा में पुस्तकालयों को जलाया भी। औरंगजेब जैसे दीनी शासक ने अगर मन्दिर तुड़वाये तो अनेक मन्दिरों को संरक्षित भी किया। कट्टरवादी तालिबानियों ने बामियान में बुद्ध प्रतिमा को तोड़ा, लेकिन इससे पूर्व लगभग एक हज़ार वर्षों के इस्लामी जेहाद के दौर में यह सुरक्षित-संरक्षित रहा।

प्रेम और सेवा पर बल देने वाली 'बाईबिल' में भी विधर्मियों के प्रति असहिष्णुता है और संसार से लेकर नर्क तक कठोर दंड-विधान हैं। बर्ट्रेन्ड रसेल ने बार-बार ध्यान खींचा है कि गुलाम देशों में ईसाई क्रूरता के आधार 'बाईबिल' में खोजे जा सकते हैं। ईसाई परिप्रेक्ष्य के महानतम कवि दाँते को 'द डिवाइन कमेडी' में विधर्मियों के साथ 'इनफर्नो' में की जा रही बर्बरता आँख खोलने वाली है। आधुनिक सभ्यता के निर्माण में ईसाई राष्ट्रों का अकूत योगदान है, लेकिन इन्हीं आधुनिक ईसाई राष्ट्रों ने अफ्रीका, लैटिन अमेरिका और एशिया में जितना अत्याचार किया है वह मानवता के इतिहास में बेमिशाल है। इनका गुलाम-व्यापार, साम्राज्यवादी दोहन, जापान पर आणविक हमला और इराक की बर्बादी के लिये कौन ज़िम्मेदार है? इसके बावजूद, इसने शेक्सपियर, मिल्टन, शेली आदि जैसे क्रान्ति-चेता कवि और बेकन, रसेल जैसे समाजधर्मा दार्शनिक दिया और औद्योगिक क्रान्ति एवं लोकतन्त्र की चेतना प्रदान कर मानव-मुक्ति का रास्ता भी प्रशस्त किया है। प्रज्ञा और करुणा पर आधारित 'बुद्ध-पथ' आज श्रीलंका, म्यानमार, थाईलैण्ड आदि देशों में राजकीय हिंसा में सहयोगी है। ये सारे आक्षेप मार्क्सवाद पर भी लगाये जाते हैं जो बिल्कुल निराधार नहीं हैं। आशय यह कि विमर्शकार के लिए धर्म एवं संस्कृतियाँ 'पाठ' हुआ करती हैं जिनमें वह अपने वर्ग या समय की अपेक्षाओं को पढ़ता है। इसमें कोई अपराध नहीं है। लेकिन अच्छा विमर्श वही होगा जो वस्तुनिष्ठ समग्रता में देख पाता है। इसके बिना इसके 'पाठ' का युगातिक्रमण सम्भव नहीं है।

जो भी हो, भारत एक बहुल समाज है जिसमें संवेदनशील, संगठित अस्मिताएँ भी हैं। राष्ट्र-राज्य के रूप में अभी यह निर्माणाधीन है। फिलहाल इसके पास न कोई नेतृत्वकारी विचाराधारा है और न ही नेतृत्वकारी सामाजिक सहमति। अतः इस जटिल विविधता के बीच से ही कुछ सार्वभौम मुद्दे पहचाने जाने चाहिए। फिलहाल, समाजवादी क्रान्ति इतिहास का मुद्दा नहीं है। संघ परिवार की मुखर साम्प्रदायिक कट्टरता भी कोई स्थायी परिघटना नहीं है। इसे सत्ता तक पहुँचाने में दलितों का गाली-गलौज, पिछड़ों की जात-पाँतवादी कट्टरता, वामपंथियों का इकहरा सेक्युलरवाद और मुसलमानों की अदूरदर्शी राजनीति बराबर के ज़िम्मेदार हैं। सेक्युलर सोच न वर्ण-जात सापेक्ष होती है और न मुस्लिम पीछेदेखूपन की संरक्षिका। अतः सेक्युलर विमर्श को लोकतान्त्रिक और समाजवादी होना ही होगा। इस प्रकार लोकतन्त्र, सेक्युलर समाज और समाजवादी लोकतन्त्र राजनीति की फलश्रुति ही इस विमर्श का घोषित या निहित उद्देश्य होना चाहिए। समाजवाद की फिलहाल अवमानित अवधारणा को विमर्शों के माध्यम से पुनर्प्रतिष्ठित करना होगा। समाजवाद की अवधारणा को अवमानित और अपदस्थ करके ही लोकतन्त्र को पूँजीकेन्द्रित बनाया जा सका है। पूँजी के प्रभाव में भारतीय लोकतन्त्र छल-छद्मवादी चुनाव-तन्त्र में विकृत हुआ है। इसके चुनावी छद्म ने यथासम्भव छोटी-छोटी विभाजक अस्मिताओं को राजनीतिक दृष्टि से संवेदनशील बनाया है और संगठित किया है। इस प्रकार यह केवल तकनीकी अर्थों में ही लोकतन्त्र है। दरअसल, समाजवाद जैसी किसी विराट सेक्युलर विचारधारा के भू-लुंठित होते ही यह दिशाहीन बना है। आज यह रिक्त जनवादी या लोकतान्त्रिक रेटॉरिक का शिकार है। यह समझना आवश्यक है कि तत्वतः लोकतन्त्र, सेक्युलर समाज और समाजवाद परस्पर संबोधी और परस्पर पूरक हैं। यह एक राजनीतिक दुर्घटना ही है कि उत्साही सोवियत सत्ता ने समाजवाद को 'श्रमिक तानाशाही' के रूप में परिभाषित कर लोकतन्त्र का जनप्रिय राजनीतिक हथियार पूँजीपतियों के हाथ में सौंप दिया है।

अगर अन्तोनियों ग्राम्शी की अवधारणाओं का उपयोग करें तो प्रत्येक बौद्धिक विमर्श का एक ही उद्देश्य होता है और वह है स्थापित 'सामान्यबोध' (commonsence) का 'साधुबोध' (goodsence) में रूपान्तरण। स्थापित 'सामान्यबोध' पारम्परिक सामाजिक व्यवहारों के द्वारा अगली पीढ़ियों तक हस्तांरित होता रहता है। सामाजिक-नैतिक मान्यताएँ इसी श्रेणी में आती हैं। ये आयत्त (inherited) होती हैं और इसलिए प्रश्नांकित नहीं होतीं। इन्हें हम अनजाने सामाजिक व्यवहार में आत्मसात करते हैं। रेमण्ड विलिएम्स इसे सांस्कृतिक अनुवांशिकी (cultural genetics) के रूप में देखते हैं। धार्मिक एवं सांस्कृतिक प्रतीकों एवं परम्पराओं से जुड़े भाव, मान्य

एवं व्यवहृत सामाजिक एवं पारिवारिक मर्यादाएँ और विधि-निषेध इत्यादि व्यक्ति को सामाजिक विरासत के रूप में मिलते हैं। वह इन्हें अर्जित नहीं करता। इस प्रकार सामान्य जन के लिए वेद-पुराण, कुरान-हदीस या धम्मपद-बाईबिल मात्र पुस्तकें नहीं हैं। इसी प्रकार ब्राह्मण, शूद्र, दलित, कम्यूनिस्ट, मुसलमान, कुप्रस, शाप, सती, राष्ट्र इत्यादि 'वैल्यूलोडेड' अभिव्यक्तियाँ हैं और अस्मितागत प्रश्नों से जुड़ी हैं। अनजाने ही यह 'वैल्यूलोडिंग' सामाजिक व्यवहार में होती रहती है। 'आत्मा अमर है', 'हिन्दू पुराणपन्थी एवं छुआ-छूतवादी होता है', 'भारत में हिन्दू ही देशभक्त होता है', 'मुसलमान देशभक्त नहीं हो सकता', 'कम्युनिस्ट राष्ट्र-विरोधी और हिंसक होता है', 'दलित ब्राह्मण-विरोधी होता है', 'लोकतन्त्र सर्वोत्तम राजनीतिक व्यवस्था है', 'जो धार्मिक नहीं वह नैतिक नहीं हो सकता', 'हमारी सभ्यता एवं संस्कृति दुनिया में सर्वश्रेष्ठ है', 'भारत आध्यात्मिक है और योरप भौतिकवादी', जैसी अनगिनत मान्याताएँ हैं जो विभिन्न भारतीय समूहों के लिए अपने-अपने हिसाब से स्वयंसिद्ध हैं और कोई भी प्रतिकूल अनुभव इन्हें मन से निकाल नहीं पाता। निश्चय ही, इस 'सामान्यबोध' की जड़ें सामाजिक अनुभवों में गड़ी हुई हैं, जिन्हें परिस्थितियों में आये बदलाव कमज़ोर नहीं बना पाते। ये सामाजिक स्वयंसिद्धियाँ हैं जो आभ्यांतरित हो वैयक्तिक प्रतीति या विश्वास का हिस्सा बन जाती हैं। धर्म एवं संस्कृति से जुड़ी ये प्रतीतियाँ समुदायों की विशिष्ट पहचान और अस्मिता का प्रतीक भी बन जाती हैं। इन्हीं के दायरों में समूह या समुदाय संगठित होते हैं और बाह्य खतरों के समय इन्हीं में लौटते हैं और सुरक्षित महसूस करते हैं। तकनीकी क्रान्ति द्वारा संचालित परिवर्तनों, पश्चिम के सांस्कृतिक दबाव और संचार-माध्यमों की अपसंस्कृति से त्रस्त दुनिया अब अपने पारम्परिक 'सामान्यबोध' में लौट रही है जिसके चलते चारों ओर संस्कृतिवादी राजनीति का बोलबाला है। अमेरिका भी आज ईसाई मूलगामिता का शिकार है (द हिन्दू, 29 नवम्बर, 2005, पृ. 15 पर मार्टिन कोटिल का राइटअप)। सामान्यतया, यथास्थितिवादी राजनीति इसमें छेड़छाड़ से बचती है, प्रतिक्रियावादी राजनीति धार्मिक और सांस्कृतिक अस्मिता की आड़ में अस्मितागत अन्तर्विरोधों को उभारती और भुनाती है, प्रगतिशील राजनीति इस 'कामनसेन्स' से टकराती है, यह इसे बदलना चाहती है और विभिन्न अस्मिताओं के सार्वभौम लौकिक तत्वों को रेखांकित कर एक वृहत्तर सौमनस्य का प्रयास करती है। भविष्योन्मुख प्रत्येक प्रयास को इस 'कामनसेन्स' से टकराना पड़ता है और अक्सर अवमानित एवं दंडित भी होना पड़ता है। मध्ययुगों में चर्च के वर्चस्व में निर्मिति 'सामान्यबोध' से असहमति का परिणाम था कि दार्शनिक ब्रनो को ज़िन्दा जलाया गया तथा रॉगर बेकन और गैलीलियों को कारावास झेलना पड़ा। इसी प्रकार शास्त्रज्ञ ब्राह्मणों के प्रभाव में निर्मिति

सामान्यबोध का परिणाम यह हुआ कि लोकायत निन्दित हुए, शम्बूक की हत्या हुई, तथागत को 'बुद्धू' कहा गया, अशोक को 'मूर्ख' बताया गया और ताकिकों एवं वैद्यों को अछूत घोषित किया गया। हिन्दू समाज में छुआ-छूत की प्रथा शास्त्र-सम्मत शुचिता-बोध का ही परिणाम थी जिससे तमाम समाज-सुधार आन्दोलन भी मुक्ति नहीं दिला सके। इसी स्थापित 'सामान्यबोध' के गुलाम यहूदी फरीसियों ने जीजस को सलीब पर चढ़ाया था। मोहम्मद ने अपने जमाने के कबीलाई 'सामान्यबोध' के विरुद्ध संघर्ष किया, लेकिन उन्हीं के अनुयायी उलमा ने अलमंसूर को असहमति के चलते ईंट-पत्थरों से मरवा डाला और स्थिति अभी बहुत नहीं बदली है। अपनी सभ्यता के शीर्ष पर बैठे यूनानी लोकतन्त्र के 'कामनसेन्स' ने सुकरात को जहर दिया था। हर महानायक को आमजन के इस 'सामान्यबोध' से टकराना पड़ता है, लेकिन विडम्बना यह है कि महानायक कालांतर में इसी 'कामनसेन्स' का अनिवार्य हिस्सा बन जाता है। आशय यह कि जो किसी पथराये सामाजिक विवेक को तोड़ता है वही स्वयं कुछ समय बाद पथराये विवेक का प्रतीक बन जाता है। कुल मिलाकर, सामूहिक चेतना प्रधानतः यथास्थितिवादी होती है और इसके साथ नासमझ छेड़-छाड़ इसे उग्र प्रतिगामी बनाती है जिसका स्वाभाविक लाभ प्रतिक्रियावादी राजनीति और सामाजिक प्रयासों को मिलता है। लेकिन सच्चाई यह भी है कि सभ्यतागत, सांस्कृतिक प्रगति का इतिहास ऐसी ही छेड़-छाड़ और टकराहटों से बनता है।

अन्तोनियो ग्राम्शी इसी 'कामनसेन्स' को 'गुडसेन्स' अर्थात् 'साधुबोध' में बदलने की बात उठाते हैं और इसके प्रभावी उपकरण के रूप में वे अवयवी (organic) बुद्धिजीवियों की भूमिका को रेखांकित करते हैं। उनका यह बुद्धिजीवी तत्कालीन इटली में 'श्रमिक वर्ग' से आता था। सम्प्रति भारतीय सन्दर्भ में यह 'दलितों' और 'पिछड़ों' से आता है, क्योंकि आज राजनीतिक-सामाजिक बदलाव में इन्हीं के हित मुखर हैं। लेकिन ये अम्बेडकरवादी और मंडलवादी बुद्धिजीवी, आर्थिक कारक को नकारते हैं और केवल सामाजिक संघटक के रूप में सक्रिय होते हैं जो यहाँ जन्मना परिभाषित होता है। पिछड़ावादी एवं दलितवादी सांस्कृतिक विमर्शों की यही सीमा है। अतः ये ब्राह्मणवादी संरचना को अतिक्रमित करने की स्थिति में नहीं दिखते। लेकिन यह भी लगभग तय है कि भारतीय 'पारम्परिक' (traditional) बुद्धिजीवी, जो अब दरकिनार हो रहा है, पारम्परिक बने रहकर किसी सार्थक भूमिका में नहीं रह सकता। इसमें पुरानी समाज-संरचना एवं मूल्यों के प्रति भावात्मक लगाव है जिससे इसे मुक्त होना होगा। किन्तु विडम्बना यह भी है कि सक्रिय 'अवयवी' बुद्धिजीवी भी अपने अनुकूल ब्राह्मणवादी संरचना ही चाहता है क्योंकि इससे इसके निहित स्वार्थों की पूर्ति को स्थायी वैचारिक-सामाजिक आधार मिलेगा। आख़िर जन्माधारित लाभ

अथवा हानि के इतर ब्राह्मणवाद है क्या? इतना ही नहीं, यह बुद्धिजीवी इतना 'विशेष' (specific) है कि सार्वभौम नहीं बन सकता। अतः एडवर्ड सईद की 'अतिक्रमणशील' (transcendant) बुद्धिजीवी की अवधारणा अधिक प्रासंगिक है। ऐसे बुद्धिजीवी विभिन्न सामाजिक-सांस्कृतिक समूहों एवं आर्थिक श्रेणियों से आते हैं और राष्ट्रीय सार्वभौम (national universal) प्रखण्ड निर्मिति करते हैं तथा अपने-अपने दायरे में राष्ट्रीय समष्टि के सन्दर्भ में 'विशेष' की समालोचना प्रस्तुत करते हैं। ये अपनी शर्तों पर समष्टि के रूप में परिभाषित होते हैं। ये 'अतिक्रमणशील' बुद्धिधर्मी एक ही साथ 'विशेष' होते हैं और 'सार्वभौम' भी। ये 'विशेष' में निहित 'सार्वभौम' को आत्मसात करते हैं तथा शेष की सम्यक समालोचना भी प्रस्तुत करने की स्थिति में होते हैं। निखालिस 'विशेष' वृहत्तर समायोजन का नहीं, टकराव का आकांक्षी होता है। दरअसल, अतिक्रमणशील बुद्धिधर्मी ही अपेक्षित सामाजिक संश्लेषण (synthesis) की स्थिति को साकार कर सकता है। एडवर्ड सईद का यह भी कहना है कि इस अतिक्रमणशील बुद्धिधर्मी के पास कोई सार्वभौम सेक्युलर विचारधारा भी होनी चाहिए। सोवियत संघ के विघटन के बाद अमरीकी नेतृत्व में 'नव उदारवाद' ऐसी सार्वभौम विचारधारा बनने के लिए प्रयासरत है जिसके दुष्परिणाम भी स्पष्ट हैं। अतः अभी भी किसी-न-किसी रूप में इन बुद्धिधर्मी के लिए मार्क्सवादी संस्कार की आवश्यकता होगी, क्योंकि वर्गीय चेतना को आत्मसात किये बगैर अस्मिताओं के 'विशेष' को अतिक्रमित नहीं किया जा सकेगा। 'दलित' एवं 'पिछड़ा' बुद्धिजीवी का ध्यान इधर जाना चाहिए। सवर्ण बुद्धिजीवी के पास तो कोई दूसरा समझदार विकल्प है ही नहीं। आर्थिक-सांस्कृतिक संकट के वर्तमान दौर में ऐसे ही विमर्शकारों की संगठित शक्ति नव उदारवादी-साम्प्रदायिक 'सामान्यबोध' को तोड़ सकती है और एक लोकतान्त्रिक, सेक्युलर एवं समाजवादी समाज की रचना में भूमिका निभा सकती है। आशय यह कि स्थापित 'सामान्यबोध' को 'साधुबोध' में रूपान्तरित करने की ऐतिहासिक ज़िम्मेदारी, अपने विशिष्ट दायरे में, 'अतिक्रमणशील' बुद्धिधर्मी की बनती है जिसे अपनी राजनीतिक एवं सामाजिक भूमिका बनानी होगी।

हिन्दी क्षेत्र का धर्म-संस्कृति विमर्श अभी प्रमुखतः दलितवादी, मार्क्सवादी और नारीवादी विमर्शों में विभक्त है। इसमें नारीवादी विमर्श की कोई दूरगामी अर्थवत्ता नहीं है। फिलहाल, दलितवादी विमर्श भी इतना सीमित, इतना आत्ममुग्ध एवं अपवर्जक है कि यह एक सांस्कृतिक घेटो (cultural ghetto) बनते जाने के लिए अभिशप्त है। अपनी वर्तमान अवस्था में यह कोई वृहत्तर सांस्कृतिक-संश्लेष देने में लगभग अक्षम है। 'पिछड़ा' विमर्श के लिए कोई विशेष सांस्कृतिक स्पेस नहीं है। इसीलिए मुद्राराक्षस का सपाट एवं गैर-ज़िम्मेदार दलितवाद अस्वाभाविक एवं नकारात्मक

तादात्म्य का प्रयास लगता है। यह जितना उग्र है उतना ही अप्रामाणिक भी। अतः यह राजेन्द्र यादव से आगे नहीं जा सकता। ऐसा पिछड़ावादी विमर्श अगल-बगल चटकारा तो लेता रह सकता है लेकिन कोई अपना असरदार विमर्श नहीं खड़ा कर सकता। यह तबका गरीब भले रहा हो, अपवर्जनाओं का शिकार नहीं रहा है और पारम्परिक सांस्कृतिक अभिजन इसका ही अनुषंगी बनने वाला है। दलितवाद ने इसके लिए कोई दूसरा विकल्प नहीं छोड़ा है।

अर्थात् सत्ता और समाज का व्यवस्थागत ढाँचा 'ब्राह्मणवादी' ही रहना है, केवल तबकों की भूमिकाएँ बदलेंगी। अतः जब कोई मित्र कहता है कि प्रत्येक सत्ता-संरचना प्रमुखतः 'ब्राह्मणवादी' ही होती है तो इसका कोई ठोस खण्डन सम्भव नहीं हो पाता। वर्ग की अवधारणा को सामाजिक-सांस्कृतिक विमर्श में केन्द्रस्थ किये बगैर इस सवर्ण-दलित-पिछड़ा दुष्चक्र को तोड़ा नहीं जा सकता। इसी सन्दर्भ में राहुल, रामविलास, नामवर, शंभुनाथ, वीरेन्द्र यादव आदि का साहित्य-संस्कृति विमर्श मुझे अच्छा लगता है। दलितों की यह सम्भावना डॉ. तुलसी राम में थी, लेकिन उनके नवाविष्कृत दलितवाद ने उनके विमर्श को सीमित किया है। अन्य दलितवादियों की तरह अब वह भी अपने को दोहरा रहे हैं। लेकिन अभी प्रकाशित उनकी आत्मकथा का पहला भाग 'मुर्दहिया' (2011) पारम्परिक दलितवाद से भिन्न है, क्योंकि इसमें सवर्ण पात्रों के अंकन में वह वस्तुगत हैं। कथाकारों में शिवमूर्ति और संजीव पसन्द आते हैं, क्योंकि इनमें वर्गीय समझदारी है। पारम्परिक तबकों से आने वाले दूधनाथ, काशीनाथ, उदय प्रकाश, प्रियंवद, अखिलेश आदि अपने को बिना दोहराए लिख रहे हैं, क्योंकि इनकी वर्ग-चेतना चौतरफा संवाद बनाये रखने में मददगार हैं। आज के कबीर को वर्गवादी भी होना है, मात्र वर्ण-विरोधी नहीं।

समकालीन सोच, जुलाई-दिसम्बर 2013

सांस्कृतिक संकट पर एक दृष्टिपात

बहुत सारे विद्वान हैं जो वर्तमान सांस्कृतिक संकट को उत्तर औद्योगिक उपभोक्ता समाजों की उद्दाम देहता के सन्दर्भ में देखते, समझते हैं। कुछ इसे आधुनिकता की पराजय एवं विघटन के रूप में देखते हैं। अनेक विद्वान इसे पश्चिमी संस्थाओं एवं मूल्यों के दबाव से उत्पन्न बीमारी के रूप में देखते हैं और संस्थागत एवं मूल्यगत मूलगामिता (fundamentalism) को स्वस्थ विकल्प के रूप में प्रस्तुत करते हैं। मार्क्सवादी विचारक इसे पूँजीवादी व्यवस्था की उपज मानते हैं जिससे बचने के लिए इसने नव-साम्राज्यवादी स्वरूप धारण किया है और समूचा विश्व इसके आतंकी दबाव में सामाजिक एवं सांस्कृतिक संकट की गिरफ्त में है। कुछ का मानना है कि यह औद्योगिक क्रान्ति की हार्डवेयर टेक्नोलाजी के उत्तर औद्योगिक साफ्टवेयर टेक्नोलाजी में रूपान्तरण से उत्पन्न सामाजिक-मूल्यगत समायोजन की चुनौती है। कई-एक विद्वानों का यह भी मानना है कि संकट-वंकट जैसी कोई स्थिति नहीं है, यह मात्र पारम्परिक वर्गों एवं समूहों के टूटते वर्चस्व (hegemony) से उपजी वैचारिक चीख है। ऐसी चीखें सामाजिक इतिहास में बार-बार सुनाई दी हैं—मिथकीय अतीत के देवासुर संग्राम और ऋग्वेद के दासराज्ञ युद्ध; रामायण, महाभारत, और रामचरित मानस की कारुणिक कथाएँ; वर्चस्व हेतु आज के सवर्ण, पिछड़ा और दलित संघर्षों की महागाथा; जैसे अनेक सन्दर्भ इसके अकाट्य प्रमाण हैं।

यह कहने की आवश्यकता नहीं कि मनुष्य मूलतः एक सामाजिक-सांस्कृतिक प्राणी है। पशुओं के सन्दर्भ में हम सामाजिक संरचना और मूल्यगत सरोकारों की चर्चा नहीं करते। भले ही अन्य जीवों की तरह मनुष्य भी जैविकीय उद्विकास की उपज हो, लेकिन निश्चय ही इसमें अन्य जीवों से भिन्न कुछ विशिष्ट निहित क्षमताएँ रही होंगी। अन्यथा यह विकास का अपना स्वतन्त्र रास्ता न निकाल पाया होता। इसकी कहानी प्राकृतिक एवं प्रकृत जीवन को अतिक्रांत करते रहने की कहानी है जिसे यह सभ्यता और संस्कृति के रूप में अभिहित करता है। अपने जीविकोपार्जन की प्रक्रिया में तरह-तरह के उत्पादन के साधनों को आविष्कृत करता यह बोली, भाषा, काव्य,

कला, संगीत, दर्शन, सौन्दर्यशास्त्र, विज्ञान, इतिहास, आलोचना एवं अन्यान्य बौद्धिक विमर्शों की ऊँचाइयों तक पहुँचा है। अपनी क्षमताओं से अभिभूत यह स्वयं को देवपुत्र, अमृतपुत्र, ईश्वरपुत्र, चेतन, चिन्मय, ब्रह्म इत्यादि न जाने क्या-क्या कहता रहा है। लेकिन इसे उतना ही गौरव-बोध स्वयं को बुद्धिधर्मी, क्रान्तिकारी, विद्रोही, विवेकवादी, प्रतिमा-भंजक इत्यादि के रूप में अभिहित करते रहने में भी होता रहा है। वैसे इतिहास इस बात का साक्षी है कि उसके संवेदनात्मक, सभ्यतागत, सांस्कृतिक एवं बौद्धिक विकास में इस दूसरे संवर्ग के मनस्वियों ने ही केन्द्रीय भूमिका निभाई है, और इसके लिए बहुत अवमानना झेली है एवं बलिदान किया है। दरअसल, इस भूमिका को बनाये रखना ही जैविकीय मनुष्य से सांस्कृतिक मनुष्य की असीम निर्माण-प्रक्रिया में योगदान करना है। इस निर्माण-प्रक्रिया में विश्वास का तकाजा है कि व्याप्त सांस्कृतिक संकट को समझने-परखने के प्रयास किये जायँ।

संस्कृति कोई समाजेतर, अमूर्त, किताबी, रहस्यमय, पवित्र या आस्थागत सरोकार नहीं है। इसका सर्वाधिक महत्त्वपूर्ण आयाम व्यक्तियों एवं मानव समूहों का मूर्त व्यवहार है। हम कैसे खाते, पहनते, रहते, चलते हैं; हम कैसी भाषा बोलते हैं; कार्य-सिद्धि के लिए हम किस प्रकार से प्रयास करते हैं; राजनीति एवं व्यापार में क्या तौर-तरीके अपनाते हैं; हमारी सामाजिक संस्थाओं के उद्देश्य और कार्यपद्धति क्या हैं; ये सब हमारे सांस्कृतिक मानक हैं। इन्हीं से जुड़ते हैं हमारे चिन्तन-मनन एवं विमर्श के स्वरूप और स्तर। इस प्रकार संस्कृति की परिव्याप्ति है जो हमारी हर शारीरिक-शाब्दिक अभिव्यक्ति में निहित होती है। यह साध्य से कम साधनों से अधिक जुड़ी होती है। विज्ञान की तरह यह 'क्यों' नहीं, 'क्या' एवं 'कैसे' है। इतिहास में मनुष्य ने अपनी पशुवत आवश्यकताओं की पूर्ति के लिए भी संस्थाएँ विकसित की हैं और कुछ मानक तय किये हैं। सेक्स मात्र देह-व्यापार नहीं है; यह विवाह है, संस्कार है, परिवार-बोध है, घर-वापसी है। हमारे भोज्य पदार्थ भले पशुवत हों, लेकिन भोजन के तौर-तरीके निश्चय ही पशुवत नहीं हैं। मनुष्य ने समाज विकसित किया है और इसके लिए कुछ मानक और वफादारियाँ भी विकसित की हैं। इसी प्रक्रिया में उसने 'आधुनिकता' में छलाँग लगाई और स्वतन्त्रता, समता, वैयक्तिकता, रीजन, लोकतान्त्रिक विवेक जैसे मूल्य विकसित हुए। मध्य युगों में आस्था, शौर्य, वफादारी और श्रेणीबद्धता जैसे मूल्य थे जिन्हें आधुनिकता ने दरकिनार किया। मनुष्य के मूल लक्ष्यों में तो कोई भारी परिवर्तन नहीं दिखता, लेकिन उन्हें प्राप्त करने के तरीके अवश्य बदलते रहे हैं। अतः किसी संस्कृति-विशेष द्वारा 'सनातनता', 'आत्यंतिक सत्य' का निरपेक्ष दावा उतना ही खोखला है जितना अराजकतावादियों द्वारा मानव संपूर्णता (human perfactibility) का दावा। दरअसल, मानव होने

का बोध ही इतिहास-निर्मिति है, और मनुष्य निर्माणाधीन बना रहेगा। इसीलिए खुले विमर्श आवश्यक हैं, अन्यथा उसकी नीर-क्षीर विवेकी बुद्धि मर जायेगी और समाज पोथी-पत्रा एवं व्यक्ति-पूजक बनकर जड़ हो जायेगा। इस दृष्टि से ईसाइयों की तुलना में हिन्दू और मुसलमान कुछ अधिक ही दिनों तक जड़ रहे हैं। अतः हम गुलाम बने और आज भी 'अस्मिता' और 'पहचान' के अनुत्पादक एवं आत्मघाती संघर्षों में फँसे हैं। नव-साम्राज्यवादी दबाव और परम्पराबद्ध समाजों की नासमझ राजनीति के चलते नव-गुलामी (neo-slavery) का दौर आया-सा लगता है।

सांस्कृतिक संकट पर वर्तमान बहस इसी भयावह एहसास की उपज है। इस पर सोचते समय विभिन्न क्षेत्रों में दिन-प्रतिदिन के व्यावहारिक जीवन में आ रही विकृतियाँ भी दिखाई देती हैं। इनमें से कुछ की ओर पाठकों का ध्यान आकृष्ट करना यहाँ प्रासंगिक है। इन्हें अतीत के सन्दर्भ में देखना भी उचित होगा। अतीत पूर्णतः अतिक्रांत नहीं होता। यह बहुत-कुछ आत्मसात् भी होता है जिसे 'डायलेटिक्स' की भाषा में 'सिन्थेसिस' अथवा संश्लेष कहा जाता है। अतीत से अंध जुड़ाव अथवा इससे अंध लगाव दोनों ही घातक हुआ करते हैं। अगर 'उत्तर आधुनिकता' अपनी 'विखंडनवादी' मंशा के बावजूद आज आत्मसन्दर्भी (self-referential) सांस्कृतिक घरौंदों की समर्थक थीसिस के रूप में सामने है तो एक दौर में आधुनिकता भी अपने 'विखण्डनवादी' दौर में अतीत को मृत घोषित करती उसे हिकारत से देखती थी। दोनों के अपने-अपने अतिरेक हैं। अतः निम्नांकित उदाहरण अकारथ नहीं माने जायेंगे, ऐसी आशा है।

1. राजनीतिक प्रतिद्वंद्विता में गाँव (जहाँ प्रतियोगिता अभी सम्भव नहीं है) विकृत हुआ है। सामाजिक जड़ताएँ तो यथावत हैं, लेकिन खेमेबन्द टकराहटें बढ़ी हैं, जिससे वहाँ नैतिक क्षरण हुआ है। गाँव 'आधुनिक' तो नहीं बन सके, लेकिन नैतिक दृष्टि से विकृत हुए हैं। मेरे बचपन में वहाँ नैतिक प्रतिमानों के दायरों में जीने का सामूहिक संकल्प दिखता था। जमीन-जायदाद के उत्तराधिकार को लेकर सन् 1949 में एक सोये दम्पती की हत्या हुई थी। 'बिरादरी' ने 'मुड़कटवा' परिवार को जाति-बहिष्कृत कर दिया—हुक्का-पानी, खान-पान, शादी-ब्याह, सब बन्द। कानून ने क्या सजा दी, याद नहीं है; लेकिन बिरादरी ने सजा दी, और एक लम्बे अरसे तक बहिष्कार प्रभावी रहा, और परिवार को वापसी के लिए कई आर्थिक दण्ड झेलने पड़े थे। आज स्थिति उलटी है। बिरादरियों को तो हम तोड़ नहीं पाये, लेकिन आज ये 'मुड़कटवा' ही बिरादरियों की 'पहचान', 'अस्मिता' और उनके राजनीतिक नेतृत्व के हकदार हैं। इन्हें अपने-अपने समाजों से राजनीतिक 'लेजिटिमेसी' प्राप्त है। यह

प्रतिमानहीनता राजनीति के चारित्रिक क्षरण और सामाजिक निर्वीर्यता की द्योतक है।

2. एक निरक्षर रामसरन थे जो अपने 'दुश्मन' की दिन-दहाड़े हत्या के बाद अपने ही पक्ष के विरुद्ध खड़े होकर और 'दुश्मनों' का मित्र बने बगैर, और बिना उनसे गाड़ी-भाड़ा लिए, आद्यंत गवाही की और कानूनी न्याय दिलाया।

3. एक उच्चवर्णीय सुदेसरी थी जो पिछवाड़े बसे अतावर 'डोम' की लड़की की शादी में सैकड़ों बारातियों के लिए पूड़ी-सब्जी, हलवा बनाकर भेजती थी ताकि अतावर की 'जग हँसाई' न हो और गाँव की इज्जत न जाय। उस निरक्षर सुदेसरी ने गाँव में अपने सामाजिक रिश्तों को घर के पुरुषों के राग-द्वेष से कभी प्रभावित नहीं होने दिया था।

4. गाँव की प्राइमरी पाठशाला के हेड मास्टर पं. रामनरेश दुबे थे, जो सुबह सात बजे से लेकर शाम चार बजे तक स्कूल में बच्चों के साथ जूझते रहते, और फिर 'सर्गनाई' की परीक्षा में बच्चे स्थान ला सकें इसके लिए देर रात तक कक्षा चार और पाँच के बच्चों को निःशुल्क पढ़ाते। उसी स्कूल में फीलपाँव से ग्रस्त एक नामवर मणि तिवारी भी थे जो 1950 के आस-पास, कतिपय 'शुद्धतावादियों' की आलोचना के बावजूद, आस-पास की 'हरिजन' बस्तियों में जा-जाकर बच्चों को स्कूल में दाखिला दिलाते, और वे आजीवन अपनी सीमित समझ और अपने नैतिक दायरों में निष्कंप निष्ठा और संकल्प के साथ क्रियाशील रहे। न कभी विलम्ब से पाठशाला पहुँचे और न ही अपने किसी छोटे-बड़े दायित्वों की अनदेखी की।

5. एक कम्युनिस्ट नेता थे सरजू पाण्डेय जिन्होंने स्वाधीनता संग्राम से लेकर सामन्त-विरोधी आन्दोलनों तक में डटकर हिस्सा लिया था, स्वतन्त्रता सेनानियों को दी जा रही जमीन लेने से इनकार किया, बीस वर्षों तक एम.पी. रहे और लगभग एक दशक तक एम.एल.सी. रहे। लेकिन अचानक मृत्यु के बाद उनके एकाउण्ट में मात्र रु. 3100/- थे, एक टूटी-फूटी जीप थी जिसकी किस्त अभी चालू थी, और तीन कमरों का गाजीपुर में एक जर्जर फ्लैट था। इन असफलताओं के लिए उनकी पत्नी और बड़े बेटे ने उन्हें कभी माफ नहीं किया, लेकिन समाज ने उन्हें असीम सम्मान दिया।

6. डॉ. नामवर सिंह ने एक बार अपने एक व्याख्यान में एक जनकवि कामरेड रामकेर कोइरी की चर्चा की थी जिन्हें एक कन्या थी, और उनकी आर्थिक स्थिति कमज़ोर थी। समय भी सन् 50 के दशक के चन्दौली क्षेत्र के सामन्ती दबदबे का था। लेकिन सारे संकीर्ण एवं विवेकहीन संस्कारों की धज्जी उड़ाते

हुए उन्होंने एक दूसरे कामरेड के घर बेटी की शादी तय की और दरवाजे पर ही लाल झण्डा गाड़ कर सिन्दूर दान और पेसरा कराया। शादी सम्पन्न हुई और मजबूरन गाँव-घर के लोगों को सिरकत करनी पड़ी। तब एक राजनीतिक कार्यकर्ता का प्रतिबद्ध संकल्प सामाजिक जड़ता के विरुद्ध खड़ा हो सकता था।

ये सभी सामान्य लोग थे, सरजू पाण्डेय भी। उनके पास भी साम्यवादी राजनीति की कुछ व्यावहारिक समझ और संघर्ष के कुछ एजेण्डा थे। जटिल विमर्श की मार्क्सवादी दुनिया से तो वे बिल्कुल अनभिज्ञ थे। रामसरन और सुदेसरी तो निरक्षर थे। रामनरेश दुबे और नामवर मणि तिवारी मिडिलची ब्राह्मण थे। सबकी अपनी-अपनी अन्य सीमाएँ भी थीं, लेकिन ये सीमाएँ संस्कार और समझ की थीं, नैतिकता की नहीं थीं। अतः अपने नैतिक बोध के सहारे ही वे अपनी बहुत सारी वर्णवादी एवं धार्मिक संकीर्णताओं को अतिक्रांत कर सके थे। ऐसा नहीं कि वह 'गुंडा समय' नहीं था, लेकिन उस 'गुंडा समय' के पास भी चरित्र था। वह गिरगिटी नहीं था। आज पढ़े-लिखों की संख्या में अकूत इजाफा हुआ है और इसी अनुपात में चारित्रिक क्षरण भी हुआ है। यह वैयक्तिक लिप्साओं और महत्त्वाकांक्षाओं का युग है। अतः यह एक ही साथ गुंडा है और गिरगिटी भी। इसमें समझदार कृतज्ञता और विवेकशील वफादारी के लिए जगह नहीं है। समालोचनात्मक बोध कमज़ोर हुआ है और लोग उत्तरोत्तर स्याह या सफेद ही देख पाते हैं। आज हर महल कृतघ्न मैकबेथ का महल है जिसमें कोई मासूम डंकन सुरक्षित नहीं है। प्रत्येक चौराहा धृतराष्ट्र के दरबार जैसा है जहाँ कोई नारी सुरक्षित नहीं महसूस करती। राजनीतिक महाबली अंधी कृतज्ञता के शिकार भीष्म जैसे हैं जिन्हें दुर्योधनों की सुरक्षा में ही अन्ततः अपने साथ-साथ घर, परिवार और राज्य को भी बर्बाद करना है। आज सत्ता-मृग के पीछे दौड़ते महाबली अश्वत्थामा-अहेरियों की तनी प्रत्यंचाओं पर तरह-तरह के ब्रह्मास्त्र हैं। राजनीति की दुनिया संकीर्ण बनी है। कोई बड़ा एवं समावेशी सामाजिक विजन इसे संचालित एवं संगठित नहीं करता। जाति-पाँत, सम्प्रदाय, धर्म-संस्कृति जैसे भावनात्मक मुद्दों का राजनीतिक दोहन हो रहा है। इन्हीं अस्मिताओं को, 'वी' को, तात्कालिक लाभ के लिए संगठित करने में जिस अविवेकी उत्साह के साथ 'दुश्मन', 'द अदर्स' की ईजाद की जा रही है, वह आमजन के लिए आत्मघाती है। आज राजनीति के पास प्रबोधन का कोई एजेण्डा नहीं है। इधर सुश्री मायावती की सांस्कृतिक पंडागिरी कुछ ठंढी पड़ी है और उनके सांस्कृतिक प्रतिपक्ष मुरली मनोहर जोशी की पंडागिरी में चमक आई है जो हिन्दू इतिहास की कड़वी सचाइयों को झुठलाने और एक कल्पित, स्वर्णिम 'सनातनी' अतीत को गढ़ने में लगी है। यह गढ़न भी अगर समावेशी होती, अर्थात् अगर 'सनातनी' दायरे के बाहर के प्रयासों (लोकायत, बौद्ध, जैन, इस्लामी,

'आधुनिक' इत्यादि) को भी समाविष्ट कर पाती तो सम्भव है, देर-सबेर कोई रास्ता निकलता। लेकिन सत्ता-केन्द्रों द्वारा संस्कृति एवं इतिहास का निर्माण होना हमेशा मुरली मनोहारी ही होता है। तालिबानी अफगानिस्तान में यह एक अति पर गया और 'प्रालेटकल्टवादी' सोवियत संघ में दूसरी अति पर। 'साम्यवादी' चीन में भी तथागत और कनफ्यूसियस को आत्मसात् नहीं किया जा सका। सम्प्रति 'उत्तर-औद्योगिक' पश्चिम में संस्कृतियाँ नवसाम्राज्यवाद, सैन्यवाद और बाज़ारवाद की शिश्नोदरी उपभोक्तावाद को समर्पित हैं। आज हम इसी बाज़ारवादी अपसंस्कृति के दबाव में हैं जिसकी सर्वाधिक मुखर अभिव्यक्ति राजनीति और धर्म-अध्यात्म में हुई है। जिस देश की संसद और विधानसभाओं के लिए सैकड़ों-सैकड़ों हत्यारे, अपहर्ता एवं बलात्कारी चुने जाते हों, अर्थात् जिन्हें सामाजिक स्वीकृति और राजनीतिक 'लेजिटिमेसी' प्राप्त हो, उस समाज की सांस्कृतिक सेहत के बारे में अतिरिक्त क्या कहा जा सकता है। समाज भयग्रस्त, लोभी और चरित्रहीन हुआ है। अतः 'मुड़कटवा' ही आज राजनीतिक सत्ता और सामाजिक सम्मान के हकदार बनते जा रहे हैं। राजनीति के जो धड़े ऐसा नहीं करते या कर नहीं पा रहे वे इसकी राष्ट्रीय मुख्यधारा के हिस्से नहीं हैं। हमारे समाज की नैतिक सेहत बहुत ख़राब है।

जब समाज की सेहत ऐसी है तो उसके धर्म एवं अध्यात्म की सेहत कैसी होगी। ये दोनों ही आत्ममुग्धता के क्षेत्र हैं। ये आत्मसन्दर्भी (self-referential) क्षेत्र हैं जिन्हें इन्हीं की शर्तों से देखना-समझना है। अतः यह मिथ्यापन (falsifiability) और प्रमाणन (verifiability) की दुनिया नहीं है। यहाँ आप्त वचनों का शासन है और पवित्रता-बोध भी है। अतः शब्द और कर्म, आदर्श और व्यवहार के बीच जितना अन्तराल यहाँ दिखता है उतना अन्यत्र नहीं। मैं अनेक लोगों को धर्म एवं अध्यात्म की भावभीनी चर्चा करते सुनता हूँ जो अपने वास्तविक जीवन में नितान्त भौतिक और सोच में असहिष्णु हैं। डॉ. अम्बेडकर कहा करते थे कि 'सनातनी' हिन्दू का दायाँ हाथ नहीं जानता कि उसके बायें हाथ में क्या है। अतः उन्होंने इसे 'भारत के रुग्ण व्यक्ति' के रूप में सम्बोधित किया। गाँधी भी इस रुग्णता से वाकिफ थे और वे आजीवन इस रुग्ण जड़ता को थोड़ा उदार बनाने का प्रयास करते रहे और शहीद हुए। डॉ. अम्बेडकर ने यहाँ तक कहा कि भारत में विद्वान तो बहुत हुए, लेकिन 'बुद्धिधर्मी' (intellecutal) नहीं के बराबर हैं। विद्वान दूसरों की अभिव्यक्तियों और निष्कर्षों का सम्प्रेषक मात्र होता है, उन्हें वह निरीक्षण-परीक्षण की परिधि में नहीं लाता।

सभी धर्म ऐसे ही विद्वान पैदा करते हैं जो परिवेश की हलचलों से बेखबर होते हैं। अतः बदलता परिवेश उनके लिए अबूझ हुआ करता है। धर्म और अध्यात्म की दुनिया

में लोग अक्सर 'सिजोप्रसीनिक' व्यक्ति की तरह शाब्दिक औदात्य और व्यावहारिक निकृष्टता के दो छोरों पर साथ-साथ जीते हैं। इतना ही नहीं, अपनी व्यावहारिक निकृष्टता के बावजूद वे अपनी स्वनिर्मिति आध्यात्मिक प्रतिमा पर आत्ममुग्ध रहते हैं। वी.एस. नायपॉल भारत के पारम्परिक तबकों की आत्मलीनता एवं आत्ममुग्धता को उपजीवी एवं आत्मघाती बताते हैं। आत्ममुग्धता कभी आत्मालोची नहीं होती। इसे न अपने परिवेश की ठोस समझ होती है न अपने दूरस्थ परिवेशों की। यह न अपनी आन्तरिक समस्याओं का समाधान जानती है और न ही बाह्य चुनौतियों का सामना कर सकती है। यह अमूर्त एवं प्रतिगामी सपनों तथा शब्दस्फीति का शिकार हुआ करती है। बाहर जितनी ही अवमानित एवं पराजित होती है भीतर उतनी ही आत्मलीन एवं क्रूर होती है। हिन्दू और मुसलमान दोनों ही इसके शिकार हैं। 19वीं सदी के नवजागरण के साथ हिन्दुओं ने तो जरूर कुछ सीखना आरम्भ कर दिया, और हाल के दलित जागरण ने भी, अपनी तमाम सीमाओं के बावजूद, इसे बहुत कुछ सिखाया है। सामाजिक सरोकारों के सन्दर्भ में वर्तमान के पुनरुत्थानवादी प्रयास भी सुरक्षात्मक एवं सुधारवादी हैं। लेकिन मुस्लिम समाज पर इमामों और मुल्लाओं के माध्यम से सामन्ती चेतना का राज कायम है। सर सैयद और कमाल पाशा का असर संस्थाबद्ध नहीं हो पाया। ईरान में सुधारवादी खातमी संघर्षरत हैं, किन्तु तालिबानियों की पराजय के बाद, आशा बनती है, मुस्लिम समाजों में भी आत्मनिरीक्षण और आत्मालोचना का दौर आरम्भ होगा, और आत्ममुग्धता टूटेगी। आसार दिखने भी लगे हैं। पाकिस्तान में जाहिलीयत के सशक्त संरक्षक परवेज मुशर्रफ भी अपने वतन को 'जाहिलों का समाज' कह रहे थे। अफगानिस्तान के नये शासक देश को आधुनिक बनाना चाहते हैं।

ईसाई समाज इस दृष्टि से सौभाग्यशाली रहा। 15वीं-16वीं सदी में ही यह अपनी मध्ययुगीन जाहिलीयत की आलोचना करने लगा और उत्तरोत्तर इसके संस्थागत विकल्प निर्मिति हुए। इस प्रकार हमसे लगभग 300 वर्ष पहले ही इसने सांस्कृतिक बढ़त हासिल कर आधुनिकता में छलाँग लगाई तथा सशक्त और समृद्ध बना। परिणाम सामने हैं। पिछले लगभग 200 वर्षों से आधुनिक विश्व के निर्माण में उसकी निर्णायक भूमिका है। सोवियत पहल के पस्त होने के बाद से तो यह विश्व का एकमात्र नेता है। आशय यह कि समालोचनात्मक विवेक के अभाव के चलते हम अतीतजीवी आत्ममुग्धता के शिकार बने। इस नासमझी ने हमें कमज़ोर बनाया और हम गुलाम बने। अभी भी हम इससे मुक्त नहीं हैं। धर्म और अध्यात्म के नाम पर अभी भी बाबाओं और भगवानों की चानी है। मुक्ति की दिशा में भाजपाई पहल भी समझदार नहीं लगती। अगर मुरली मनोहारी जारी रहा तो अतीतमोह गहराएगा

और यह आत्ममुग्ध भारतीय समाज पश्चिम की नवसाम्राज्यवादी महत्त्वाकांक्षा का चारागाह बनेगा। अध्यात्म और संस्कृतिवाद मुक्तिकामी भले हों ये मुक्तिमार्गी कदापि नहीं बन सकते। अगर क्रिस्टॉफ़र कॉडवेल के एक रूपक का प्रयोग करें तो सभ्यतागत यात्रा में पुराने खयालात, घिसे-पिटे इंजिन की तरह, गतिरोधी होते हैं। वर्तमान से ऊबकर इनकी ओर समाधान के लिए वापसी को उन्होंने 'बचकाना अपसरण' (infantileretreat) कहा था। किसी वयस्क के समक्ष उपस्थित चुनौतियों का समाधान माँ की गोद नहीं हो सकती। संस्कृति के नाम पर हमारी आत्ममुग्ध अतीतजीविता खतरनाक है।

यह सही है कि वर्तमान दौर में पश्चिम भी मूल्यगत एवं सांस्कृतिक सन्दर्भों में संकटग्रस्त है। इसकी आधुनिकता थकी-सी लगती है। कभी यह इहलौकिक विवेक, वैज्ञानिक सोच, विज्ञान, लोकतन्त्र, स्वतन्त्रता, समता, भाईचारा, विकास जैसे मूल्यों पर टिकी थी। फिर यह साम्राज्यवादी बनी और इसने विश्व को गुलाम बनाया, यद्यपि इस गुलामी की भी, कतिपय बृहत्तर सन्दर्भों में, अर्थवत्ता थी। इसने इस दौर में भी, अपने निकृष्ट स्वार्थों के लिए ही सही, बहुत सारे देशों में मध्ययुगीन स्थितिशीलता एवं परलोकवादी अन्धविश्वासों में जकड़ी जनता को बहुत कुछ दिया था। लेकिन अपने वर्तमान उत्तर औद्योगिक दौर में यह बहुराष्ट्रीय कम्पनियों और उनके राजनीतिक योद्धाओं की रखैल है। इसके लिए तानाशाही और लोकतन्त्र, प्रतिगामिता और प्रगतिशीलता, अंध आस्था और आलोचनात्मक विवेक में कोई मौलिक फर्क नहीं है। अब यह शिश्नोदरी देहता की पूजक है और जो कुछ भी इसके उपयोग का है वह सब जायज है। अगर मुल्ला उमर और बिन लादेन, अपनी सारी मध्ययुगीन सामाजिक संकीर्णताओं के बावजूद, इसके आर्थिक-राजनीतिक हितों के पोषक बने रहते, तो इन्हें 'क्लीन चिट' मिलती रहती। अब वर्चस्व, सफलता और समृद्धि, नहीं तो संहार, इसके मूल्य हैं। पश्चिमी आधुनिकता पराजित होकर जीवित नहीं रह सकती। अतः अपनी निर्णायक सामरिक बढ़त इसका घोषित लक्ष्य है। आज यह हथियारों की सौदागर है। अतः सुरुचि का तो प्रश्न ही नहीं उठता। इसकी सूचना क्रान्ति ने विचारणा को कुंठित किया है, और इसकी छाया-क्रान्ति ने कुरुचि को असीम विस्तार दिया है। डॉ. अजय तिवारी ने इसकी घिनौनी कुरुचि (देखें, 'वर्तमान साहित्य') पर मर्मस्पर्शी प्रकाश डाला है। सुधीश पचौरी तो इसकी छाया-क्रान्ति की विस्मयकारी विकृतियों पर लिखते ही रहते हैं। 'उत्तर-आधुनिक संस्कृति' के एक अमरीकी विद्वान आलोचक फ्रेडरिक जेम्सन का कहना है कि इसका केन्द्रीय उद्देश्य विचारशील मानवता को विचारहीन, निष्क्रिय उपभोक्ता में विकृत करना है। नाओम चाम्स्की इसे 'अनैतिक' और 'शैतान' बताते हैं। समूची उत्तर-आधुनिक वैचारिकी को इस आधुनिकता के

अहंमन्य, अविवेकी एवं सपाट वर्चस्ववाद के विरुद्ध प्रतिक्रिया के रूप में भी देखा जा सकता है। फिलहाल यह 'आधुनिकता' के विखण्डन में लगी है।

विश्व के दो प्रख्यात मनीषियों ने पश्चिमी उद्योगवाद से निःसृत सामाजिक चेतना की आलोचना की थी। गाँधी ने इसे संस्कृति न मानकर 'शैतानियत' बताया, क्योंकि इसे अपने मशीनवाद और उद्योगवाद के विस्तार के साथ क्रूर साम्राज्यवादी बनना ही था। इसमें उन्होंने मानव-मुक्ति की कोई सम्भावना नहीं देखी। कार्लमार्क्स ने इसे कला-संकृति-विरोधी घोषित किया और कहा कि अपने विकास एवं विस्तार की यात्रा में यह मनुष्य की ज्ञानेन्द्रियों को कुंठित करती है और केवल एक इन्द्रिय अर्थेन्द्रिय (economic sense) को इस सीमा तक विकसित करती है कि व्यक्ति अन्ततः 'अर्थमानव' (economic man) में विकृत होता जाता है। इसी मनुष्य को उन्होंने 'बूर्जुआ' (bourgeois) कहा जिसे उनके एक समकालीन साहित्य मनीषी मैथ्यु अर्नल्ड 'फिलीस्तीन' कहते थे। यह अर्थ-पूजक इनसान अपने अर्थ-देवता (Mamon) के लिए कोई भी कृत्य-कुकृत्य करने को उद्यत रहता है, किसी की भी बलि चढ़ाता चलता है। लेकिन मार्क्स ने गाँधी की तरह मशीन एवं उद्योग को खारिज नहीं किया। इन्हें वे मानव विकास की ऐतिहासिक उपलब्धि के रूप में देखते थे और उन्हें इनकी उत्पादकता में मानव मुक्ति की सम्भावना दिखती थी। उनकी दृष्टि में इतिहास की उपलब्धियों को स्वीकार कर ही इसकी विकृतियों को दूर किया जा सकता है। उद्योगवाद के विनाशक प्रभाव उस पर व्यक्तिगत स्वामित्व के कारण हैं। अगर इस पर सामाजिक नियंत्रण होता तो इसकी शक्तियों का उपयोग मानवहित में हो पाता। इस परिप्रेक्ष्य में गाँधी जी इतिहास-विरोधी दिखते हैं। उनका 'रामराज्य' पूर्व-औद्योगिक ग्राम-समाजों का आदर्शीकृत रूप है जिसे मानव इतिहास अतिक्रान्त कर चुका है। मार्क्स इतिहास के दायरे में रहते हुए इसकी सम्भावनाओं को रेखांकित करते हैं। गाँधी की अर्थवत्ता की तलाश उनकी वैचारिकी में कम, उनके देशज संकल्प और उनकी निष्कंप निष्ठा में होनी चाहिए। लेकिन मार्क्स की यह समझ थी कि वैयक्तिक संकल्प और निष्ठाओं से, ये चाहे जितने भी लुभावने हों, इतिहास-धारा नहीं बदलती। इतिहास-विरोधी संकल्प शहीद तो पैदा कर सकता है, समाधान नहीं दे सकता। रूस में मार्क्सवादी प्रयोग के ढहने के बाद 'ग्राम स्वराज' नहीं आया है, पूँजीवाद को पुनर्जीवन मिला है। जो पूँजीवाद समाजवादी दबाव में सुरक्षात्मक था, वह आक्रामक हुआ है और अपनी क्रूर शर्तों के साथ (जिसमें कमज़ोर, अयोग्य और असफल के लिए कोई स्थान नहीं है) वैश्विकता और बाज़ारवाद को लेकर आया है। इसने 'उत्तरवाद' (postism) और 'अन्तवाद' (endism) की वैचारिकी गढ़ी है। हीगेल के प्रशिया की तरह इतिहास ने अपने को अमरीकी समाज में चरितार्थ कर

लिया है। अब इतिहास-निर्माण का संघर्ष, 'अस्मिता' और 'पहचान' का संघर्ष बना है। धनी-गरीब, शोषक-शोषित के रिश्तों की ओर ध्यान देने की आवश्यकता नहीं है, क्योंकि वर्ग-संघर्ष अब अप्रासंगिक है। अब संघर्ष केवल सभ्यतागत और सांस्कृतिक पिछड़ेपन और अगड़ेपन में होना है और सबकी ऐतिहासिक नियति 'पश्चिम' बन जाने में है जिसका सर्वोत्तम प्रतीक अमरीका है। इसी नियति को स्वीकारने के लिए संचार माध्यमों द्वारा 'निर्विचारिता' और 'शिश्नोदरी उपभोक्तावाद' का प्रचार-प्रसार चल रहा है। अध्यात्म, भोग और शक्ति का इतना खूबसूरत समन्वय तो मध्ययुगों में भी नहीं था। अब गाँधी नहीं वापस होंगे लेकिन गाँधी के 'यूटोपियन' आदर्शों से समाजवादी प्रयासों को पीटा जा सकता है, आलोचनात्मक विवेक को कुंठित किया जा सकता है। विवेकानन्द की सामाजिक संवेदनाओं को दरकिनार कर उनके अध्यात्म का डंका पीटा जाता है। अब दलितों में भी एक मध्यवर्ग बना है जो अम्बेडकर-विवेक को सत्ता-भोग और धर्म परिवर्तन तक सीमित रखना चाहता है। सर्वाधिक दरकिनार नेहरू हैं जिन्होंने सामाजिक-सांस्कृतिक धरातल पर अपने आलोचनात्मक विवेक को कायम रखा, किसी धर्म, सम्प्रदाय अथवा अस्मिता के मकड़जाल से स्वयं को मुक्त रखा, और राष्ट्रीय विकास का एक आधारभूत राजनीतिक-आर्थिक ढाँचा निर्मिति करने में लगे रहे, जिन्हें आज के 'स्वदेशी-पूजक' 'राष्ट्रवादी' तोड़ने में लगे हैं। इनका एक स्वस्थ एवं समावेशी प्रतिपक्ष तैयार होना चाहिए। लेकिन बाधाएँ भी स्पष्ट हैं। समाजवादी विचारधारा-विहीन हैं, और कतिपय उग्र मार्क्सवादी 'वर्ग-संघर्ष' को 'वर्ग युद्ध' में बदलने हेतु बेचैन हैं एवं मध्यम वर्गों को बिदकाने में लगे हैं। एक बड़ी जमात कांग्रेस न सेक्युलर है और न साम्प्रदायिक। क्षेत्रीय दलों के पास जो अब राष्ट्रीय राजनीति में असरदार भूमिका निभाने लगे हैं, कोई राष्ट्रव्यापी विजन नहीं है। बहुजन समाज पार्टी जिसका राष्ट्रीय आधार विकसित हो सकता है, न इतिहास का बदला चुका पा रही है और न इस कुंठा से मुक्त ही हो पा रही है। मुलायम सिंह का 'समाजवाद' और लालू प्रसाद जी का 'पिछड़ावादी लोकतन्त्र' अबूझ हैं और ये सभी आपस में भी संघर्षरत हैं। परिणाम स्पष्ट है। धार्मिक एवं आस्थागत मुद्दों को खड़ा कर सांस्कृतिक अंधता फैलाई जा रही है। रोज़ी-रोटी और शिक्षा-स्वास्थ्य जैसे मुद्दों को दरकिनार कर विवेक शून्य उपभोक्तावादी चेतना का निर्माण किया जा रहा है। विचारकों एवं विचारधाराओं को विस्थापित कर खिलाड़ियों, अभिनेताओं, बाबाओं, माफियाओं इत्यादि को सामाजिक विमर्श के केन्द्र में लाकर गौरवान्वित किया जा रहा है। इतिहास के इन क्रूर सत्यों को दरकिनार या निन्दित कर अतीतवादी व्यामोह फैलाया जा रहा है। इनसे सत्ता-पूजकों और पूँजी-पूजकों (आज तो दोनों एक ही हैं) का लाभ चाहे जितना हो, आम आदमी को तो बर्बाद

होना ही है। ऐसी स्थिति में किसी संवेदनशील एवं चिन्तनशील व्यक्ति के समक्ष दो ही विकल्प हैं: एक तो यह कि वह पस्त हिम्मत हो समझौता कर ले, और दूसरा यह कि वह प्रगतिशील विश्वदृष्टि एवं वैज्ञानिक सोच के साथ एक आलोचनात्मक विवेक के निर्माण हेतु अपनी पहल जारी रखे।

दरअसल दूसरे विकल्प को चुने बगैर मानव-विवेक की रक्षा सम्भव नहीं है। अतः भ्रम की स्थिति नहीं होनी चाहिए। इस सन्दर्भ में अंग्रेज़ी के एक बड़े कवि अडेन की एक चर्चित कविता 'पहली सितम्बर 1939' की कुछ पंक्तियाँ उद्धृत करना चाहूँगा—

मेरे पास केवल एक आवाज़ है
पर्त-दर-पर्त झूठ को खोलने के लिए,
दिमाग़ में धँसे रूमानी झूठ
गली के भोगी आदमी के
और सत्ताधारी के झूठ
जिनकी हवेलियाँ आकाश टटोलती हैं।

शीर्षक से स्पष्ट है, यह कविता उस रात लिखी गयी थी जब हिटलर ने पोलैण्ड पर आक्रमण किया था। 3 सितम्बर को बेल्जियम पर आक्रमण के साथ ही इंग्लैण्ड युद्ध में कूद पड़ा था और आँचलिक युद्ध विश्वयुद्ध में बदल गया था और युद्ध के कुत्ते गुर्राने और भौंकने-काटने लगे थे। आज स्थिति भिन्न नहीं है। लोग कटने-काटने के लिए तैयार हैं, कहीं राष्ट्रवाद के नाम पर तो कहीं धर्म-मजहब के नाम पर। नव-साम्राज्यवादियों के साथ गठजोड़ से लोगों के दिमाग़ में पुराने झूठों को पुनर्जीवित किया जा रहा है और नये झूठ गढ़े जा रहे हैं। लेखक के पास केवल 'आवाज़' है, केवल शब्द हैं जिनसे इन पर्त-दर-पर्त झूठों को सामने लाने का प्रयास सांस्कृतिक संकट से बचने-बचाने का प्रयास होगा। दूसरा विकल्प नहीं है।

समकालीन सोच, जनवरी 2002

भारतीय समाज एवं संस्कृति की सामासिकता

अभी-अभी हम एक लम्बे, खर्चीले, थकाऊ एवं ख़ूनी चुनावी दौरे से गुजरे हैं। यह दौर हमारी राजनीतिक प्रौढ़ता और कैशोर्य दोनों का ही परिचायक रहा। प्रौढ़ता इस मानी में कि, कश्मीर और पंजाब में चुनाव न करा पाने के बावजूद, हम अपनी लोकतान्त्रिक पहचान बनाये रखने में सफल हुए, और कैशोर्य इस मानी में कि किसी न किसी रूप में मंडल और कमंडल हमारे चुनावी क्षितिज पर छाये रहे। एक ही साथ हम एक आधुनिक लोकतान्त्रिक समाज भी बनाना चाहते हैं और सांस्कृतिक निजता एवं पहचान की आड़ में हम अपनी आदिम वफादारियों (Primordial Loyaltis) इथनिक, जातिवादी, धार्मिक, साम्प्रदायिक सम्बन्धों से भी नाता नहीं तोड़ना चाहते। 'हँसब ठठाई फुलाइब गालू' वाली हमारी स्थिति है।

इसी कारण, आश्चर्य नहीं, आर्थिक निरंकुश मंडली और अविवेक ने कमंडली अविवेक को ताकत दी जो भारतीयता की सामासिक निजता से बिल्कुल बेखबर है। अचानक पिछले प्रायः साठ-पैंसठ वर्षों से सांस्कृतिक जागरण की ओट में लुका-छुपी करती हिन्दूवादी भारतीयता को राजनीतिक सम्मान मिल गया। परिणामस्वरूप जाने-अनजाने भारतीय समाज बन्ध्या सामाजिक एवं राजनीतिक संघर्षों में उलझा दिया गया। कांग्रेस का अप्रत्याशित रूप से सत्ता में आना एक अल्पकालीन बफर या अंनतराल है, समाधान नहीं। यों तो बहुत कुछ समझदार राजनीतिक सिरकत और हस्तक्षेप पर निर्भर करता है।

इस चुनावी दौरे ने एक और बात स्पष्ट किया है। अब मुसलमान अल्पसंख्यक राजनीति को समझदार होना होगा। अब उसे राष्ट्रीय हितों को मुसलमान-हितों पर वरीयता देनी होगी। इसका अर्थ यह नहीं कि वह अपनी मस्जिदों और मकबरों की सुरक्षा की लड़ाई छोड़ दे। इसका अर्थ केवल यह है कि अब वह केवल मुसलमान हितों की ही बात न करे और साथ ही वह अपने अन्तरराष्ट्रीय मुस्लिम बिरादराना के बारे में नये सिरे से सोचे समझे। शरीयत के नाम पर परिवार नियोजन जैसे राष्ट्रीय कार्यक्रम से बचने की कोशिश में खतरनाक राजनीतिक इरादे छिपे प्रतीत होते हैं।

शरीयत की राजनीति में कम-से-कम ऐसी व्याख्या के लिए पर्याप्त स्थान है जिसका हिन्दूवादी संगठन फायदा उठाते हैं। इसी प्रकार सांस्कृतिक पहचान के नाम पर इस्लामी मौलिकतावाद को प्रश्रय देते जाना मुसलमान जनता को मध्ययुगीन अंधता में ढकेलने के साथ-साथ प्रतिक्रिया स्वरूप हिन्दूवादी अंधता को बल देना भी है। इतना ही नहीं, श्री बुखारी जैसे मुसलमान नेताओं को अपनी प्रतिबद्धताओं में कुछ उलट-फेर करना होगा। ऐसे बड़े-छोटे नेताओं का यह बार-बार कहना कि वे पहले मुसलमान हैं और उसके बाद ही भारतीय, उनकी राष्ट्रीय निष्ठा के प्रति हिन्दूवादी संगठनों को शंकालु बनाता है, और इससे भी हिन्दू साम्प्रदायिकता फलती-फूलती है। इन धार्मिक नेताओं को यह समझना होगा कि पर-राष्ट्रीय इस्लामी बिरादराना एक मिथक है, यथार्थ नहीं। खाड़ी युद्ध ने इस मिथक को क्षत-विक्षत कर दिया है। इसे प्राथमिक निष्ठा के रूप में अपनाने वाला गैर-इस्लामी मुल्क का प्रत्येक मुसलमान शंका की निगाह से देखा जायेगा। भारत में हिन्दू साम्प्रदायिकता के ये ही प्रमुख आधार हैं। अगर क्रिया-प्रतिक्रिया का यह विवेकहीन सिलसिला न रुका तो देर-सबेर भारत का लेबनानीकरण सुनिश्चित है। इसी प्रकार हिन्दूवादी राजनीति को भी यह समझना होगा कि मात्र हिन्दू होना ही भारतीय होना नहीं है। भारत केवल हिन्दुओं का देश नहीं है। सामासिकता इसकी विवशता है क्योंकि इसका ठोस ऐतिहातिक और सामाजिक आधार है। इसी कारण भारतीय संविधान के कर्णधारों ने इस यथार्थ को आदर्श के रूप में स्वीकारा और भारतीयता को लोकतन्त्र और धर्मनिरपेक्षता का सन्दर्भ दिया। बाद में इसके साथ समाजवाद को भी जोड़ दिया गया। यह सोच एवं सन्दर्भ आज भी प्रासंगिक हैं। इससे हटना राष्ट्रघाती होगा। हाँ इसकी व्यावहारिक विकृतियों को अवश्यमेव दूर किया जाना चाहिए। इन मूल्यों के प्रति हमारी राजनीति को प्रतिबद्ध होना होगा। साम्प्रदायिक तुष्टीकरण से बचना होगा। शरीयत की रक्षा में संविधान बदलना और फिर हिन्दुओं को खुश करने के लिए बाबरी मस्जिद का ताला खुलवाना और फिर दबाव में शिलान्यास कराना कांग्रेस के लिए तो खतरनाक सिद्ध हुए ही, भारतीय समाज की सामासिकता भी दाँव पर लग गयी। संवेदनशील मुद्दों के साथ वोट की राजनीति बन्द करनी होगी।

बात चली थी भारतीय समाज एवं संस्कृति की सामासिकता की। दुनिया के सारे गैर-मजहबी देश इसे आदर्श मानकर चलते हैं। अमेरिका में लोग हिन्दू, मुसलमान, सिख आदि होते हुए भी अमरीकी हैं। अमरीकी कहलाने में ही उन्हें गौरव-बोध होता है। यही हालत इंग्लैण्ड, फ्रांस आदि की भी है। वहाँ की राजनीति पर धार्मिक लोगों का कोई कारगर दबाव नहीं है। उनकी निजता या पहचान के सन्दर्भ आर्थिक-राजनीतिक हैं, न कि धार्मिक। समाजवादी देशों ने भी यही प्रयास किया था लेकिन उनके

राजनीतिक अविवेक के चलते उनके सारे सामाजिक आर्थिक प्रयास आज विफल से दिखते हैं। लेकिन उनका मूल प्रयास सही था, इसलिए उनकी विफलता टिकाऊ नहीं होगी। आशय यह कि अब भारतीयता की पहचान भी प्रमुखतः आर्थिक-राजनीतिक होगी। हम लोकतान्त्रितक पूँजीवादी होंगे या लोकतान्त्रिक समाजवादी। इन दोनों स्थितियों में ही हमें धर्मनिरपेक्ष रहना होगा। हमारी राष्ट्रीय निजता या पहचान के ये ही सन्दर्भ बनेंगे। अब आँचलिक, संवादविहीन संस्कृतियों का जमाना लद चुका है। आज के प्रमुख सन्दर्भ वैश्विक हैं इसलिए सांस्कृतिक निजता को भी वैश्विक पहचान के अनुरूप ढलना होगा। मतलब यह कि अब हमें प्रौढ़ होना होगा और सांस्कृतिक पहचान या निजता वर्तमान वैज्ञानिक एवं प्राविधिक युग के उदीयमान सार्वभौम मानव की सीमा है, विशिष्टता नहीं। संस्कृति के नाम पर अब अतीत का कोई कारगर और टिकाऊ हस्तक्षेप सम्भव नहीं है। समकालीन सन्दर्भों में यह समझ ही 'राष्ट्र-निर्माण' के वास्तविक प्रारम्भ की एक प्रमुख शर्त है।

श्री राजीव गाँधी के त्रासद अन्त के बाद का घटना क्रम यह बताता है कि सत्ता केन्द्रित राजनीति की दृष्टि से अब हम प्रौढ़ बूर्जुआ बन चुके हैं। अब हम केवल सफलता पहचानते हैं, हारी हुई अथवा निष्प्रभावी गुणवत्ता अब हमारे लिए बेमानी है। श्री गाँधी की हत्या और श्री अमृतपाद डांगे के देहावसान के बीच कुछ ही घण्टों का अन्तराल था। लेकिन श्री डांगे की मृत्यु हमारे संचार माध्यमों के लिए एक सामान्य सी चलती-फिरती सूचना बनकर रह गयी। उन्हें राष्ट्रीय सम्मान के योग्य नहीं समझा गया। शायद इसलिए उनको सम्मान देने अथवा न देने से न तो सत्ता को कोई समीकरण बनने वाला था और न ही बिगड़ने वाला। राजनीति में श्री डांगे के आगमन एवं उनके देहावसान से एक राजनीतिक सोच और आन्दोलन का आगमन और अन्त जुड़ा था। श्री गाँधी के पास प्रत्येक सामान्य राजनेता की तरह केवल 'फेस वैल्यू' थी। उनके जीवन से कुर्सी को हटा देने के बाद क्या बचेगा इस पर बहुत विवाद की गुजांइश नहीं है। लेकिन श्री डांगे एक विचारक, विद्वान, स्वतन्त्रता संग्राम सेनानी, भारत में वामपन्थी आन्दोलन के जनक और सशक्त सांसद रह चुके थे। उनके पास 'फेस वैल्यू' भले ही कम रही हो, 'इन्ट्रिन्जिक वैल्यू. बहुत थी। लेकिन उन्हें उतने सम्मान के योग्य भी नहीं समझा गया जितना स्व. पं. कमलापति त्रिपाठी अथवा श्री उमाशंकर दीक्षित को लगता है कि हमारे सत्तासीन नेताओं में वैचारिक अन्तर्वस्तु को पहचानने अथवा स्वीकारने की क्षमता ही विकसित नहीं हो पायी है। भारत में महानता अथवा अर्थवत्ता का निर्माण पूँजीवादी संचार-माध्यमों द्वारा ही किया जाने लगा है।

एक बात और श्री गाँधी के दुखद अन्त ने उन्हें 'महान' बना दिया। वे अचानक उस ऊँचाई पर पहुँच गये जिस ऊँचाई तक पहुँचने के लिए सरदार पटेल जैसे व्यक्ति को प्रायः चार दशकों तक स्वतन्त्रता संग्राम में खपना पड़ा, प्रायः एक दशक जेल की यातना सहनी पड़ी और मरणोपरान्त प्रायः चार दशकों तक इन्तजार करना पड़ा। मैं नहीं समझ पाता कि श्री गाँधी के साथ-साथ सरदार को भी भारतरत्न की उपाधि देकर उन्हें सम्मानित किया गया या अनाद्रित। हम मान से चुके हैं कि जो सफल नहीं वह सार्थक नहीं हो सकता और भारतीय राजनीति में सफलता का अर्थ प्रधानमन्त्री बनना अथवा कम से कम मुख्यमन्त्री बनना है। सरदार न प्रधानमन्त्री हुए थे और न मुख्यमन्त्री। आख़िर हमारी राष्ट्रीय नेताओं की नासमझी की भी तो कोई सीमा होनी चाहिए। अब वह दिन दूर नहीं जब मुलायम-चन्द्रशेखर जैसी कुर्सीपरस्तता अथवा बीजेपी-शिवसेना जैसी हिन्दूवादिता गोड्से को भी राष्ट्रपिता घोषित कर गाँधी को अपदस्थ कर देगी। राजनीति में अगर निर्माण की असीम सम्भावनाएँ हैं तो उसकी विकृति की भी कोई सीमा नहीं है। कम से कम समकालीन भारतीय राजनीति तो यही संकेत देती है।

समकालीन सोच, अगस्त 1991

धार्मिक उन्माद और बुद्धिधर्मी का दायित्व

6 दिसम्बर 1992 का अयोध्या हादसा और फिर लूट, आगजनी, हत्या और बलात्कार का बेशर्म और लोमहर्षक सिलसिला। सूरत में वही हुआ जो ढाका और कराची में। चौतरफा असुरक्षित और असहाय अल्पसंख्यक और अपनी नृशंशता में उन्मत्त बहुसंख्यक।

फिर 25 दिसम्बर आया और लोगों ने जीजस का जन्मदिन मनाया। विश्व में प्रेम और सेवा का सन्देश सुना। 31 दिसम्बर को रातभर जगकर लोगों ने पुराने वर्ष को विदाई दी और नये वर्ष का अभिवादन किया। अपने-अपने प्रियजनों के मंगल भविष्य की असंख्य कामनाएँ की गयीं। शिशु सुलभ उम्मीद बनी थी की मनुष्यता अभी जीवित है, उसकी पशुता सहमेगी, लोगों की आँखें थोड़ी नम होंगी और आदमी अपने किये पर पछताएगा। लेकिन 6 से 16 जनवरी की अवधि के दौरान बम्बई और अहमदाबाद में जो हुआ उससे स्पष्ट है कि 1993 को हमने वहीं से प्रारम्भ किया है जहाँ 1992 को हमने जो छोड़ा था। आडवानी-जोशी-कल्याण को कोई अफसोस नहीं है। अपनी सार्वजनिक वचनबद्धता के बावजूद बूढ़ी कांग्रेस जैसी की तैसी है, मंडल-कमंडल दुष्चक्र जैसा का तैसा है। 26 जनवरी की पूर्व सन्ध्या पर राष्ट्रपति ने अपना अशक्त संकल्प दुहराया और कुछ लोगों ने गणतन्त्र दिवस का झंडा फहराने के बहाने खुलकर अल्पसंख्यकों को सार्वजनिक रूप से गालियाँ दीं। अन्तरराष्ट्रीय क्षितिज पर उधर बिल क्लिंटन ने स्पष्ट कर दिया है कि वे निवर्तमान राष्ट्रपति बुश के ही उत्तराधिकारी हैं।

मेरे दो साहित्यिक मित्रों का पत्र एक ही साथ डाकिया दे गया है। जयपुर से शेखावत लिखते हैं कि 6 दिसम्बर और उसके बाद की घटनाओं से भारत में बसे मुसलमान और मेरे जैसे 'छद्म धर्म निरपेक्षतावादी' कुछ सबक ले सकेंगे, मानो हिन्दुओं और हिन्दूवादियों को कुछ सीखने की आवश्यकता न कभी थी और न आज है। कथाकार हृषीकेश कानपुर से लिखते हैं कि 'हिन्दू समाज फासिज्म की आवाज हो चुका है' और मेरे जैसे 'अतिमानुष प्रगतिवादियों' के 'ढिढोरचीपन' से

कुछ होने वाला नहीं है, मानो मानुष प्रगतिवादियों ने बहुत कुछ ठोस करके दिखाया हो। इधर मेरी मासूम अपढ़ पत्नी है जो सामाजिक उथल-पुथल और सत्तापरस्त महत्त्वाकांक्षाओं की ख़ूनी टकराहटों से बिल्कुल बेखबर है। सभी जहाँ के तहाँ हैं—कमाऊ व्यापारी, पराजित श्रमिक, पस्त किसान, पैंतरेबाज, सत्तापरस्त दंगाई और अख़बारबाज प्रोफेसरान भी। अधिसंख्य हिन्दी पत्रकार तो गंदले पानी में मछली पकड़ने पर बिल्कुल आमादा हैं। प्रतिबद्धता और कुंठाग्रस्तता में फर्क करना मुश्किल हो गया है। धर्मवादी, संस्कृतिवादी और साम्प्रदायिक सभी एक जैसे हैं। संकीर्णता और संवेदनहीनता का राज है। विभिन्न संगठित स्वार्थों और सामाजिक-धार्मिक अस्मिताओं के बीच खिंची रेखाएँ अब दुर्लंघ्य खाई का रूप ले चुकी हैं और आर-पार के लोगों के नाख़ून बढ़े और कठोर हुए हैं। राजनीतिक जीवन में उत्तर के उत्तर का उत्तर ढूँढ़ने का अन्तहीन एवं अंध सिलसिला कायम है। देवी का उत्तर मण्डल और फिर मण्डल का उत्तर कमण्डल, और फिर मण्डल-कमण्डल दुष्चक्र। जाति का उत्तर सम्प्रदाय और सम्प्रदाय का उत्तर जाति और फिर सबका उत्तर सत्ता। राजनीति इनसे जुड़े बनते-बिगड़ते हिंस्र समीकरणों का खेल बनती जा रही है। हम सभी निर्विकल्प से हैं। मूल प्रश्न बेरोज़गारी, महँगाई, भ्रष्टाचार, लोकतान्त्रिक संस्थाओं और मूल्यों का क्षरण, पूँजी की कसती जकड़, कमज़ोर बनता राज्य और बद्शक्ल होती राष्ट्र की छवि आदि केवल राजनीतिक नारेबाजी तक सीमित होते गये हैं। राजनीति और धर्म का लम्पटीकरण तेजी से हो रहा है। धर्म और संस्कृति सत्ता के क्रूर उपकरण बन गये हैं। संस्कृति-बोध से समाज-बोध गायब है।

राजनीति दूरदर्शी और समाधानात्मक न रहकर तात्कालिकता की शिकार है। चुनी हुई सरकारें कुछ करने की शपथ लेती हैं और फिर पीछे हट जाती हैं, ज़िम्मेदार लोग सार्वजनिक वादे करते हैं और फिर मुकर जाते हैं। उनके अन्य नेता एवं कार्यकर्ता इसे 'कृष्ण नीति' कहते हैं। आख़िर श्रीकृष्ण ने भी महाभारत में अनेक छल-छद्म किये थे। राम ने छिपकर बालि को मारा था। अगर उन्होंने साध्य के लिए साधन को गौण बना दिया तो हम क्यों पीछे रहे? जो छल-छद्म उनकी अपवादजनक विवशता थी वह हमारा सामान्य आचरण है। अतः बुद्ध और गाँधी को अवमूल्यित करना आवश्यक है। तभी महाराज गोडसे और महाबली पैकरे स्थापित हो सकेंगे। सार्वजनिक जीवन को राष्ट्र-निर्माण के नाम पर प्रतिमानविहीन बनाने की ज़ोर-शोर से कोशिश हो रही है। गंदले पानी में ही मछलियाँ पकड़ी जा सकती हैं। औंधियाए, घबराए, शंकालु और भयग्रस्त आवाम ही हिंसक राजनीतिक मंशा को साकार बनाने में कारगर हथियार बन सकते हैं। गाँधी ने सही कहा था—हिंसक राजनीति में सामान्यतया वह जीतता है जो अधिक हिंसक है, न कि वह जो सही

है। इसलिए उस बूढ़े ने आगाह भी किया था कि यदि राजनीतिक दलों की यही स्थिति बनी रही तो सभी दल देर-सबेर अपने-अपने गुंडों के हाथ में होंगे। गुंडे वे ही नहीं हैं जो छूरा और तमंचा लिए घूमते हैं। बल्कि उनसे बड़े और खतरनाक गुंडे वे सुविधाभोगी या सत्तापरस्त लोग हैं जो गैर-ज़िम्मेदार ढंग से जुबान अथवा कलम चलाकर दहशत पैदा करते हैं। आज अचानक धर्मनिरपेक्षतावादी सुरक्षात्मक बना दिये गये हैं और साम्प्रदायिक ताकतें आक्रामक बनी हैं। यह विवेक पर नफ़रत के बढ़ते दबाव का सूचक है। कैसा होगा वह भारत जिसमें नफ़रत जीत चुकी होगी और विवेक तथा संयम पराजित हो चुके होंगे! इसकी कल्पना भी थर्राने वाली है।

सारे विश्व में इतिहास की सूई को पीछे ले जाने की कोशिश हो रही है। पूँजीवादियों की आशातीत सफलता ने यह स्थापित सा कर दिया है कि देश उनका है जो इसके मालिक हैं, न कि उनका जो इसके सेवक और श्रमिक हैं। जो स्वाभाविक और उपादेय हैं वही आदर्श भी हैं। जो कमाऊ है वही पूज्य, जो जीत जाए वही सही। नैतिकता और मूल्यों की चीख हारे हुओं का प्रलाप है। नीत्सेवाद अपनी संपूर्ण नग्नता में साकार हुआ है। उत्तर आधुनिकता के वर्तमान दौर में प्रबोधन काल के निर्मिति प्रतिमान तोड़े जा रहे हैं। अतः आज का नारा तर्कपरक विवेक नहीं, आस्थाजनक विवेक; मनुष्य नहीं, ईश्वर; रोज़ी-रोटी नहीं, अस्मिता; चेतन मन व्यर्थ है, सब कुछ है अवचेतन के आदिम एवं हिंस्र संस्कार। आज हिन्दुत्व के प्रतीक गाँधी और मालवीय, नहीं बल्कि वामदेव और ठाकरे हैं। इस्लाम के प्रतीक आज़ाद और जाकिर हुसैन नहीं, बल्कि मदनी और बुखारी हैं।

हिंस्र अस्मिताओं को इतनी पहचान क्यों मिल रही है? आख़िर क्यों पशुता प्रतिमान बन रही है? मनीषी स्तब्ध हैं। ऐसा क्यों है? एक कारण तो यह लगता है कि शायद योरोपीय प्रबोधन काल ने बौद्धिकता और उपयोगिता पर अधिक बल दे दिया जो पादरीवादी कूपमंडूकता से लड़ने के लिए तो उपयुक्त था, लेकिन रचनात्मक विकल्प नहीं बन सका। बौद्धिकता वैज्ञानिक न रहकर विज्ञानवादी बन गयी और तकनीक खोजों के तिलस्मी संसार में भटक गयी। इससे आदमी को भौतिक राहत तो मिली। जो एक सीमा तक दबे-कुचले, अभावग्रस्त और शोषित मानव की मुक्ति के लिए आवश्यक थी। लेकिन सोच में रूपान्तरण नहीं आया। प्रबोधन युग के मूल्य-निरपेक्ष चिन्तन से सोच और आचरण के बीच दुर्लंघ्य खाई तैयार हो गयी। अतः सामाजिक आचरण व्यावहारिक दबावों और आदिम संस्कारों द्वारा संचालित सामान्य आदमी जैसा ही बना रहा। समृद्धि के बाद शिश्नोदरवाद आया। वैज्ञानिक भी व्यक्तिगत आस्था और सामाजिक आचरण के स्तर पर सामान्यजन से भिन्न नहीं बन सका। व्यवस्था का प्रज्ञा बनकर पैसे और सुविधा के लोभ में उसने आपसी

मेधा का उपयोग सैद्धान्तिक हथियारों के निर्माण की ओर लगाया। विकृति इस सीमा तक आई कि बगदाद पर बम गिराने के बाद उसका वर्णन करते हुए एक पायलट ने बताया कि जो लपट फूटी थी वह क्रिसमस ट्री की तरह चमकदार और सुन्दर थी। इसी युग में लेखकों का एक झुण्ड आया है जो आदिम क्रूरता की अमानवीय अभिव्यक्तियों का वर्णन करने में मजा पाता है। राजनीति जिसे प्रबोधन करना चाहिए था वह या तो भौतिकतावादी जड़ता का या वोट-परस्त बनकर तात्कालिकता का शिकार बन गयी। जिन्हें मनीषी या बुद्धिधर्मी बनना चाहिए वे बुद्धिजीवी बनकर रह गये। पाल ब्रन्टन के शब्दों में कहें तो मनुष्य नैतिक रूप से बौना और तकनीकी शक्ति के रूप मे विशालकाय पिशाच बन गया है।

वर्तमान उत्तर आधुनिकता के दौर में संस्कृति और सत्ता की आड़ में आदिम बर्बरता के अतार्किक उफान का दूसरा कारण तो पूँजीवादी उत्पादन प्रक्रिया में ही निहित है। पूँजीवादी उत्पादन की धुरी है उपभोक्तावाद। हमारे उपभोग की क्षमता से जुड़े हैं कल-कारखाने और उनसे सीधे जुड़े हैं रोज़गार और रोज़ी-रोटी। अतः विभिन्न संचार-माध्यमों से पूँजीवादी व्यवस्था हमें अतृप्त उपभोक्ता बनाने और बनाये रखने की कोशिश करती है। पूँजीवादी सरकारों का काम केवल इसे अन्तहीन उपभोक्तावादी अतृप्ति से उपजे विक्षोभ की व्यवस्था द्वारा निर्मिति सीमा-रेखा में बनाये रखना है। इसी कारण इस व्यवस्था में सभी असन्तुष्ट रहते हैं। उपेक्षित और अभिशप्त भी और वे लोग भी जो कमोबेश व्यवस्था द्वारा सुरक्षित हैं अथवा मूल्यहीन वैभव भोगते होते हैं। सभी बेचैन एवं विक्षुब्ध होते हैं। कुछ इन्द्रियजन्य सुखों को पाने और कुछ अपने उपलब्ध सुखों को बनाये एवं बढ़ाते रहने की थकाऊ दौड़ में विक्षुब्ध उपभोक्तावादी हमेशा प्रतिमानविहीन होते हैं।

भारत के सन्दर्भ में एक तीसरा कारण दिखता है और वह है भारत के परम्परावादी शासक। तबकों अर्थात् सवर्णों में व्याप्त असुरक्षा बोध। स्मृतिकाल में ही इनकी सामाजिक भूमिका समाप्त तक हो चुकी थी, लेकिन भिन्न कारणों से ये समाज पर उपजीवी बने लदे रहे हैं। साम्राज्यवाद विरोधी लहर से इन्हें एक राष्ट्रवादी भूमिका पुनः मिली और उन्होंने राष्ट्रवादी आन्दोलन का विभिन्न रूपों में नेतृत्व किया। विभिन्न वैचारिक, सांस्कृतिक, सामाजिक आन्दोलनों द्वारा देश का प्रबोधन किया। स्वतन्त्रता, समता, भाईचारा, लोकतन्त्र, समाजवाद, साम्यवाद जैसी आधुनिक अवधारणाओं के लिए संघर्ष किया एवं इन्हें लोकप्रिय बनाया। देश को राजनीतिक नेतृत्व भी दिया। राममोहन से नेहरू तक अनेक लोग इस भूमिका में गिनाए जा सकते हैं। लेकिन 'एक मत एक मूल्य' वाली प्रतियोगी राजनीति के चलते समाज के विभिन्न तबके अपने-अपने हकों के लिए संगठित हुए हैं और दावे पेश होने लगे

हैं। परम्परागत सामाजिक ढाँचा टूटने लगा है। सत्ता का एकाधिकार अपनी समाप्ति की ओर है; प्रतियोगी सांस्कृतिक प्रतीक उभर रहे हैं। अर्थात् समाज के इस तबके के परम्परागत सामाजिक, राजनीतिक एवं सांस्कृतिक वर्चस्व पर चौतरफा आक्रमण है। अतः बुझते दीपक की अन्तिम लपट के रूप में इस तबके ने अपने हितों को कायम रखने का एक ज़ोरदार, राजनीतिक अभियान छेड़ा है। आज इसे ज्ञान-विज्ञान से कुछ लेना देना नहीं है। वर्तमान लोकतन्त्र और संविधान इसके लिए बेकार है। हिन्दुत्व के नाम पर सबको संगठित करने के लिए इसने चालाकी से मुसलमानों को राष्ट्रीय शत्रु घोषित कर दिया है। अपनी राजनीति को विश्वसनीयता प्रदान करने के लिए इसने अपने पुनीत प्रतीकों और तर्कातीत आस्थाओं को राजनीतिक दाँव पर लगा दिया है। 19वीं सदी के आठवें दशक में मुसलमान अभिजन ने सर सैयद खाँ के नेतृत्व में यही किया था और तरह-तरह के सांस्कृतिक, सामाजिक, राजनीतिक आन्दोलनों के द्वारा हिन्दू बहुसंख्यक द्वारा शोषित होने से बचने के नाम पर उनकी दूसरी पीढ़ी ने अपने लिए अन्ततः पाकिस्तान प्राप्त कर लिया था। लेकिन जनसंख्या और भूगोल भी उनके साथ थे। किन्तु भारतीय सवर्ण इतने भाग्यशाली नहीं हैं, फिर भी इन्होंने प्रतिक्रियावादी आन्दोलन छेड़ दिया है।

सम्प्रति भारतीय राजनीति एवं संस्कृति के लम्पटीकरण के ये मूल कारण हैं। संस्कृति और राजनीति दोनों से सामाजिक विवेक गायब है। अतः राजनीति पीछेदेखू और सत्ताग्रस्त है। अर्थनीति कमाऊ-खाऊ है, विवेक इतिहास शून्य है, सोच अतार्किक है, और इसलिए व्यवहार आवेश इस तबके के अधिसंख्य लोगों को भावना और सोच में कोई स्वस्थ संवाद नहीं दिखता है। यह तबका तो कमोबेश स्किट्रजोप्रसीनियाक हो गया है। बीमार है। अम्बेडकर ने पहले ही कहा था कि हिन्दू बीमार भारतीय है और अपने स्थापित वर्चस्व के चलते अपनी बीमारी को पूरे समाज में फैलाता है। अम्बेडकर ने पहले इसे भीतर से सुधारने का प्रयास किया और थककर वे इससे बाहर चले गये और इसकी गाली और उपेक्षा के शिकार बने, नेहरू इसकी आस्थाओं के प्रति उदासीन रहे अथवा केवल उनकी बौद्धिक आलोचना की। अतः इसने उसे सहा भी और उनकी तीखी आलोचना भी की। गाँधी आचरण में आदर्श हिन्दू बनकर उसे भीतर से ही सुधारना चाहते और उसने उन्हें अपना प्रतिद्वन्द्वी समझकर गोली मार दी। सामाजिक-राजनीतिक स्तर पर उसके पास केवल प्रतिक्रियाएँ हैं, कोई स्वस्थ, सकारात्मक सामाजिक पहल नहीं।

सम्प्रति वैश्विक पीठिका में देखने पर हिन्दुत्ववादियों की सामाजिक-राजनीतिक हरकतें उत्तर आधुनिकतावादी अतार्किकता का भारतीय संस्करण लगती हैं। प्रबोधन युग अर्थात् औद्योगिक युग का आधुनिकतावाद विधायक सोच का अग्रदूत और

अलंबरदार था। वह ज्ञान, विज्ञान, तर्क, विवेक, प्रगति, विचारधारा आदि की बात करता था वह आगेदेखू था। 19वीं सदी का हिन्दुत्व कमोबेश उसका उत्तराधिकारी था। लेकिन उद्योगोत्तर समाज अर्थात् तकनीकी क्रान्ति वाले समाज का उत्तर आधुनिकतावादी पीछेदेखू है, भावात्मक विवेक की बात करता है और यह मानकर चलता है कि व्यक्ति को तार्किक विवेक दिया ही नहीं जा सकता, वह भावना और अतर्क के पाश में फँसे रहने के लिए अभिशप्त है। आज का व्यक्ति चाहे पढ़ा हो अथवा अनपढ़, धनी हो अथवा गरीब, शासक हो अथवा शोषित सभी एक विराट निर्वैयक्तिक तकनीकी तन्त्र का बड़ा-छोटा पुर्जा है। आधुनिकतावादियों के पास आत्मविश्वास था, क्योंकि वे एक नयी विधायक सोच और व्यवस्था के नियामक थे किन्तु उत्तर आधुनिकतावादी चुके हुए और हताश हैं, क्योंकि ये एक क्रूर निर्वैयक्तिक वित्तीय एवं तकनीकी तन्त्र के शिकार हैं, अतः चौतरफा छटपटाहट है। इन्हें निर्वैयक्तिक सामाजिक-राजनीतिक तर्क एवं विवेक दुश्मन के तीर लगते हैं। अतः अतार्किक और विवेकहीन राजनीतिक-सामाजिक अभिव्यक्तियाँ चारों तरफ दिखती हैं—अमेरिका में क्लूवलक्स क्लान तथा डांट वस्टर्स, इग्लैण्ड में स्किन हेड्स, जर्मनी में नवनीत्सेवादी और फ्रांस तथा इटली में उग्र नव-राष्ट्रवादी मुसलमानों और हिन्दुओं के हिंस्र तत्ववादी इसी की लपट अभिव्यक्तियाँ हैं। जो थोड़ा पढ़े-लिखे, सुविधाभोगी हैं किन्तु चौतरफा आक्रमण से आतंकित हैं वे संस्कृति के नाम पर इस उग्रता को वैचारिक आधार देने में लगे हैं और इनके राजनीतिक प्रतिनिधि इसी के सहारे दिल्ली के तख्त पर काबिज होने के लिए बेचैन हैं। हमारा दुर्भाग्य यह है कि विकसित होने और आधुनिकतावाद का लाभ उठाने के पूर्व ही हम अतिविकसित समाजों के सहारे रोगों से ग्रस्त हैं। इसीलिए जो राजनीतिक विकृतियाँ उनके समाज के हाशिए पर हैं वे हमारे केन्द्रीय राजनीतिक सरोकार हैं, हमारे बहुल समाज के दुर्भाग्यपूर्ण भविष्य के ये खतरनाक संकेत हैं।

लेकिन महाप्रश्न तो यह है कि क्या किया जाए? विशेषतः भारत में क्या सम्भव है? यूँ तो पश्चिमी पूँजी और राजनीति का दबाव फिलहाल इतना निर्णायक है कि कोई मूलगामी स्वतन्त्र पहल सम्भव नहीं है। सोवियत संघ के बिखराव और पतन के बाद विकल्पों का दायरा अत्यन्त सीमित है। लेकिन फिर भी अपने बचाव के लिए तो कुछ न कुछ करना ही होगा। इसलिए समकालीन सोच के पाठकों के समक्ष निम्नलिखित बिन्दु उनके विचार एवं प्रतिक्रिया के लिए रखना चाहूँगा :

1. सम्प्रति हिन्दुत्वादी साम्प्रदायिक उभार और सम्भावी जातिवादी, नस्ल तथा अल्पसंख्यकों के प्रति साम्प्रदायिक उभार को ध्यान में रखते हुए भारतीय राज्य को अधिक दूरदर्शी, चुस्त-दुरुस्त, प्रभावी और हस्तक्षेपी बनाना होगा।

2. राजनीति का धर्म से निर्णायक अलगाव अब अपरिहार्य है। इसके लिए आवश्यक है कि जो भी व्यक्ति अथवा दल धर्म का सहारा लेकर राजनीति करता हो उसे अनिवार्यतः अयोग्य ठहराया जाना चाहिए। यह क्षण-कथन कि साम्प्रदायिक व्यक्तियों अथवा दलों से चुनावी स्तर पर निपटा जायेगा या तो सोच के दिवालियापन का द्योतक है या राजनीतिक चालबाजी।

3. सामाजिक न्याय के मुद्दे को प्राथमिकता देकर हल कर दिया जाना चाहिए। इस पर अब राष्ट्रीय सहमति भी मुश्किल नहीं है। 'क्रीमी लेयर्स' को हटाकर और सवर्णों में गरीबों को कुछ आरक्षण-कोटा देकर मण्डल आयोग को ईमानदार कठोरता से लागू किया जाना चाहिए। इसके द्वारा जाति-निरपेक्ष राजनीति की कल्पना करना व्यर्थ है।

4. विकास और शिक्षा के वर्तमान प्रारूपों के विवेकसंगत विश्लेषण और उनमें पर्याप्त संशोधन की आवश्यकता है। आत्यंतिक रूप से हमारे विकास का प्रारूप भौतिक और शिक्षा का प्रारूप नौकरीपरस्त है। एक द्वारा धन-पशुओं का अभिजात वर्ग पैदा हो रहा है और दूसरे द्वारा अनुपयोगी एवं अर्द्धशिक्षित डिग्रीधारियों की फौज खड़ी हो रही है। अगर यही चलता रहा तो न सामाजिक शान्ति सुनिश्चित हो पायेगी, न लोकतन्त्र सुरक्षित रह पायेगा और न ही देश की अखण्डता को कायम रखा जा सकेगा। एक सीमा तक बौद्धिक अराजकता आवश्यक है, लेकिन एक सीमा के बाद यह वैयक्तिक एवं सामाजिक सभ्यता को आधार देती है और फिर इसकी अभिव्यक्ति बन जाती है।

वर्तमान अंक को हमने राहुल विशेषांक के रूप में प्रकाशित करने का वादा किया था। लेकिन इधर फैसले और फैलाए जा रहे हिन्दुत्ववादी उन्माद को देखते हुए इस अंक को अपनी राजनीति और साम्प्रदायिकता को समझाने पर केन्द्रित किया गया है। सम्भव है इसमें अपने पाठकों को विवेकशील सामाजिक हस्तक्षेप के लिए कुछ अतिरिक्त प्रकाश मिल जाए। हमें यह मालूम है कि सारे प्रश्न अन्ततः राजनैतिक प्रश्न बन जाते हैं और उनके समाधान अन्ततः राजनीतिक ही हुआ करते हैं, लेकिन सही विचारों और परिप्रेक्ष्यों की विधायक भूमिका बनती है। इसलिए वर्तमान राजनीति की विषाक्त उफनाई नदी में दो एक रोड़े फेंकते रहना प्रत्येक चिन्तनशील नागरिक का कर्तव्य है। अंग्रेज़ी के एक प्रख्यात विचारक कवि डब्ल्यू. एच. अडेन का कहना है कि काव्य कुछ सीधे घटाता नहीं है, लेकिन जब राजनीति के पागल कुत्ते भौंक रहे हों तो कविता सामान्य दिलों में मानवीय करुणा का बीजारोपण करती है और मनुष्य को पशु बना डालने के राजनीतिक प्रयास में थोड़ी रुकावट बनती है। विचार और विश्लेषण भी यही कार्य बुद्धि के स्तर पर करते हैं। इत्यलम्।

समकालीन सोच, जनवरी-मई 1993

कुछ बातें 'मनोगत अलगाव' की

जून 1993 में अपने एक अजीज और 'समकालीन सोच परिवार' के सदस्य श्री रवि श्रीवास्तव से एक अनौपचारिक बातचीत के दौरान मैंने कहा था कि साम्प्रदायिक समस्या की वास्तविक समझ के लिए केवल आर्थिक एवं राजनीतिक कारकों पर बल देना अपर्याप्त है और हमें हिन्दू और मुस्लिम सम्प्रदायों के बीच व्याप्त 'मनोगत अलगाव' (psychic divide) को विशेष रूप से ध्यान में रखना चाहिए। जयपुर से लौटने के पश्चात उन्होंने मुझे एक लम्बा खत लिखा था जिसमें 'मनोगत बँटवारा' सम्बन्धी मेरी समझ पर आक्रामक टिप्पणी थी और साथ कुछ एक सवालों के उत्तर की मुझसे अपेक्षा की थी। उस समय मैं इसे टाल गया था क्योंकि एक तो मुझे कुछ नया कहना नहीं था और दूसरे, मैं अपनी उक्त समझ के प्रति बहुत आश्वस्त नहीं था। रवि जी ने भी टोक-टाक नहीं की और सारा प्रकरण ही विस्मृत हो गया। लेकिन इधर एक दिन समकालीन सोच से सम्बन्धित फाइल पलटते समय उनका उक्त पत्र अचानक सामने पड़ा और मन में यह बात उठी कि क्यों न इसे इसी अंक में प्रकाशित कर (पृ. 48-52) सम्पादकीय में अपनी समझ को भी स्पष्ट कर दिया जाय। अब मैं अपनी उस समझ के प्रति कमोबेश आश्वस्त भी हूँ। हाँ, ये उत्तर देने अथवा 'कनविन्स' करने का कोई प्रयास नहीं है, क्योंकि अनुभवों ने सिखाया है कि 'आइडेन्टिटी क्राइसिस' और दुधर्ष पक्षधरता के वर्तमान दौर में दोनों ही प्रकार के प्रयास बेमानी हैं। अतः प्रयास केवल दोनों परिप्रेक्ष्यों को पाठकों के समक्ष प्रस्तुत भर करना है।

श्री रवि श्रीवास्तव की यह दृढ़ मान्यता है कि हिन्दू और मुसलमान सम्प्रदायों के बीच मनोगत बँटवारा जैसी कोई चीज़ न रही है और न आज है। यह एक 'छद्म-सिद्धान्त' है जिसे अंग्रेज शासकों और इतिहासकारों ने अंग्रेज़ी राज के हित में गढ़ा था जो ऐतिहासिक, सांस्कृतिक, सामाजिक एवं साहित्यिक दृष्टि से अपुष्ट और राष्ट्रीय दृष्टि से खतरनाक है। अपने पक्ष में उन्होंने बहुत से पुस्तकीय प्रमाण भी दिये हैं जो तथ्यगतः अकाट्य होते हुए भी मुझे अपर्याप्त लगते हैं। अपनी इस

मान्यता के प्रकाश में उन्होंने कुछ प्रश्न उठाये हैं। एक, क्या 'मनोगत अलगाव' के इस 'छद्म-सिद्धान्त' में मुस्लिम लीग के द्विराष्ट्रवाद के सिद्धान्त की अनुगूँज नहीं है जिसे सावरकर, गोलवरकर जैसे हिन्दूवादियों ने भी सर्मथन दिया था और जिसके चलते अन्ततः देश का विभाजन हुआ? क्या आज यह संघ परिवार की साम्प्रदायिक राजनीति को वैचारिक आधार देकर देश के पुनर्विभाजन की पीठिका नहीं तैयार करता? दो, क्या यह सच है कि मुसलमान आक्रान्ता और हिन्दू आक्रान्त हैं और उनके हितों के बीच परस्पर विरोध ही नहीं, बल्कि परस्पर निषेध है? तीन, क्या इस सिद्धान्त के आधार पर भारत में अंग्रेज़ी राज की सामाजिक भूमिका की सही समझ बन सकती है? और क्या यह मार्क्सवादी इतिहास-लेखन और धर्म-निरपेक्ष भारत के निर्माण में जनवादी आन्दोलनों की भूमिका की सही पहचान में बाधक नहीं है? चार, अगर 'मनोगत अलगाव' का सिद्धान्त सही है तो फिर हिन्दू शासकों ने मन्दिर और मुसलमान बादशाहों ने मस्जिदें कैसे तोड़ीं? फिर हाल में खाड़ी युद्ध को कैसे समझा जाय जिसमें ईसाई अमरीकियों के नेतृत्व में मुस्लिम देशों ने भी मुस्लिम इराक पर बम बरसाया जिसमें मस्जिदों तक को नहीं बख़्शा गया? फिर पाकिस्तान के विभाजन को कैसे समझा जाय? पाँच, क्या यह 'सिद्धांत' केवल हिन्दू और मुसलमानों पर ही लागू होता है और शैव-वैष्णव, शिया-सुन्नी और कैथोलिक-प्रोटेस्टेंट आदि पर नहीं लागू होता? और अगर लागू नहीं होता है तो इसका इतना मनमाना उपयोग क्यों? और अगर ये सम्प्रदाय इतने सारे ख़ूनी संघर्षों के बाद भी एक साथ रहना सीख गये तो क्या हिन्दू और मुसलमान नहीं सीख सकते? रवि जी इन सारे प्रश्नों का मुझसे उत्तर चाहते हैं। इतना ही नहीं, वे मुझे इस 'छद्म-सिद्धान्त' से विरत भी करना चाहते हैं क्योंकि उन्हें यह शंका है कि मार्क्सवादी जब 'उदार' बनता है तो उसमें अन्तहीन गिरावट आती है। वैचारिक-राजनीति स्तर पर वह या तो प्रक्रियावाद की 'मानव-विरोधी विचारधारा' का पोषक बनता है या अराजक और अन्ततः सर्वविसर्जनावादी, और सांस्कृतिक स्तर पर भोगवादी आध्यात्मिक अथवा निर्बुद्ध हरि नामवादी। एक 'कूड़मगज...कट्टर मार्क्सवादी' के रूप में वे स्वयं को इन सारी विकृतियों से 'सुरक्षित' पाते हैं। एक प्रतिबद्ध मार्क्सवादी की तरह उनका मंतव्य है कि साम्प्रदायिकता के मूलाधार आर्थिक विसंगतियाँ तथा राजनीतिक स्वार्थ हैं और इसीलिए उसका आत्यंतिक समाधान वर्गाधारित क्रान्तिकारी राजनीति है जो प्रवृत्या सेक्युलर होती है और जो साम्प्रदायिकता की आर्थिक और राजनीतिक जड़ों को ही नष्ट कर देती है। इस परिप्रेक्ष्य से मुझे कोई खास परहेज नहीं है, लेकिन 'कूड़मगज ...कट्टर' मार्क्सवादी के केवल स्याह-सफेद करने वाले विवेक पर अब बहुत भरोसा नहीं बनता। ईमान बचाये रखना महत्त्वपूर्ण है, लेकिन इससे कहीं अधिक महत्त्वपूर्ण

है यथार्थ को बिना किसी पूर्वाग्रह के देखना और समझना। खैर, अब सर्वप्रथम मैं अपने मनोगत बँटवारा (psychic dicide) वाले मुद्दे पर आता हूँ।

अब यह एक आम राष्ट्रीय समझ है कि भारतीय समाज एक बहुल-समाज (plural society) है, अर्थात् इसमें अनेक परस्पर्धी भाषिक, धार्मिक एवं सांस्कृतिक इयत्ताएँ (identities) हैं। इस बहुलता को आर्थिक असंगति अथवा असन्तुलन से कुछ खास लेना-देना नहीं है। इसे संघ परिवार भी स्वीकारता है जब वह हिन्दुत्व-बोध को राष्ट्र-निर्माण की धुरी बनाता है और इसे वामपन्थी ताकतें भी स्वीकारती हैं जब वे अल्पसंख्यकों की जान-माल और तहजीब की सुरक्षा के प्रति अतिरिक्त संवेदनशीलता दिखाती हैं। यह समझ भारतीय संविधान की मूल संकल्पना में भी निहित है। भाषिक, सांस्कृतिक एवं धार्मिक अस्मिता सम्बन्धी संवेदनशीलताएँ गरीबी एवं अमीरी के मुद्दे से सर्वथा स्वतन्त्र होती है। अतः इन्हें केवल आर्थिक विकास के ढाँचे में देखना उचित नहीं है। गैर-आर्थिक अस्मिताओं (भाषा, धर्म, संस्कृति, प्रभुता आदि) को स्वीकृति देना एक तथ्य को स्वीकारना है, और इस स्वीकृति के बगैर इनका समाधान भी सम्भव नहीं है। इन्हें समाहित किये बगैर देशभक्ति या तो भूगोल-भक्ति है या प्रभु-समुदाय (प्रभु वर्ग नहीं) के एकाधिकार के समक्ष समर्पण है। अतः 'सिद्धांतवादी' अथवा 'कट्टर' बनने से अच्छा है कि सिविल सोसाइटीज को ठीक से समझा-बुझा जाय। ग्राम्सी जैसे एक बड़े मार्क्सवादी सिद्धान्तकार ने भी इस तथ्य की ओर पर्याप्त ध्यान खींचा है।

मेरी यह भी समझ है कि वर्ग-चेतना एक बौद्धिक संरचना है जो हितों की पहचान पर टिकी होती है जिसके लिए अकूत बौद्धिक एवं राजनीतिक प्रयास करने पड़ते हैं। अर्थात् वर्ग-चेतना को बाहर से निर्मिति करना पड़ता है। यह वर्ग समुदायों (communities) की महज आत्मीयता से भिन्न है, बल्कि सामुदायिक चेतना के बाहर की चीज़ है। वर्ग विभाजन विकास की शर्त है और सामुदायिक अस्तित्व-रक्षा की शर्त। सामुदायिकता कुल एवं कबीलाई स्तरों पर भी विद्यमान मिलेगी। दरअसल, सामुदायिकता कुल-समूहों की अस्तित्व-रक्षा के दौर में विकसित हुई थी, जो आर्थिक, सामाजिक स्तरीकरण के बावजूद मिले-जुले अनुभवों, विकसित प्रतीकों, मिथकों, आस्थाओं, परम्पराओं आदि के चलते कायम रही। आश्चर्य नहीं सामुदायिक चेतना के प्रतिकूल जन आह्वान के लिये वर्गीय आधार कमज़ोर पड़ता है और अगर समुदाय अल्पसंख्यक है तो यह आधार और कमज़ोर दिखता है। बहुल समाजों की प्रतियोगी राजनीति में व्यापक वर्गाधारित जागरण लगभग असम्भव है। प्रतियोगी राजनीति पारम्परिक संस्थाओं जैसे धर्म, संस्कृति, जाति आदि को स्वीकार कर ही आर्थिक मुद्दों को उठा पाती है, और इसलिए यह प्रकृति से परिवर्तनकामी होते

हुए भी क्रान्ति-विरोधी होती है। आश्चर्य नहीं, मार्क्सवादी क्रान्तिकारी का लोकतन्त्र-विरोधी होना उसकी व्यावहारिक विवशता है। इस सन्दर्भ में ध्यातव्य यह भी है कि वर्गाधारित राजनीति राज्य बनाती है राष्ट्र नहीं, और जो राज्य अपनी राष्ट्रीयताओं की व्यापक अभिव्यक्ति नहीं होगा वह 'हेजिमनिक' न होकर दमनात्मक होगा। समुदाय अधिक आन्तरिक और मनोवैज्ञानिक होता है। इसका अपना 'कलेक्टिव इगो' या सामुदायिक अहम् होता है जिसके प्रति यह अत्यन्त संवेदनशील होता है और जो प्रवृत्या पीछे-देखू होता है। इसी करण इसे बदलने के लिए समाज-सुधारकों की आवश्यकता पड़ती है जिन्हें राज्य-सत्ता से स्वतन्त्र प्रयास करना पड़ता है, क्योंकि राज्य-सत्ता द्वारा चलाई गयी मुहिम अपने दमनात्मक चरित्र के चलते सामुदायिक मन को तरह-तरह की मनोग्रंथियों (psychic compbxes) का शिकार बनाती हैं। मनोरोगी व्यक्ति अथवा समुदाय किसी समाज को स्वस्थ नहीं रहने देता।

अगर ध्यान से देखा जाय तो बहुल समाज एक केन्द्रीय संरचना नहीं बल्कि बहु-संकेन्द्रीय संरचना है। ऐसे समाज के बारे में सोचते समय जो चित्र उभरता है वह एक सकेन्द्रित वृत्त (concentric circle) का नहीं बल्कि उत्केन्द्रित वृत्त (eccentric circle) का है जिसके अन्दर विभिन्न सामुदायिक अस्मिताओं के अनेक छोटे-बड़े वृत्त होते जिनके अपने-अपने असंगठित केन्द्र होते हैं और जो एक-दूसरे से सर्वथा स्वतन्त्र होते हैं। एक, केन्द्रीय समाज राष्ट्र-राज्य बनाता है, लेकिन बहु-केन्द्रीय समाज को राष्ट्र-राज बनाना एक अत्यन्त मुश्किल एवं लम्बी प्रक्रिया है। सोवियत रूस को विराट प्रयासों के बावजूद, राष्ट्र-राज्य में रूपांतरित नहीं किया जा सका और वह बिखर गया, यद्यपि उसके पास एक विराट विचारधारा, और उसके विचारक योद्धा एवं कवि भी थे। साम्यवाद सामाजिक आस्था नहीं बन सका और एक राजनीतिक विचारधारा बनकर ही रह गया। भारत तो संघर्षरत है चीन भी मुक्त नहीं है। ऐसे समाजों में विभिन्न समुदायों के आपसी सम्बन्ध मात्र सतही एवं व्यावहारिक होते हैं। हाट-बाज़ार, काम-काज, यात्राओं-त्योहारों में एक-दूसरे से ये मिलते तो हैं, लेकिन घुल नहीं पाते। संवेदनशील क्षणों में वे अपने-अपने सामुदायिक केन्द्रों की तरफ लौटते हैं क्योंकि वहीं वे सुरक्षा, सुकून और अपनापन का एहसास कर पाते हैं। प्रत्येक समुदाय की अपनी विशिष्ट सांस्कृतिक चित्ति होती है जो उसके इतिहास, धर्मग्रन्थों, पावन प्रतीकों, परम्पराओं आदि से अभिन्न रूप से जुड़ी होती हैं जिनसे वह समझौता नहीं किया करता। मुसलमान होने का मतलब खुदा, मुहम्मद, कुरान, हदीस, शरीयत, सुन्नत, हज, रोज़ा, जकात, नमाज आदि में आस्था रखना, न कि इनका औचित्य देखना। इसी प्रकार हिन्दू, बौद्ध, सिक्ख, ईसाई आदि के भी अपने-अपने खास सन्दर्भ हैं। मैरेज, निकाह और विवाह जैसे शब्द समानार्थी नहीं

हैं, और न ही पूजा, इबादत और प्रेयर जैसे शब्द। इनमें प्रक्रिया महत्त्वपूर्ण है, फल नहीं। ये सारे स्वायत्त सांस्कृतिक प्रतीक हैं जिनके इर्द-गिर्द विराट ध्रुवीकरण अभी भी होते हैं जो वर्गीय विभाजन का अतिक्रमण करते हैं। एक मुसलमान द्वारा किसी मुसलमान की हत्या सामुदायिक उद्वेलन का मसला नहीं बनता, लेकिन किसी हिन्दू द्वारा मुसलमान की हत्या बनता है। ठीक यही बात हिन्दुओं, सिक्खों, ईसाइयों आदि के बारे में भी हैं। आख़िर क्या कारण है कि प्रगतिशीलों और उदारवादियों का 'महान अकबर', दीनी औरंगजेब की तुलना में मुस्लिम संवेदना को कम, बहुत कम छूता है? हिन्दुत्ववादी आख़िर क्यों राणा प्रताप और शिवाजी को ही केन्द्र में रखते हैं। प्रत्येक सामुदायिक चित्ति की संवेदनात्मक विशिष्टता 'मनोगत बँटवारा' उसका प्रतिफलन मात्र है। यही विशिष्टता विभिन्न परिस्थितियों में प्रतियोगी, परस्पर्धी, प्रतिद्वंदी एवं विभाजक कारक बनती है। अर्थात् विभिन्न समुदायों के बीच व्यावहारिक आदान-प्रदान की विवशता के बावजूद 'मनोगत बँटवारा' कायम रहता है और यह संवेदनशील क्षणों में 'अस्तित्व चेतना को निर्धारित करता है' जैसी स्थूल अवधारणा का अतिक्रमण करता है। किसी समुदाय का सांस्कृतिक मिजाज उसके संवेदनात्मक दायरे को तय करता है। प्रत्येक समुदाय की अपनी संवेनात्मक संरचना (feeling structure) होती है, उसका अपना सामान्य-बोध (common sense) होता है जिसके बाहर वह समुदाय न बहुत कुछ समझ पाता है और न गहराई से एहसास ही कर पाता है। उसकी यह विवशता है, साम्प्रदायिकता अथवा शरारत नहीं। व्यक्ति किसी सीमा तक इसका अतिक्रमण करता है, लेकिन समुदाय नहीं कर पाता। विराट जन-आन्दोलन के दौर में समुदाय भी अपने सामान्य-बोध का अतिक्रमण करते देखे जाते हैं, लेकिन उस दौर में भी उनकी संवेदनाओं से खिलवाड़ सम्भव नहीं है। भरतीय स्वतन्त्रता संग्राम और रूसी क्रान्ति इसके उदाहरण हैं। ब्रह्मज्ञ शंकर द्वारा किसी चाण्डाल का पैर पकड़ना अथवा कतिपय ब्राह्मणों द्वारा शूद्र–सन्त रैदास का पैर पकड़ा जाना सामाजिक सत्य नहीं है। समाज सन्तों एवं ब्रह्मज्ञों का नहीं बना होता। इसकी रचना साधारण हाड़-मांस वालों द्वारा होती है जो अपने-अपने सामुदायिक/साम्प्रदायिक दायरों में अपनी-अपनी मान्यताओं, विश्वासों, अन्धविश्वासों, प्रतीकों एवं परम्पराओं को जीते हैं। हाँ, अपवाद सामाजिक सत्य भले न हों, एक उच्चतर सम्भावना की ओर संकेत जरूर देते हैं, जिसके प्रति हमें संवेदनशील होना चाहिए। दरअसल, 'लिबरल' सामाजिक सोच की यही बुनियाद है। यह किसी भी राष्ट्र विरोधी प्रतिक्रियावाद की सेवा नहीं, बल्कि सामाजिक यथार्थ के एक अत्यन्त महत्त्वपूर्ण तत्व की पहचान है, उसका रेखांकन है। इसमें मुस्लिम लीग अथवा सावरकर आदि के द्विराष्ट्रवाद को सूँघकर इसकी अनदेखी करना एक व्यापक सत्य

को नकारना है। अगर इस सत्य की अनदेखी कर देने मात्र से साम्प्रदायिकता समाप्त हो जाने वाली होती तो यह कब की समाप्त हो चुकी होती। अतः हमें भी अपने परिप्रेक्ष्य की कमजोरियों की तरफ ध्यान देना चाहिए।

मैं तो इधर यह देख रहा हूँ कि जातियाँ भी सामुदायिक चरित्र विकसित करती जा रही हैं। दरअसल, इनका चरित्र हमेशा से सामुदायिक ही रहा है। हिन्दू दायरे में प्रत्येक जाति की अपनी अहंमन्यता है, अपना 'पेट्रियटिज्म' है। इनका भी कमोबेश अपनी-अपनी संवेदनात्मक संरचना है जिसे मंडलोत्तर राजनीति ने संगठित एवं परिपुष्ट किया है। धार्मिक समुदायों की तरह जातियाँ भी जन-आह्वान और राजनीतिक ध्रुवीकरण का आधार बनी हैं जो वर्गीय चेतना का निषेध है। अन्तर्जातीय हत्या अथवा अवमानना जैसे संवेदनशील क्षणों में परस्पर विरोधी जातीय उन्माद देखने को मिलते हैं। ग्राम-भक्ति भी अब ध्रुवीकरण का आधार नहीं है। इधर अम्बेडकरवादी दलित भी शम्बूक, एकलव्य, बुद्ध, रैदास, फुले, पेरियार और अम्बेडकर के सहारे एक धार्मिक समुदाय जैसी विशिष्ट पहचान के लिए उद्वेलित है और इसका चरित्र सवर्ण हिन्दुओं के सन्दर्भ में साम्प्रदायिक है। लोगों को अब साम्प्रदायिक समस्या के बारे में सोचते समय इन उभर रही नयी अस्मिताओं और इनकी संवेदनशीलताओं के बारे में सोचना पड़ रहा है। इतिहास गवाह है कि एक दलीय, समाजवादी एवं सेक्युलर सोवियत सत्ता भी इन तमाम प्रकार की अस्मितागत संवेदनाओं का समाधान न दे सकी। अब इनके सन्दर्भों में ही इन्हें स्वीकार कर अर्थात् इनकी चेतना को 'उल्टी चेतना' (inverted consciousness) मानकर उदार संघीय व्यवस्था के दायरे में समाधान खोजने की विवशता आ पड़ी है। आज 'कूड़मगज' अथवा 'कट्टर' बनकर अपने वैचारिक सतीत्व की रक्षा तो हो सकती है, लेकिन यथार्थ को प्रभावित नहीं किया जा सकता। अनुसरण, यथास्थिति अथवा प्रतिक्रियात्मक उत्तेजना की तुलना में रचनात्मक बनना ही समीचीन होगा।

मैं आक्रान्ता मुसलमान और आक्रान्त हिन्दू के दायरे में नहीं सोचता, यद्यपि इसे मैं भारतीय इतिहास का एक सत्य मानता हूँ। यह सही है कि बहुसंख्यक मुसलमान भारतीय हैं, वे बाहर से नहीं आये, वे भी अब यहीं रच-पच गये हैं। इस पर कोई विवाद नहीं है। लेकिन जातीय स्मृतियों का क्या किया जाय? मुसलमानों और सवर्ण संभ्रान्त हिन्दुओं के भीतर झाँकिये। आक्रान्ता-आक्रान्त यही रहे हैं अतः परम्पराएँ एवं प्रतीक ज़्यादातर इन्हीं के हैं। आख़िर आज दलित क्यों शम्बूक और एकलव्य, बुद्ध, फुले और अम्बेडकर को गढ़ रहा है और सवर्णों के प्रति नफ़रत पालता है? उनमें भी अब अपनी सामुदायिक जातीय अस्मिता की चिन्ता है? क्या मुस्लिम चेतना, हिन्दू चेतना एक ही हैं? अगर दोनों एक ही हैं तो फिर एक तरफ मौलाना

बुखारी, सैयद शहाबुद्दीन, असद-मदनी और दूसरी तरफ बाल ठाकरे, आडवाणी आदि कहाँ से आ टपके हैं? ये सभी अपनी-अपनी अस्मिता की बात करते हैं, रोज़ी-रोटी की नहीं। सैयद शहाबुद्दीन ने कहा कि भारतीय मुसलमानों में सोच की तीन धाराएँ हैं। एक वह उदार धड़ा जो हिन्दुओं की मुख्यधारा के साथ मिलकर चलना चाहती है और सामाजिक संस्कृति की पक्षधर है। दूसरी शुद्धतावादी धारा है जो अपनी अस्मिता को इस्लाम की मूल भावना से जोड़े रखना चाहती है और उम्मत के अनुसार चलना चाहती है तथा भारतीय रस्म-रिवाजों से परहेज करती है; और, तीसरी वह है जो अपनी सामुदायिक अस्मिता को कायम रखते हुए रोज़ी-रोटी के सवालों पर अन्य प्रगतिशील राजनीतिक ताकतों से राजनीतिक तालमेल चाहती है। मेरी समझ है कि कांग्रेस की गाँधीवादी परम्परा के अन्त के साथ ही मुस्लिम राजनेताओं की पहले किस्म की जमात छिन्न-भिन्न हो गयी है। आज केवल बुद्धिजीवी है या मौलाना वहीदुद्दीन जैसे कुछ गिने-चुने लोग हैं। दूसरी धारा राष्ट्र-निर्माण में सहायक नहीं होगी, ठीक वैसे ही जैसे शिवसेना और भाजपा। सच पूछें तो तीसरी धारा भारतीय मुसलमानों के अनुकूल पड़ेगी और यही चलेगी। सारांश यह कि भारत में महत्त्वपूर्ण समुदायों के बीच फिलहाल सहअस्तित्व और सन्तुलन सम्भव है, इनका अतिक्रमण, समायोजन अथवा किसी की अपेक्षा सम्भव नहीं है। अर्थात् विभिन्न समुदायों के बीच सन्तुलन बनाये हुए सार्वभौम सेक्युलर मुद्दों पर उत्तरोत्तर राजनीतिक केन्द्रीयता से शायद, देर-सबेर, कोई स्थायी समाधान मिल जाय।

रवि जी के तीसरे प्रश्न के सन्दर्भ में मेरी समझ है कि समुदायों को मनोगत विशिष्टता (जिसमें भिन्नता और बँटवारा निहित हैं) की स्वीकृति मार्क्सवादी इतिहास-लेखन अथवा जनवादी आन्दोलनों की धर्मनिरपेक्ष भूमिका की पहचान में कहीं बाधक नहीं है और न ही यह अंग्रेज़ी राज की भारत में सामाजिक भूमिका की समझ में बाधक है। मार्क्सवादी इतिहास-लेखन से अब यह अपेक्षा बनती है कि वह समाज के मनोगत आधार को भी समझे। जो समाज अपने इतिहास में विभिन्न संस्कृतियों से संस्कारित हुआ होता है उसकी संरचना बहुल और उत्केन्द्रित वृत्त की तरह होती है जिसमें अनेक स्वायत्त सामुदायिक संरचनाएँ होती हैं। इस कारण भी प्रत्येक देश में अल्पसंख्यक वहाँ की मुख्य सांस्कृतिक धारा से अलग-थलग पड़ जाता है और बहुत कुछ सहता, झेलता है। और अगर अल्पसंख्यक प्रभुवर्ग रह चुका है तो उसकी स्थिति अत्यन्त नाजुक एवं संवेदनशील होती है। इतिहास-प्रदत्त कारक केवल भौतिक ही नहीं सांस्कृतिक एवं मनोगत भी होते हैं। इसी प्रकार व्यक्ति को केवल समाज की एक इकाई अथवा 'सामाजिक सम्बन्धों का ताना-बाना' समझना उसकी निजता को, उसमें निहित रचनात्मक तत्वों की अनदेखी है जिसका शिकार

प्रचलित राजनीतिक मार्क्सवाद रहा है। रेमण्ड विलिएम्स के शब्दों में कहें तो अब उसे 'सांस्कृतिक भौतिकवादी' (cultural materialist) होना होगा। सामुदायिक अस्मिताओं के चलते ही जनवादी आन्दोलनों की धर्मनिरपेक्ष भूमिका रेखांकित होती है। दरअसल, विभिन्न धार्मिक अस्मिताओं के बीच ही धर्मनिरपेक्षता अपना अर्थ रखती है क्योंकि तभी स्वतन्त्रता, समता, रोज़ी-रोटी, शिक्षा, स्वास्थ्य, आवास आदि जैसे सार्वभौम मुद्दे प्रासंगिक बनते हैं। इहलौकिक मुद्दों को रेखांकित करना आवश्यक है ताकि समुदाय आपस में वैमनस्यपूर्ण टकराहटों से बच जाये। बहुल समाजों में केवल धर्मनिरपेक्ष राज्य ही सम्भव है जो सामुदायिक अस्मितओं के साथ अनपेक्षित छेड़-छाड़ नहीं करता। बहुल समाजों में सेक्युलर आन्दोलनों की भूमिका से इनकार नहीं किया जा सकता। अंग्रेज़ी राज की सामाजिक भूमिका को समझने में भी 'मनोगत बँटवारा' का 'सिद्धान्त' कहीं से बाधक नहीं है। अंग्रेज़ी राज ने भारत में ग्रामीण अर्थतन्त्र की जड़ स्वायत्तता को तोड़कर गाँवों को साम्राज्यवादी बाज़ार का हिस्सा बनाया था। लेकिन 1857 के विद्रोह तक उसने यहाँ की सामुदायिक अस्मिताओं के साथ बहुत छेड़-छाड़ नहीं की थी। यह उनकी रणनीति का हिस्सा नहीं थी, यद्यपि डॉ. अम्बेडकर का कहना है कि महाराष्ट्र में शोषित दलितों ने अंग्रेजों का साथ दिया था क्योंकि अन्यायपूर्ण वर्ण व्यवस्था से मुक्ति पाने का उनके लिए यही रास्ता सुलभ था। 1857 के बाद तो राज ने भारत में व्याप्त सामाजिक-सांस्कृतिक विभाजन का राजनीतिक अस्त्र के रूप में उपयोग का निर्णय लिया। समझने की चीज़ यह भी है कि पढ़े-लिखे हिन्दू मध्यम वर्ग ने अंग्रेजों का साथ दिया और मुसलमानों ने विरोध किया। आर्यसमाज को छोड़कर कोई हिन्दू-सुधार आन्दोलन अंग्रेज़ी राज का विरोधी नहीं था, जबकि मुस्लिम चेतना को राज के पक्ष में लाने के लिए अलीगढ़ स्कूल को चुनौतियाँ झेलनी पड़ी थीं। आशय यह कि अंग्रेज़ी राज ने 'मनोगत बँटवारा' को आविष्कृत नहीं किया था। यह तो हमारी सामाजिक-सांस्कृतिक संरचना में ही निहित था जिसे उन्होंने 1857 के बाद संवेदनशील बनाया और इसका राजनीतिक उपयोग किया। अगर आज के सन्दर्भ में कहें तो मंडलोत्तर पिछड़ी एवं दलित राजनीति ने राजनीतिक एवं प्रशासनिक जातिवाद को आविष्कृत नहीं किया है बल्कि इसे प्रत्यक्षतः अतिरिक्त संवेदनशीलता दी है और आक्रामक बनाया है। रोमिला थापर जैसे इतिहासकारों की सबसे बड़ी सीमा यह है कि उनकी उद्देश्यपरकता जकात और जजिया को औरंगजेब और अकबर को, समकक्ष बना डालती है और प्रवृत्या केवल हिन्दू साम्प्रदायिकता को ही रेखांकित करती है। सामुदायिक मन-मिजाज एवं संवेदनशीलताओं को देखने-समझने की कोई चेष्टा नहीं दिखती जो समूची प्रबोधन योजना (enlightenment project) की ही सीमा रही है।

चौथा बिन्दु तो धार्मिक समुदायों की विशिष्ट संवेदनशीलताओं की अनदेखी करने मात्र से उठा है। किसी हिन्दू शासक द्वारा मन्दिर तोड़ा जाना विशुद्ध राजनीतिक मामला है। यह सम्बन्धित समुदायों का आन्तरिक मामला है। लेकिन हिन्दू शासक द्वारा मस्जिद अथवा मुस्लिम शासक द्वारा मन्दिर का तोड़ा जाना धार्मिक आयाम रखता है। इससे समुदायों की अस्मिता आहत होती है। महत्त्वपूर्ण यह नहीं है कि सेक्युलर बुद्धिजीवी इसे कैसे देखते हैं, महत्त्वपूर्ण यह है कि सम्बन्धित समुदाय और उसके प्रतिनिधि इसे कैसे देखते हैं। खाड़ी युद्ध में भी इस्लामी संवेदनशीलता की पूरी रक्षा की गयी थी। समूचे युद्ध में इराक की ओर से अनेक खतरनाक उकसावों के बावजूद अमेरिका ने इजराइल को युद्ध में नहीं शामिल होने दिया था। खाड़ी के अधिसंख्य मुस्लिम देश सद्दाम हुसैन की राजनीतिक दादागिरी से क्षुब्ध और आतंकित थे। सेक्युलर सद्दाम ने, युद्ध के दौरान, इस्लामी प्रतीकों का डँटकर उपयोग भी किया था। परिणाम आश्चर्यजनक था। मुस्लिम जनता सद्दाम के साथ थी और राज्य अमेरिका के साथ। पाकिस्तान के विभाजन को भी इसी दृष्टि से देखा जा सकता है। इस्लाम एक अन्तरराष्ट्रीय धर्म है जिसमें अनेक उप-राष्ट्रीयताएँ हैं। संप्रति बांग्लादेश पूर्व-पाकिस्तान के रूप में एक राष्ट्रीयता जैसा था। इसकी अपनी विशिष्ट भाषिक एवं सांस्कृतिक संवेदनशीलता थी जो 1948 से ही मुखर थी। इसी मुद्दे पर 1948 में जिन्ना साहब को वहाँ अपमान झेलना पड़ा था। विभाजन के चार प्रमुख कारण थे : भौगोलिक दूरी, राजनीतिक अपरिपक्वता, पूर्व-पाकिस्तान की भाषिक-सांस्कृतिक पहचान की उपेक्षा और अन्त में आर्थिक शोषण। पाकिस्तान मार्का इस्लाम भी उत्केन्द्रित वृत्त था। यह राष्ट्र-राज्य था ही नहीं और विभाजन के बाद भी नहीं बन सका। इसका विभाजन केवल समझदार संघीय लोकतान्त्रिक प्रणाली द्वारा ही रोका जा सकता था दमनात्मक राजनीति द्वारा नहीं। पाँचवें बिन्दु के सन्दर्भ में कहना इतना भर है कि धार्मिक सामुदायिक अथवा प्रजातीय कारणों से उत्पन्न 'मनोगत बँटवारा' एक सार्वभौम यथार्थ है। यह सब पर लागू होता है। इसी के चलते इंग्लैण्ड विभाजित हो गया और समस्या आज भी कायम है। अमेरिका में काले लोग अपनी एफ्रो-अमेरिकी पहचान चाहते हैं और वहाँ गोरों-कालों के बीच सेक्युलर मुद्दे भी साम्प्रदायिक रंग पा जाते हैं। फुटबाल खिलाड़ी ओ.जे. सिम्पसन सम्बन्धी विवाद अद्यतन है। कनाडा में फ्रांसिसी राष्ट्रीयता के लोग आत्म-निर्णय का अधिकार माँग रहे हैं। युगोस्लाविया का पुराना संघीय ढाँचा धार्मिक, भाषिक एवं प्रजातीय कारणों से क्षत-विक्षत हो गया। इरान में सुन्नी और इराक में शिया संदेह की निगाह से देखे जाते हैं और उन्हें सत्ता एवं प्रशासन से अलग-अलग ही रखा जाता है। खाड़ी में मुस्लिम कुर्द और पाकिस्तान में मुजाहिद और अहमदिया और किसी सीमा तक शिया

भी परेशान हैं। लेबनान की समस्या भी नासूर बन गयी है। रवाण्डा और सोमालिया का कबिलाई रक्तपात लोमहर्षक है। अफ्रीकी राष्ट्रवाद अपनी कबीलाई राष्ट्रीयताओं के समक्ष घुटने टेक चुका है। रूस में आज भी चेचेन्या सिरदर्द है और वहाँ आज भी अनेक स्वायत्तशासी क्षेत्र हैं। भारतीय स्थिति तो जग-जाहिर ही है। थाइलैण्ड और बर्मा की स्थिति हमसे भिन्न नहीं है। चीन में भी तिब्बती और मुस्लिम राष्ट्रीयताएँ अपना स्वायत्त पहचान चाहती हैं। कहने का यह अर्थ नहीं है कि उनके असन्तोष एवं संघर्ष के आर्थिक कारण नहीं हैं। जरूर हैं। लेकिन जन-जागरण एवं आह्वान के बिन्दु कहीं प्रजाति हैं, कहीं भाषा, तो कहीं धर्म। आख़िर राजनीतिक शरारतें इन्हीं मुद्दों पर क्यों सफल होती हैं? आशय यह कि विराट से विराट विचारधारा (चाहे वह इस्लाम हो या ईसाई या बौद्ध अथवा हिन्दू जैसा धर्म हो, अथवा मार्क्सवाद या पूँजीवाद जैसी सेक्युलर विचारधारा) अगर स्थानीय सामुदायिक अस्मिताओं के प्रति सहिष्णु नहीं है, अगर वह अपना सार्वभौम स्थापनाओं के साथ इनका तालमेल नहीं बैठा पाती तो वह दमनकारी बनती है और राष्ट्र-निर्माण के इसके सारे प्रयास अन्ततः प्रति-उत्पादक सिद्ध होते हैं। अतः फिलहाल हमारा सेक्युलर मुद्दा है, विभिन्न सामाजिक अस्मिताओं की पहचान और उनका सन्तुलन और समायोजन, न कि उनका निषेध या समन्वय अथवा अतिक्रमण।

हाँ, रवि जी ने एक विचारणीय बात उठाई है कि क्या प्रोटेस्टेंटों और कैथोलिकों, अथवा शैवों, शाक्तों एवं वैष्णवों की तरह हिन्दू और मुसलमान भी एक दूसरे में रचपच नहीं सकते? रचपच सकते हैं, लेकिन इतिहास के वर्तमान प्रतियोगी दौर में इसकी सम्भावना बहुत क्षीण है। मध्ययुगों में संघर्षरत हिन्दू सम्प्रदाय के परस्पर समन्वय के कुछ प्रमुख करण थे : 1. देशजता, 2. साझी भाषिक और सांस्कृतिक विरासत, 3. एक शत्रु पहले इस्लाम और बाद में ईसाइयत। दरअसल, ये एक ही सकेन्द्रित सांस्कृतिक वृत्त की आंतरिक विशिष्टताएँ थीं जिनका समन्वय सम्भव था। इसी प्रकार प्रोटेस्टेंटों और कैथोलिकों के सारे मूल पावन प्रतीक गॉड, मैरी, जीजस, बाइबिल और इनसे जुड़े आदि सन्त–इनकी सम्मिलित विरासत थे। लड़ाई- झगड़े तो पोप के एकाधिकारवाद, कुछ एक धार्मिक रीति-रिवाजों एवं कर्मकाण्ड की व्याख्या एवं राष्ट्रीयताओं की उभरती अस्मिताओं पर टिके थे। अतः नये-नये राष्ट्र तो बने लेकिन साझी सांस्कृतिक विरासत कायम रही। योरोपीय नवजागरण की इहलौकिकता, शिक्षा का प्रचार-प्रसार, प्रबोधन युग का तार्किक विवेक, विज्ञान और औद्योगीकीकरण आदि ने इसकी छोटी-छोटी असंगतियों एवं नुकीलेपन को अप्रासंगिक बना दिया। इसके साथ ही सैकड़ों वर्षों तक लड़ते और एक-दूसरे का ख़ून बहाते ये अपनी-अपनी सीमाओं और संकीर्णताओं को भी समझे, और धीरे-धीरे

समायोजित होते गये और प्रक्रिया अभी कायम है। इस्लाम के दोनों प्रमुख सम्प्रदायों (शिया और सुन्नी) के बारे में भी यही कहा जा सकता है, यद्यपि समय-समय पर इनकी टकराहटें सुनाई देती हैं।

लेकिन यह बात भारतीय परिवेश में हिन्दुत्व, इस्लाम एवं ईसाइयत के बारे में भी नहीं कही जा सकती है। इस्लाम अैर ईसाइयत का चरित्र अन्तरराष्ट्रीय है और दोनों ही देशज नहीं हैं, यद्यपि भारतीय ईसाइयों ने दक्षिण भारत में इस दिशा में गम्भीर प्रयास किया है। भारत में इस्लाम अपने अन्तरराष्ट्रीय बिरादराना के प्रति बहुत संवेदनशील है। अन्य अस्मितागत विशिष्टताओं की चर्चा की जा चुकी है और यह भी रेखांकित किया जा चुका है कि इनके चलते भारत में एक उत्केन्द्रित सामाजिक संरचना बनती है। अतः यहाँ फिलहाल तालमेल और सन्तुलन ही चलेगा जिसके लिए एक साहसी एवं प्रबुद्ध सेक्युलर राजनीति की आवश्यकता है जो इनकी आपसी भिन्नता, असहमति और अविश्वास से उपजे कलह का राजनीतिक दोहन करने से बचे और इनके आपसी कलह को सामाजिक जीवन के हाशिए पर ही सीमित रखे। सम्भव है शिक्षक का प्रचार-प्रसार, अर्थतन्त्र और प्रविधि का अन्तरराष्ट्रीय चरित्र और इनका जीवन पर बढ़ता दबाव, विकसित एवं संगठित वर्ग-बोध और व्यावहारिक दबावों से सीखती, प्रबुद्ध होती हमारी राजनीतिक संस्कृति हमारे अस्मितागत संघर्षों के राजनीतिक-सामाजिक दुष्परिणामों को अप्रासंगिक बना डालें। उदार बुद्धिजीवियों की सामाजिक-राजनीतिक भूमिका का भी महत्त्व है जो इन विशिष्टताओं को ऐतिहासिक-सांस्कृतिक संरचना के रूप में स्वीकार कर इनकी सीमाओं एवं संकीर्णताओं को रेखांकित कर सकें और इस प्रकार इनके प्रचलित सामान्य-बोध (common sense) के फलक के विस्तार में कुछ सहयोग दे सकें ताकि ये अस्मिताएँ स्वस्थ राजनीतिक-सामाजिक तालमेल के लायक बन सकें। विडम्बना यह जरूर है कि 'उदार' सोच वालों के पास सद्विवेक तो होता है, सेना नहीं होती, जबकि कट्टरपंथियों के पास सद्विवेक भले न हो, सेना अवश्य होती है। लेकिन कुल मिला-जुलाकर, अन्ततः सद्विवेक ही जीतता, क्योंकि सामाजिक रूप से यही उत्पादक सिद्ध होता है। इतना सब कहने का आशय इतना भर है कि 'मनोगत अलगाव' को नकारना आज के एक मुखर सामाजिक सत्य से आँख चुराना है। इससे रूबरू होना किसी प्रतिक्रियावाद की सेवा नहीं, बल्कि इसके मूल स्रोत को पहचानने का प्रयास है। दरअसल, किसी समस्या की सही पहचान ही उसके समाधान की दिशा में महत्त्वपूर्ण कदम है।

समकालीन सोच, सितम्बर 1995

समाज का विवेकहीन राजनीतिक बँटवारा

समकालीन सोच के प्रवेशांक (जून 1989) के सम्पादकीय में हिन्दी भाषी क्षेत्रों, विशेषतः पूर्वी उत्तर प्रदेश और बिहार के सांस्कृतिक पिछड़ापन के सन्दर्भ में निम्नांकित टिप्पणी की गयी थी :

यहाँ हिन्दी, हिन्दू और हिन्दुस्तान का नारा अपील रखता है। धीरे-धीरे ये क्षेत्र अल्पसंख्यकों की सामाजिक-धार्मिक संवेदनाओं के प्रति असहिष्णु होते जा रहे हैं। धार्मिक चेतना का साम्प्रदायीकरण हो रहा है। क्षेत्रीय हिन्दी अख़बारों के तेवर नितान्त साम्प्रदायिक है। गाँवों और मुहल्लों को बाबरी मस्जिद-राम जन्मभूमि जैसे मुद्दों पर उत्तेजित एवं संगठित किया जा रहा है। हमारा मतपरस्त लोकतन्त्र जातिवादी विसंगतियों का समाधान न देकर इन्हीं के सहारे वोट बैंक तैयार करने में लगा है। जातिवादी और साम्प्रदायिक समीकरण ही हमारी राजनीति की निर्णायक धुरी है। समाज का यह विवेकहीन राजनीतिक बँटवारा बंध्या संघर्षों को जन्म दे रहा है। हमारे यहाँ शास्त्रज्ञों का नहीं, बल्कि बुद्धिधर्मियों का हमेशा अभाव रहा है। आश्चर्य नहीं, तर्कहीन आदिम प्रतीकों एवं आप्त-वचनों के भ्रांतक से अभी हम मुक्त नहीं हो पाये हैं।

अतः सामाजिक विवेक जागृत करने हेतु 'सांस्कृतिक सदमा' और 'सांस्कृतिक क्रान्ति' की अपरिहार्यता को रेखांकित किया गया था। इसी उद्देश्य से, इसी क्षेत्र के तपःपूत स्वामी सहजानन्द सरस्वती को सामाजिक-आर्थिक न्याय, साम्प्रदायिक सौहार्द और नयी कृषक सोच के जुझारू प्रतीक के रूप में प्रस्तुत किया गया था। यह समझ थी और आज भी है कि ईमानदार और चिन्तनशील संन्यासी भी अपनी सोच और आचरण में अनिवार्यतः समाजनिष्ठ और धर्मनिरपेक्ष हो जाता है।

साम्प्रदायिकता के विनाशक उफान को देखते हुए पत्रिका का दूसरा अंक 'साम्प्रदायिकता-विरोधी अंक' के रूप में आया। अपने निबन्ध में श्री धर्मनारायण ने साम्प्रदायिकता की सामाजिक-सांस्कृतिक जड़ों को टटोलते हुए एक स्थापना दी। 'मध्ययुग की पहचान धर्म से प्रेरित राजनीति थी। परन्तु आधुनिक युग की पहचान

राजनीति से प्रेरित धर्म है।' आश्चर्य नहीं, मध्ययुगों में, तत्कालीन सोच-समझ के परिप्रेक्ष्यों के अनुरूप, राजनीति में कुछ वस्तुनिष्ठ प्रतिमानों की सम्भावना थी जो आज नहीं है। अगर पश्चिमी दुनिया को दरकिनार कर दें तो आज शेष विश्व की कमोबेश यही स्थिति है। कुर्सीपरस्त राजनीति ही हमारा धर्म बन चुकी है जिससे कोई भी अछूता नहीं बचा है। समाजवादी दुनिया में भी राजनीतिक व्यक्तित्वों और उनकी स्थापनाओं को भ्रमातीत, चिरंतन सत्य के रूप में उछाला जाने लगा। इस प्रकार एक मुक्तिकामी एवं खुले चिन्तन और विवेचना-पद्धति को जड़ सरकारी विचारधारा का स्वरूप देने की चेष्टा की जाती रही। मार्क्स, एंगेल्स, लेनिन और माओ के ग्रन्थों को धर्मग्रन्थ और उनके कामचलाऊ निष्कर्षों को भी अनुल्लंघनीय आप्त-वचनों की पवित्रता और चिरंतनता प्रदान की जाने लगी। परिणाम स्पष्ट है। एक जड़ता का उत्तर छोटी-छोटी आदिम और मध्ययुगीन जड़ताओं के सहारे दिया जाने लगा है। नस्ल और धर्म से जुड़े पुराने संस्कार राजनीति को संचालित करने लगे हैं और पिछले सात दशकों की उपलब्धियाँ सचेतन नकारी जाने लगी हैं।

भारत की स्थिति तो और भी अजीबोगरीब है। हमारे यहाँ तो नये सिरे से आदिम और मध्ययुगीन संस्कार हमारी राजनीति के उपजीव्य बनने लगे हैं। प्रत्येक समुदाय के समक्ष अपनी-अपनी सांस्कृतिक पहचान और अस्मिता का संकट राजनीतिक स्वार्थों द्वारा खड़ा किया जा रहा है। अतः अब कुरआन और शरीयत के सामाजिक विवेक पर प्रश्न नहीं उठाया जा सकता, और न ही वेदों, स्मृतियों और गीता के विवेक पर। शिवसेना, आर.एस.एस., बजरंग दल, जमाते इस्लाम, जमाते तुल्लबा, आदम सेना, बब्बर खालसा जैसे संगठन सांस्कृतिक अस्मिता के रक्षक होने का एकाधिकार प्राप्त करते जा रहे हैं। असहिष्णु कठमुल्लापन फल-फूल रहा है। अब एक समुदाय की अस्मिता की कीमत पर ही दूसरे की अस्मिता सम्भव लगती है। अब मस्जिद ढहाकर ही मन्दिर-निर्माण की कल्पना आकर्षित करती है। धीरे-धीरे बहुसंख्यक हिन्दू फासीवादी तेवर अपना रहा है और अल्पसंख्यक आतंकवादी और अलगाववादी हम मध्ययुगीन अंधता और बर्बरता की ओर उन्मुख हैं। लगता है, अब गाँधीवादी सहिष्णुता और नेहरूवादी सामाजिक-राजनीतिक विवेक के दिन लद गये हैं।

इधर श्री विश्वनाथ प्रताप सिंह द्वारा मण्डल आयोग की सिफारिशों की निःशर्त एवं अवसरपरस्त घोषणा ने आग में घी का काम किया है। अचानक छोटा-बड़ा, धनी-गरीब, हर सवर्ण शोषक और उत्पीड़क घोषित हो गया है, और गरीब-अमीर प्रत्येक गैर-सवर्ण पिछड़ा, प्रताड़ित और शोषित। विभाजक जातिवादी रेखाएँ खिंच रही हैं। नेता जातिवादी उन्माद और टकराव की राजनीति का फसल काटने के लिए बेताब हैं। मण्डल आयोग की सिफारिशों पर आर्थिक अंकुश लगा देने मात्र से ही

समाज इस बंध्या टकराव से बच गया होता और मण्डल आयोग भी प्रासंगिक बन जाता। लेकिन वोट बैंक का क्या होता? हमारे लोकतन्त्र का यह एकमात्र महत्त्वपूर्ण मुद्दा है। बाकी सब कुछ अनुषंगिक है। अतः नग्न जातिवादी ध्रुवीकरण को राजनीतिक वैधता प्रदान कर दी गयी है। जो परोक्ष था वह प्रत्यक्ष हो गया है। पहले सार्वजनिक जीवन में लोग जातिवादी कहलाने से कतराते थे, लेकिन अब वोट बटोरने के लिए लोग अपने-अपने सीने पर जाति सूचक इस्तहार लगाकर शान से चलेंगे। अब ब्रह्मर्षि सेना, भूमेश्वर सेना, कुबेर सेना, लोरिक सेना, भीम सेना, आदम सेना आदि भी देर-सबेर राजनीतिक वैधता प्राप्त कर लेगी। ग्रामांचलों में जातिवादी तनाव और टकरावों में उत्पन्न असुरक्षा-बोध के चलते विभिन्न जातियाँ ऐसे ही जरायन संगठनों की छाया में ही राहत महसूस करने लगेंगी। स्थानीय प्रशासन की तुलना में ये संगठन उन्हें अधिक विश्वसनीय लगेंगे। मण्डल आयोग जैसे अर्द्धसत्य को पूर्ण सत्य के रूप में उछालकर उसका किया गया अवसरपरस्त राजनीतिक उपयोग घातक सिद्ध हुआ है। अब इसे तब तक विवेकशील नहीं बनाया जा सकता जब तक कि तथाकथित पिछड़े जातिगत समुदायों के वास्तविक पिछड़े सचेष्ट नहीं होंगे।

मण्डल आयोग से उत्पन्न सामाजिक-राजनीतिक स्थिति के उत्तर में हिन्दुवादी संगठन हिन्दुत्व को एक परा-जातीय विचारधारा के रूप में उछालने के लिए संघर्षरत है। उन्हें विश्वास है हिन्दुत्व-बोध जातिवादी अन्तर्विरोधों और टकरावों को अप्रासंगिक बना सकता है। श्री आडवानी की रथयात्रा, श्रीराम मन्दिर-निर्माण के बहाने बाबरी मस्जिद को लक्ष्य बनाकर इस्लाम को राष्ट्रघाती सिद्ध करने की कोशिश इसी समझ की उपज है। लेकिन हम सभी अजीब-सी विडम्बना में फँसे हैं। एक दूसरे की निगाह में हम सभी राष्ट्रघाती सिद्ध हो रहे हैं। मण्डल आयोग के चश्मे से सवर्ण ऐतिहासिक खलनायक दिखता है और हिन्दुत्व के चश्मे से मुसलमान और ईसाई राष्ट्रद्रोही लगते हैं। सिक्खों का एक हिस्सा तो अपनी दिशा-निर्धारित कर ही चुका है। कश्मीर घाटी के कुछ मुसलमान संगठन दो कदम और आगे निकल चुके हैं। अगर डी.एम.के. का राजनीतिक अलगाव हुआ तो उसकी राजनीतिक दिशा की कल्पना भी की जा सकती है। अभी भी पूर्वोत्तर राज्यों की अपनी पहचान की समस्या से उत्पन्न राजनीति से हम बिल्कुल मुक्त नहीं हैं। आशय यह कि 'हिन्दू अस्मिता', 'मुस्लिम अस्मिता', 'ईसाई अस्मिता' और इस प्रकार की अनेक क्षेत्रीय अस्मिताओं के संकटों के चलते हम एक-दूसरे के सुखों-दुखों के प्रति संवेदनहीन बनते जा रहे हैं। इस प्रयास में हमारा बुद्धिजीवी भी पीछे नहीं है। कतिपय विद्वान अब इतिहास के गड़े मुर्दों को उखाड़ कर अपनी संस्कृति-भक्ति का परिचय देने लगे हैं। इस प्रकार पुष्यमित्र, शशांक, गजनी, फिरोज़, बाबर, औरंगजेब, दयानंद, जिन्ना,

सावरकर, गोडसे, गोलवरकर आदि को इतिहास के विश्वसनीय आईनों के रूप में प्रस्तुत किया जा रहा है। इस प्रक्रिया में बुद्ध, अशोक, हर्ष, अकबर, विवेकानन्द, रानाडे, गाँधी, मौलाना आज़ाद, अशफाक, भगत, नेहरू, अम्बेडकर आदि को सचेतन, अवमूल्यित और अवमानित करने की मुहिम चलाई गयी है। व्यक्ति अपनी जाति या धर्म के इस्तहार के अतिरिक्त कुछ नहीं लगता। ऐसे समाज को आपसी अविश्वास, तनाव, गृहयुद्ध, आतंकवाद, अलगाववाद और अन्ततः टुकड़ों-टुकड़ों में छितरा जाने से भला कौन बचा सकता है।

यह दुःखद स्थिति हमारे मतपरस्त नेताओं के परिप्रेक्ष्य विहीन राजनीतिक खेल के चलते है। यह खेल कोई नया नहीं है। स्वामी सहजानन्द ने तो इसे स्वतन्त्रता-पूर्व की कांग्रेसी राजनीति की विरासत के रूप में देखा है। लेकिन श्रीमती गाँधी ने इस खतरनाक खेल की सचेतन शुरुआत की। उन्होंने अकालियों के आनन्दपुरसाहब प्रस्ताव के साथ दलगत राजनीति की और अन्ततः देश को विशिष्ट सिक्ख पहचान के नाम पर 'खालिस्तान', 'अपरेशन ब्लू स्टार', 'आपरेशन ब्लैक थंडर' आदि से होते हुए श्रीमती गाँधी की हत्या और उससे उत्पन्न ख़ूनी उन्माद को झेलना पड़ा। आज पंजाब जैसे देशभक्त राज्य में भी आतंकवाद और अलगाववाद एक जटिल एवं दुखद यथार्थ है। श्री विश्वानाथ प्रताप सिंह ने मण्डल आयोग की तीर से दो निशाना बनाया : 1. देवीलाल को राजनीतिक रूप से निष्प्रभावी करना, और 2. जनता दल को पिछड़ों में राजनीतिक आधार देना। लेकिन यह हथियार चलाने वालों की औकात से बड़ा सिद्ध हुआ। देवीलाल को अधिक दिनों तक निष्प्रभावी भी नहीं बनाये रखा जा सका। साथ ही देश को आत्मदाह, जातिवादी उन्माद, आडवानी की व्यापक साम्प्रदायिक घृणा-यात्रा तथा कार-सेवा के नाम पर अयोध्या में विवेकहीन प्रशासनिक और धार्मिक उन्माद झेलना पड़ा। श्रीमती गाँधी ने अपना राजनीतिक खेल देश की एकता और अखण्डता के नाम पर खेला था। श्री विश्वनाथ प्रताप सिंह ने इस खेल को 'पिछड़ों को न्याय' के नाम पर खेला है। एक से देश को 'खालिस्तान' और 'भिन्डरावाले' का तोहफा मिला, दूसरे से 'सवर्ण मुक्ति मोर्चा', 'सवर्णिस्तान' और आडवानी-सिंहल के हिन्दूवादी आतंक का। असल में दोनों ने ही आंशिक सत्य को सम्पूर्ण सत्य के रूप में उछाला। दोनों ही अपने-अपने मुद्दों पर थोड़े बहुत सुधार-परिष्कार के साथ आम राजनीतिक सहमति प्राप्त कर सकते थे। लेकिन दोनों ही अपने-अपने राजनीतिक हितों से प्रेरित थे। श्रीमती गाँधी अपने राजनीतिक विरोधियों को राष्ट्रीय एकता और अखण्डता में योगदान के श्रेय से वंचित रखना चाहती थीं, और श्री विश्वनाथ प्रताप सिंह अपने प्रतिद्वन्द्वियों और विरोधियों को 'पिछड़ों का मसीहा' बनने का श्रेय नहीं लेने देना चाहते थे। आश्चर्य नहीं, श्री सिंह

का धर्मनिरपेक्षता का ईमानदार तेवर भी फीका-फीका लगता है, और श्री मुलायम की गरज-तड़प खोखली, अदूरदर्शी और साम्प्रदायिक लगती है। श्री सिंह के पक्ष में इतना भर कहा जा सकता है कि श्रीमती गाँधी सब कुछ सोची-समझी योजना के तहत करती थीं, लेकिन इन्होंने बहुत कुछ आत्मरक्षा की विवशता में किया है। लेकिन अन्तिम विश्लेषण में दोनों की मंशा और परिणाम एक जैसे ही दिखते हैं। श्रीमती गाँधी सौभाग्यशाली थीं कि गोली खाकर शहीद हो गयीं और उनके कारनामों को देश भूल सा गया। श्री सिंह को लगता है, बहुत कुछ सहना-झेलना है।

राम जन्मभूमि, बाबरी मस्जिद और मण्डल आयोग पर उठे उग्र विवादों ने यह भी स्पष्ट किया है कि देश की उच्चशिक्षा में और उच्च पदों पर कार्यरत लोगों में से अधिसंख्य ब्राह्मणवादी सोच और संस्कारों से ग्रसित हैं। प्रतिनिधि सोच-समझ और आचरण अभी भी जातिवादी और साम्प्रदायिक हैं। सवर्ण-बोध और सवर्ण-हित से ऊपर उठने का प्रयास तो अत्यन्त ही कमज़ोर है। अन्यथा मण्डल आयोग का अंधविरोध और श्रीराम मन्दिर-निर्माण-अभियान का अंध-समर्थन सम्भव नहीं था। इन अंधताओं से अलग हटकर इन मुद्दों पर ताकतवर वस्तुनिष्ठ एवं विवेकशील प्रतिक्रियाएँ सामने आनी चाहिए थीं। लेकिन नहीं आईं। अभी भी देश के अधिसंख्य शिक्षक, पत्रकार, प्रशासक और नेता बुद्धिधर्मी और विवेकधर्मी नहीं हैं। अभी भी हम राष्ट्रीय हित को केवल अलग-अलग 'सवर्ण हित', 'पिछड़ा हित', 'दलित हित', 'हिन्दू हित', 'अल्पसंख्यक हित' जैसे गोल-मटोल और बेईमान (क्योंकि इन सबमें निहित स्वार्थ सक्रिय हैं) दायरों में ही सोचते-समझते और परिभाषित करते हैं। इन इकहरी सोचों से मुक्ति और समन्वित हितों की समझ पर आधारित कुछ-एक वस्तुनिष्ठ राष्ट्रीय प्रतिमानों के निर्माण के लिए कम से कम उच्चशिक्षा और पत्रकारिता में लगे लोगों को आगे आना चाहिए। इन्हीं से सांस्कृतिक-वैचारिक क्रान्ति के बीज फूटने चाहिए। इसके बिना वयस्क सोच सम्भव नहीं है और राष्ट्रीय सोच में वयस्कता के अभाव में आज का जटिल समाज न संचालित किया जा सकता है और न विकसित। इस दृष्टि से उच्चशिक्षा और पत्रकारिता को असफल ही कहा जायेगा। आश्चर्य नहीं, हमारी उच्चशिक्षा संस्थाएँ रोज़ी-रोटी कमाने और खोखली डिग्री बाँटने का अनुत्पादक साधन बनकर अपने को सफेद हाथी सिद्ध कर रही हैं और हमारी पत्रकारिता भयादोहन का एक सफेदपोश माध्यम रह गयी है।

पश्चिमी समाजों के विकास का एक प्रमुख कारण उनकी राजनीति और उनके समाज-चिन्तकों के बीच कायम अटूट संवाद रहा है। वाल्तेयर, तेन, रूसो, लाक, बर्वस, बेन्थम, मार्क्स, मिल, वेब्स, शॉ, रसेल, लास्की, कीन्स आदि के विचारों की स्पष्ट छाप उनकी राजनीतिक-सामाजिक संस्थाओं पर मिलेगी। समाजवादी विश्व के

बिखराव का एक प्रमुख कारण उसकी राजनीति और नये सृजनशील विचारों के बीच किसी भी प्रकार के सर्जनात्मक संवाद की सम्भावना को नकारना था।

आधुनिक भारत में भी राममोहन, ईश्वरचंद, बंकिम, नौरोज़ी, रानाडे, तिलक, गोखले, मानवेन्द्र, नेहरू, नरेन्द्रदेव, अम्बेडकर की एक राजनीतिक-बौद्धिक परम्परा थी जिसे इंदिरा गाँधी, चरण सिंह और छुटभइये लोहियावादियों ने तहस-नहस कर डाला। राजनीति विचारों से कटकर सत्ता की शुद्ध तिकड़मबाजी में उलझ गयी। निहित स्वार्थों ने जमकर वामपन्थी वैचारिक परिप्रेक्ष्यों पर प्रहार किया-कराया जो अभी भी चालू है। आश्चर्य नहीं, आज राजीव, आडवानी, देवीलाल, चन्द्रशेखर, कांशीराम, मुलायम और करुणानिधि जैसे ज्ञान-विवेक-विरोधी लोग समाज का मसीहा होने का दंभ भरने लगे हैं। विश्वनाथ प्रताप के आगमन पर पुराने नेहरूवादी युग के विचार-राजनीति-संवाद के पुनर्जीवित होने की आशा जगी थी जो जनता दल के आंतरिक कलह और गुटबाजी के चलते कोई स्वरूप न पा सकी। हिन्दी की आँचलिक पत्र-पत्रिकाओं और अरुण शौरी जैसे राष्ट्रीय स्तर के पत्रकारों ने हमारी संस्कृति और समाज की सामासिक प्रकृति की धज्जियाँ उड़ा डाली हैं। मण्डल आयोग की घोषणा का उत्तर इन्होंने राष्ट्र के सामासिक स्वरूप पर आक्रमण के द्वारा दिया है। आधुनिक विवेक की कीमत पर आदिम भावनाओं को उभाड़ा जा रहा है। ऐसी स्थिति में वैचारिक-राजनीतिक गतिविधियों में विवेकशील हस्तक्षेप की आवश्यकता है। इस दिशा में 'टाइम्स आफ इण्डिया समूह' ने कुछ उल्लेखनीय प्रयास किया है। जहाँ तक शिक्षा-केन्द्रों का प्रश्न है जवाहरलाल नेहरू विश्वविद्यालय और दिल्ली विश्वविद्यालय के अतिरिक्त शायद ही किसी ने उल्लेखनीय प्रयास किया हो। कलकत्ता, मद्रास और बम्बई के पुराने मर्यादित विश्वविद्यालय भी आज अपना राष्ट्रीय चरित्र खो चुके हैं।

समकालीन सोच अपनी छोटी सीमा में, उक्त चुनौतियों और विडम्बनाओं के प्रति संवेदनशील है। आश्चर्य नहीं, इसके विगत दोनों अंक हिन्दीभाषी क्षेत्रों में एक नयी सांस्कृतिक क्रान्ति की आवश्यकता को रेखांकित करते हैं और इस सन्दर्भ में 'निस्पृह आलोचनात्मक विवेक' को सचेतन विकसित करने की अपरिहार्यता पर बल देते हैं। हिन्दीभाषी क्षेत्रों में विशेषतः इसलिए कि विभिन्न कारणों से यही क्षेत्र आज राष्ट्रीय चेतना का नेतृत्व करने की स्थिति में है।

समकालीन सोच का वर्तमान अंक विशेषांक के रूप में नहीं है। विविधता और सामयिकता के लिए पाठकीय आग्रह को हमने सम्मान दिया है। अतः अपनी पूर्व-घोषित योजना से हटकर इसमें कई ज्वलंत मुद्दों को समेटने का प्रयास है। प्रथम दो निबन्ध मार्क्सवादी विचार और व्यवस्था में आयी हलचल और बिखराव पर केन्द्रित है। प्रोफेसर हरिशचन्द्र श्रीवास्तव अधुनातन सन्दर्भों में क्लासिकीय मार्क्सवादी-लेनिनवादी

सोच और व्यवहार को अपर्याप्त और अप्रासंगिक मानते हैं। उन्हें 'पेरेस्त्रोइका' और 'ग्लासनोस्त' सम्बन्धी सोवियत प्रयोगों में सकारात्मक सम्भावनाएँ दिखती हैं। वे मार्क्सवाद की सृजनधर्मी प्रकृति को रेखांकित करते हुए इसे अद्यतन सन्दर्भों और चुनौतियों की सम्यक् व्याख्या और समाधान के विश्वसनीय अभिकरण के रूप में विकसित होते देखना चाहते हैं। इसके ठीक विपरीत श्री रवि श्रीवास्तव गोर्वाच्येव के प्रयोगों को आत्मघाती सुधारवाद मानते हैं और उन्होंने समकालीन सन्दर्भों में मार्क्सवाद की मूल स्थापनाओं की अन्तर्वस्तु को ठीक-ठीक पहचानने और उसकी उपयोगिता को सिद्ध करने के लिए 'कड़े संघर्ष' का आह्वान किया है। असल में अपनी वैचारिक प्राथमिकता के स्तर पर प्रोफेसर श्रीवास्तव मार्क्सवादी हैं और श्री रवि लेनिनवादी। दोनों ही परिप्रेक्ष्य बिना किसी टिप्पणी के पाठकों के समक्ष प्रस्तुत हैं।

चूँकि यह अम्बेडकर जन्मशती समारोह का वर्ष है, अतः दो निबन्ध डॉ. अम्बेडकर के व्यक्तित्व और विचारों पर आधारित हैं। हमारी यह समझ है कि हमारा निर्माणाधीन भारत मार्क्स, गाँधी, नेहरू और अम्बेडकर के विचारों और प्रयासों की रोशनी में ही अपनी सामाजिक-सांस्कृतिक मंजिल की ओर उन्मुख रह सकता है। एक निबन्ध राजभाषा-समस्या पर है जो हमारे पाठकों को अहिन्दी क्षेत्रों की राजभाषा सम्बन्धी सोच से अवगत कराता है। इसके लेखक डॉ. सरजू तिवारी स्वतः हिन्दी-प्रेमी हैं और प्रायः तीस वर्षों से एक अहिन्दी राज्य में सेवारत हैं जहाँ उन्होंने हिन्दी-विरोध की उग्रता को झेला-समझा है। इसी प्रकार एक निबन्ध कुवैत समस्या को ऐतिहासिक एवं अद्यतन सन्दर्भों में प्रस्तुत करता है जो हमारे पाठकों के लिए उपयोगी सिद्ध होगा। चूँकि आरक्षण आज राष्ट्रीय बहस और विवाद का एक प्रमुख मुद्दा है अतः एक-दो निबन्ध इस विषय पर भी दिये जा रहे हैं। सम्भव है इस उत्तेजक मुद्दे के पक्ष-विपक्ष को जानने-समझने में इनसे पाठकों को सहायता मिले। कुछ कविताएँ भी हैं जो विश्लेषणों की नीरसता को दूर करने के साथ-साथ हमारी संवेदना को अतिरिक्त उदारता और पैनापन देंगी।

समकालीन सोच, अक्टूबर 1990—जनवरी 1991

अगर कोई अल्पसंख्यक है तो भारतीय

हम एक उत्सवधर्मी राष्ट्र हैं। जो राष्ट्र, समाज अथवा समुदाय जितना ही पिछड़ा, जाहिल, विपन्न और दुखी होता है उसमें उतना ही अधिक अतीतमोह और उत्सवधर्मिता होती है। पिछड़ा दिमाग़ अतीत के व्यामोह का शिकार बनता है और विपन्नता अपनी कारुणिक स्थिति को भूलने-भुलाने के प्रयास में अक्सर उत्सवधर्मिता की फंतासी में शरण लेती है। पिछले प्रायः दो वर्षों से भारत उत्सवों में व्यस्त है—राष्ट्रपति और उपराष्ट्रपति के चुनाव और उनकी तख्तपोशी, 'भारत छोड़ो आन्दोलन' सम्बन्धी उत्सव (जो पूरे वर्ष चलेंगे) और 15 अगस्त के उत्सव। अभी 26 जनवरी सामने है। इतना ही नहीं, राम, कृष्ण, बुद्ध, महावीर, मुहम्मद आदि के जयन्ती समारोहों के अतिरिक्त छोटे-बड़े आधुनिक अवतार जैसे गाँधी, नेहरू, अम्बेडकर, सुभाष, पटेल, चरण सिंह वगैरह, वगैरह। अर्थात् समूचे वर्ष हम फूल-माला लिए आयोजनों और उत्सवों में व्यस्त रहते हैं। सत्तासीन नेताओं की गरदन तो रोज़-रोज़ के माल्यार्पणों से यूँ ही झुकी रहती है और जनता की अथक कमाई की कीमत पर महादानी मुद्रा में उनके हाथ खुले रहते हैं और जुबान चलती रहती है।

डॉ. लाल बहादुर वर्मा ने सही कहा कि अपनी उत्सवधर्मिता के उत्साह में हमने अपना विवेक खो सा दिया है, अन्यथा एक ही साथ 'भारत छोड़ो' और 'भारत आओ' की बात नहीं की जाती। जिनके विरुद्ध 'भारत छोड़ो' आन्दोलन चलाया गया था आज उन्हीं को बुलाया जा रहा है। कभी धनी भारतीय प्रवासियों के समक्ष हम फूल-माला लिए खड़े होते हैं तो कभी विदेशी पूँजीपतियों और पूँजीवादी नेताओं के समक्ष। हमारे प्रधानमन्त्री अर्थतन्त्र और राजनीति के अन्तःसम्बन्धों से अनभिज्ञ लगते हैं। 15 अगस्त के अपने राष्ट्रीय उद्‌बोधन में प्रधानमन्त्री जी ने तीन वर्षों तक विवादग्रस्त समस्याओं पर बहसों को मुल्तबी रखने (जिसे प्रगतिशील अर्जुन सिंह ने पाँच वर्ष तक बढ़ाया और सामान्य कांग्रेसी सम्भव है आजीवन के लिए चाहें) तक ही अपने को सीमित नहीं रखा। उन्होंने पूरी मासूमियत से यह भी कह डाला कि हम चाहते हैं कि विदेशी पूँजी देश में उत्पादन बढ़ावे और देशी पूँजी से

स्कूल और अस्पताल खोले जाएँ। अख़बारों में पढ़ा था कि श्रद्धेय राव साहब विद्वान हैं और इसलिए गलतफहमी बनी थी कि वे पूँजी और राजनीति की चोली-दामनी सम्बन्ध को समझते हैं जो आज की राजनीति का ककहरा है। शायद वे भूल गये हैं कि ईस्ट इण्डिया कम्पनी व्यापार करने आई थी और अपने व्यापार के विस्तार और सुरक्षा के लिए उसे राजनीतिक हस्तक्षेप करने पड़े और अन्ततः उसने देश को गुलाम बनाया। आख़िर देश के ही पूँजीपति क्यों हमारे देशभक्त सांसदों को खरीदते-बेचते हैं तथा मनचाहा प्रधानमन्त्री अथवा कम से कम मनचाहा वित्त एवं वाणिज्य मन्त्री बनवाते हैं। हमारी उत्सवधर्मिता ने मानो हमारे राष्ट्रीय विवेक और स्वाभिमान को ही संज्ञाशून्य कर डाला हो।

इस उत्सवधर्मिता के मनोविज्ञान को समझने के लिए उत्सवों की चमचमाती सतह के नीचे के मलिन यथार्थ को देखना होगा। उदार आर्थिक नीति के नाम पर कल्याणकारी मदों और किसानों-गरीबों को दी जाने वाली रियासतों को कहीं कम और कहीं समाप्त कर दलालों और सटोरियों को बेशुमार धन दिया गया। घोषित रूप से प्रायः चार हज़ार करोड़ की धोखाधड़ी की गयी (अनधिकृत सूत्र तो दस हज़ार करोड़ आँकते हैं) और हर्षद मेहता जैसा प्रतिभाशाली देशभक्त इतिहास-पटल पर उभरा। एक केन्द्रीय मन्त्री और अनेक उच्चस्थ अधिकारियों को जाना पड़ा है और, अगर ईमानदारी से खोज-बीन की गयी तो अभी अनेक ऐसे सांसद, विधायक और अधिकारी जायेंगे। संसद में पहली बार लोकसभा अध्यक्ष पर फूहड़ पक्षपात का आरोप लगाया जा रहा है, और सांसदों को 50-50 लाख की रकम देकर खरीदने की बात की जा रही है। औद्योगीकरण के तमाम फायदों को गिनाने के बावजूद राष्ट्रीय उत्पादन में गिरावट आई है, लाखों-लाखों कर्मचारियों की छटनी की जा रही है, इस किसान-प्रधान देश में खाद्यान्न का आयात हो रहा है, कीमतें बेतहाशा बढ़ रही हैं। चार करोड़ से अधिक डिग्रीधारी युवक बेरोज़गार हैं, कर्नाटक और आंध्रप्रदेश में मुख्यमन्त्री पाँच-पाँच लाख रुपयों में मेडिकल कॉलेज खोलने का लाइसेंस दे रहे हैं, और चारों तरफ मानों चोरों, बेईमानों और भ्रष्टाचारियों का राज हो। देश में साम्प्रदायिक, क्षेत्रीय और जातिवादी तनाव एवं टकराहटें बढ़ी हैं। कश्मीर, तमिलनाडु के तटीय क्षेत्र और पूर्वोत्तर के अनेक राज्यों में लोग आतंकवाद के साये में जी रहे हैं। देश विभाजन के कगार पर है। इस प्रकार का है हमारा वास्तविक यथार्थ जिसे भुलाकर अथवा भुलाने के लिए उत्सवधर्मी बनना आवश्यक है। सामान्य जन तो उत्सवधर्मी बनता जाता है और सम्भ्रान्त जन आध्यात्मिक। दरअसल इसी मलिन एवं विद्रूप यथार्थ की तद्भव अभिव्यक्ति उत्सवधर्मिता है और तत्सम अभिव्यक्ति अध्यात्म।

देश की राजनीतिक स्थिति के बारे में जब भी सोचता हूँ तो बर्तोल्त ब्रेख्त के एक नाटक 'खड़िया घेरा' का एक उपाख्यान बार-बार याद आता है। युद्धकालीन अस्त-व्यस्तता के दौरान ग्रूसीनिया के प्रशासक पत्नी अबाश्विली अपने दुधमुँहे बच्चे को छोड़कर भाग जाती है, यद्यपि वह अपने प्रसाधन के सामान ले जाना नहीं भूलती। किन्तु उसकी एक दासी ग्रूशास अपने जान की बाजी लगाकर उस बच्चे को बचाती है। अपनी असह्य गरीबी के बावजूद, उसे पालती-पोसती और माँ का प्यार देती है। स्थिति सामान्य होते अबाश्विली बच्चे के लिए अपना दावा पेश करती है, और दासी ग्रूशा भी उस पर अपना अधिकार जता रही है। एक ने जन्मा है और दूसरे ने उसकी रक्षा की है और माँ का वास्तविक प्यार दिया है। स्थिति विकट सर्वहारा न्यायाधीश अजदक को एक रास्ता सूझता है। वह खड़िया से एक वृत्त खींचवाता है और बच्चे को केन्द्र में रखवा देता है और दावेदार दोनों माताओं से कहता है कि जो भी बच्चे को अपनी तरफ वृत्त से बाहर खींच लेगी बच्चा उसी का माना जायेगा। दोनों दावेदार माताएँ बिल्कुल तैयार हैं। लेकिन सचमुच खींचने का समय आता है तो ग्रूशा छोड़ देती है और अबाश्विली जीत जाती है। अजदक एक और मौका देता है, लेकिन इस बार भी ग्रूशा को अपनी हार ही स्वीकार है। उसे अपने हक़ से मासूम बच्चे का जीवन अधिक प्रिय है। अबाश्विली और उसका वकील दोनों अपनी जीत पर बेहद खुश हैं। लेकिन न्यायाधीश अजदक उस बच्चे को नौकरानी ग्रूशा को ही सुपुर्द करता है। उसकी दशा में जन्मना नहीं, ममत्व महत्त्वपूर्ण है।

आज शिशु-भारत साम्प्रदायिक अबाश्विलियों की खींच-तान में पड़ा लहूलुहान है। अजदकों की बात किसी को मान्य नहीं और ग्रूशाएँ असहाय हैं। केवल विमाताओं के बीच ही सारा संघर्ष केन्द्रित है। अतः शिशु महत्त्वपूर्ण नहीं, अपने-अपने अधिकार महत्त्वपूर्ण हैं। विमाताएँ कभी भी हारने का साहस नहीं कर सकतीं क्योंकि जीत ही उन्हें प्रामाणिकता प्रदान करती है। भीष्म हार कर भी जीवित हैं, दुर्योधन को केवल जीत ही जीवित रख सकती थी। आश्चर्य नहीं शिशु-भारत का शरीर चिथड़े-चिथड़े हो जाने की स्थिति में है। भारत चाहे टूटे अथवा बचे, ख़ून-ख़राबा हो अथवा न हो, मन्दिर वहीं बनेगा, और मस्जिद भी वहीं खड़ी रहेगी, गुरुनानक की बात होगी और मासूमों की हत्या भी हमारी अस्मिता ही नहीं तो देश कैसा, और अगर देश है तो उसे हमारी शर्तों पर ही कायम रहना होगा। सभी अपनी-अपनी मूल सांस्कृतिक(?) अस्मिता के नाम पर एक दूसरे के विरुद्ध खड्गहस्त हैं। करोड़ों-करोड़ों लोगों की भावनाओं की आड़ में गन्दा-से-गन्दा राजनीतिक खेल खेला जा रहा है। समूचे जगत को ब्रह्ममय मनाने वाले, अहिंसा और सत्य की बात करने वाले इस महामानव

सागर के सम्प्रति विडम्बनात्मक यथार्थ पर ब्रेख्त की ही निम्न पंक्तियाँ शायद कुछ प्रकाश में आ सकें–

लोगों को एक दूसरे से प्यार करना चाहिए
किन्तु अपने भाइयों के पास जाते वक़्त
एक कुल्हाड़ी ठीक से पकड़े रहें
सिद्धान्त में नहीं यथार्थ में
चमत्कार कुल्हाड़ियों द्वारा ही होते हैं
और चमत्कारों का जमाना अभी बीता नहीं है।

आज भारत में विभिन्न धार्मिक, भाषिक, नस्ली एवं जातिवादी समुदाय इसके प्रत्यक्ष उदाहरण हैं। राही मासूम रजा ने सही कहा कि भारत में हिन्दू मुसलमान, सिक्ख आदि सभी समुदाय बहुसंख्यक हैं, अगर कोई अल्पसंख्यक है तो भारतीय। हम सभी कुल्हाड़ी छिपाये एक दूसरे से मिल रहे हैं। मेरे एक मित्र डॉ. तिवारी ने एक दिन बताया कि रवीन्द्रनाथ जैसे महामानव को भी इस दुखद एवं दुःसह राष्ट्रीय स्थिति से बेचैन किया था : 'ऐ माँ! तुमने मुझे बंगाली बनाकर बाँध रखा है। मनुष्य बनने ही नहीं देती।' राजनीतिक अबाश्विलियों के चलते इधर स्थिति और भयावह होती गयी है।

विराट रोमन साम्राज्य के पतन के कारणों की चर्चा करते हुए प्रसिद्ध इतिहासकार गिबन अन्त में लिखता है कि खोज उसके पतन के कारणों की नहीं, बल्कि इस बात की होनी चाहिए कि इतनी अन्तर्विरोधी स्थितियों के बावजूद वह इतने समय तक टिका कैसे रहा। यह टिप्पणी हमारे लिए भी प्रासंगिक है। आख़िर हम भी कैसे अभी आज तक एक राष्ट्र-राज्य के रूप में कायम हैं। आख़िर हमारी समन्वित राजनीतिक सत्ता कैसे कायम है? इस महाप्रश्न का उत्तर सम्भव है, हमारे राष्ट्र-निर्माण के सन्दर्भ में हमें कोई ठोस रास्ता सुझा पावे।

समकालीन सोच, सितम्बर...

कुछ बातें सामाजिक बदलाव की

परम्परागत समाजों में सामाजिक बदलाव के सन्दर्भ में कुछ बातें तयशुदा हैं। एक ऐसे समाजों में यह एक अनिवार्य वस्तुनिष्ठ प्रक्रिया है जो आर्थिक-राजनीतिक स्थिरता के दौर में धीमी और अस्थिरता के दौर में तीव्र होती है। दो, यह सामाजिक स्थिति में निहित अन्तर्विराधों की उपज है और इसलिए प्रकृत्या द्वंद्वात्मक होता है। अर्थात् संघर्षयुक्त सह-अस्तित्व, निषेध और संश्लेषण की प्रक्रिया में उच्चतर स्थितियों की ओर ऊर्ध्वोन्मुख रहता है। तीन, यह परस्पर विरोधी संगठित हितों की टकराहट के रूप में मूर्त होता है जिसका मध्ययुगीन आचरण धार्मिक था, लेकिन औद्योगिक क्रान्ति के बाद सामान्यतया आर्थिक राजनीतिक है। चार, यह हमेशा परम्परागत तबकों की कीमत पर उदीयमान तबकों की ओर झुका होता है। अर्थात् स्थिरता की कीमत वे चुकाते हैं जिन्हें बदलाव से कुछ मिलता है और इसी कारण इसके प्रति इनकी प्रतिक्रियाएँ भी परस्पर विरोधी होती हैं। पाँच, कुल मिलाकर यह बदलाव सामाजिक बेहतरी के लिए होता है। क्रिया-प्रतिक्रिया के द्वन्द्व में फँसे ये परस्पर विरोधी हित अपना-अपना नुकीलापन खोते जाते हैं, और देर-सबेर, जाने-अनजाने एक उच्चतर समन्वय की स्थिति में पहुँच जाते हैं। नागरिक स्वतन्त्रताओं का विस्तार होता है, समाज में वंचित तबकों का हस्तक्षेप बढ़ता है, आर्थिक गतिशीलता नीचे तक पहुँचती जाती है, सांस्कृतिक स्तर पर नये प्रतीक एवं विचार उभरते हैं, और इस प्रकार, समाज कुछ अधिक लोकतान्त्रिक बनता है। और छह, यह समन्वय चाहे जितना भी उच्च हो, बदलाव की प्रक्रिया का अन्तिम बिन्दु नहीं होता। उदीयमान ताकतें अपने वर्चस्व के लिए संघर्ष के दौर में बड़े-बड़े मुद्दे और नारे गढ़ती हैं, जिन्हें वे स्वतः पूरा करने की स्थिति में नहीं होतीं। उनका संघर्षकालीन दौर क्रान्तिकारी लफ्फाजी का हुआ करता है। अतः वर्चस्व प्राप्ति के बाद उनका प्रारम्भिक दौर न्याय-बोध और कर्तव्य-बोध का होता है और समूल सामाजिक रूपान्तरण के वे अपनी ऐतिहासिक एवं नैतिक ज़िम्मेदारी मानती हैं। धीरे-धीरे स्थितियों की जटिलता का एहसास होता हैं, क्योंकि समाज कोई यान्त्रिक संरचना न होकर एक जैविकीय संरचना है जिसके

साथ अचानक बहुत छेड़छाड़ सम्भव नहीं है। अतः धीरे-धीरे मूल उत्स एवं उत्साह में कमी आती है, सत्ता-बोध विकसित होता जाता है। ये ताकतें भी सत्ता-सुख और उससे जुड़ी विकृतियों का शिकार बन जाती हैं, और, अन्ततः, बच जाता है केवल अधिकार-बोध। अब दौर लफ्फाजी का होता है। दिल सिकुड़ा और कंठ मज़बूत होता जाता है। अब इनकी ऐतिहासिक भूमिका समाप्त हो चुकी होती है और इसके साथ ही वर्चस्व कायम रखने का नैतिक आधार भी। अब ये नारों के स्तर पर क्रान्तिकारी लेकिन राजनीतिक-सामाजिक व्यवहार के स्तर पर दमनात्मक हो जाती हैं। पुनः वंचित और आहत तबके संगठित होने लगते हैं, अधिकार, न्याय और कर्तव्य का नया दौर प्रारम्भ हो जाता है, बदलाव के लिए संघर्ष सजग और तीव्र हो जाता है और यह तब तक चलता है जब तक समाज एक नये उच्चतर समन्वय के बिन्दु पर नहीं पहुँच जाता है।

बदलाव की प्रक्रिया शाश्वत है। इसीलिए हीगेल ने इतिहास को मुक्तिकामी बताया और इसकी तुलना बुचड़खाने से की। इतिहास रूपी बुचड़खाने में आश्वस्त सत्तासीनों और सुविधापरस्तों का सिर कटता रहता है। इतिहास किसी सामाजिक ताकत के साथ तभी तक होता है जब तक वह उसकी मुक्तिकामी यात्रा में उसके साथ रहता है। यहीं से सूत्र लेकर कार्ल मार्क्स ने अपना साम्यवादी 'विजन' गढ़ा और सामाजिक बदलाव की द्वन्द्वात्मक पद्धति को विकसित एवं रेखांकित किया। यही वह प्रक्रिया है जिसमें जिहादी, क्रान्तिकारी, शहीद, नेता, नायक, महानायक और महामानव पैदा होते हैं, और साथ ही साथ लफ्फाज, ढोंगी, प्रतिक्रान्तिकारी, दलाल और लफ्फाज भी। इतिहास की मुक्तिकामिता को जो लोग बल, विस्तार, गति और दिशा देते हैं उन्हें उनके योगदान के अनुसार पहली श्रेणी में कहीं स्थान मिलता है और जो लोग उसमें रोड़ा बनते हैं या उससे धोखा करते हैं अथवा उसे अविवेक देते हैं वे दूसरी श्रेणी में कहीं स्थान पाते हैं। पहली श्रेणी के लोग घटनाओं को प्रभावित करते हैं और उनके हस्तक्षेप के बाद इतिहास वह नहीं रह जाता जो उनसे पूर्व हुआ करता था। दूसरी श्रेणी के लोग केवल लोगों की सस्ती भावनाओं और पूर्वग्रहों को उकसाते हैं और उन्हें मैनुपुलेट करते हैं। अतः थोड़े समय तक सतह पर हो-हल्ला तो बहुत होता है, लेकिन इतिहास की गति एवं स्वरूप पर कोई गुणात्मक असर नहीं पड़ता। पहली श्रेणी के लोगों का घटनाओं और व्यक्तियों पर प्रभाव सकारात्मक होता है और दूसरी श्रेणी के लोगों का नकारात्मक। वैसे भारत जैसे जड़, परम्परागत समाजों में अभी नकारात्मकता भी अपना मूल्य रखती है।

उपर्युक्त रूपरेखा कमोबेश सार्वभौम है और काफी दूर तक यह भारतीय वर्तमान राजीतिक-सामाजिक गतिशीलता को भी व्याख्यायित करती है। हिन्दू

समाज में 'सवर्ण' और 'दलित' दो ऐतिहासिक तबके हैं जिनके हितों में मौलिक अन्तर्विरोध है। एक तीसरा विराट तबका 'पिछड़ा' है जो पिछले 30-40 वर्षों के राजनीतिक-आर्थिक विकास की उपज है और यह एक विशुद्ध राजनीतिक निर्मिति है। इस तबके का नेतृत्व भी इसका 'मलाईदार' तबका (नव-धनाढ्य या पिछड़ों में अगला अर्थात् नव सवर्ण) कर रहा है जो विभिन्न कारणों से (समृद्धि और उससे उभरी राजनीतिक-सामाजिक महत्त्वाकांक्षा, संख्या-बल, राजनीतिक चेतना का स्तर, परम्परागत, पतनशील सवर्ण वर्चस्व के विरुद्ध व्याप्त गहरा असन्तोष सांस्कृतिक जामे में सवर्णों की कमोबेश साम्प्रदायिक राजनीति जो परिवर्तन के दौर में ऐसे तबकों की स्वाभाविक स्थिति हुआ करती है और जो प्रतियोगी राजनीति के वर्तमान दौर में उन्हें हाशिये पर अलग-थलग रखने एवं उनके विरुद्ध राजनीतिक-सामाजिक उद्वेलन और संगठन का प्रमुख आधार है आदि) नेतृत्व को स्वीकार लिया गया है, लेकिन अनगिनत जातिगत अन्तर्विरोधों के चलते यह अभी अपने नेतृत्व के प्रति आश्वस्त नहीं है और इसलिए आक्रामक है। इतना ही नहीं, जैसे अपने अस्तित्व रक्षा में सवर्ण राजनीति सांस्कृतिक स्तर पर लफ्फाज है उसी प्रकार पिछड़ी राजनीति अपने नेतृत्व की आकांक्षा के चलते राजनीतिक-सामाजिक स्तर पर लफ्फाज है। लेकिन कुल के बावजूद 'पिछड़ों' की राजनीति भारतीय राजनीति और विशेषतः हिन्दू समाज को रूपांतरित करने में फिलहाल सक्षम एवं सार्थक दिखती है।

जहाँ तक 'दलित' राजनीति का प्रश्न है यह अभी 'हरिजन' की अपनी पिछलग्गू पहचान से आगे बढ़कर अम्बेडकरवादी 'दलित' के रूप में संगठित होकर सामाजिक-राजनीतिक रूपान्तरण का अगुवा दस्ता बनने की आकांक्षी है। सैद्धान्तिक दृष्टि से इसकी यह आकांक्षा निराधार नहीं है। आर्थिक-सामाजिक दृष्टि से सर्वाधिक कमज़ोर होने के नाते परिवर्तन में ही इसका हित निहित है। इसीलिए विवेकशील सामाजिक रूपान्तरण की दृष्टि से यह सर्वाधिक विश्वसनीय है। डॉ. अम्बेडकर की उग्र बेचैनी का यही मूल कारण था। वर्तमान दौर में 'पिछड़ों' की राजनीतिक उपादेयता से इसका नेतृत्व परिचित है और अपनी सामाजिक समता की आकांक्षा को रूपान्तरित करने के लिए इसे अपना एक कारगर हथियार मानता है। सोच भी सही है। लेकिन अपने राजनीतिक-सामाजिक विकास के तीसरे दौर में (पुराना गाँधीवादी और संप्रति अम्बेडकरवादी दौर से आगे जिसकी ओर कांशीराम ने कई बार संकेत भी दिया है) में यह वास्तविक 'पिछड़ों' से उनके 'नव-सवर्णों' को अलग-थलग करने का ज़ोरदार अभियान छेड़ेगी। चूँकि जातिवादी आरक्षण नीति ही फिलहाल राजनीतिक-सामाजिक उभार और संगठन की प्रमुख धुरी है, इसलिए दलित नेता अपने आरक्षण कोटे का विस्तार करना चाहेंगे। बिन्द, राजभर जाति सभाओं ने इसके लिए आन्दोलन भी

प्रारम्भ कर दिये हैं। अतः मेरी समझ में 'पिछड़ी' राजनीति के दिन गिने-गिनाए हैं। देर-सबेर इनके 'अगले' तबके या तो 'दलित' राजनीति के पिछलग्गू बनेंगे या भाजपा अथवा कांग्रेस की ओर झुकेंगे और अलग-थलग पड़े सवर्णों के नेतृत्व देने अथवा उनसे समझौता करने की बात सोचेंगे। सैयद शहाबुद्दीन जैसे अल्पसंख्यक नेताओं को भी इसकी आशंका है। इसके कई कारण हैं। 'पिछड़ों' के पास दलितों जैसी न तो कोई अपनी विशिष्ट सामाजिक स्थिति है और न ही कोई विशिष्ट सांस्कृतिक पहचान। दलित बुद्धिजीवियों ने इधर गम्भीरता से अपने आन्दोलन को लोकायत, बुद्ध, मध्ययुगीन सन्त एवं फुले आदि की परम्परा से जोड़ना शुरू किया है। उनके पास शंबूक और एकलव्य जैसे दलित प्रतीक भी हैं। उनके पास अम्बेडकर जैसा आधुनिक विचार-पुरुष भी है। 'पिछड़ों' ने केवल संगठित संख्या-बल और राजनीति का सहारा लिया है जो बहुत टिकाऊ नहीं लगता। पिछड़े सामाजिक सवर्णियत के शिकार भी हैं जिसे उनके उत्तरोत्तर आर्थिक विकास के साथ, अतिरिक्त बल मिलेगा। साथ ही, इनमें व्याप्त नेतृत्व की आक्रामक महत्त्वाकांक्षा का दलित राजनीतिक-सामाजिक महत्त्वाकांक्षा से टकराव अपरिहार्य है। लेकिन दलित मुस्लिम दबाव में अलग-थलग पड़ा सवर्ण इनके नेतृत्व की आकांक्षा को स्वीकारेगा। फिर भी इतना तय है कि जड़ हिन्दू समाज का समतावादी रूपान्तरण सुनिश्चित है जिसका पहला चरण 'पिछड़ी' राजनीति पूरा करेगी और इसका समापन दलित राजनीति के नेतृत्व में होगा। हिन्दू समाज की विवेकहीन विषमता, इसके विवेकहीन कर्मकाण्ड और अन्धविश्वास आदि अब राष्ट्रीय मुद्दे हैं जिनसे आँख चुराना सम्भव नहीं है। सतह के नीचे की बुराई को सतह पर लाना भी इतिहास को आगे बढ़ाना है।

अपने विशिष्ट सांस्कृतिक पहचान के प्रति अतिरिक्त संवेदनशीलता और अपने अन्तरराष्ट्रीय चरित्र के चलते अल्पसंख्यक मुसलमान की अभी दहशत और संदेह के घेरे में जीने की विवशता कायम रहेगी। यही दो आधार हैं जिस पर हिन्दुत्ववादी राजनीति खड़ी है। कांग्रेस की राजनीतिक नपुंसकता ने मुस्लिम राजनीति को 'पिछड़ी' राजनीति की ओर झुकाया है। इससे उनको मानसिक राहत मिली है और उनकी रोज़ी-रोटी के मुद्दे भी उठने लगे हैं। अब वे राजनीति में कमोबेश बराबरी के हिस्सेदार हैं। लेकिन वे भी अपनी 'मलाईदार पर्त' के नेतृत्व में शरीयत के दायरे में ही सिकुड़े रहना चाहते हैं। हिन्दू समुदाय की तुलना में मुस्लिम समुदाय अधिक परम्परावादी एवं संगठित और इसी कारण कम आधुनिक भी। अतः हिन्दू धार्मिक एवं सामाजिक जड़ता के विरुद्ध सशक्त एवं संगठित आन्दोलन खड़े हुए हैं, जो अभी मुस्लिम समुदाय में विवेकशील व्यक्तियों तक सीमित हैं। इसकी अल्पसंख्यक स्थिति संगठित स्वरूप, इसके नेताओं का कुलीन अतीत सांस्कृतिक संवेदनशीलता इसकी राजनीति में धार्मिक नेताओं का

प्रभावी हस्तक्षेप, इसका अन्तरराष्ट्रीय चरित्र, हिन्दुत्ववादी ताकतों का आक्रामक स्वर जो उनमें स्वभावतः असुरक्षा-बोध पैदा करता है, मदरसाई शिक्षा पर बल आदि इसके आधुनिकीकरण में बाधक हैं जो सेक्युलर राजनीति की पूर्व-शर्त है। हालात से पता चलता है कि अभी लम्बे अरसे तक भारतीय मुसलमान का राजनीति में सामुदायिक आचरण रहेगा और उसका बल हिन्दुत्वादी ताकतों को शिकस्त देने तथा अलग-थलग बनाये रखने पर होगा।

मार्क्सवादी राजनीति का वर्तमान कमज़ोर और भविष्य धुंधला है। वर्तमान लोकतान्त्रिक राजनीति एवं सामाजिक संघर्षों के दौर में आर्थिक मुद्दों को राजनीति के केन्द्र में ला पाना बहुत जटिल काम है। हिन्दू समाज की जातिग्रस्तता को आधार बनाकर जो विराट अन्तर्विरोधी संगुट—'सवर्ण', 'पिछड़ा' और 'दलित' बन रहे हैं वे जातिवादी अस्मिताओं को तोड़ पायेंगे, इसमें संदेह है। जातियाँ नये सिरे से संगठित हो रही हैं और अगर समझदार एवं कल्पनाशील राजनीतिक हस्तक्षेप नहीं हुए, तो बहुत सम्भव है, विभिन्न जातियाँ विभिन्न समुदायों का रूप ले लें। 'पिछड़े' संगुट का क्या होगा यह तो अभी विवादास्पद है, लेकिन 'सवर्ण' और दलित संगुट का साम्प्रदायीकरण तो आसन्न है। फिर भारत में राजनीति का व्याकरण बदल जायेगा जिसमें मार्क्सवादियों के लिए कोई महत्त्वपूर्ण स्थान बना पाना मुश्किल होगा। इससे समाज का लम्बवत बँटवारा कमोबेश अभेद्य होता जायेगा तथा आर्थिक 'होराइजन्टल' बँटवारा उसी अनुपात में कठिन। मार्क्सवादी राजनीति का केन्द्रीय दायित्व विभिन्न जातियों एवं समुदायों की 'मलाईदार' परतों को नेतृत्व से अपदस्थ करना है क्योंकि इनके नेतृत्व में राजनीति का जातिवादी एवं साम्प्रदायिक तेवर बना रहेगा। लेकिन सन्दर्भ में चुनौतियाँ गम्भीर हैं। तकनीकी क्रान्ति 'उदार' राजनीति और अर्थतन्त्र के फलस्वरूप 'मलाईदार' परतें मोटी होती जाएँगी। फिलहाल मार्क्सवादी राजनीति का स्वाभाविक आधार वास्तविक दलित और वास्तविक पिछड़े तथा सवर्णों एवं मुसलमानों के वंचित लोग होंगे। सम्प्रति जातिवादी एवं साम्प्रदायिक राजनीति से मोहभंग सुनिश्चित है और इसका लाभ इसे मिल सकता है। अगर यह लोकतान्त्रिक चुनावी ढाँचे में ही एकजुट होकर अपने को एक राष्ट्रीय विकल्प के रूप में प्रस्तुत करने का संकल्प जुटाए। बहुदलीय चुनावी राजनीति को इसकी तमाम सीमाओं के बावजूद सैद्धान्तिक स्वीकृति देनी होगी, क्योंकि सर्वग्राही वर्गीय राजनीति की क्रूर सीमाएँ सामने आ चुकी हैं। भारत में मार्क्सवादी राजनीति को गाँधीवादी 'सत्याग्रह' और अम्बेडकरवादी सामाजिक संवेदना को भी आत्मसात करना होगा। इसके बिना विश्वसनीय व्यक्ति-निर्माण और सामाजिक रूपान्तरण सम्भव नहीं है। आवश्यकता स्थापित प्रतीकों के सार्थक अर्थ-विस्तार की है, न कि उनके आक्रामक एवं संकीर्ण

निषेध की। परम्परागत समाजों में स्वस्थ परम्परा-बोध राजनीतिक आन्दोलनों की स्वीकृति को आसान बनाता है और अप्रासंगिक विवादों से बचाता है। टिकाऊ प्रभुता (hegemony) आरोपित नहीं बल्कि सम्पूर्ण सामाजिक-आर्थिक रूपान्तरण की निष्पत्ति होती है। परम्परामुक्त राजनीति में मैकियावेली पैदा करती है और संस्कृति के स्तर पर निषेधवादी बुद्धिवाद। उद्देश्य परस्पर विरोधी हितों को मात्र गठित करना और उन्हें एक दूसरे के विरुद्ध आक्रामक बनाते जाना नहीं है, बल्कि उन्हें स्वीकार कर उनके सकारात्मक अतिक्रमण की सम्भावना का ठोस रूप देना है। विचारधारात्मक अतिवाद हमेशा रूमानी और अन्ततः आत्मघाती होता है। पूर्वी योरप और रूस में पुराने प्रतीक लौट आये और साम्यवादी चीन कन्फ्युसियस को परास्त नहीं कर सका और हो-चि-मिन्ह को गाँधी को स्वीकारने में हिचक नहीं हुई। हमें अब यह भी समझना होगा कि सुरक्षा और निश्चिन्तता बौद्धिक एवं आर्थिक टकराव देती हैं। अतः जीवन के प्रत्येक क्षेत्र में किसी विवेकशील सीमा तक प्रतियोगिता कायम रखनी होगी। वैयक्तिक उद्यमिता को अब स्वीकृति देनी होगी और इसके शोषक आयामों के प्रति सावधान रहना होगा। इतिहास जिस बिन्दु पर पहुँचा है और जैसे-जैसे पहुँचा है उसे आँख खोलकर देखना-समझना होगा। उतना महत्त्वपूर्ण यह समझना नहीं है कि समाजवादी प्रयोग क्यों विफल हो गया, बल्कि यह समझना है कि अपनी हज़ार सीमाओं के बावजूद, पूँजीवाद क्यों सफल है। प्रोफेसर हरिश्चन्द्र श्रीवास्तव की यह समझ सही है कि पूँजीवादी इंजन को अब रोका नहीं जा सकता, केवल इसकी पटरी बदली जा सकती है। अब मार्क्स द्वारा फायरबाख पर लिखी गयी थीसिस को समग्रतः आत्मसात करना होगा, केवल ग्यारहवीं *थीसिस* पर बल देने से काम नहीं चलेगा जो राजनीतिक मार्क्सवाद करता रहा है। अभिकर्ताओं के बदलते रहे बगैर सामाजिक बदलाव के अभियान का परिणाम अभिकर्ता और अभियान दोनों के लिए त्रासद होता है। व्यक्ति की पशुता की तरह पूँजीवाद स्वाभाविक है और साम्यवाद एवं सांस्कृतिक-मानवीय निर्मिति है, 'विजन' है जिसे सम्प्रति व्याप्त आक्रामक पूँजीवादी पशुता से बचाना होगा। लेकिन इसके लिए इसे संपूर्णतः वर्ग-युद्ध और सत्ता का सवाल बनाना इसके लिए इसके मूल स्वर की अस्वीकृति है। दायित्व जितना राजनीतिक है उतना ही शैक्षिक और सांस्कृतिक भी।

कुल मिलाकर कहना इतना भर है कि हिन्दीभाषी क्षेत्र में व्याप्त राजनीतिक-सामाजिक बेचैनी हमारी प्रगतिधर्मी परम्परा जिसे अपनी-अपनी युगीन एवं वर्गीय सीमाओं के भीतर राममोहन, सर सैयद और फुले ने प्रारम्भ किया और जिसे अपने-अपने रूप में गाँधी, नेहरू, अम्बेडकर, मानवेन्द्र जैसे लोगों ने दिशा, विस्तार एवं ताकत दी, की स्वाभाविक परिणति है। इससे इतिहास के अनेक उलझे सवाल

सुलझेंगे, जड़ सामाजिक स्तरीकरण समाप्त होगा, आर्थिक गतिशीलता बढ़ेगी और व्यापक होगी, राजनीतिक चेतना का स्तर उठेगा, धीरे-धीरे अनुभवों के प्रकाश में, दलित नेताओं की आक्रामकता कम होगी और अन्ततः जातिवादी एवं साम्प्रदायिक योद्धाओं का यह दौर समाप्त होगा। धीरे-धीरे विभिन्न समूहों के 'मलाईदार' तबकों के बीच अपने-अपने हित में व्यापक समझौता हो जायेगा और जन्मना वर्चस्व का मनुवादी स्वरूप इतिहास की चीज़ बन जायेगा। विशिष्ट सांस्कृतिक, वैचारिक एवं सामाजिक पहचान के अभाव में 'पिछड़ी' राजनीति देर-सबेर पिट जाएगी, हिन्दू, दलित-बौद्ध और अल्पसंख्यक तबके लोकतान्त्रिक सहमति-असहमति के दायरे में क्रियाशील रहेंगे, मार्क्सवादी राजनीति को राजनीतिक-सांस्कृतिक बहुलता को स्वीकार कर अपने 'विजन' की विशिष्टता को रेखांकित करना होगा। लगता तो यही है कि क्रान्ति के बाल्शेविक माओवादी अथवा चेगुवारावादी प्रारूप अब बहुत पुराने पड़ गये हैं। अब बदलाव के दौर में 'वाम' को राजनीतिक-समाजिक सद्विवेक को रेखांकित करते रहना होगा, अर्थात् इसकी सामाजिक भूमिका एक समझदार उत्प्रेरक की होगी न कि शास्त्रीय क्रान्तिकारी की।

समकालीन सोच, जनवरी 1995

हमारे इस 'काउबेल्ट' का क्या होगा!

जाने माने विद्वान पत्रकार अरविन्द एन. दास 'टाइम्स आफ इण्डिया' के अपने अग्रलेखों में उत्तर प्रदेश एवं बिहार के लिए अक्सर 'काउबेल्ट' शब्द का प्रयोग करते थे। उनकी सोच में यह क्षेत्र सांस्कृतिक एवं राजनीतिक दृष्टि से अत्यन्त पिछड़ा है, इतना पिछड़ा कि अभी चरवाहा युग (pastoral age) से बाहर नहीं निकल पाया लगता है। मन्दिर-मस्जिद एवं जाति का राजनीतिक ताण्डव यहीं होता है और सारा देश परेशान होता है। हत्यारे, डकैत एवं भ्रष्ट लोग यहाँ नेतृत्व की कमान सँभालते हैं और यही फिर राष्ट्रीय राजनीति के मानक बन जाते हैं। जाति एवं सम्प्रदाय के नाम पर अपना ख़ून बहा-बहा यहाँ की जनता किसी भी बदमाश को जिता सकती है और किसी भी ज़िम्मेदार राजनीतिक कार्यकर्ता की जमानत जब्त करा सकती है, लेकिन गरीबी और पिछड़ेपन को दूर करने के नाम पर आंदोलित होती। अतः श्री दास इन प्रमुख दो 'बिमारू' राज्यों का पुनर्सांस्कृतीकरण और पुनर्राजनीतिकरण चाहते हैं। एक दूसरे चर्चित पत्रकार सपन दास गुप्त '*इण्डिया टुडे*' में छपे अपने निबन्ध 'अग्ली इण्डियन' में बताते हैं कि भारतीय अपनी वास्तविकता से नहीं बल्कि अपनी स्वनिर्मिति एवं स्वकल्पित आदर्श छवि से संचालित होते हैं और इस कारण वे एक ओर स्वयं को एक महान प्राचीन संस्कृति का उत्तराधिकारी होने के गौरव-बोध से आत्ममुग्ध रहते हैं तो दूसरी ओर वे अपने व्यक्तिगत अथवा राजनीतिक छुद्र स्वार्थों के लिए हर किस्म की घटियाई करते दिखते हैं। अर्थात् हमारे व्यवहार एवं आचरण की घटियाई हमारी स्वनिर्मिति छवि को खंडित नहीं कर पाती। दरअसल भारतीय मानसिक रूप से बीमार हैं। वह 'स्किट्ज़ोप्रसीनिक' हैं, अर्थात् उसकी भावना, विचार एवं क्रिया में कोई संगति नहीं है। सामान्य भारतीय विचार की उच्चता, भावना की संकीर्णता, और आचरण की निष्कृष्टता की अद्भुत अन्विति होता है। इस रुग्णता के सबसे अच्छे उदाहरण हैं उत्तर प्रदेश और बिहार के लोग।

बाबा साहब अम्बेडकर की दृष्टि में यह रुग्णता अत्यन्त पुरानी है और हिन्दू जीवन-बोध में ही निहित है। उनकी दृष्टि में हिन्दू का दाहिना हाथ नहीं जान पाता

कि उसके बायें हाथ में क्या है। विचार और नारा के स्तर पर वह अद्वैतवादी और 'वसुधैव कुटुम्बकम' का पोषक होता है, लेकिन सामाजिक आचरण में वह अपनी एक बहुत बड़ी आबादी को पशुवत जीवन जीते रहने के लिए विवश करता है। महात्मा गाँधी भी इस रुग्णता से वाकिफ थे। अतः उन्होंने, आलोचना से बचते हुए, स्वच्छ एवं नैतिक कर्म का मन्त्र देना चाहा था–उच्च दर्शन नहीं बल्कि सही दिशा में उठा एक दृढ़ एवं मर्यादित कदम। अतः उन्होंने साध्यों पर नहीं साधनों पर बल दिया क्योंकि वे समझते थे कि अनैतिक साधनों से प्राप्त सफलता अन्ततः व्यक्ति एवं समाज दोनों के लिए घातक सिद्ध होती है। लेकिन हमने किसी को नहीं सुना आज जैसे मुसलमान होने का अर्थ धार्मिक कट्टरपन्थी नृशंशता है उसी प्रकार हिन्दू होने का अर्थ यांत्रिक कर्मकाण्ड और सामाजिक निकृष्टता का शिकार होना है। इस सामाजिक निकृष्टता का प्रतिनिधि वैसे तो समूचा हिन्दीभाषी क्षेत्र ही है, लेकिन इसकी नाभि ही हमारा 'काउबेल्ट' है।

यह अशोभन विचार पुस्तक अथवा निबन्ध पढ़ने से नहीं बना है, हाँ उनसे पुष्टि अवश्य मिली है। यह विचार बना है रोज़-रोज़ की जिन्दगी के छोटे-छोटे अनुभवों से जिनमें से कुछ की यहाँ संक्षेप में चर्चा करना चाहूँगा।

गत दो अक्टूबर को गाँधी जयन्ती समारोह को श्रोता के रूप में देखने-समझने का अवसर मिला। उसके आयोजक एक पढ़े-लिखे व्यक्ति थे जो हमेश अपनी आवेशपूर्ण, कर्कश शब्दावली पर अपने पद एवं उम्र का वजन रखते हुए स्वयं को एक श्रेष्ठ गाँधीवादी एवं सांस्कृतिक पुरुष घोषित करते से रहते हैं। समूचे आयोजन के संचालन के दौरान उनका चेहरा स्कूली हेडमास्टर की तरह सख्त, तनावग्रस्त और आँखें लाल बनी रहीं। किसी गायक, वाचक, वक़्ता अथवा श्रोता की क्या मजाल की उनके निर्देशों से एक हर्फ भी इधर-उधर हो जाय। उन्होंने इस अवसर को गाँधी की व्याख्या-विश्लेषण से काटकर गाँधी-पूजन में रूपांतरित कर दिया। इसे वे अपनी एक बड़ी उपलब्धि बताते रहे हैं। आयोजन के दौरान मन में यह भाव बार-बार उठता रहा कि ऐसे ही गाँधीवादियों के चलते, सम्भव है, अम्बेडकर गाँधी-विरोधी बने हों, जिन्ना ने अलग राह पकड़ी हो, और बेचारे नेहरू येन-केन प्रकारेण निर्वाह करते रहे। एक दूसरा उदाहरण होम्योपैथिक कॉलेज गाजीपुर के आयोजन से सम्बन्धित है। स्वास्थ्य शिक्षामन्त्री इसकी अध्यक्षता करने वाले थे। इनके अतिरिक्त मंच पर जिलाधिकारी एवं महाविद्यालय के प्राचार्य को बैठना था। एक ओर कुर्सी किसी विशिष्ट आगन्तुक के लिए सुरक्षित थी। मुख्य अतिथि आये और उनके साथ आये कुछ पूर्व एवं वर्तमान विधायक। सभी एक ही साथ मंचस्थ हो गये। कुर्सियाँ भर गयीं और अभी अध्यक्ष आने वाले थे। प्राचार्य एवं जिलाधिकारी के लिए सुरक्षित

कुर्सियाँ कब्जिया ली गयी थीं। कई एक स्वकल्पित विशिष्ट जनों को स्थानाभाव के चलते नीचे बैठना पड़ा। अतिथि अथवा आगुंतकों को यह बात नहीं खटकी कि आयोजक की अपनी वरीयता एवं प्राथमिकता हो सकती है जिसके अनुसार मंच पर व्यवस्था की गयी होगी। इसमें सभी डिग्रीधारी थे। लेकिन इस क्षेत्र का यही प्रचलन है। नेता सांड़ की तरह प्रत्येक मर्यादा का उल्लंघन करता, अपनी फौज के साथ गतिमान एवं शब्दमान रहता है।

कुछ ऐसा ही अनुभव हुआ जगतपुर स्नातकोत्तर महाविद्यालय वाराणसी की एक विचारगोष्ठी में। यहाँ सभी पढ़े-लिखे, सुशिक्षित एवं सुसंस्कारित लोग थे–कुलपति डॉ. पातंजलि, गोष्ठी के अध्यक्ष प्रोफेसर बलदेव राज गुप्त ओर प्रोफेसर हरिकेश बहादुर सिंह, तथा मुख्यवक्ता खुद बरखुर्दार। इन सारे लोगों को मंचस्थ होना था, महाविद्यालय प्राचार्य के साथ। कौन कहाँ बैठेगा, सूचक पट्टिकाएँ पड़ी थीं। किन्तु कुलपति के निकट बैठने की अफरा-तफरी और मंच पर व्याप्त अराजकता गौरतलब थी। मंचस्थ लोगों में अनुशासन और शालीनता का अभाव सबको खटकता रहा। महाविद्यालय के प्राचार्य महोदय माइक पर कुलपति एवं अन्य अतिथियों तथा श्रोताओं का स्वागत करने तथा कुलपति के सम्मान में तैयार मानपत्र पढ़ने में लगे थे और विशिष्ट वक्ता प्रोफेसर बलदेव गुप्त बातचीत में मशगूल थे। बोलने वाले बोलते रहे और अध्यक्ष प्रोफेसर शर्मा खोद-खोद कर किसी न किसी से बातें करते रहे। प्रोफेसर गुप्त की भी यही स्थिति थी। मैं यह नहीं समझ पाया कि कुलपति महोदय किसी विवशता के शिकार थे। कोई भी विशिष्ट वक्ता अपेक्षित मानसिक तैयारी के साथ नहीं आया था। एक साहब अख़बार की एक कतरन लेकर यह समझाते रहे कि पत्रकारिता से जुड़े होने के नाते वे सूत्रवत बोलते हैं जबकि लोगों के समक्ष मात्र एक सूत्र आया कि महात्मा गाँधी व बाबा साहब अम्बेडकर व्यक्तिगत रूप से अपमानित नहीं हुए होते तो वे जो बने वह नहीं बन पाते। दूसरे प्रोफेसर जिन्हें मैं समझदार एवं चिन्तनशील मानता हूँ, ने सर्वप्रथम तीन बिन्दुओं को सामने रखा जो कुछ यूँ थे–एक, जो पाँच मिनट बोलता है वह 'सेन्स' बोलता है, जो छह मिनट बोलता है वह 'हाफ सेन्स' बोलता है और जो उससे अधिक बोलता है 'नानसेन्स' बोलता है; दो, जो कुछ नहीं कर सकता वह बोलता है, जो बोल नहीं सकता वह पढ़ता है, जो पढ़ा नहीं सकता वह लिखता है और जो लिख भी नहीं सकता वह सुनता है; तीन, मंचस्थ एवं मंच के नीचे बैठे सारे परिचितों का नेतानुमा परिचय एवं उनका सम्बोधन तथा प्रशंसा, और अन्त में श्रोताओं का उनके असीम धैर्य के लिए अभिवादन। इस 'सेन्स' की अभिव्यक्ति में प्रोफेसर साहब ने 12 मिनट लगा दिये। चलते-चलाते प्रोफेसर गुप्त की तरह एक सूत्रवत फिकरा का प्रोफेसर ने भी

उछाला—भारत का नेतृत्व, कोई लाठीधारी, चादर ओढ़े, ऐनक लगाए बूढ़ा आदमी ही करेगा, और सूट-बूट-टाई वाले लोग उसके पीछे दौड़ेंगे। मुख्य अतिथि राज्यपाल को लेकर परेशान थे जिनके साथ उन्हें किसी दूसरी जगह एक समारोह में उपस्थित होना था। अतः चलते-चलाते उन्होंने भी दो-चार चलती-फिरती बातें, लेकिन सौभाग्यवश समझदार बातें, बोलकर अपने दायित्व से मुक्ति ली। सीमित समय में मुझसे जो बन पाया था वह मैंने अपेक्षित तैयारी के साथ प्रथम वक्ता के रूप में बोल दिया था। गोष्ठी का विषय था 'महात्मा गाँधी और बाबा साहब अम्बेडकर—राष्ट्र-निर्माण के सम्बन्ध में' और इतने महत्त्वपूर्ण विषय पर इतनी खर्चीली गोष्ठी की यही कुल उपलब्धि थी। लेकिन इस क्षेत्र की सांस्कृतिक एवं बौद्धिक निर्मिति को समझने की दृष्टि से यह गोष्ठी अत्यन्त महत्त्वपूर्ण थी।

इसके ठीक विपरीत एक-दो कलकत्ता के भी अनुभव हैं। 1960 की बात है गोविन्द वल्लभ पंत छात्रावास में राज्यपाल को आना था। देर न हो जाए इसलिए हम दो लोग पहले ही राजभवन चले गये थे। किसी ने न हमारी उपेक्षा की न अनादर। राज्यपाल किसी वार्ता में भीतर मशगूल थे, लेकिन सूचना मिलते ही उन्होंने वार्ता को संक्षिप्त किया और बाहर निकलने पर यह ध्यान रखा कि उनके साथ जाने वाले अतिरिक्त सुरक्षा वाहन में हम दो लोगों को भी जगह मिल जाए। उनके साथ न कारों का काफिला था और न चापलूसों की भीड़। तब वहाँ कांग्रेसी सरकार थी। 1982 में अपने शोध के सम्बन्ध में नेशनल लाइब्रेरी गया हुआ था जहाँ एक माह गुजारने पड़े। उन दिनों वहाँ भाषाई विवाद चल रहा था। इसी विषय को लेकर मुख्यमन्त्री ज्योति बसु और राज्य के शिक्षामन्त्री एक व्याख्यान देने नेशनल लाइब्रेरी आए। दोनों एक ही गाड़ी से आये और उनके साथ केवल एक पुलिस वैन थी। कारों का काफिला देखने को नहीं मिला। चापलूसों का कहीं अता-पता नहीं था। आने के बाद अतिथिगण सर्वप्रथम आगे सामान्य कुर्सी पर बैठे और फिर 'एनाउन्स' किये जाने पर मंचस्थ हुए। मंच पर केवल चार लोग आसीन थे—मुख्यमन्त्री, शिक्षामन्त्री, पुस्तकालयाध्यक्ष और वहाँ के कर्मचारी संघ का अध्यक्ष। चार-पाँच मिनट का स्वागत वक्तव्य और वह भी बिना माल्यार्पण के, और फिर शिक्षामन्त्री एवं ज्योति बाबू का नपा-तुला व्याख्यान। व्याख्यान से लगता था कि राजनेता होते हुए भी पढ़े-लिखे, संस्कारित और भाषा विवाद की पेचीदगियों से बखूबी वाकिफ भी। धन्यवाद ज्ञापन और अन्त में दो-दो बिस्कुट और एक-एक पुरवा चाय। एक ही साथ, एक ही रूप में और सबके लिए। न कोई चापलूसी का माहौल और न ही प्रशासकीय एवं सरकारी घटाटोप। छोटे-बड़े का एहसास भी नहीं। बार-बार यह बात मन में उठती रही कि अगर गाजीपुर होता तो क्या होता—अपने आपको पहचनवाने हेतु मंच पर भीड़,

अनपेक्षित आडंबर एवं अलंकरण, औपचारिकताओं का अतिरेक, स्वार्थपूर्ण स्वागत एवं चापलूसी, लेकिन सोच-विचार शून्य।

बार-बार मन में एक बात उठती है कि हमारे यहाँ ऐसा क्यों है? क्या हमारा यह 'काउबेल्ट' कभी सुधरेगा? कई मित्र कहते हैं कि नहीं, क्योंकि जिस समाज का सांस्कृतिक तबका ही अहंकारी और बेशऊर हो वह समाज के समक्ष प्रस्तुत मानक ही दोषयुक्त है। लेकिन मन में एक बात और उठती है—दूसरे जो उभरकर आ रहे हैं वे भी तो किसी आशा का संचार नहीं करते। इस क्षेत्र की छात्र राजनीति की विचारहीनता एवं दिशाहीनता भी यही सन्देश देती है। सांस्कृतिक एवं मानसिक दृष्टि से हम चिथड़े हो चुके हैं। शायद ऐसा बहुत पहले से है। इसी बेल्ट को सुधारने के लिए कभी राम ने धनुष चढ़ाया था और कभी कृष्ण ने चक्र सुदर्शन चलाया था। 'गीता' का दर्शन भी इन्हीं को सम्बोधित था। यहीं महावीर और गौतम अपनी अहिंसा और करुणा का पाठ पढ़ाते रहे। इसी बेल्ट को कबीर अपनी कठोर 'बानी' सुनाते रहे और तुलसी वर्ण मर्यादा सिखाते रहे। महात्मा गाँधी का भी बहुत सारा समय यहीं चलते-बोलते बीता। आज बाबा साहब अम्बेडकर के विचार भी यहीं टकरा रहे हैं। अभी भी बुद्धिधर्मिता इससे हज़ारों मील दूर है। बाबा साहब ने असीम पीड़ा और छटपटाहट के साथ कहा था—'हे ईश्वर, थोड़ी अधिक बुद्धि, थोड़ी और अधिक बुद्धि, अन्यथा इस सुन्दर वाटिका को जिसे हम प्राप्त कर सकते हैं विनष्ट कर डालेंगे।' एक आधुनिक ऋषि कार्ल मार्क्स ने आगाह किया था कि अज्ञानता कभी लाभदायक नहीं रही है और भय है, इसी अज्ञानता के चलते मानव-इतिहास में अभी अनेकानेक त्रासद घटनाएँ घटती रहेंगी। और कहीं के लिए यह सच हो या न हो, इस 'काउबेल्ट' के सन्दर्भ में इसकी सच्चाई से इनकार नहीं किया जा सकता। यहाँ पौरुष, नैतिकता और विवेक की आँधी आती है और चली जाती है, लेकिन हम 'काउबल्ट' के लोग यथावत बने रहते हैं। अपने सोच एवं आचरण को थोड़ा सुन्दर एवं विवेकशील बनाते हुए हम अपेक्षित न्यूनतम भी नहीं सीख पाते। दुःखद यह है कि इस देश के लोकतन्त्र का भविष्य भी इसी 'काउबेल्ट' की नियति से जुड़ गया है। कार्ल मार्क्स, महात्मा गाँधी और बाबा साहब को मिलाते हुए मैं भी कहना चाहूँगा—हे प्रभु! थोड़ी और समझ, थोड़ी और बुद्धि, थोड़ा नैतिक-बोध और थोड़ा और मर्यादा-बोध भी, ताकि 'काउबेल्ट' रूपी इस डरावने जंगल को वाटिका का सुन्दर रूप दिया जा सके।

समकालीन सोच, जनवरी-मई 1999

नागरिक जीवन के प्रश्नांकित प्रतिमान

देश को स्वतन्त्र हुए छियालिस वर्ष पूरे हुए हैं। इस दौरान अनगिनत एवं आश्चर्यजनक बदलाव आये हैं—ऐसे बदलाव जो आँखो में उंगुली डालकर अपनी ओर ध्यान खींचते हैं। हमने गाँधी से ठाकरे तक नेहरू से नरसिम्हा राव तक, अम्बेडकर से कांशीराम तक, मालवीय से वामदेव तक, आज़ाद से मदनी तक, घनश्याम बिड़ला से हर्षद मेहता तक, बलराज साहनी से राजेश खन्ना तक और सहज, विश्वासी एवं समझदार अपढ़ से नासमझ, लम्पट एवं अशिक्षित डिग्रीधारी तक की यात्रा तय की है। आश्चर्य नहीं, पर स्वाभाविक रूप से हमें जाने-अनजाने समाजवादोन्मुख राज्य से पूँजीपरस्त राज्य तक, धर्मनिरपेक्षता से छद्म धर्मनिरपेक्षता तक, धार्मिकता से साम्प्रदायिकता तक, क्रान्तिकारी मानवतावाद से आतंकी पशुता तक और इस सबके सार तत्व के रूप में युवक भगत के बलिदानी गीत 'मेरा रंग दे बसन्ती चोला' से आज के शिक्षित युवक के रंगीले गीत 'चोली के पीछे क्या है?' (जिसमें हमारे न्यायमूर्तियों को भी कुछ आपत्तिजनक नहीं सूझता) तक पहुँचे हैं। संप्रति सत्तासीन राजनीति कितनी आसक्त और मक्कार बनी है इसका अंदाजा इतने भर से लगाया जा सकता है कि राजनीति से धर्म को अलग करने के लिये जो बिल पेश हुआ उसमें धर्म के साथ-साथ जाति, भाषा, क्षेत्र जैसे मुद्दों को भी डाल दिया गया। रिटर्निंग अधिकारी को ही किसी की उम्मीदवारी को खारिज़ करने और विधानसभाओं को किसी दल को असंवैधानिक करार देने के अधिकार दे डालने का प्रारूप पेश कर दिया गया। बिल को पेश करने से पूर्व ऐसे दलों को विश्वास में नहीं लिया गया जो धर्म और राजनीति को एक-दूसरे से अलग रखने के घोषित पक्षधर थे। अर्थात् बिल को जिस प्रकार और जिस रूप में पेश किया गया उससे उसके सभी पक्षों द्वारा उग्र अस्वीकृति स्वयं सिद्ध थी। इसके द्वारा या तो राजनीति से सारी बुराइयों को एक झटके में कानून के द्वारा समाप्त कर डालने की कोशिश की गयी या फिर साँप को भी बचाया गया और लाठी भी बचाई गयी। इसमें दूसरी बात की ही सम्भावना अधिक है, क्योंकि कानून की नपुंसकता से हमारे विधि निर्माता अपरिचित नहीं हैं।

हमारे सत्तासीन लोगों को यह भी ठीक से मालूम है कि राजनीति सम्भावनाओं का खेल होती है और इसलिए, क्या मालूम कब इस खेल में सांप और लाठी दोनों को एक-दूसरे की मदद की आवश्यकता पड़ जाये। सम्प्रति संक्रमणकालीन राजनीतिक दौर में किसी भी सम्भावना से इनकार नहीं किया जा सकता।

इस सम्भावना के खेल में राज्य तो आसक्त ही रहा है, नागरिक जीवन की मान्यताएँ और प्रतिमान भी टूट रहे हैं। अगर कमज़ोर होते राज्य के बावजूद हमारा नागरिक जीवन सुरक्षित होता अर्थात् हमारे लोक-जीवन की विभिन्न संस्थाएँ और परम्पराएँ जिनके बलबूते हज़ार उतार-चढ़ावों के बीच यह बचा रहा, तो भी कोई चिन्ता की बात नहीं थी। किन्तु आसक्त होते राज्य के साथ-साथ लोक-जीवन की संस्थाबद्ध मर्यादाओं का आसक्त होते जाना हमारे लिए अशुभ संकेत है। ऐसे में समूचा समाज प्रतिमान विहीनता का शिकार बनता जाता है। अपराधी और लम्पट निर्णायक भूमिका में आ जाते हैं और अपराध संस्थाबद्ध हो जाता है। उधर राज्य के समक्ष उपस्थित चुनौतियाँ इसकी औकात से भारी हैं। हज़ारों वर्षों से ठहरे, जकड़े, जातिबद्ध एवं सम्प्रदायबद्ध भारतीय समाज को औद्योगीकरण, तकनीकी, क्रान्ति, उदार-शिक्षा, प्रतियोगी राजनीति, इहलौकिकतावाद, उपेक्षित-दलित तबकों के संगठित दावे से उत्पन्न चुनौतियाँ झेलनी पड़ रही हैं। राजनीतिक संकल्प के अभाव में राज्य के हस्तक्षेपी क्षमता में छीजन आयी है। 'परिवर्तन और स्थिरता' का फेबियनवादी सिद्धान्त चुनौती पर चढ़ गया है। सभी तबके असुरक्षित और संशयग्रस्त हैं क्योंकि सबके पास केवल दावे और अधिकार हैं, जिम्मेदारियाँ और कर्तव्य नहीं।

बुद्धिजीवी भी उदासीन, विरक्त अथवा संशयग्रस्त हैं। संवेदनशील एवं कल्पनाशील लोग अपने-अपने स्वायत्तलोक की रचना में लगे हैं। साहित्य में अंकुठ मन और निरभ्र सोच का नितान्त अभाव है। किसी का 'महासमर' करइल के कीचड़ में फँसा है तो किसी का 'नीला चाँद' अतीत के एक सीमित काल-गह्वर में इस प्रकार फँस गया है कि इसके द्वारा वर्तमान पर फेंकी गयी रोशनी विवेकसंगत नहीं है। किसी की कामधेनु सदृश्या संस्कृति इतनी अतीतोन्मुखी है कि वह भी या तो वर्तमान की भूख से बेखबर है या वर्तमान से इतनी चिढ़ती है कि इसका सामना होते ही भावुक हो जाती है। गीतों और कहानियों में कुंठाग्रस्तता है अथवा पलायन। बिचारे जे. के. के 'ज़िन्दा' लोगों और धूमकेतु की 'मुनादी' को कोई सुनने वाला नहीं है। कुछ बुद्धिजीवी सम्प्रति राजनीति से विरत हो या तो गाँधीवादी फंतासी गढ़ रहे हैं या कुछ जो राजनीति के हाशिए पर रहकर क्रान्तिकारी बाना धारण किये हैं वे अपने-अपने काव्य-सुलभ नाटकीय अतिवाद के शिकार हैं। जड़ मार्क्सवादी का वही हाल है जो जड़ संस्कृतिवादियों का है। सम्भावनाओं की तलाश में सभी अतिवाद

के शिकार हैं। कुछ लोग दायें पलायन कर रहे हैं और कुछ लोग बायें। सबकी अपनी-अपनी विडम्बनायेँ हैं। कुछ स्मृति-दोष के शिकार हैं तो कुछ यथार्थपरक 'विजन' के शिकार हैं। किसी को कबीर के 'राम' क्रान्तिकारी दिख रहे हैं तो किसी को तुलसी के 'राम'। किसी को केवल जातक कथाओं के 'सीता-राम' याद हैं तो किसी को केवल वैष्णव परम्परा के। 'वत्सलनिधि' आन्दोलन के आयोजक राम द्वारा सीता के अपमान को याद कर हज़ार जोख़िम उठाते हुए क्षमा-याचना हेतु मिथिला तक की यात्रा तो करते हैं, लेकिन ये राम द्वारा शंबूक-वध से आहत और दलित पड़ोसी की भावनाओं से बेखबर हैं। आशय यह कि अपनी-अपनी सम्भावनाओं की तलाश में सभी एकरेखीयता के, सभी अनन्यता के शिकार हैं। सभी अपने-अपने मिथकों में फँसे हैं। जे. के. का जागा 'एकलव्य' भी अपवाद नहीं है।

सम्भावनाओं के इस खेल में जो आज राजनीतिक सतह पर केन्द्रीय दावेदार हैं वे कुर्सीपरस्ती में औंधियाए हुए हैं। मुलायम को केवल कुर्सी चाहिए और विश्वनाथ प्रताप को केवल आरक्षण कोटा। राव साहब दक्षिणवाद के चबूतरे पर चढ़कर गद्दी को हाथ, पाँव, दाँत, नख आदि से इस प्रकार पकड़े हुए हैं कि अर्जुन का सेक्यूलर गांडीव बिल्कुल प्रभावहीन है। उधर चन्द्रशेखर जी भोड़सी के झुरमुट में छिपे ठीक समय पर पंजा मारने के लिये राजनीतिक चौराहे पर नज़र गड़ाये बैठे हैं। आडवानी ने तो खैर कुर्सी की संस्कृति में अपनी समूची भारतीयता को दांव पर लगा दिया। समग्र सोच और समन्वित क्रिया का इतना अभाव कभी नहीं देखा गया है।

लेकिन राजनीतिक सम्भावनाओं की वर्तमान हताश तलाश में एक सुखद सम्भावना भी निहित है। पिछले चार दशकों की राजनीति का सर्वाधिक महत्वपूर्ण पक्ष यह है कि लोकतन्त्र जमीन तक पहुँचा है। गाँधी की महात्मायी नैतिकता, नेहरू के फेबियनवादी उदार आधुनिक विचार, मानवेन्द्र-डांगे के आकाशीय साम्यवादी आदर्श आकाश-बेल की तरह परम्परायुक्त भारतीय समाज पर लटके हुए थे। सब कुछ आरोपित सा था। राजनीतिक मूल्यों के संवाहक वे बने जिनका उनमें विश्वास नहीं था। अब जमीनी यथार्थ से उनकी टक्कर हुई है। जाति, धर्म, क्षेत्र आदि के सारे अन्तर्विरोध उभरकर राजनीतिक सतह पर आये हैं। अब नेतृत्व उनके हाथ में आ रहा है जिनके स्वार्थ लोकतन्त्र द्वारा ही किसी सीमा तक पूरा होने को है। अर्थात्, वर्तमान भले ही अन्धकार में दिख रहा हो लोकतन्त्र का भविष्य फिलहाल सुरक्षित है। व्याप्त अन्तर्विरोधों में निहित अतिक्रमण की सम्भावना देखी जा सकती है। अनजाने ही विश्वनाथ प्रताप इस सम्भावना के अग्रदूत हैं। अब सामाजिक विषमताओं का मिटना अवश्यंभावी है। इसके बाद ही राजनीति अपने आर्थिक आधार को समझ-पकड़ कर वास्तविक इहलौकिक सरोकारों से जुड़ सकेगी।

साम्प्रदायिक राजनीति की क्रूरता और बंध्यापन को अपने व्यावहारिक हानि-लाभ के निष्कर्ष पर तौल कर आमजन इसे नकार देंगे। अतिवादी वाम आन्दोलन राजनीति उत्प्रेरक के रूप में हाशिए पर सक्रिय रहेंगे। देर-सबेर हम अपने बहुल समाज की शर्तों को स्वीकारने के योग्य बनेंगे। हमें इन सकारात्मक सम्भावनाओं की तलाश नेताओं की राजनीतिक लफ्फाजी और दुस्साहसिकता में न करके वस्तुनिष्ठ यथार्थ और आम आदमी के व्यावहारिक विवेक में करना चाहिए। डॉ. जान्सनी ने यही कहा था कि सभी लोगों को हमेशा-हमेशा तक बेवकूफ नहीं बनाया जा सकता। प्रतियोगी राजनीति जाने-अनजाने इतनी समझ जरूर दे देती है। जर्मनी के नेताओं द्वारा अपनी संसद में एक दूसरे के विरुद्ध की गयी तीखी टिप्पणियों के सन्दर्भ में कार्ल मार्क्स ने कहा था कि वे नेता अपने बारे में भले झूठ बोलते हों, लेकिन अपने विरोधियों के बारे में अवश्य सच बोलते हैं। अर्थात् किसी न किसी प्रकार सबका सच-झूठ सामने आ जाता है। प्रतियोगी लोकतान्त्रिक राजनीति अनचाहे और अनजाने ही समाज को सूचित और शिक्षित करती रहती है। भारतीय राजनीति इसका अपवाद नहीं हो सकती और इसी पर भारत का समूचा भविष्य निर्भर है।

समकालीन सोच, अगस्त-सितम्बर 1993

राजनीति में नैतिकता का अवमूल्यन

वर्ष 1991 अभी बीता है और हम 1992 में प्रवेश किये हैं। यह अत्यन्त ही कौतूहल, विस्मय, अनिश्चय और विराट घटनाओं वाला वर्ष रहा। विश्वव्यापी प्रभाव की दृष्टि से इसकी तुलना प्रथम और द्वितीय महासमरों से की जा सकती है। कुछ के लिए यह गहरे मोहभंग का वर्ष रहा तो कुछ के लिए अप्रतिम अवसाद, पीड़ा, पस्ती और दुःस्वप्नों वाला। समाजवाद-साम्यवाद विरोधियों के लिए तो शायद ही इससे अधिक आह्लाद, उत्साह और उपलब्धि का वर्ष हाथ लगे। विराट घटनाओं के इस अप्रतिम वर्ष के महानायक (epic hero) बने राष्ट्रपति बुश, त्रासद नायक थे राष्ट्रपति गोर्वाच्योव और प्रतिनायक सिद्ध हुए राष्ट्रपति सद्दाम। खाड़ी युद्ध की परिसमाप्ति के साथ ही अमेरिका अविवादित महाशक्ति बन गया और सोवियत संघ के राजनीतिक पराभव, बिखराव और अन्ततः विघटन ने उसके 'अमरीकी विश्व' के पुराने सपने को साकार कर दिया। चाहे सुखद हो अथवा दुखद, शुभ हो अथवा अशुभ आज हम सभी 'अमरीकी विश्व' के नागरिक हैं। समाजवादी सत्ताओं के बिखराव और परिसमाप्ति के साथ ही तनाव-शैथिल्य आया, दुनिया आणविक आतंक से कुछ समय के लिए मुक्त हुई और विचारधारा के नाम पर एकदलीय निरंकुश सत्ताओं का अन्त हुआ। यह सब तो कमोबेश ठीक ही हुआ। लेकिन इनके साथ ही बहुदलीय पूँजीवादी लोकतन्त्र की अप्रत्याशित प्रतिष्ठा और स्वीकृति मिली। लोकतन्त्र के नाम पर बारीकी से पूँजी की सत्ता स्थापित होने लगी। अब आदर्श नहीं, व्यवहार सार्थकता नहीं, सफलता नहीं, मनष्य नहीं, पूँजी लोक-कल्याण नहीं, उत्पादन और मुनाफा समकालीन राजनीति के केन्द्रीय बिन्दु हैं। अभी तो सत्ता लोलुप राजनीतिज्ञ पूँजी पर हावी था, अब लुटेरे पूँजीशाह राजनीति पर हावी होंगे। आश्चर्य नहीं, अब समाजवाद, सार्वजनिक उद्योग, आत्मनिर्भर अर्थव्यवस्था, तीसरी दुनिया द्वारा रेखांकित 'एक नयी वास्तविक अर्थव्यवस्था' की अवधारणा जैसे मुद्दे राजनीतिक शब्दावली से गायब हैं। सारे पिछड़े एवं विकासशील देशों में विश्व बैंक के माध्यम से पूँजीवाद का हस्तक्षेप निर्णायक है। भारत के सन्दर्भ में श्री विश्वनाथ

प्रताप सिंह ने एक सही बात कही है कि आज भारत में विश्व बैंक की सरकार है और उसके प्रधानमन्त्री हैं डॉ. मनमोहन सिंह।

इतिहास की यह कैसी विडंबना है जो जीत जाता है वह राम, कृष्ण और मुहम्मद बनता है और जो हार जाता है वह रावण, धृतराष्ट्र और शैतान। मिल्टन का 'शैतान' अपने समर्थकों को यह बार-बार याद दिलाता है कि उसमें और 'ईश्वर' में केवल एक अन्तर है : ईश्वर के पास अमोघ अस्त्र-वज्र है जो उसके पास नहीं है। बस। 1991 के खाड़ी युद्ध ने भी इतना ही सिद्ध किया है। इतिहास में सत्य और न्याय अक्सर विजेताओं की रखेल के रूप में ही दिखते हैं। कभी वे विजेता सम्राटों, सामन्तों और धर्माचार्यों की रखैल थे तो कभी विजेता मार्क्सवादियों के। आज ये पूँजीशाही के शिरोमणि राष्ट्रपति बुश के सफेद महल में हैं और भारत में यहाँ ये बहुमत की रखैल बनने का स्वाँग भरते हैं, विभिन्न जातिवादी एवं साम्प्रदायिक रथी इनका अपहरण करके भागने की अनवरत कोशिश में हैं। दरअसल, जब भी विचार और आदर्श विचारधारा (ideaology) में पथराते हैं तो सत्य और न्याय रखैल बन जाते हैं, चाहे सम्बन्धित आदर्श बुद्ध, जीजस और गाँधी के हों अथवा मुहम्मद, मार्क्स और अम्बेडकर के।

प्रायः सत्तर वर्षों के असफल रूसी प्रयोग से जो वस्तुस्थिति उभरी है उससे कुछ निष्कर्ष निकाले जा सकते हैं। एक, विरोध रहित राजनीति कभी नग्न सत्ता-मोह से विरत नहीं हो सकता। दो, अतिवादी राजनीति जिसमें हिंसा और प्रतिहिंसा से नहीं बचा जा सकता, सत्तासीन होने पर भी मानवीय समाज का निर्माण नहीं कर सकती। हिंसा और प्रतिहिंसा का क्रूर दौर नेताओं के मूल सात्विक क्रोध को विकृत करता है जिसके दुःखद सामाजिक परिणाम होते हैं। तीन, विजेता रोमानी आदर्श की अनिवार्य परिणति किसी न किसी प्रकार का अधिनायकवाद है, क्योंकि इसके पुरस्कर्ता और अनुयायी यह समझ ही नहीं सकते कि कोई भी निर्वैयक्तिक सामाजिक आदर्श सामान्य आदमी को देर तक उदात्त और सक्रिय नहीं बनाये रखा जा सकता है। चार, शास्त्रीय कठमुल्लावाद चाहे बहुधार्मिक हो अथवा राजनीतिक, मनुष्य के व्यापक हितों के विरुद्ध पड़ता है। पाँच, किसी विराट सकारात्मक अर्थात् प्रगतिधर्मी विचारधारा के बिना पिछड़े एवं विकासशील देशों में नस्ली, साम्प्रदायिक, जातिवादी, भाषाई, क्षेत्रीय ताकतें मुखर और आक्रामक बनती हैं और राष्ट्रीय बिखराव तथा विघटन की राजनीति विश्वसनीय बनती है। और छह समाजवादी राजनीति व्यवस्था का रूसी अथवा चीनी नमूना अब अप्रासंगिक है।

इसके मानी यह नहीं कि अब मार्क्सवाद अप्रासंगिक हो गया है। अन्तरराष्ट्रीय स्तर पर फैलते और कसते पूँजीवादी शिकंजे के वर्तमान दौर में केवल मार्क्सवाद ही

प्रासंगिक हो सकता है। पूँजीवाद के अन्तःतर्कों को समझने, व्याख्यायित करने, उससे लड़ने और उसे रूपान्तरित करने का अभिकरण अभी कोई दूसरा उपलब्ध नहीं है। लेकिन चूँकि पूँजीवाद बदलता गया है इसलिए मार्क्सवाद को भी अपनी सोच और तकनीक में परिवर्तन लाना होगा। इस समय मार्क्सवादी आन्दोलन में निम्नलिखित बिन्दु विचारणीय हो सकते हैं। एक, अब साम्यवाद नहीं बल्कि समाजवाद या वाम; सशस्त्र क्रान्ति के नाम पर राजनीतिक लफ्फाजी, अपहरण, आतंक और नरसंहार नहीं बल्कि विभिन्न इतिहास सिद्ध वर्गों एवं समुदायों की भूमिकाओं का वस्तुनिष्ठ आकलन और देशी-विदेशी एकाधिकार पूँजी के विरुद्ध उनकी राजनीतिक एकजुटता; प्रचलित बहुदलीय राजनीति में संगठित और सक्रिय हस्तक्षेप; परम्परागत सर्वहारा की असाधारण का अर्थ-विस्तार मध्यमवर्ग के प्रति परम्परागत नकारात्मक दृष्टिकोण का यथासम्भव पुनर्मूल्यांकन। दो, मार्क्सवादी चिन्तन की अपनी एक विशाल एवं शानदार वैचारिक परम्परा है। बर्नस्ताइन, लूकाच, ग्राम्शी, कॉडवेल और मानवेन्द्र जैसे लोग भी हैं जिनकी अनेक अन्तर्दृष्टियाँ मार्क्सवादी राजनीतिक विवेक को पथराने से बचा सकती हैं। योरोपीय 'नववाम' तथा प्रैन्फफर्त स्कूल ने व्यवस्थाओं की आलोचना के मार्क्सवादी अभिकरण को बहुत बारीक और समृद्ध बनाया है और इस प्रकार मार्क्सवाद को समकालीन बनाने की कोशिश है। इनसे बेखबर रहना मार्क्सवादी आन्दोलनों के लिए स्वास्थ्यकर नहीं होगा। तीन, नारी-मुक्ति पर्यावरण साक्षरता, वर्णवाद और सामाजिक सम्मान, नागरिक स्वतन्त्रताएँ जैसे मुद्दों को आर्थिक-सामाजिक रूपान्तरण की राजनीति के केन्द्र में लाना होगा। चार, समाजवाद की अवधारणा को कमोबेश देशज स्वरूप देना होगा। इसके 'विजन' के अनुरूप देशज प्रतीकों एवं परम्पराओं का सम्मान रेखांकित करना उपादेय होगा। अतः महावीर, बुद्ध, कबीर, नानक, अशोक, अकबर, विवेकानन्द, गाँधी, अम्बेडकर, लोहिया जैसे प्रतीकों का राजनीतिक पुनर्मूल्यांकन होना चाहिए। इस दिशा में मार्क्सवादी विचार-परम्परा ने क्रान्तिकारी आन्दोलनों से उभरे प्रतीकों—बिस्मिल, अशफाकउल्ला, भगत, आज़ाद, मखदूम आदि का सही चुनाव किया और इन्हें साम्प्रदायिकों की थाती बनने से रोका है। इसी प्रकार के अनेक प्रतीक और परिप्रेक्ष्य हैं जिन्हें यह आन्दोलन अपने अनुभवों के प्रकाश में उपयोगी पा सकता है।

आशय यह कि भारतीय वाम को सृजनशील बनना होगा। रूसी मिथक के ढहने और चीनी मिथक के कच्छपी आत्म-बचाव के वर्तमान दौर में इसे सृजनशील होने का अवसर मिला है। चर्चित मार्क्सवादी स्थापना कि 'सामाजिक अस्तित्व सामाजिक चेतना को निर्धारित करता है', मार्क्सवादियों पर भी लागू होती है। सोवियत संघ के पराभव एवं विघटन का एक प्रमुख कारण यह भी था कि वे विज्ञान, तकनीक और

भारी-भरकम योजनाओं के माध्यम से सामाजिक जमीन तो बदलते रूपांतरित करते रहे, लेकिन उस बदलाव के अनुसार स्वयं को बदलने में पिछड़ते थे। सत्ता और समाज के बीच की खाई गहराती और चौड़ी होती गयी। गोर्वाच्योव ने उसी को पाटने का प्रयास किया जो असफल ही नहीं, बल्कि घातक सिद्ध हुआ। दरअसल सोवियत संघ का सत्तासीन मार्क्सवाद सृजनहीन बनकर पथरा गया था। राजनीतिक एकाधिकारी के चलते कोई मार्क्सवादी कीन्स अथवा मार्क्सवादी वाल्तेयर न पैदा हो सका। दुखद है कि अभी भी अनेक मार्क्सवादी संगठन और दल शुतुर्मुर्गी भंगिमा अपनाए हुए हैं और गोर्वाच्योव को सी.आई.ए. का 'ट्रोजन हार्स' मानकर सन्तुष्ट हो जाते हैं।

सोवियत यूनियन के विघटन के बाद भारत जैसे भाषा बहुल एवं संस्कृति बहुल समाजों में राजनीतिक स्थिति और बिगड़ सकती है। आज विश्व के पास कोई ऐसी विचारधारा नहीं है जो लोगों को आदर्शोन्मुख बनाकर उन्हें जोड़ सके। अतः छोटी-छोटी सांस्कृतिक अस्मिताएँ सम्प्रदाय, नस्ल, क्षेत्र, भाषा आदि के नाम पर 'एक राष्ट्र एक राज्य' के लिए आत्म-निर्णय का अधिकार माँग रही हैं। राज्य कमज़ोर पड़ रहे हैं क्योंकि प्रवृत्ति केन्द्र से दूर भागने की है। एक प्रकार की वैचारिक शून्यता है जिसे भरने के लिए कहीं बी.जे.पी. बैंड हिन्दुत्व ज़ोर मार रहा है तो कहीं इस्लामी अथवा खालसावादी मौलिकतावाद। पश्चिमी योरप में भी आज नस्लवाद नये रूप में सर उठा रहा है। इन पर अंकुश के लिए पूँजीवाद के पास चुनाव, बाज़ार और प्रशासन के अतिरिक्त और कुछ ठोस नहीं है, लेकिन अति विकसित एवं विभक्त समाजों में चुनाव केवल अन्तर्विराधों को उभारता और उग्र बनाता है, और बाज़ार का तर्क क्षेत्रीय असन्तुलन पैदा करता है जिससे बिखराव और विघटन की राजनीति का सूत्रपात होता है। अर्थात् चुनाव और बाज़ार एक ही परिणाम देते हैं। इस परिणाम से बचने के लिए भावनात्मक एकता और अखंडता का खोखला नारा दिया जाता है। घातक निहित स्वार्थों से अस्वस्थ समझौते किये जाते हैं और अन्ततः राजकीय आतंक का सहारा लिया जाता है। पूँजीवाद की इस लुटेरी और प्रतियोगी बाज़ार-नैतिकता का आज भारत शिकार है। अतः राज्य का प्रभावी एवं निर्णायक हस्तक्षेप राष्ट्रीय विवशता है।

फिर क्या किया जाए? मुझे एक विकल्प सूझता है और वह यह कि सत्ता को लोकतान्त्रिक किया जाय और सामाजिक-आर्थिक जीवन में उसके हस्तक्षेप को सकारात्मक एवं प्रभावी बनाया जाय। नेहरू और अम्बेडकर ने तो यही सोचा था। इस परिप्रेक्ष्य में राष्ट्र-निर्माण के नेहरूवादी सन्दर्भ बहुआयामीय लोकतन्त्र, सार्वजनिक उद्योग, आर्थिक आत्म-निर्भरता, धर्मनिरपेक्षता, प्रगतिशील विदेश नीति अभी प्रासंगिक हैं। लेकिन आज भीतर और बाहर दोनों ओर से इन पर दबाव है। कांग्रेस इन दबावों

के समक्ष समर्पण करती जा रही है। प्रायः सभी केन्द्रस्थ दल केन्द्र के दाहिने भाग रहे हैं। आज भूमि-सुधार, शहरी सम्पत्ति का सीमांकन जैसे मुद्दों पर राजनीतिक चर्चा नहीं होती। मण्डल और कमण्डल और शरीयत ने राजनीतिक सोच को अवरुद्ध कर रखा है। पूँजी के बढ़ते-कसते प्रभाव में धीरे-धीरे बेरोज़गारी और महँगाई की भी चर्चा बन्द हो जाएगी और लोगों को मेहनती बनने का पाठ पढ़ाया जायेगा। हमारे चुनाव तन्त्र ने अपराध और भ्रष्टाचार को वैधता प्रदान कर दी है। राजनीति में नैतिकता का अवमूल्यन हो चुका है। नेहरू की अपनी राजनीतिक विरासत दक्षिण की ओर मुड़ चुकी है, और डॉ. अम्बेडकर की राजनीतिक विरासत भी निहित स्वार्थों की जकड़ में है। शरीयत और हिन्दुत्व की राजनीति केवल एक-दूसरे को मज़बूत बनाने के लिए है। समाज का निरंकुश मंडलीकरण एक नये किस्म के सवर्णीकरण की शुरुआत है। ऐसी स्थिति में भारतीय वाम ही आशा की एकमात्र किरण है। नेहरूवादी मूल्यों की रक्षा करना और डॉ. अम्बेडकर के सामाजिक-वैचारिक संघर्षों को आगे बढ़ाना और उन्हें वैचारिक परिप्रेक्ष्य देना भी आज मुख्यतः उसी की ज़िम्मेदारी है। वाम के अभाव में जाति-निरपेक्ष और सम्प्रदाय-निरपेक्ष राजनीति की कल्पना नहीं की जा सकती। अतः आवश्यक है कि भारतीय वाम स्वयं को समकालीन बनावे और अपने प्रभावी हस्तक्षेप के लिए बिखरे सूत्रों को एकत्र करे। सांस्कृतिक, सामाजिक एवं आर्थिक रूपान्तरण और सत्ता के संघर्ष के साधन के रूप में गाँधीवादी सिविल नाफरमानी और सत्याग्रह को भी वह क्रान्तिकारी अंजाम दे सकता है। यह दुष्कर तो है, लेकिन अप्रासंगिक नहीं, और इसकी उपादेयता असन्दिग्ध है। इस सन्दर्भ में विश्व प्रसिद्ध क्रान्तिकारी साहित्यकार बर्तोल्त ब्रेख्त की निम्नांकित कविता जो 'भावी पीढ़ियों' को सम्बोधित है, विचारणीय है :

फिर भी हम सब जानते हैं
घटियापन से नफ़रत भी
विकृत करती है आदमी के चेहरे को।
अन्याय के विरुद्ध क्रोध भी
आवाज को कर्कश बनाना है
कैसी विडम्बना!
हम जो आदमीयत के लिये जमीन बनाने चले
स्वयं न हो सके भले।

समकालीन सोच, जनवरी 1992

हिन्दू सन्तों की राजनीति बीते हुए कल की राजनीति

विद्वानों की मान्यता है कि पुराने समाज व्यवस्थित थे क्योंकि तब परिवर्तन की गति अत्यन्त धीमी थी। आदमी के पास अपनेपन और माहौल के बीच तालमेल बैठाने के लिए पर्याप्त समय था। किन्तु आज वैचारिक-सामाजिक बदलाव की गति इतनी तेज है कि यह तालमेल असम्भव सा हो गया है। आज का सत्य कल का सत्य नहीं है। परम्परा, मूल्य, प्रतिमान जैसी केन्द्रीयताएँ समाप्त हो रही हैं। आदमी उखड़ा हुआ एवं धुरीहीन दिख रहा है। परिवर्तन की गति की ओर जरा ध्यान दें। योरोप में ईसवी सन् से लेकर अठारहवीं सदी के मध्य तक जितने परिवर्तन हुए थे उनसे अधिक परिवर्तन अगले डेढ़ सौ वर्षों के दौरान हुए, और उनसे भी कहीं अधिक परिवर्तन 1900 और 1950 के बीच हुए। 1950 तक आते-आते पश्चिमी जगत मानों बिल्कुल नया बन गया हो। ऊपर से गिरते हुए पिण्ड की गति की तरह परिवर्तन की गति भी तेज होती जा रही है। नैरंतर्य एवं परिवर्तन की पुरानी अवधारणा मानों बेमानी हो। प्रत्येक दशक नयी उथल-पुथल, नया हादसा लिए जाता है। कौन जानता था कि 1985 तक ऊपर से फौलाद की तरह मज़बूत दिखने वाली सोवियत व्यवस्था इस प्रकार छिन्न-भिन्न हो जायेगी। इतना व्यापक एवं दूरगामी असर वाला मोहभंग शायद ही कभी इतिहास ने झेला हो।

कुछ ऐसी ही स्थिति आज हिन्दू समाज में भी देखी जा सकती है। वेदों-उपनिषदों के काल से प्रायः 1950 तक हिन्दू समाज का पुरानापन कमोबेश कायम रहा। इसे तोड़ने के अनेक छोटे-बड़े प्रयास हुए, लेकिन वर्ण व्यवस्था केन्द्रस्थ बनी रही। गौतम बुद्ध और अशोक के सद्प्रयास हाशिए पर चले गये। मध्ययुगीन सन्तों एवं भक्तों की चीख अनसुनी कर दी गयी। उनका आध्यात्मिक मानवतावाद जीवन की क्रूर वास्तविकता पर कोई प्रभाव न छोड़ा सका। फिर 11वीं सदी में सांस्कृतिक टकराहट तथा अंग्रेज़ी 'शिक्षा' से जन्मे मानवतावाद, बुद्धिवाद और अनुभवाश्रित विवेक से प्रेरित कुछ विचार-पुरुषों—राममोहन, रानाडे, दयानन्द, विवेकानन्द, ज्योतिबा फुले आदि ने वैचारिक-सामाजिक हलचल मचाई। देश में नये सिरे से राजनीतिक-सामाजिक

सिरकतें प्रारम्भ हुईं, जिन्हें गाँधीवादी एवं क्रान्तिकारी प्रयासों ने अतिरिक्त बल दिया। नेहरू एवं अम्बेडकर आदि ने इन्हें संस्थाबद्ध करने और राजकीय संरक्षण प्रदान करने की दिशा में अग्रणी भूमिका निभाई। साम्यवादी एवं समाजवादी आन्दोलनों ने प्रभावी उत्प्रेरक का काम किया। दक्षिण में यह भूमिका रामास्वामी नायकर ने निभायी। चरण सिंह और विश्वनाथ प्रताप सिंह के राजनीतिक हस्तक्षेपों ने 'पिछड़ों' को राजनीतिक व्यक्तित्व दिया। परिवर्तनों की उसी प्रक्रिया में दलितों में भी एक प्रभावशाली मध्यमवर्ग पैदा हुआ जिसने अपने 'बाबा साहब' को समझा और समझाया तथा उसी के प्रोत्साहन एवं संरक्षण में धीरे-धीरे दलितों ने भी अपनी एक स्वतन्त्र एवं सशक्त राजनीतिक पहचान बनाने में अपूर्व सफलता पायी है। गाँधी एवं कांग्रेस के पित्रात्मक संरक्षण से गुजरती हुई दलित राजनीति आज आत्म-चेता अम्बेडकरवादी है और वर्ण-व्यवस्था की आधारशिला पर बेरहमी से चोट कर रही है।

अपने लम्बे इतिहास में पहली बार 'सनातन' एवं 'दैवीय' वर्ण व्यवस्था (जो बहुत पहले ही जाति व्यवस्था में विकृत हो चुकी थी) को वास्तविक आंतरिक चुनौतियाँ झेलनी पड़ रही हैं। सवर्ण तबकों की परम्परागत प्रभुता एवं नेतृत्व अन्तिम स्वांस ले रहा है। उनके धर्मग्रन्थ और देवता भी दरकिनार किये जा रहे हैं। उपस्थित चुनौतियाँ वैचारिक, राजनीतिक एवं सामाजिक तीनों स्तरों पर हैं। बहुआयामीय आक्रमण कभी नहीं हुआ था। गौतम बुद्ध पचा लिये गये क्योंकि बिना सामाजिक-राजनीतिक आधार के ही उन्होंने 'बहुजन हिताय बहुजन सुखाय' की बात की थी। बुद्ध स्वप्नदर्शी थे, राजनीतिक पुरुष नहीं थे। बौद्ध संघों को राजाओं, महाराजाओं और सेठों के संरक्षण के साथ ही बुद्धधर्म की सामाजिक तेजस्विता समाप्त हो गयी। अतः पुष्यमित्र के आने के साथ ही वर्ण व्यवस्था अपनी सारी पुरानी विकृतियों के साथ पुनः प्रतिष्ठित हो गयी। कुछ अनुदार सनातनी आज भी है जिन्हें पुष्यमित्र आज भी याद आता है। ऐसे ही किसी राजनीतिक अवतार की शुतुर्मुर्गी कल्पना अभी मरी नहीं है। व्याप्त बेचैनी और भयग्रस्तता के बीच यह एक सुरक्षात्मक किन्तु आत्मघाती सपना है। दरअसल ये लोग लोकतान्त्रिक युगों के संगठित सामाजिक-राजनीतिक प्रयासों के दूरगामी प्रभावों का आकलन नहीं कर पा रहे हैं। अयोध्या, काशी और मथुरा बेमानी सिद्ध होंगे। हिन्दू सन्तों की राजनीति बीते हुए कल की राजनीति है।

सामान्य पढ़े-लिखे सवर्ण तबकों में एक प्रतिक्रिया स्पष्ट देखी जा सकती है। जो कल तक अत्यन्त आक्रामक थे वे आज भयग्रस्त एवं सुरक्षात्मक हैं। दरअसल भयग्रस्तता ही इन्हें सुरक्षात्मक बना रही है जो सामाजिक दृष्टि से खतरनाक है। आत्म बचाव में ये सिकुड़ रहे हैं और अपनी पुरानी यज्ञ जनेऊ वाली संस्कृति की ओर लौट रहे हैं। याज्ञिक अनुष्ठान की धूम मचाई जा रही है। उन्हें अभी भी उम्मीद है कि

पुराना धर्म फिर अफीम का काम कर सकता है। मेरे कई कमोबेश उदार मित्र आज अनुदार हैं और 'संस्कृत-रक्षा' में लगे हैं। अगर ऐसे ही प्रयास होते रहे तो, आश्चर्य नहीं, भारतीय मुसलमानों की तरह सवर्ण तबके भी देर-सबेर एक विशिष्ट अल्पसंख्यक समुदाय बन जायेंगे। सत्ताच्युत होते ही अक्सर प्रभु वर्गों के साथ यही होता है। भारतीय मुसलमानों का जैसे-जैसे राजनीतिक-सामाजिक क़द घटता गया वैसे-वैसे वे भी दोनों ओर खलीफापरस्त होते गये और बाहर से राजनीतिक उद्धारक खोजने लगे। लुटेरे तो आये लेकिन भारत को दावत-ए-इस्लाम नहीं बनाया जा सका। फिर देश के विभाजन की राजनीति चली और विभाजन के बाद भी करोड़ों-करोड़ों मुसलमान दारुल-ए-हब में ही छूट गये। सवर्णों में भी अनुदार राजनीतिक व्यवसायी चाहे जितने पैदा हों, लेकिन अब 'रामराज' आने वाला नहीं है और उन्हें 'नान्हो' के राज में जीना ही जीना है। ऐसे ही अनुदार सवर्णों को आगाह करते हुए आचार्य हज़ारी प्रसाद द्विवेदी ने बहुत पहले अपनी पारम्परिक शब्दावली में वैश्विक जन-जागरण के सन्दर्भ में 'इतिहास-विधाता की योजना' को रेखांकित करते हुए पूछा था क्या भारतवर्ष का यह समुदाय, जिसे आज थोड़ा बहुत बोलना आता है इसे देश की मूक और दलित जनता की जागृति को सहन करने लायक मानसिक बल और बौद्धिक साहस रखता है? उस पुरुष पुष्ट आचार्य ने साफ़-साफ़ कहा था कि जब वास्तविक जनजागृति होती तो भारतीय सभ्यता हिन्दू संस्कृति जैसे अस्पष्ट भुलाने वाले शब्दों से काम नहीं चलेगा क्योंकि प्रश्न प्रतीकात्मक उद्धार (शुद्धि, जनेऊ, कंठी आदि) का नहीं बल्कि वास्तविक उद्धार (राजनीतिक सत्ता, सामाजिक समता एवं आर्थिक न्याय) का है। कोई चाहे अथवा न चाहे, समझे अथवा न समझे, इतिहास-विधाता का रथ वास्तविक उद्धार की दिशा में मुड़ चुका है। आवश्यकतानुसार सारथी बदलते रहेंगे लेकिन दिशा कायम रहेगी। छोट-मोटे गतिरोध इस दिशा को नहीं मोड़ सकते। यही राष्ट्रीय हित में भी है।

लेकिन इतिहास-रथ अबाध अग्रसर रहे, इसके लिए यह भी आवश्यक है कि उदीयमान ताकतें थोड़ा समझदार और कल्पनाशील बनें और अपने में थोड़ा इतिहास-बोध विकसित करें। भारत में लोकतान्त्रिक, प्रगतिशील एवं समतावादी सोच एवं राजनीति को विकसित करने में उदार सवर्णों की ऐतिहासिक भूमिका है। गाँधी की ऐतिहासिक भूमिका को नकारना नासमझी है जिस नासमझी के कभी मार्क्सवादी भी शिकार थे। गाँधी को गाली देने की नहीं उन्हे समझने और उनमें जो युगानुकूल है उसे लेकर आगे बढ़ जाने की आवश्यकता है। अन्ततः अंध अम्बेडकर-पूजा भी, अंध गाँधी-पूजा की ही तरह हानिकारक सिद्ध होगी। जड़ता और व्यामोह किसी खास वर्ग की बपौती नहीं है। अतः आवश्यकता निषेधात्मक सोच और आचरण की नहीं,

बल्कि अपनी बौद्धिक, नैतिक एवं प्रशासनिक श्रेष्ठता सिद्ध करने की है। यह भी समझना आवश्यक है कि नफ़रत और प्रतिहिंसा के आधार पर स्वस्थ समाज नहीं बनाया जा सकता है। लेकिन लगता है कि पुरातन एवं उदीयमान दोनों ही तबके अतिग्रस्तता के शिकार हैं। एक को अपना स्वर्ग नहीं भूल रहा है और दूसरे को अपना नर्क। एक राम को लेकर परेशान है और दूसरा शंबूक को। किन्तु जो थोड़ा भुला नहीं पाता वह हिंसा और प्रतिहिंसा के दुष्चक्र में फँसता है। इससे भारत अनेक संघर्षरत एवं लहूलुहान अल्पसंख्यकों का देश बन जायेगा। मेरे एक प्रशासक मित्र श्री हरिचन्द्र कहा करते हैं कि इस देश के राजनेता जितनी जल्दी यह समझ जाएँ कि सभी जातियों एवं सम्प्रदायों को एक ही साथ जीना और मरना है, उतना ही अच्छा होगा। भारत को लेबनानीकरण अथवा बोस्नीयाईकरण से बचाना होगा और इसकी पहली ज़िम्मेदारी उन पर है जो सत्तासीन हैं और दूसरी उनकी जो सत्ता के समक्ष दावेदार हैं। अतः यह परम आवश्यक है कि सम्प्रति संक्रमण काल में निहित शुभ सम्भावनाओं को ठीक से समझा जाये और हो रहे परिवर्तनो से जुड़कर इनमें अपेक्षित नीतिगत हस्तक्षेप द्वारा इन्हें राजनीतिक, सामाजिक, एवं आर्थिक विवेक देने की कोशिश की जाय। इन्हें निन्दित करने अथवा इन्हें गाली-गलौज एवं प्रतिशोध के उपयुक्त अवसर के रूप में देखना आत्मघाती होगा। समाज निर्माण में निषेधात्मक राजनीति की केवल सीमित उपादेयता है, अन्यथा यह एक आत्मघाती एवं समाजघाती प्रवृत्ति बन जाती है और इतिहास रथ इसे कुचलता हुआ आगे निकल जाता है।

समकालीन सोच, मई 1994

हिन्दी साहित्य में दलित चिन्तन एवं सृजन

दलित साहित्य-सृजन

अम्बेडकर चिन्तन एवं समाज-बोध से तो एक अरसे से परिचित हूँ, लेकिन उनसे अनुप्राणित दलित साहित्य से मेरा परिचय अभी हाल का है और वह भी अति सामान्य। दलित रचनाकारों को निकट से जानने-समझने का पहला अवसर 1996 में प्रेमचन्द साहित्य संस्थान, गोरखपुर द्वारा आयोजित 'प्रेमचन्द और दलित चेतना' विषयक विचार-गोष्ठी में मिला था। गोष्ठी में संवाद कम टकराव अधिक था। दलित रचनाकार अपनी दलित अस्मिता के प्रति कुछ अधिक ही संवेदनशील दिखे। हर किस्म की गैर-दलित परम्परा से, चाहे वह कितनी भी कालातीत ठहराई गयी हो, सर्वथा मुक्त होकर वे अपनी निरपेक्ष पहचान चाहते थे और हिन्दी साहित्य में एक सर्वथा नये हस्ताक्षर के रूप में अपनी उपस्थिति दर्ज कराने के लिए बेचैन थे। अतः विषय छूटता गया और पहचान एवं अस्मिता की चिन्ता से उपजा टकराव केन्द्रस्थ हो गया। दलित रचनाकार आलोचनात्मक कम निन्दात्मक अधिक थे। श्री मोहनदास नैमिशराय की असंयत आक्रामकता देखने लायक थी। लेकिन आहत एवं अपमानित मन की उग्रता और आक्रोश काव्याभिव्यक्ति का उपजीव्य है, उद्देश्य नहीं। प्रेमचन्द ने भी साहित्य में क्रोध और नफ़रत को स्थान दिया है लेकिन, अगर डॉ. परमानन्द श्रीवास्तव के शब्दों में कहें तो, 'साहित्य में क्रोध और घृणा को विचार और सौन्दर्य में रूपान्तरित करना होता है।' संगोष्ठी के उद्घाटन वक्तव्य में डॉ. नामवर सिंह ने भी हिन्दी दलित साहित्य की गुणवत्ता पर प्रश्नचिह्न लगाया था। मुझे भी लगा था कि दलित रचनाकार को अभी बहुत 'होमवर्क' करना चाहिए ताकि दलित संवेदना हिन्दी साहित्य को कोई स्थायी योगदान दे सके। डर लगा कि कहीं उसकी उग्र तात्कालिकता, संकीर्ण वर्तमानता, उसका दलितवादी ठहराव एक सामयिक चीख बनकर अप्रासंगिक न हो जाय। इससे बचने के लिए सम्भवतः नामवर जैसे मित्रवत आलोचकों को सुनना और आत्मसात करना चाहिए। नितान्त दलित दायरे में बन्द

संवेदना मुक्तिकामी कितनी भी हो, मुक्तिमार्गी नहीं हो सकती। मेरी समझ बनी कि इसके लिए दलित साहित्य को तीन कार्य करने होंगे : एक, उसे अपनी मुक्ति को समूचे समाज की मुक्ति की पूर्व-शर्त के रूप में पेश करना होगा; दो, उसे अन्यत्र के प्रगतिधर्मा एवं क्रान्तिकारी तत्वों को तरजीह देनी होगी और तीन, उसे अपने आक्रोश को काव्यात्मक बनाना होगा ताकि वह दलित साँचे के बाहर भी ग्राह्य हो सके। ये अस्फुट टिप्पणियाँ मैंने अपनी डायरी में गोरखपुर से लौटने के बाद लिखी थी।

दलित साहित्य चिन्तन

लेकिन हिन्दी साहित्य में दलित साहित्य की पहचान, गुणवत्ता एवं परम्परा को लेकर चल रहा संवाद या कुसंवाद केवल प्रगतिशील-जनवादी और दलित साहित्यकारों के बीच का है। यह छोटे और बड़े भाई के बीच का झगड़ा है जिसमें छोटा अपनी उदीयमान अस्मिता और हित को लेकर स्वभावतया कुछ अधिक ही कटु है। परम्परावादी तबका जिसका प्रतिनिधित्व अज्ञेय के बाद आज विद्यानिवास मिश्र, नरेश मेहता और निर्मल वर्मा के हाथ में है, बिल्कुल चुप हैं, एक प्रकार से सर्वथा उदासीन। प्रगतिशील साहित्य जिसका नेतृत्व डॉ. नामवर सिंह के हाथ में एक अरसे से है, दलित काव्य-संवेदना को हिन्दी की प्रगतिशील-जनवादी धारा के दायरे में ही रेखांकित करता रहता है। दरअसल, दलित राजनीति और दलित साहित्य के वर्तमान उभार को मार्क्सवादी चिन्तन, राजनीति तथा प्रगतिवादी साहित्य से काटकर देखना उचित नहीं लगता। यह दलित बुद्धिजीवी की इकहरी सांस्कृतिक सोच, इतिहास-बोध, जज्बाती तेवर तथा नेतृत्व की भूख के चलते लगता है। डॉ. नामवर सिंह तो इसे मानसिक रूग्णता बताते हैं—'जब अपना दोस्त भी दुश्मन दिखाई देने लगे तो यह मनोचिकित्सा का विषय है।'[1] लेकिन दलित रचनाकारों के लिए सवर्ण नामवर स्वीकार्य नहीं हैं। उनकी दृष्टि में भारतीय मार्क्सवादी एवं प्रगतिवादी आन्दोलन का नेतृत्व सवर्णों के हाथ में रहा है जो अपने पारिवारिक एवं वर्णवादी संस्कारों से मुक्त नहीं रहे और सवर्ण होने के चलते वर्ण-व्यवस्था की निर्ममता से अनभिज्ञ रहे। अपनी शिष्टाचार रहित विशिष्ट शैली में श्री मोहनदास नैमिशराय यूँ कहते हैं—

> लखनऊ में जन-संस्कृति मंच के दो-दिवसीय सेमिनार में जब साथियों ने अपनी बात कहनी प्रारम्भ की तो हम पर यह आरोप लगाया गया कि राजनीति में गाँधी को और साहित्य में प्रेमचन्द को खलनायक बनाया जा रहा है। पर सवाल है हम गाँधी और प्रेमचन्द को कब तक ढोते फिरेंगे और क्यों? हज़ारों वर्षों तक हिन्दुओं की

सड़ी-गली परम्पराओं को ढोते रहे।[2] इसमें उन्हें सब्र नहीं आया जो अब हम और कहार बनें। क्या हमारी स्थिति केवल दूसरों का बोझ ढोने की है? पालकी में कोई और बैठे और कहार हम बनें![3]

श्री नैमिशराय अपनी परम्परा भी परिभाषित करते हैं जो वैचारिक, सामाजिक क्षेत्र में महात्मा फुले और डॉ. अम्बेडकर तक जाती है और साहित्य में इस सदी के छठें एवं सातवें दशक से सक्रिय दलित चिन्तक और साहित्यकार, डॉ. भगवानदास तक। वे इस बीच के अनेक दलित लेखकों का नाम गिनाते हैं जो हिन्दी की मुख्यधारा से अलग-थलग रह गये। साहित्य के सन्दर्भ में श्री कंवल भारती भी ऐसा ही सवाल उठाते हैं। उनकी दृष्टि में भी प्रेमचन्द, निराला, मुक्तिबोध, अवतार सिंह पाश, नागार्जुन और त्रिलोचन सभी सोच में ब्राह्मण हैं। इन्हें अपने कंधों पर ढोते जाना, इन्हें आदर्श मानना अब दलितों को मंजूर नहीं है। इस देश में प्रगतिवाद और वर्णवाद साथ-साथ चलता रहा है जो मार्क्सवाद की असफलता का कारण है। फिर भी प्रगतिवादी लेखकों के बारे में श्री कंवल भारती सर्वथा निषेधात्मक नहीं हैं—

यहाँ मेरे कहने का यह मतलब नहीं है कि सम्पूर्ण जनवादी या प्रगतिशील साहित्य दलित विरोधी है, या यह कि दलित सवालों पर लिखने वाले सभी गैर-दलित रचनाकार बेमानी हैं। परन्तु यह आशय जरूर है कि दलित सवालों पर जो गैर-दलितों का लेखन है वह दलितों के लिए अर्थपूर्ण है या निरर्थक, इसका निर्णय दलितों को ही करना है। अतः यदि प्रगतिवादी साहित्य की आलोचना में दलित इस निष्कर्ष पर पहुँचते हैं कि प्रेमचन्द, निराला, अमृत लाल नागर, धूमिल, रघुवीर सहाय, नागार्जुन और त्रिलोचन शास्त्री आदि ने, दलित अस्मिता के साथ न्याय नहीं किया और दलित सवालों पर सार्थक लेखन सिर्फ़ दलित रचनाकारों का ही हो सकता है तो यह जनवादियों के लिए आपत्तिजनक क्यों है? इससे साहित्य में जातिवाद के खतरे कैसे पैदा हो सकते हैं?[4]

श्री भारती आदान-प्रदान की व्यावहारिक बात भी उठाते हैं—'जब सवर्ण ही दलित साहित्य के आदर्शों को अपनाने को तैयार नहीं हैं तो दलित ही इनके आदर्शों को कैसे अपना सकते हैं?'[5] अर्थात् प्रश्न गुणवत्ता का कम मनवाने-मानने का अधिक है। लेकिन मराठी दलित साहित्यकार डॉ. गंगाधर पानतावडे दलित साहित्य संवेदना की मूल प्रेरणा को शालीन दृढ़ता से रेखांकित करते हैं : 'हमारे दलित साहित्य की प्रेरणा ना मार्क्सवाद है, ना हिन्दूवाद है, ना निग्रो साहित्य है। दलित साहित्य की प्रेरणा केवल अम्बेडकरवाद है।'[6] और इस सांस्कृतिक अम्बेडकर को वे बाबा साहब के 'धम्म चक्क पवत्तन' के अवसर पर ली गयी बाईस प्रतिज्ञाओं से जोड़ते

हैं जो दलित चेतना को वैदिक चिन्तन एवं सृजन परम्परा से सर्वथा अलग करती हैं, और साथ ही 'बाबा साहब द्वारा मार्क्सवाद पर व्यक्त किये गये विचार उसे मार्क्सवादी परम्परा से पृथक करते हैं।''[7] इस सन्दर्भ में देखा जाय तो स्पष्ट है कि दलित साहित्य संवेदना अपने लिए एक सर्वथा पृथक अभिव्यक्ति का मार्ग चुनने के लिए बेचैन है। यह इसकी स्वायत्त अस्मिता एवं सामाजिक-सांस्कृतिक मुक्ति से जुड़ा है। अगर नामवर ने हिन्दी साहित्य में 'दूसरी परम्परा' कबीर- हज़ारीप्रसाद द्विवेदी-नामवर परम्परा खोजी और तुलसी-रामचन्द्र शुक्ल-रामविलास की 'प्रथम' परम्परा को नकारा[8], तो उसी प्रकार, उनसे थोड़ा आगे बढ़कर आज का दलित रचनाकार एक तीसरी परम्परा-गौतम बुद्ध-फुले-अम्बेडकर-ओमप्रकाश वाल्मीकि (श्री वाल्मीकि को हिन्दी दलित साहित्य चेतना का प्रतिनिधि साहित्यकार माना जा सकता है) टटोल रहा है। फिर भी इतना सुखद जरूर है कि ओमप्रकाश वाल्मीकि और कँवल भारती जैसे रचनाकार जो विभिन्न स्तरों पर सक्रिय हैं हिन्दी की पारम्परिक प्रगतिवादी चेतना के अंध-विरोधी नहीं हैं[9], और यह सम्भावना बनती है कि देर-सबेर स्वस्थ आदान-प्रदान सम्भव होगा।

सम्भावना इसलिए भी है कि अनेक अन्य दलित चिन्तक और साहित्यकार भी सामने हैं जो सोच में उदार एवं वस्तुनिष्ठ हैं और दलित परम्परा को व्यापक सांस्कृतिक फलक पर देखते हैं। इनमें डॉ. तुलसी राम, श्री मणिशेखर, रामकुमार करौतिया आदि का नाम प्रमुखता से लिया जा सकता है। 1996 में उरई में दलित जागरण पर आयोजित गोष्ठी में डॉ. तुलसी राम ने गौतम बुद्ध को प्रथम 'दलित अवेकनर' घोषित करते हुए प्रथम जागृत शूद्र के रूप में सुनति को बताया था जिसे तथागत ने संघ में अपनाया था। इसके साथ ही डॉ. तुलसी राम ने अश्वघोष, धर्मकीर्ति, असंग, बसुबंध, सरहपा और राहुल सांकृत्यायन जैसे ब्राह्मणों को भी दलित परम्परा में गिनाया जिन्होंने आजीवन ब्राह्मणवाद के विरुद्ध संघर्ष किया है। इसी परम्परा में उन्होंने पाँचवी सदी के तमिल साहित्य के 'शिवभक्त हलवाहा कवि' नन्दलाल की भी चर्चा की जिनकी पावन स्मृति को डॉ. अम्बेडकर ने अपनी एक पुस्तक भी समर्पित की है। वे चोखामेला, तुकाराम, रामेश्वर, कबीर, रैदास आदि सन्तों को भी उसी परम्परा का अंग मानते हैं। उरई में उन्होंने स्पष्ट कहा था—''दलित साहित्य केवल दलितों द्वारा लिखा साहित्य नहीं है, बल्कि वह साहित्य है जो दलित चेतना को अभिव्यक्त करता है।'' आश्चर्य नहीं, गोरखपुर के सेमिनार में उन्होंने प्रेमचन्द का सकारात्मक मूल्यांकन किया था।[10]

एक अन्य दलित लेखक श्री रामकुमार करौतिया दलित साहित्य को दो भागों में बाँटते हैं—अम्बेडकर पूर्ववर्ती साहित्य जिसमें निराला, प्रेमचन्द, नागार्जुन आदि का

साहित्य आता है जो दलितों के प्रति दया भाव से प्रेरित उनके उत्थान हेतु चिन्तित है, और दूसरा जो 'अधिकार चेतना, जागृति और आक्रोश' से ओत-प्रोत है। इस परिप्रेक्ष्य में उनकी मान्यता है कि प्रेमचन्द, निराला आदि के लेखन को 'दलित लेखन का गौरव' प्रदान करना एक 'अर्द्धसत्य' है।' दलित कोण से तो यह टिप्पणी गैर वाजिब नहीं लगती, लेकिन 'गौरव' शब्द का प्रयोग कुछ अतिश्योक्तिपूर्ण अवश्य लगता है।[11] श्री करौतिया यह भी भूल जाते हैं कि दलितवादी न होने के बावजूद प्रेमचन्द, निराला जैसे प्रगतिधर्मी साहित्यकारों का साहित्यिक गौरव कायम रहेगा।

दलित साहित्य चेतना पर श्री मणिशेखर के दो निबन्ध पढ़ने को मिले हैं। प्रथम निबन्ध में वे दलित परम्परा की पहचान में लगे हैं और दूसरे में दलित साहित्य पर लगाये गये आरोपों का उत्तर देते हैं। उनकी समझ है कि दलित की अवधारणा को केवल शूद्रों अथवा अछूतों तक सीमित रखना एक 'भ्राँति' है। उनका यह भी मानना है कि 'स्वर्ण चार्वाकों' को दरकिनार कर दलित चेतना की व्याख्या इसे संकुचित बनाना है जो दलित साहित्य के लिए अहितकर है।[12] अपने दूसरे निबन्ध में वे दो प्रकार की आलोचनाओं की चर्चा करते हैं। एक 'शत्रुतापूर्ण' आलोचना जो हिन्दी के दलित साहित्य को मराङ्गी दलित साहित्य की 'नकल' बताकर खारिज करती है। ऐसी आलोचना को वे सवर्ण षड्यन्त्र बताते हैं जिसे शंकालु दलित चेतना की एक रूढ़िबद्ध अवधारणा के रूप में भी लिया जा सकता है। लेकिन वे एक दूसरी 'मित्रवत' आलोचना की भी बात करते हैं जो दलित साहित्य को 'पिछड़ा' बताती है और जिसके प्रति वे दलित रचनाकारों को गम्भीर होने की सलाह देते हैं। उनका यह विश्वास निराधार नहीं है कि दलित राजनीतिक-सामाजिक आन्दोलनों के विकास और विस्तार के साथ दलित साहित्य की गुणवत्ता में भी निखार आयेगा। इसके अतिरिक्त वे एक तीसरी स्थापना भी देते हैं और वह यह कि दलित साहित्य क्रान्तिधर्मी साहित्य का अद्यतन चरण है—'शोषण-दमन के विरुद्ध जुझारू या क्रान्तिकारी साहित्य की एक लम्बी परम्परा है— जनवादी साहित्य, मार्क्सवादी साहित्य, काले लोगों का साहित्य और अब दलित साहित्य।'[13] इस स्थापना में कुछ अधकचरापन है। जनवादी साहित्य मार्क्सवादी चेतना से सम्पृक्त है, ठीक वैसे ही जैसे दलित साहित्य अम्बेडकरवादी चेतना से। नाम का क्रम कुछ यों होना चाहिए था—प्रगतिशील साहित्य, जनवादी साहित्य आदि। लेकिन मार्क्सवादी साहित्यकार अम्बेडकर की क्रान्तिकारिता के प्रति शंकालु हैं। डॉ. अम्बेडकर की क्रान्तिकारिता मूलगामी नहीं है, और ऐसा मानना निराधार भी नहीं है। अर्थात् दलित साहित्य क्रान्तिधर्मी साहित्य का अद्यतन चरण नहीं है। श्री शेखर की सूची में सन्त-साहित्य का प्रथम चरण के रूप में समाहित न किया जाना भी थोड़ा खटकता है। फिर भी

कुल मिलाकर यह एक स्वस्थ दृष्टि है जो दलित साहित्य को साहित्यिक संवेदना के इतिहास के दायरे में प्रस्तुत करती है।

दलित साहित्यकार गैर-दलित साहित्यकारों के वर्णवादी संस्कारों के प्रति अत्यंत संवेदनशील हैं। इस संस्कार के चलते सवर्ण लेखकों एवं आलोचकों में अनजाने ही ब्राह्मण समादृत और शूद्र हो जाता है। उनका मानना है कि इस पूर्वग्रह से रामचन्द्र शुक्ल से लेकर नामवर तक कोई भी मुक्त नहीं है। श्री वाल्मीकि तो बिल्कुल घोषणा करते हैं—'हिन्दी साहित्य सवर्ण साहित्य है'।[14] डॉ. भवदेव पाण्डेय भी आचार्य शुक्ल और डॉ. नगेन्द्र की इस वर्णवादी कमज़ोरी को स्वीकारते हैं। इस सन्दर्भ में ओमप्रकाश वाल्मीकि ने नागार्जुन की प्रसिद्ध कविता 'हरिजन गाथा' का एक संक्षिप्त विश्लेषण भी प्रस्तुत किया है।[16] उनकी दृष्टि में 'हरिजन गाथा' में कवि की सहानुभूति दलितों के साथ है लेकिन इसमें पारम्परिक वैदिक विम्बों एवं प्रतीकों का प्रयोग दलित चेतना के धर को कुंठित करने वाला है और इस रूप में 'हरिजन गाथा' 'दलित चेतना का विस्तार न कर' इसकी 'भावुक अभिव्यकित' बनकर रह जाती है।[17] अगर मणिशेखर के शब्दों में कहें तो यह कविता भी गाँधीवादी दया, सहानुभूति और 'उत्थान-भावना' को अतिक्रमित नहीं कर पाती। वैदिक मान्यताओं के गाने वाले मनुपुत्र के रूप में दलित की मुक्ति अधिकतम एक नेक सवर्णी भावुकता की अभिव्यक्ति है। वास्तविक दलित मुक्ति इस वर्णवादी दायरे से बाहर है क्योंकि इस दायरे ने उसे 'आत्महीनता, दासता और सांस्कृतिक गुलामी' दी है, स्वाभिमान और मुक्ति नहीं। आश्चर्य नहीं, एक दलित सौन्दर्यशास्त्री डॉ. सी.बी. भारती लगभग समूचे हिन्दी साहित्य को सत्यम्, शिवम् एवं सुन्दरम् की पारम्परिक कसौटी पर भी साहित्य की कोटि से 'खारिज' करते हैं। 'सत्य' के रूप में यह 'आध्यात्मिकता, सौन्दर्य, प्रेम व वासना के रास-रंग से बोझिल' है; 'शिवम्' के रूप में यह अपर्याप्त है क्योंकि हिन्दी साहित्य में कहीं भी समूचे समाज के उत्थान की दृष्टि नहीं है; और जिस साहित्य में 'सत्य' एवं 'शिवम्' का अभाव होगा उसमें 'सुन्दरम्' की बात ही बेमानी है।[18] दलित साहित्य 'सहानुभूति परक' सृजन न होकर 'अनुभूति जन्य' सृजन है। इसमें साक्षी भाव की नहीं भोक्ताभाव की परिव्याप्ति है। यह उपयोगितावादी है, नारीवादी है, इसमें लघुता एवं उच्छिटा के रेखांकन का आग्रह है; इसमें श्रम से निःसृत स्वेदकण में निहित सौन्दर्य की पहचान है; यह 'नवयुग का एक व्यापक वैज्ञानिक व यथार्थपरक संवेदनशील साहित्यिक हस्तक्षेप है'; और सर्वोपरि 'दलित साहित्य सामाजिक बदलाव का दस्तावेज है', एक ऐसा दस्तावेज जो दलित अस्मिता और उनके अस्तित्वगत संघर्षों की रचनात्मक अभिव्यक्ति भी है। आश्चर्य नहीं, यह रूप एवं शैली नहीं कथ्य पर बल देता है—दलित साहित्य परम्परागत कलात्मकता से इतर अनगढ़ एवं अटपटे

शब्दों में सामाजिक अन्याय के विरुद्ध आक्रोश, सामाजिक परिवर्तन के आवाहन, उत्पीड़न व शोषण के विरुद्ध विद्रोह का साहित्य है।[19]

दरअसल दलित कविता ऐसे ही दलित साहित्य-बोध का एक सघन रचनात्मक आयाम है। दलित कवि एवं कथाकार ओमप्रकाश वाल्मीकि के शब्दों में–

> दलित साहित्य में दलित कविता गहन एवं सघन संवेदनाओं की अभिव्यक्ति है। दलित कविता एक आइडेंटिटी है, जो विषमताओं, जाति-भेद, वर्ण-भेद और पौराणिक मूल्यों, सामन्ती व्यवस्था, सांस्कृतिक रूढ़ता के विरुद्ध एक उद्घोष है, जहाँ काल्पनिक और अ-यथार्थ वाली कलावादी सोच के लिए कोई जगह नहीं है।[20]

और इसी रूप में दलित कविता, श्री वाल्मीकि की दृष्टि में, 'आने वाले समय की कविता है' जो जिन्दगी के सरोकारों से जूझते हुए आदमी के संघर्ष की संवाहक होगी।'[21] आशय यह कि वह दलित आइडेंटिटी, दलित संघर्ष, दलित-मुक्ति से प्रारम्भ होकर मानव संघर्ष और मानव अस्तित्व एवं मुक्ति की भी संवाहक होगी। कुल मिलाकर यह कहना उचित होगा कि दलित साहित्य, विशेषतः दलित कविता भारतीय इतिहास के वर्तमान बिन्दु पर उदीयमान दलित अस्मिता का रचनात्मक विस्फोट है जो अपनी अनगढ़ता एवं आक्रोश के बावजूद अपने होने का एहसास कराती है, परम्परा के रैडिकल पुनर्मूल्यांकन की विवशता पैदा करती है, और कुछ एक अनाभिव्यक्त अनुभवों एवं अनुभूतियों से अनचाहे साक्षात्कार का सदमा पैदा करती है। रूप और शैली के स्तर पर इसका कोई विशिष्ट योगदान हो अथवा न हो, कथ्य के स्तर पर इसके योगदान को दरकिनार नहीं किया जा सकता। और इस रूप में हिन्दी का दलित साहित्य हिन्दी साहित्य संवेदना का एक सकारात्मक एवं सर्जनात्मक विस्तार है।

लेकिन इस दलित काव्य-चिन्तन के अपने खतरे भी हैं। ब्राह्मणवाद की तरह यह भी दलितवादी विधि-निषेधों का लौह-साँचा अपने चारों ओर गढ़ रहा है। अम्बेडकर-चिन्तन मूलतः समुदाय-केन्द्रित है और सामुदायिकतावाद (communitiarianism) अन्ततः आधुनिकता-विरोधी सिद्ध होता है। हिन्दू और मुसलमान या ईसाई इसी के शिकार हैं। यह अपने को 'पराये', 'द अदर' के सन्दर्भ में ही पहचान पाता है, और धीरे-धीरे समुदाय अपनी आस्थाओं के सन्दर्भ में स्वायत्त हो यथास्थितिवादी और चुनौती के क्षणों में, प्रतिक्रियावादी हो जाता है। इसके संवेदनात्मक विस्तार की सीमा संकुचित हो जाती है। इस दलित सामुदायिकता के एक महत्त्वपूर्ण प्रवक्ता डॉ. धर्मवीर हैं जो दलित-बोध और दलित-सोच को दलितों तक सीमित रखना चाहते हैं और उनके इस 'प्रवचन' के लिए डॉ. तुलसी राम उनकी जमकर खोज-खबर लेते हैं।[22] लेकिन डॉ. तुलसी राम का

ब्राह्मणवादी भूत से लड़ते रहने के उत्साह में मार्क्सवादियों और मार्क्सवादी परिप्रेक्ष्य से कटते जाना किसी आसन्न खतरे का सूचक है। मेरी समझ है कि मार्क्सवाद से वस्तुनिष्ठ एवं सर्जनात्मक संवाद बनाये बगैर अम्बेडकरवाद दलित समुदायवाद के पचड़े से मुक्त नहीं हो पायेगा। जिस प्रकार गाँधी जी के मिन्नतकश एवं परमुखापेक्षी हरिजन-चेतना को आत्मनिर्भर एवं जज्बाती दलित सामुदायिक प्रवृत्तियों से मुक्त कर उसे आधुनिक बनाने के लिए अब मार्क्सवादी वर्गीय चेतना की भी आवश्यकता है। डॉ. अम्बेडकर में भी इसकी सम्भावनाएँ हैं, लेकिन उनको उभार कर केन्द्रस्थ कर पाना मुश्किल होता जा रहा है। यह सुखद है कि कंवल भारती अम्बेडकर चिन्तन और मार्क्सवादी चिन्तन का एक स्वस्थ संश्लेषण चाहते हैं। इस सन्दर्भ में मणिशेखर भी मुखर हैं जो दलित साहित्य एवं चिन्तन में दलितों में उभरे उच्च मध्यवर्ग की घुसपैठ के विरुद्ध दलितों को आगाह कर रहे हैं।[23] श्री वाल्मीकि में भी वर्गवादी संवेदनशीलता का एहसास होता है। दलित संवेदना में आ रहा यह विस्तार अम्बेडकर परवर्ती दलित चिन्तन एवं सृजन के लिए हितकर होगा। मार्क्सवाद ही इसे वह वस्तुनिष्ठ परिप्रेक्ष्य दे सकेगा जो भारतीय संस्कृति की गैर-दलित परम्पराओं के प्रासंगिक एवं सकारात्मक सोपानों की पहचान में सहायक होगा। भावी भारतीय संस्कृति सामासिक एवं समावेशी होगी, दलितवादी अथवा ब्राह्मणवादी नहीं। दलित रचनाकार की कथ्यगत अर्थवत्ता को अन्ततः इसी निकष पर देखा-परखा जायेगा।

हिन्दी दलित कविता

हिन्दी दलित कविता दलित बौद्धिक सक्रियता का सर्वाधिक मुखर आयाम है। इससे इनकार नहीं किया जा सकता कि ओमप्रकाश वाल्मीकि के काव्य-संकलन 'सदियों का सन्ताप' और 'बस! बहुत हो चुका'; श्योराज सिंह बेचैन का 'कौन हूँ मैं'; मलखान सिंह का 'सुनो ब्राह्मण'!; कंवल भारती का तब तुम्हारी निष्ठा क्या होती?; पुरुषोत्तम सत्यप्रेमी का 'सवालों का सूरज'[24] इत्यादि हिन्दी पाठक को ऐसे मर्मांतक अनुभवों से साक्षात्कार कराते हैं जो सर्वथा अछूते, ताजे और अजूबा हैं और जिनका काव्यांकन किसी गैर-दलित साहित्यकार के बूते का नहीं। प्रश्न कलात्मक 'मैच्योरिटी' या गुणवत्ता का नहीं, सवाल अनुभवों की नवीनता और अभिव्यक्ति के तेवर का है, अनुभवजन्य यथार्थ की निष्ठुर सच्चाई का है। संवेदनात्मक परानुभूति की अपनी सीमाएँ होती हैं जिससे डॉ. नामवर सिंह जैसे लोग भी इनकार करते दिखते हैं। डॉ. नामवर सिंह का कहना कि 'ट्रेजडी झेलना और ट्रेजडी लिखना' दो बिल्कुल भिन्न स्थितियाँ हैं या टी.एस. इलियट की यह पुरानी स्थापना कि 'भोक्ता' और 'स्रष्टा' दो भिन्न व्यक्ति हैं, बिल्कुल सही है। लेकिन यह भी सही है कि एक

ही व्यक्ति एक स्थिति में भोक्ता और दूसरी स्थिति में स्रष्टा हो सकता है। वड्र्सवर्थ की एक पुरानी किन्तु प्रचलित परिभाषा को याद करें तो कविता शान्तिमय क्षणों में सशक्त अनुभूतियों के स्वतःस्फूर्त प्लावन की पुनर्स्मृति या पुनर्रचना है। इसमें 'भोक्ता' और 'स्रष्टा' एक ही सर्जक व्यक्ति की दो स्थितियाँ हैं। शान्तिमय क्षणों में उद्दाम अनुभूतियों के स्मरण से सर्जनात्मक अभिव्यक्ति को कलात्मक अनुशासन और आलोचनात्मक विवेक मिलता है। अतः अगर अनुभव एवं सृजन की दोनों स्थितियों से एक ही प्रतिभा गुजराती है तो रचना में अतिरिक्त निखार आता है। सामाजिक संक्रमण के वर्तमान बिन्दु पर भारतीय भाषाओं के दलित रचनाकार इस स्थिति के वास्तविक हकदार हैं।

गोरखपुर में जब डॉ. नामवर सिंह ने अपनी उपयुक्त स्थापना दी थी तो मुझे पसन्द आई थी। उसी समय मुझे टी.एस. इलियट की स्थापना भी याद आयी थी और उससे भी डॉ. सिंह की स्थापना को ही बल मिलता था। लेकिन गाजीपुर आने के बाद जब मैंने ओमप्रकाश वाल्मीकि की कहानी 'भय' और कंवल भारती की कविता 'तब तुम्हारी निष्ठा क्या होती?' पढ़ी तो मेरी आँख खुली। इस कहानी में अंकित दलित बस्ती, सूअर बाड़ा, छौनों और उसकी माँ की हरकत, छौने की बलि और मादा सूअर की बेबसी, घर के मालिक का गैरज़िम्मेदार आचरण, पढ़े-लिखे व्यवस्थित दलित युवक की मानसिक कुंठा और भय इत्यादि के माध्यम से एक ऐसी अनुभव राशि से साक्षात्कार होता है जो सर्वथा अजूबा और ताजा है। समूचे माहौल में मानो सूअर बाड़े की गंध व्याप्त है जो पढ़े-लिखे दलित युवक को डंसता रहता है और जिससे दूर जाकर भी वह मुक्त नहीं हो पाता। सूअरबाड़ा उसकी दलित 'आइडेंटिटी' से जुड़ा है जिससे कतराना उसकी सांस्कृतिक सेहत के लिए उचित नहीं। कंवल भारती की कविता 'तब तुम्हारी निष्ठा क्या होती?' किसी भी संवेदनशील सवर्ण को आत्म-निरीक्षण के लिए विवश कर सकती है। इसकी कुछ पंक्तियों को देखें—

यदि धर्मसूत्रों में लिखा होता
तुम ब्राह्मणों, ठाकुरों और वैश्यों के लिए
विद्या, वेद-पाठ और यज्ञ निषिद्ध हैं।
यदि तुम सुन लो वेद का एक भी शब्द
तो कानों में डाल दिया जाए पिघला शीशा।
यदि वेद-विद्या पढ़ने की करो धृष्टता,
तो काट दी जाए तुम्हारी जिह्वा,
यदि यज्ञ करने का करो दुस्साहस
तो छीन ली जाए तुम्हारी धन-सम्पत्ति,

या कत्ल कर दिया जाए तुम्हें उसी स्थान पर,
तब, तुम्हारी निष्ठा क्या होती?

X X X

यदि रामायण में राम
तपस्वी, धर्मनिष्ठ ब्राह्मणों का करते कत्लेआम।
तुलसीदास मानस में लिखते
पूजिए सूद्र सील गन हीना।
विप्र न गुन गन ग्यान प्रवीना।।
तब, तुम्हारी निष्ठा क्या होती?

या जब ओमप्रकाश वाल्मीकि पूछते हैं—

कभी सोचा है
गंदे नाले के किनारे बसे
वर्ण-व्यवस्था के मारे लोग
इस तरह क्यों जीते हैं?
तुम पराये क्यों लगते हो उन्हें
कभी सोचा है?

पारम्परिक संवेदना का इससे रूबरू होना आसान नहीं, वैसे यह वर्ण व्यवस्था के दायरे में उससे असन्तुष्ट विद्रोहियों का नाम ले सकती है—रामानन्द, विवेकानन्द, गाँधी। अब गौतम बुद्ध, अश्वघोष, धर्मकीर्ति, राहुल सांकृत्यायन और यहाँ तक कि निंदित चार्वाक भी सुरक्षात्मक कवच के रूप में याद आते हैं। लेकिन अभी यह सुरक्षात्मक हैं स्वीकारात्मक नहीं। विवेकानन्द और गाँधी ने सचेतन वर्ण-चेतना को आत्मालोचनात्मक विवेक देना चाहा था, लेकिन अपेक्षित सफलता नहीं मिली। दलित चेतना पारम्परिक सवर्ण चेतना को आत्मविश्लेषण हेतु विवश करना चाहती है। श्री वाल्मीकि की एक कविता 'सत्य की परिभाषा' के कुछ अंश उद्धृत हैं—

कुछ साल/कुछ महीने/या कुछ दिन ही सही
संग-साथ रहकर देखो/क्या होता है/जिन्दगी का सत्य।
तभी बता पाओगे सही-सही
जो सत्य है/क्या वही शिव है/और सुन्दर भी?

दलित कवि सबसे अधिक पीड़ित है वर्णवाद की कोख में पली 'जातीय हीनता के दंश' से, और इस कारण वह उस दिन के लिए संघर्षरत है जब जन्म से निर्धारित योग्यताओं एवं अयोग्यताओं का अन्त हो चुका होगा—

वह दिन कब आयेगा
जब बामनी नहीं जनेगी बामन

चमारी नहीं जनेगी चमार
भंगिन भी नहीं जनेगी भंगी।
तब नहीं चुभेंगे
जातीय हीनता के दंश
नहीं मारा जायेगा तपस्वी शंबूक
नहीं कटेगा अंगूठा एकलव्य का
कर्ण होगा नायक
राम सत्ता-लोलुप हत्यारा।

अनुभूति का यह अंश, अभिव्यक्ति की यह तीक्ष्णता और व्यवस्था के प्रति यह सहज आक्रोश गैर-दलित लेखन में सम्भव नहीं है। दलित संवेदना पारम्परिक मर्यादाओं में बँधने के लिए तैयार नहीं है क्योंकि इन मर्यादाओं ने ही उसे पछाड़ा और बर्बाद किया है—

जब गुनगुनाते हो कोई पंक्ति
किसी प्राचीन ग्रन्थ से
मुझे याद आते हैं
अपने पुरखों के रक्त सने जिस्म
भयातुर चेहरे
बोझ से झुकी देह पर नीले निशान।

ओमप्रकाश वाल्मीकि की ही एक कविता है 'खामोश आहटें' जो मुझे दलित संवेदना की उत्तम काव्याभिव्यक्ति लगती है—

कभी नहीं माँगी बलिश्त भर जगह
नहीं माँगा आधा राज भी
माँगा है सिर्फ़ न्याय/जीने का हक
थोड़ा-सा आकाश/थोड़ी-सी रोशनी/
थोड़ी-सी किताबें/थोड़ा-सा बचपन
थोड़ा-सा अपनापन/जब-जब कुछ माँगा
वे गोलबन्द होकर टूट पड़े/मैं अवाक!
चक्रव्यूह में फँसे अभिमन्यु की तरह/देखता रह गया।
मैं जला हूँ,/असंख्य लाक्षागृहों में
भोगी है नग्न-वेदना/द्रोपदी-चीर-हरण की।
रक्तरंजित खड़ा मैं/सुन रहा हूँ खामोश आहटें
आने वाले महाभारत की।

इसमें दलित जीवन के क्रूर एवं ऐतिहासिक प्रसंग हैं, सपना है, असहायता-बोध

से निःसृत आक्रोश है, अभिव्यक्ति में अपेक्षित तल्खी और ऋजुता है, कलात्मक आडंबर से बचते हुए पारम्परिक बिम्बों, प्रतीकों, आख्यानों का सटीक एवं संवेदनशील उपयोग है, और इस प्रकार कविता की पंक्ति-पंक्ति से काव्यत्व फूटता मालूम पड़ता है। इतना ही नहीं, पारम्परिक प्रतीकों से कोई स्वतन्त्रता नहीं ली गयी और फिर भी पारम्परिक समाज के विरुद्ध अपने आक्रोश एवं वैकल्पिक सपने की अभिव्यक्ति में कवि को अद्‌भुत सफलता मिली है जो उसकी सर्जनात्मक क्षमता की पहचान है। बिम्बों एवं प्रतीकों के प्रयोग में वाल्मीकि अथवा कंवल भारती शुद्धतावादी नहीं हैं जिसकी सलाह श्री पानतावणे देते हैं। दलित सृजनशीलता हिन्दी साहित्य को नये प्रतीकों एवं नये बिम्बों से समृद्ध बनाते हुए भी पारम्परिक प्रतीकों, बिम्बों एवं रूपकों का सावधान एवं सार्थक उपयोग की आग्रही है। इसका सर्वोत्तम उदाहरण ओमप्रकाश वाल्मीकि की कविताएँ हैं।

दलित संवेदना की विशिष्टता का एहसास मलखान सिंह का काव्य-संकलन 'सुनो ब्राह्मण'! भी कराता है। इस संकलन की दो कविताएँ 'मुझे गुस्सा आता है' और 'आख़िरी जंग' में व्यक्त कटु-तिक्त अनुभव और उदग्र आक्रोश अत्यन्त स्वाभाविक और विश्वसनीय हैं। आक्रोश के बावजूद कविताएँ तलस्पर्शी हैं। इनमें व्यक्त मर्मांतक पीड़ा और अमानवीय यथार्थ समूचे प्रचलित समाज-बोध और संस्कृति-बोध के पुनर्मूल्यांकन की उद्विग्नता पैदा करते हैं। 'आख़िरी जंग' की कुछ पंक्तियों को देखें—

ओ परमेश्वर!
कितनी पशुता से रौंदा है हमें
तेरे इतिहास ने
देख, हमारे चेहरों को देख
भूख की मार के निशान
साफ़ दिखाई देंगे तुम्हें।

X X X

चक्रधर!
चाहकर भी हम
नहीं चाह पाते तुम्हें
क्यों कि हमारे गाँव के मुखिया की शक्ल
हू-ब-हू तेरी शक्ल से मिलती है।

X X X

हम जब भी
तेरे कदमों में सर रखने की सोचते हैं
तेरा धरती में गड़ा स्थूल लिंग
अग्रज एकलव्य का कटा अंगूठा
प्रतीत होता है हमें।

वर्णवादी परम्परा द्वारा मर्यादित प्रतीकों के प्रति यह एक विशिष्ट दलित प्रतिक्रिया है। यह उसकी सांस्कृतिक मुक्तिकामिता का उदाहरण भी है। शोषकों के प्रतीकों एवं मान्यताओं के दायरे में शोषित की मुक्ति सम्भव नहीं होती। मुक्तिकामी ताकतों के लिए आवश्यक है कि अपने लिए वैकल्पिक मिथक गढ़ें जो उनकी आशा-आकांक्षा, दुख-दर्द को व्यक्त करते हुए पूर्ववर्ती प्रतीकों एवं मिथकों को 'डिमिस्टिफाई' करें, उनके इर्द-गिर्द बने प्रभामण्डल को ध्वस्त कर, उन पर लिपटे रहस्य को अनावृत्त कर, उन्हें उनकी वास्तविकता में अर्थात् अपने सामाजिक-बौद्धिक-नैतिक हितों के सन्दर्भ में देखें। जो सामाजिक तबका यह नहीं कर पाता वह वैचारिक दासता से मुक्त नहीं हो पाता। अम्बेडकर समाज-दर्शन के माध्यम से भारतीय दलित ने इस रहस्य को समझा है। लेकिन डॉ. अम्बेडकर मात्र विद्रोही नहीं थे। वे सामाजिक क्रान्तिकारी थे जिनके पास सांस्कृतिक विकल्प भी था। विजातीय मानकर उन्होंने इस्लाम और ईसाई धर्म को अंगीकार करने की बात ठुकरा दी और वृहद् भारतीयता के दायरे में बौद्ध समाज-दर्शन और संस्कृति को अपनाया जो सोच एवं आचरण में अधिक यथार्थपरक और विवेकशील थी। इस प्रकार उन्होंने भारत को एक बड़े सांस्कृतिक टकराव एवं सदमा से ही नहीं बचाया बल्कि सचेतन सम्भावित सवर्ण-विरोधी आक्रोश को शमित करने की वैचारिक-धार्मिक पीठिका भी तैयार की। कंवल भारती की कविता 'अनुभूति' अम्बेडकर साहब के इस सद्प्रयास की साक्षी है—

हम भूखे कुत्ते
टूट पड़ते तुम्हारे समाज पर
चिथड़े-चिथड़े कर देते
तुम्हारे जिस्म का मांस
यदि हमारी भी सूख आतीं
मानवीय अनुभूतियाँ
धर्म से उठ जाता विश्वास।

आश्चर्य नहीं, कवि अपनी एक कविता 'रचो वे पारमिताएँ' में पारम्परिक मनीषा को आगाह करता है कि अब ब्रह्म, माया, आध्यात्मिक मानवतावाद इत्यादि की मिथ्या धारणाओं से स्वयं को मुक्त कर एक नये राष्ट्र के निर्माण हेतु कुछ सोचे, रचे—

इसलिए अब और मत रचो
विशेषाधिकार और निर्योग्यताओं के मानस
असमता की विद्रूपताएँ
रचो ऐसी पारमिताएँ
कि हम बन सकें एक राष्ट्र।

अनुभव की तिक्तता की तल्ख अभिव्यक्ति में साहित्यिक प्रतिभा का एहसास तो होता है, लेकिन साहित्यिक संस्कार का नहीं। स्वस्थ लेखन में प्रतिभा से कम महत्त्व संस्कार का नहीं है। दलित लेखन में प्रतिभा का एहसास तो होता है लेकिन संस्कार का अभाव खटकता है। बिना संवाद के संस्कार-निर्माण सम्भव नहीं है। दलित लेखन को पढ़ने से लगता है कि यह दलितों द्वारा दलितों के लिए लेखन है; यह दलित राजनीति का एक आयाम है। एक सीमा तक यह अम्बेडकर चिन्तन की भी कमज़ोरी है। प्रारम्भिक दौर में उसकी उपादेयता से इनकार नहीं किया जा सकता, लेकिन एक सीमा के बाद यह इकहरा और संकीर्ण दिखने लगता है। दलित लेखन कलात्मकता एवं सौन्दर्य बोध को देर तक नकार कर अपनी गुणवत्ता को बनाये नहीं रख सकता। कथ्य की नवता शीघ्र चुक जाती है और धीरे-धीरे दलित अनुभव और अनुभूति का नयापन अपनी चमक खो देगा। अतः यह आवश्यक है कि वह, जैसा कि डॉ. परमानन्द श्रीवास्तव का सुझाव है, अपने आक्रोश को विचार और अनुभूतिगत अभिव्यक्ति को सौन्दर्य का आयाम दे। अन्ततः दलित साहित्य के भी साहित्यिक निष्कर्ष निर्मिति होंगे और उसका कथ्य भी आधुनिकता के निकष पर तोला जायेगा। ऐसा नहीं है कि दलित लेखन इस आयाम से अपरिचित है। वाल्मीकि और कंवल भारती में यह संवेदनशीलता दृष्टव्य है। लेकिन इस सन्दर्भ में मुझे बहुत पसन्द है एक तुलना में अनजाने कवि रामदास 'अकेला' की एक कविता 'मैं आज़ाद हूँ' जिसकी कुछ पंक्तियाँ उद्धृत हैं—

लोग/बड़े फक्र के साथ कहते हैं
'देश अपना है'/हम स्वाधीन हैं, स्वतन्त्र हैं
हमारा अपना देश है
अपना खेत/अपना अन्न
अपना पानी है।

x x x

आज़ादी/जिसे हमने सुना है
देखा नहीं/भोगा नहीं।
अभी तो हम/उन्हीं के खेतों-खलिहानों में

पसीना बहाते हैं/उन्हीं के टुकड़े खाते हैं
उन्हीं के घरों को सजाते हैं
उन्हीं के भण्डार भरते हैं
रात-दिन मरते हैं/उन्हीं के जिलाने पर जीते हैं।

इस कविता में भी दलित अनुभव की पीड़ा है, तिक्तता है, आक्रोश है, लेकिन अभिव्यक्ति में सादगी और शालीनता है। आक्रोश विडम्बना में रूपान्तरित हो एक पारम्परिक पाठक को भी अन्तर्मुखी बनाकर अपने परिवेश को नये तरीके से देखने के लिए विवश करता है। इसमें निषेधात्मक प्रतिक्रिया जो अधिकांश दलित कविताओं को पढ़ने पर होती है, के लिए गुंजाइश नहीं है। यह कविता अपनी कलात्मक सादगी और शालीनता के बल पर प्रतिकूल माहौल में भी संवाद स्थापित कर सकती है। कविता ललकार नहीं है। ललकार कविता या 'मूवमेंट पोएट्री' की तात्कालिकता से कोई अपरिचित नहीं। दरअसल, 'जेन्विन' कविता संवेदनात्मक विस्तार देती है, व्यक्ति को 'ह्यूमनाईज' करती है, अनुकूल मानसिकता पैदा करती है और इस प्रकार एक संवेदनात्मक माहौल तैयार करती है जिससे गुजरा हुआ व्यक्ति एक खास किस्म की राजनीतिक प्रतिक्रिया व्यक्त करता है। इस प्रकार कविता की एक पूर्व राजनीतिक भूमिका होती है। कविता न विशुद्ध आनन्द है और न सीधी राजनीति। हथियार के रूप में कविता का सचेतन उपयोग कविता की कीमत पर ही सम्भव है जिसे देर-सबेर दलित कवि को समझना होगा। श्री रामदास 'अकेला' की इस छोटी सी कविता में दलित चेतना का दंश तो सुरक्षित है ही, काव्यत्व भी सुरक्षित है।

लेकिन पुरुषोत्तम सत्यप्रेमी के संकलन सवालों के सूरज में ऐसा कुछ बहुत कम है जिसे प्रचलित अर्थों में 'दलित' कहा जाए—न व्यक्त अनुभवों में कटुता, न उबलता आक्रोश न अभिव्यक्ति में तल्खी और न ही दलित आन्दोलनों की निरंकुश बहिर्मुखता। श्री सत्यप्रेमी की अनुभूति के तल में वह छटपटाहट आग और तपन है जो दलित कविताओं में थोड़ी कम पायी जाती है। यहाँ सांकेतिकता अधिक है और धरती का अकथ सौन्दर्य भी काव्यांकित है जो वर्तमान दलित तेवर की दृष्टि से अटपटा लगता है। संकलन की पहली कविता 'सवाल ही सवाल' के कुछ पद्यांशों को देखें—

होठों पर गालियाँ/भिंची मुट्ठियाँ/रक्त में उबाल
पीपल के पेड़ पर/टंग गये हैं/सवाल ही सवाल।
बीड़ी और चीलम से
धुआँ कम/उठती अधिक है आग
कविता का धर्म है
ऐसे में प्रशस्ति छोड़/कहे बेबाक

कैद हुआ आदमी/ज्यों मकड़ी बुने जाल
पीपल के पेड़ पर
टंग गये हैं/सवाल ही सवाल।

उनकी कविता 'तेवर' की कुछ पंक्तियों को लें—

रोशनी के अँधेरे में/सूरज के पाँव बंधे
सकुचाते-सकुचाते से/सुबह के कंठ रुँधे
आहिस्ता-आहिस्ता/फिर से
तेवर लगे बदलने।

या संकलन की एक अन्य श्रेष्ठ कविता 'यन्त्रणा' को लें—

मैंने देश के भूगोल/और इतिहास की खातिर
कई बार/अधनंगे शब्दों के अलाव में
तपाकर अपनी देह और आत्मा को
केवल जिन्दा रखने के लिए
सलीब की यन्त्रणा भोगी है
लेकिन न मैं इतिहास का
हो सका/न इतिहास मेरा!

इन कविताओं में काव्यांकित पीड़ा, छटपटाहट एवं कड़वाहट में ऐसा कुछ विशिष्ट नहीं है जिसे गैर-दलित संवेदना व्यक्त न कर सके। सम्भव है श्री सत्यप्रेमी का कथ्य अनुभूत न हो; नगरीकरण और व्यवस्था में खपाव, दलित समाज में पनप रहे सामाजिक-आर्थिक स्तरीकरण आदि के चलते जो दलित यथार्थ से कटाव हो रहा है उसका परिणाम हो। लेकिन श्री सत्यप्रेमी में काव्य-संस्कार दिखता है, कविताओं में काव्यत्व का एहसास होता है और श्री सत्यप्रेमी दलित कुंठा के शिकार नहीं लगते, और इसी कारण उनके काव्य में 'यूनिवर्सलिटी' अधिक है।

ऐसा नहीं है कि दलित लेखन में फार्मूलाबाज़ी नहीं है। जब निष्कर्ष पुराने पड़ने लगते हैं, जब काव्यानुभूति और यथार्थ बेमेल होने लगते हैं, तो काव्यांकन में काल्पनिकता या 'फ्रिक्शनैलिटी' आती है और अभिव्यक्ति 'रेटॉरिकल' होती जाती है। बदल रहे परिवेश में जब दोस्त-दुश्मन, 'वी एंड द अदर' पूर्व-निश्चित हो; जब स्वीकार और निषेध के केन्द्र में सत्ता का सवाल प्रमुख हो उठता हो; जब व्यक्ति अपनी वैयक्तिकता खोकर अपने समूह का प्रतिनिधि मात्र होकर अपनी परानुभूति का दायरा 'वी' तक सीमित कर लेता है, अर्थात् जब लेखकीय संवेदना अपने समूह अर्थात् 'वी' की सीमा को अतिक्रमित न कर पा रही हो तो लेखक और उसकी रचना अपनी निजता खोकर धीरे-धीरे 'टाईप' में पथराते जाते हैं। लेखन अन्वेषणात्मक नहीं रह

जाता और अपनी मौलिकता खो देता है। वह नीरस एकरूपता का शिकार हो जाता है। सोवियत संघ में सर्वप्रथम 'प्रालेतकल्त' और फिर बाद में समाजवादी यथार्थवाद का यही हुआ। प्रत्येक गैर-सर्वहारा या तो बूर्जुआ था या कुलाक जो सामाजिक बुराई, वैचारिक पिछड़ापन और प्रतिक्रियावाद का ज्वलंत उदाहरण या प्रतीक था। उसमें अच्छाई देखना या तो बूर्जुआ मानवतावाद था या षड्यन्त्र। राजनीति में तो यह चल जाता है क्योंकि वहाँ दोयम-तेयम दर्जे की संवेदना भी कारगर हुआ करती है। लेकिन साहित्य में यह संवेदना देर तक नहीं टिक पाती। आश्चर्य नहीं, सोवियत रूस कोई मानक साहित्यिक रचना नहीं दे सका। साहित्यिक दलितवाद के समक्ष भी यह खतरा उपस्थित है। इसका खलनायक है सवर्ण और नायक है दलित। इसके व्यवहृत अम्बेडकरवाद के कुछ तयशुदा बिन्दु हैं—कर्तव्य-विमुख अधिकार-चेतना, सत्ता-केन्द्रित-सोच, प्रत्येक सवर्ण अभिव्यक्ति के प्रति जड़ीभूत शंका एवं अविश्वास, अभिव्यक्ति का आतंक और न्याय की गुहार, गलदश्रु भावुकता, स्वायत्त पहचान, पारम्परिक सांस्कृतिक प्रतीकों का नीर-क्षीर-विवेक-निरपेक्ष एवं इतिहास-निरपेक्ष अवमानना एवं निषेध। यह वर्तमान की उपलब्धियों के प्रति उदासीन और अतीत के दुख-दर्द के प्रति अतिशय संवेदनशील है। इसके परिणामस्वरूप यह वर्तमान की सामाजिक गतिशीलता और उसके अभिकरणों को दरकिनार रखता है। अपने संगठित जनाधार और प्रगतिधर्मा सोच के बलबूते पारम्परिक धारा से संवाद स्थापित कर न्यूनाधिक अपनी शर्तों पर इसके 'हेजिमनिक' चरित्र को तोड़ने की चिन्ता कर यह एक नितान्त वैकल्पिक सांस्कृतिक-सामुदायिक इयत्ता के रूप में विकसित होने का आकांक्षी है जिसके फलस्वरूप दोनों के संकीर्ण एवं दमनात्मक होते जाने की भारी सम्भावना है। दरअसल, जड़ प्रतिबद्धता भी प्रतिक्रियावाद का ही एक आयाम है और समयानुसार इसके अभिकरण बदलते रहते हैं। आत्मालोचना बन्द होते ही चेतना जड़ता की शिकार हो जाती है। दलित संवेदना आत्मालोची नहीं दिखती। श्री पुरुषोत्तम सत्यप्रेमी की एक कविता 'दृष्टि-भेद' जरूर मिली है जिसमें कुछ आत्म-आलोड़न, आत्म-आलोचना है। दरअसल, अपनी आस्थाओं, आदर्शों, प्रतीकों, परम्पराओं एवं व्यवहार के प्रति थोड़ा शंकालु बने रहना चिन्तन, सृजन एवं राजनीति तीनों के लिए हितकर होता है। इसी शंकालुता, आत्म-आलोचना के अभाव में वर्णवादी सोच विकृत एवं अमानवीय बना। इतिहास अपने को दुहराने न पाये, इसकी ज़िम्मेदारी अब दलित बुद्धिधर्मियों को भी निभानी होगी, वर्तमान जज्बाती राजनीति से ऊपर उठकर। अगर दलित काव्य दलित राजनीति का एक हथियार होने मात्र से सन्तुष्ट हुआ तो यह शीघ्र ही साहित्य के रूप में दरकिनार हो जायेगा। इससे बचने के लिए दलित काव्य-चिन्तन एवं सृजन को अभी बहुत कुछ करना होगा।

सन्दर्भ

1. ओमप्रकाश वाल्मीकि, 'कब तक इन प्रश्नों से बचेगा मार्क्सवाद', हंस (जून 1998), पृ. 49
2. वही, पृ. 48
3. मोहनदास नैमिशराय, 'हिन्दी में दलित साहित्य की उपस्थिति–एक पड़ताल', युद्धरत आम आदमी (अक्टूबर-दिसम्बर 96), पृ. 33-34
4. कंवल भारती, तब तुम्हारी निष्ठा क्या होती? (बोधिसत्व प्रकाशन, रामपुर, 1996) पृ. 17
5. वही, पृ. 16
6. डॉ. गंगाधर पानतावणे, 'दलित साहित्य की प्रेरणा केवल अम्बेडकरवाद', युद्धरत आम आदमी (अक्टूबर-दिसम्बर 1996), पृ. 26
7. वही, पृ. 30; देखें बी. आर. अम्बेडकर, राइटिंग्स एंड स्पीचेज खंड-3 (एजूकेशन डिपार्टमेंट, गवर्नमेंट आफ महाराष्ट्र, 1987), पृ. 441-62
8. डॉ. नामवर सिंह, दूसरी परम्परा की खोज (राजकमल प्रकाशन, नयी दिल्ली, 1982), पृ. 13-20
9. ओमप्रकाश वाल्मीकि, 'दलित चेतना वैमनस्य की नहीं मैत्री की पक्षधर है', दलित लिबरेशन टुडे (अप्रैल 1998), पृ. 31-32; 'कब तक इन प्रश्नों से बचेगा मार्क्सवाद', पृ. 48-49
10. सेमिनारों में की गयी नोटिंग्स से।
11. राजकुमार करौतिया, 'दलित साहित्य और डॉ. अम्बेडकर', अश्वघोष (मार्च-अप्रैल, 1998), पृ. 29
12. मणिशेखर, 'साहित्य में दलित अभिव्यक्ति अर्थात् दलित साहित्य', दलित लिबरेशन टुडे (अप्रैल 1996), पृ. 23-24
13. मणिशेखर, 'हिन्दी में दलित साहित्य आलोचनाओं के उत्तर' दलित लिबरेशन टुडे (अप्रैल 1996), पृ. 26-29
14. 'कब तक इन प्रश्नों से बचेगा मार्क्सवाद', पृ. 48-49; इस सन्दर्भ में देखें–श्योराज सिंह बेचैन, 'क्या दलितेतर जातियों के लेखक ही दलितों के लेखक हैं, दलित स्वयं नहीं', दलित एशिया टुडे (अप्रैल 1995), पृ. 30-31। श्री राजेन्द्र यादव ने हंस में सम्पादकीय टिप्पणी लिखकर तथा दलित रचनाकारों को प्रश्रय देकर इस बहस को सचेतन चलाया जो इस मानी में ठीक रहा कि हिन्दी में साहित्यिक सोच की जड़ता टूटी, लेकिन राजेन्द्र जी इसे समावेशी नहीं बना सके।
15. डॉ. भवदेव पाण्डेय, 'नहीं यह जातिवाद नहीं है' हंस (अक्टूबर 1996), 77-78
16. ओमप्रकाश वाल्मीकि, 'भूमिका', तब तुम्हारी निष्ठा क्या होती?, पृ. 12
17. वही, पृ. 13
18. डॉ. सी. बी. भारती, 'दलित साहित्य का सौन्दर्यशास्त्र', हंस (अगस्त 1996), 70-71
19. वही, पृ. 71
20. ओमप्रकाश वाल्मीकि, 'भूमिका', पृ. 14
21. वही
22. डॉ. तुलसी राम, 'दलित समाज के नये साँई बाबा', अश्वघोष (मई-जून, 1998), पृ. 6-15, 44
23. कंवल भारती, डॉ. अम्बेडकर–एक पुनर्मूल्यांकन (बोधिसत्व प्रकाशन, रामपुर, 1997), पृ. 161-63
24. ओमप्रकाश वाल्मीकि, बस! बहुत हो चुका (वाणी प्रकाशन, नयी दिल्ली, 1997), मलखान सिंह, सुनो ब्राह्मण! (परिवेश प्रकाशन, शक्तिनगर, 1996); पुरुषोत्तम सत्यप्रेमी, सवालों के सूरज (आश्वस्त प्रकाशन, उज्जैन, 1990)

समकालीन सोच, जुलाई-दिसम्बर 2006

हिन्दीतर दृष्टि में हम हिन्दीभाषी

अभी कुछ दिन पहले नागपुर में लोकतन्त्र समाचार के सम्पादक मधुकर उपाध्याय से मुलाकात हुई और उन्होंने दीपावली 2005 पर दो खंडों में प्रकाशित विशेषांक दिया जिसका दूसरा खंड 'हिन्दी समाज : अहिन्दी समाज की दृष्टि, हम हिन्दी भाषियों के लिए महत्त्वपूर्ण है, उनके लिए तो विशेष रूप से जो राष्ट्रभाषा और राजभाषा में अन्तर नहीं करना चाहते और हिन्दी को राष्ट्रभाषा के रूप में प्रतिष्ठित करने के लिए बैचेन हैं। अतः यह आवश्यक है कि हम जाने कि हिन्दीतर क्षेत्र के लोग हिन्दी क्षेत्र और हिन्दी भाषी के बारे में क्या सोचते हैं। यहाँ कुछ प्रतिनिधि लेखकों के ही विचार प्रस्तुत हैं।

चर्चित समीक्षक चन्द्रकान्त वांदिबडेकर हिन्दी समाज की कतिपय कमजोरियों को अत्यन्त शालीनता के साथ रेखांकित करते हैं। एक, हिन्दी समाज में 'वाद' को लेकर अतिवादी दृष्टियाँ और उनके इर्द-गिर्द ध्रुवीकरण जल्दी विकसित होते हैं, और दोनों ही पक्ष दो छोरों के बीच की विराट जमीन को भूलकर बातें करते हैं जो आत्मघाती है। दो, हिन्दी भाषी विद्वानों और लेखकों में अंग्रेज़ी-मोह और हिन्दी क्षेत्र के गाँव-गाँव में खुले अंग्रेज़ी माध्यम के स्कूलों के चलते हिन्दी के प्रति इस क्षेत्र की निष्ठा में अविश्वास पैदा होता है। ये राष्ट्रीय बनने के पहले ही अन्तरराष्ट्रीय बनने की छलांग लगा रहे दिखते हैं। अगर ये ही हिन्दी के प्रति निष्ठावान नहीं हैं तो अहिन्दीभाषी हिन्दी क्यों सीखे? तीन, उत्तर प्रदेश और बिहार के अनपढ़ व्यक्ति रोज़ी-रोटी कमाने अहिन्दी क्षेत्रों में दौड़ते हैं जिससे दो सन्देश मिलते हैं—यह क्षेत्र अपने आर्थिक विकास के प्रति संवेदनशील नहीं है और यह गुणवत्ता के बलबूते नहीं अपने संख्या बल के सहारे अपनी भाषा को अन्यों पर लादना चाहता है। चार, लेखन के स्तर पर हिन्दी में व्यंग्य है, हास्य नहीं है। हिन्दी क्षेत्र के पास अपनी कोई प्रतिनिधि कला भी नहीं है। हम ओडिसी, कर्नाटक संगीत, भांगड़ा लोक नृत्य, मराठी नाटक इत्यादि की चर्चा करते हैं, लेकिन हिन्दी क्षेत्र के पास ऐसी कोई प्रतिनिधि कला नहीं है। पाँच, हिन्दी क्षेत्र में समाज-सुधार आन्दोलन नहीं चले, और अगर चले भी तो पोथियों तथा कुछ व्यक्तियों

तक सिमट कर रह गये। आश्चर्य नहीं कि सारे आधुनिक समाज सुधारक—राममोहन राय, रानाडे, महात्मा फुले, रामास्वामी पेरियार, अगरकर, अम्बेडकर इत्यादि अहिन्दी क्षेत्रों में ही हुए। परिणामस्वरूप हिन्दी क्षेत्र में सामाजिक और लैंगिक विषमताएँ और शोषण अधिक हैं और इनसे उपजे क्रूर संघर्ष भी हैं। स्त्री-शिक्षा में हिन्दी क्षेत्र सर्वाधिक पिछड़ा लेकिन दलित उत्पीड़न तथा साम्प्रदायिक-जातिवादी राजनीतिक उन्माद में यह सबसे आगे है। ऐसे हिन्दी की स्वीकार्यता बाधित होती है।

केरल से डॉ. ए. अरविंदाक्षन का आरोप है कि एक विराट परम्परा का अंग होकर भी हिन्दी क्षेत्र ने परम्परा की रूढ़ियों को आत्मसात किया और इसकी गतिशीलता को नकारा। इस कारण यह रूढ़िबद्ध है, धार्मिक और जातिवादी कट्टरवाद तथा बहुसंख्यकवाद का शिकार है और आचरण के स्तर पर 'संस्कृतिहीन' है। उनका यह भी कहना है कि अहिन्दी क्षेत्र में परिवर्तन की गति धीमी होने के चलते यह परिवर्तन के विवेक को आत्मसात करता है, जबकि हिन्दी क्षेत्र में परिवर्तन की लहर जल्दी आती है और इस कारण परिवर्तन का विवेक लिबासी बनकर रह जाता है। डॉ. अरविंदाक्षन रेखांकित करते हैं कि अहिन्दी क्षेत्र, हिन्दी क्षेत्र की तुलना में स्वस्थ नागरिक बोध, विकेन्द्रित शासन प्रणाली, स्वस्थ पारम्परिकता और जटिलताओं की समझ की दृष्टि से काफी आगे है। हैदराबाद से 'सियासत' के सम्पादक श्री एम. टी. ख़ान के हिन्दीभाषियों के विरुद्ध दो यह आरोप हैं—एक, कास्मोपॉलिटन होने का दावा तो करता है, लेकिन केन्द्रीय सत्ता से जुड़े रहने के चलते अहंमन्य है; और दो, इसके नगरीय मध्यवर्ग की आधुनिकता मात्र लिबासी है और इसी कारण पतनशील भी। पंजाबी कवि चिरंजीवी सिंह का कहना है कि हिन्दी क्षेत्र की तुलना में अहिन्दी क्षेत्रों ने परम्परा और आधुनिकता के बीच बेहतर सन्तुलन बैठाया है, इसलिए इन्होंने सामाजिक और आर्थिक क्षेत्रों में बेहतर प्रगति की है।

राजनीतिविद् भाष्कर लक्ष्मण मोले की दृष्टि में हिन्दी क्षेत्र 'गोस्थान' के रूप में बदनाम है। इसका ब्राह्मणवाद-विरोध जातिवादी है। इसके आधुनिक लोग भी तुलना में यथास्थितिवादी हैं। इसका अंधहिन्दी प्रेम अंग्रेज़ी बोलने को राष्ट्रद्रोह मानता है। हिन्दीभाषी जन अन्य क्षेत्रों में वर्षों-वर्षों तक रहने के बावजूद वहाँ की भाषा नहीं सीख पाते। इसका बहुसंख्यक होना भी संदेहास्पद है, क्योंकि यह अपनी प्राचीन भाषाओं—मैथिली, भोजपुरी, अवधी, ब्रज, बुंदेलखण्डी इत्यादि को छिपाकर अपनी हिन्दी अस्मिता को सामने रखता है। वह अभी अपने आधुनिक लेखकों और कवियों की चर्चा न कर कबीर, तुलसी, प्रेमचन्द, जैनेन्द्र इत्यादि में बन्द है। इसके पास द्विमार्गी अनुवादक भी नहीं हैं—ऐसे ही हिन्दी अनुवादक जो हिन्दीतर भाषाओं से सीधे हिन्दी में अनुवाद करते हों और सर्वोपरी बहुसंख्यक भाषा-भाषी होने के नाते ये हिन्दी का मनमाना साम्राज्यवाद

चाहते हैं। पामेला फिलिपोज के अनुसार हिन्दी क्षेत्र एक सोया हुआ महाकाय है, लेकिन साक्षरता की कमी और धार्मिक और राजनीतिक कट्टरता के चलते अभी असहज बना हुआ है। श्रीराम नारायण कुमार की दृष्टि में हिन्दी समाज ने आधुनिकता में भी देर से प्रवेश किया है, इसलिए सामाजिक-सांस्कृतिक क्षेत्रों में यह पिछड़ा है। इसका आन्तरिक भाषिक चरित्र भी बहुलवादी है। उनकी एक टिप्पणी अत्यन्त महत्त्वपूर्ण है जिसे हम सभी हिन्दीभाषियों को ध्यान में रखना चाहिए—'किसी भी गैर हिन्दीभाषी से बात करके देखिए सब यही कहेंगे कि सभी हिन्दीभाषी पान खाकर सड़क पर थूकते हैं, उनकी उम्मीदें हैं कि ये आधुनिक हो जायें।' कैथोलिक आन्दोलनकारी जॉन दयाल की दृष्टि में हिन्दी क्षेत्र ब्राह्मणवादी मानसिकता, सरकारी उपेक्षा और राजनीतिक दाँव-पेंच का शिकार है; पढ़ाई-लिखाई की मानसिकता का यहाँ अपेक्षित विकास नहीं हो पाया है और साक्षरता तथा शिक्षा के बीच यहाँ बहुत अन्तराल है।

पूर्व न्यायमूर्ति और सामाजिक सक्रियतावादी चन्द्रशेखर धर्माधिकारी का कहना है—एक, प्रबुद्ध हिन्दी घरों में हिन्दी नहीं बोली जाती; दो, इनके लिए अंग्रेज़ी मातृभाषा और हिन्दी सड़कछाप भाषा है, जिसे सामान्य जन ढोता है; तीन, यह क्षेत्र बहुसंख्यक होने का दावा करता है जबकि लोकतन्त्र में बहुमत महत्त्वपूर्ण है; चार, यह जाति और स्त्री सम्मान जैसे प्रश्नों से अभी उबर नहीं पाया है; पाँच, अहिन्दीभाषी हिन्दी बोलते और सीखते हैं, लेकिन हिन्दीभाषी हिन्दी अंग्रेज़ी के सिवाय अन्य कोई भाषा सीखना नहीं चाहते हैं, क्योंकि इन्हें अपनी हिन्दी का अभिमान है। प्रख्यात फ़िल्म निर्देशक मृणाल सेन की सलाह है कि सबसे बड़ा क्षेत्र होने के नाते हिन्दी से अपेक्षा बनती है कि यह देश की आँचलिक भाषाओं के बीच सेतु का काम करे और राष्ट्रीय स्तर पर 'क्रास फर्टिलाइजेशन' की प्रक्रिया को मज़बूत बनाये।

प्रख्यात लेखिका महाश्वेता देवी बंगालियों में सांस्कृतिक-साहित्यिक अहंमन्यता अधिक देखती हैं, क्योंकि बंगाली अन्य भाषाओं से अनुवाद के प्रति उदासीन हैं। लेकिन उनका यह भी आग्रह है कि हिन्दीभाषी सबसे जुड़ें, दक्षिण की भाषाओं को अछूत न मानें, हिन्दी में अधिक से अधिक अन्य भाषाओं के शब्द प्रयोग करें क्योंकि हिन्दी ही पूरे देश की सम्पर्क भाषा है। लेकिन वह यह भी याद दिलाती हैं कि भारत की सभी क्षेत्रीय भाषाएँ मज़बूत हैं।

यहाँ मेरा उद्देश्य अपनी बात कहना नहीं बल्कि हिन्दीतर लेखकों, विचारकों, सामाजिक सक्रियतावादियों इत्यादि की हिन्दी और हिन्दीभाषा सम्बन्धी दृष्टि से अवगत कराना है। निष्कर्षतः इन सबसे जो सन्देश निकलता है वह यह कि—

1. हिन्दी का प्रचार-प्रसार और राजभाषा के रूप में इसकी राष्ट्रीय स्वीकृति हिन्दी क्षेत्र के आर्थिक विकास उसकी सामाजिक चेतना के रूपान्तरण और हिन्दी

बुद्धिजीवी के स्वस्थ आधुनिकता-बोध से जुड़ हुआ है। अर्थात् जब तक यह क्षेत्र जातिवादी संकीर्णता, धार्मिक कठमुल्लापन और आर्थिक पिछड़ेपन का प्रतीक है तब तक सम्पर्क भाषा के रूप में हिन्दी की स्वीकृति संदिग्ध रहेगी। कुल मिलाकर इस क्षेत्र में सामाजिक-सांस्कृतिक और आर्थिक नवजागरण की आवश्यकता है। अयोग्यों की कोई वस्तु मात्र संख्या बल पर स्वीकार्य नहीं हो सकती।

2. हमारे पढ़े-लिखे भी केवल एक भाषा हिन्दी जानते हैं जबकि अहिन्दी भाषी क्षेत्र के पढ़े-लिखे कई भाषाएँ जानते हैं। इतना ही नहीं, हिन्दी क्षेत्र का प्रबुद्ध तबका जो अंग्रेज़ी सीखता है वह हिन्दी से नफ़रत करने लगता है। अहिन्दी क्षेत्र के बुद्धिजीवी अपनी भाषा के साथ ऐसा दुर्व्यवहार नहीं करते। उसका लेखक तो कई भाषाएँ जानता है। अतः आवश्यक है कि हिन्दीभाषी हिन्दी के अतिरिक्त अंग्रेज़ी और कोई अन्य हिन्दीतर भारतीय भाषा सीखें। डॉ. नामवर सिंह तो अब उर्दू सीखने पर भी ज़ोर देते है। चूँकि हिन्दी को भारत जैसे विराट बहुभाषी देश की सम्पर्क भाषा बनना है, इसलिए हिन्दीभाषियों पर विशेष जिम्मेदारियाँ हैं।

3. हिन्दीतर क्षेत्र में हिन्दी क्षेत्र प्रमुखतया बिहार और उत्तर प्रदेश अपने अपढ़ मजदूरों के माध्यम से जाना जाता है। ये ही रोज़ी-रोटी की खोज में बाहर जाने के लिए विवश हैं। इसका कारण हमारा आर्थिक और शैक्षिक पिछड़ापन है। आर्थिक विकास श्रमिकों को यहीं खपा लेता है और अच्छी शिक्षा बेहतर लोगों को अधिक से अधिक संख्या में बाहर जाने का अवसर देती है। इससे हमारी राष्ट्रीय छवि का स्वरूप भी बदलता है।

4. उत्तर प्रदेश और बिहार के शहर गंदे हैं। उनके स्कूलों, कॉलेजों और विश्वविद्यालयों में पढ़ाई-लिखाई बर्बाद हो चुकी है। राजनीति ने सब कुछ को लील लिया है। हमारी ट्रेनें गन्दी हैं, बसों में गाली-गलौज होता है, गली-कूचों में बदजबानी और बदसलूकी का सामना है। यहाँ सामान्य पढ़े—अनपढ़ में भाषा, ज्ञान एवं आचरण के स्तर पर कोई अन्तर नहीं दिखता। शिक्षण संस्थाओं और राजनीति के समक्ष चुनौतियाँ बढ़ी हैं।

सारांश इतना भर कि हिन्दी का उद्धार हमारे सामाजिक जागरण, आर्थिक विकास, राजनीतिक समझदारी और चारित्रिक उत्थान से जुड़ा है। कोई तीसरा रास्ता सम्भव नहीं है। केवल संख्या बल की देर तक चर्चा राष्ट्रीय विभाजन का कारण बन सकती है। योग्यता और गुणवत्ता का कोई विकल्प नहीं है; श्रेष्ठता से बड़ा कोई तर्क नहीं होता है।

समकालीन सोच, जुलाई-दिसम्बर 2006

हिन्दी-उर्दू विवाद :
हिन्दी मनीषा के समक्ष एक बड़ी चुनौती

मेरी समझ में हिन्दी-उर्दू विवाद एक असमाधेय विवाद है। यह इतिहास-जनित विवाद है और अब इसे इतिहास पर ही छोड़ दिया जाना चाहिए। हिन्दी की अपनी राष्ट्रीय महत्त्वाकांक्षा है और उर्दू की अपनी विवशताएँ हैं। एक 'राष्ट्रभाषा' बनने का सपना पालती है और दूसरी स्वाधीन भारत में अपने स्वतन्त्र अस्तित्व के लिए संघर्षरत है। 1935 में जवाहरलाल नेहरू ने अल्मोड़ा जेल में 'हिन्दी के नवीन साहित्य की दरिद्रता' विषय पर बोलते हुए एक 'भारतीय साहित्य संघ' की कल्पना की थी और अपने आलेख में (जो उसी वर्ष 'प्रताप' में छपा था) यह रेखांकित किया था कि 'हिन्दी और उर्दू दो बहनें नहीं हैं, एक ही शरीर के दो चेहरे हैं।' बहनों के रूप में उन्होंने अन्य भारतीय भाषाओं को गिनाया था और अपेक्षा की थी कि अब अंग्रेज़ी को भी इनमें ही गिना जाना चाहिए, क्योंकि एक सौतेली भाषा के रूप में इसका भी देश के जीवन में एक हिस्सा है, यद्यपि यह हमारी अपनी भाषा नहीं है। ऐतिहासिक दृष्टि से नेहरूजी द्वारा प्रयुक्त 'एक ही शरीर के दो चेहरे' वाला बिम्ब निरापद है।[1] लेकिन ऐतिहासिक परिस्थितियों के दबाव में, प्रतिस्पर्धी हिन्दू-मुस्लिम अभिजन की सियासत की शिकार खड़ी बोली के दोनों चेहरे (हिन्दी और उर्दू) एक ही जातीय शरीर से अविच्छिन्न रूप से जुड़े न रह सके। उत्तरोत्तर इन चेहरों के अलग-अलग धड़े गढ़े गये और, अन्ततः, दोनों भाषाएँ अपनी-अपनी जातीय पहचान के साथ, प्रतिस्पर्धी के रूप में आमने-सामने खड़ी हुईं और मेल-मिलाप की सारी कोशिशें नाकामयाब रहीं। इस भाषाई प्रतिस्पर्धा ने देश के विभाजन की आग में घी का काम किया। पाकिस्तान में उर्दू को कौमी भाषा का दर्जा मिला, यद्यपि यह वहाँ की आबादी के कुल सात फीसदी मुहाजिरों की भाषा थी। डॉ. नामवर सिंह ने अपने एक दृष्टिसम्पन्न निबन्ध में उर्दूवादियों की जिद्दी विभाजक भूमिका को बेबाकी के साथ रेखांकित भी किया है[2] जिसमें प्रगतिशील हिन्दी मनीषा सामान्यतया बचती है। 1948 के आस-पास राहुल सांकृत्यायन ने अपनी जनपदीय भाषावार राज्यों वाली दृष्टि से एक

राष्ट्र के रूप में पाकिस्तान की कृत्रिमता को रेखांकित करते हुए उसके विघटन को अनिवार्य बताया था।[3] राहुलजी का आकलन आंशिक रूप से 1971 में फलीभूत भी हुआ, और एक अर्से से पाकिस्तान अल्लाह, अमेरिका और आर्मी की ताल पर ही एक एकीकृत राष्ट्र के रूप में कायम है। भारत की सियासी स्थिति भिन्न है। यहाँ लोकतान्त्रिक और सेक्युलर निजाम है जो जातीय एवं इलाकाई बहुलता इत्यादि को पहचान देता है। हिन्दी क्षेत्र का मुसलमान एक असरदार वोट-बैंक होने के साथ-साथ भावनात्मक रूप से उर्दू का मुद्दा जीवन्त बनाये रहता है। बिहार और उत्तर प्रदेश में इसे इलाकाई जबान का कानूनी दर्जा मिल चुका है, जिसे हिन्दी मनीषा अस्वीकार करती है, लेकिन मुस्लिम अदीब अपने दावे को प्रस्तुत करते रहते हैं।[4] उर्दू के इस यथार्थ को समझना होगा। इसे मुसलमान और उसकी तहजीब एवं मजहब से काट कर इस मुद्दे का समाधान, कम-से-कम मुझे, सम्भव नहीं दिखता। अतः आवश्यक है कि हिन्दी मनीषा इतिहास के दबाव और अनागत की आशंका से मुक्त होकर हिन्दी क्षेत्र के इस अल्पसंख्यक के मनोगत एवं वस्तुगत संकट को समझे और किसी बृहत्तर दायरे में इसे समायोजित करने का रास्ता खोजे। प्रतिस्पर्धी यांत्रिक समाज में किसी असरदार संगठित आवाज का उत्तर अस्वीकृति नहीं हो सकती। क्रिया-प्रतिक्रिया के माहौल में तो यह समस्या असमाधेय लगती है। दरअसल, यह हिन्दी मनीषा के समक्ष एक बड़ी चुनौती है।

हिन्दी-उर्दू विवाद को लेकर बहुत रोशनाई खर्च हुई है। सन् 1800 में कलकत्ता के फोर्ट विलियम में खड़ी बोली के लिपिगत विभाजन (फारसी उर्दू और नागरी हिन्दी) के साथ हिन्दी ने अपना तार्किक विकास आरम्भ किया जो सदी के 70 के दशक तक आते-जाते हिन्दी-उर्दू विवाद में बदल गया जिसे वीरभारत तलवार और आलोक राय जैसे विद्वान ब्राह्मण-वर्चस्व, हिन्दू साम्प्रदायिकता और हिन्दू राष्ट्रवाद इत्यादि से जोड़कर देखते हैं और भारतेन्दु से लेकर रामविलास शर्मा तक की हिन्दी दावेदारी को एकबारगी खारिज करते हैं। चूँकि मैं वीरभारत तलवार की चर्चित पुस्तक 'रस्साकशी' की स्थापनाओं के प्रतिवाद में अपनी बातें सविस्तार लिपिबद्ध कर चुका हूँ[5], इसलिए यहाँ केवल आलोक राय के निष्कर्षों की चर्चा यथासम्भव संक्षेप में करना चाहूँगा।

श्री आलोक राय की पुस्तक 'हिन्दी राष्ट्रवाद' (Hindi Nationalism[6]) तत्समवादी 'पेशेवर हिन्दीवालों' के पक्ष को खारिज करते हुए बोल-चाल की भाषा 'हिन्दुस्तानी' की आक्रामक वकालत है। प्रोफेसर राय बार-बार हिन्दीवादियों के औदात्य और असहिष्णुता को रेखांकित करते हैं, लेकिन उनका स्वर भी तथाकथित हिन्दीवादियों से कम उद्धत नहीं है। श्री आलोक राय की दृष्टि में :

ऐतिहासिक दृष्टि से हिन्दी अन्तर्विरोधों के माध्यम से समझी, परिभाषित और प्रक्षेपित की गयी है—पहले उर्दू के साथ, फिर विशेषतः ब्रज जैसी अपनी बोलियों के साथ, अंग्रेज़ी के साथ...फिलहाल यह प्रेक्षण (observation) पर्याप्त है कि इन सभी अन्तर्विरोधों के बीच, जिसमें अनेक स्थानीय विस्फोट भी शामिल हैं, हिन्दी और हिन्दीवादियों में अपनी मासूमियत एवं शुचिता सम्बन्धी एक विचित्र मान्यता व्याप्त है। यह कुछ ऐसा ही है मानो हिन्दी पर इन अन्तर्विरोधों की परिव्याप्ति और द्वन्द्वात्मकता का कोई प्रभाव नहीं पड़ा है, मानों यह हमेशा से बेदाग पूर्णता की स्थिति में है। हिन्दीवादियों के लिए हिन्दी इतिहासेतर है—हिन्दी का इतिहास इसके साथ किये गये 'अन्यायों' का इतिहास है, यद्यपि इस कथित हिंसा के बावजूद हिन्दी, आश्चर्यजनक रूप से पवित्र है।[7]

इतना ही नहीं, श्री राय की दृष्टि में हिन्दी अपने इस 'दमित इतिहास' और 'संदिग्ध वैधता' के चलते, अंग्रेज़ी की वापसी के साथ 'संत्रस्त मानसिकता' की शिकार बनी, और हिन्दीवादी अपनी 'असहिष्णुता एवं कट्टरता' के चलते अंग्रेज़ी से अपेक्षित लाभ तक न उठा सके।[8] अतः इनमें लोकतन्त्र सम्बन्धी एक स्थूल संख्यात्मक समझ विकसित हुई जिसके चलते 'भाषाई साम्राज्यवाद' के रूप में 'हिन्दी साम्राज्यवाद' का सूत्रपात हुआ।[9] प्रोफेसर राय की समझ से हिन्दी का महत्त्व मात्र इसलिए है कि हिन्दुस्तानी का महत्त्व है। अतः हिन्दी के रूप में इसका राष्ट्रीय दर्जा प्रतीकात्मक बने रहने के लिए अभिशप्त है। अपनी वर्तमान स्थिति में यह ब्राह्मणी हिन्दी सवर्ण की भाषा के रूप में केवल 'हिन्दू पाकिस्तान' की भाषा बनेगी। अतः प्रोफेसर राय की सलाह है :

> अपनी आवश्यक राष्ट्रीय नियति को पुनः प्राप्त करने के लिए हिन्दुस्तानी को अपने क्षेत्रीय अभिजन हिन्दी पट्टी के सवर्णों से दूरी बनानी होगी जिनकी 'राष्ट्रीयता' की लालसा ने प्रथमतः (तत्सम) हिन्दी का निर्माण किया। यह दूरी बनाकर ही यह पंगुकारी सांस्कृतिक राजनीति से मुक्त होकर अपने क्षेत्रीय चरित्र और वफादारियों को पुनः प्राप्त कर सकती है। स्पष्टतः इस प्रक्रिया के परिणाम केवल भाषा के रूप में भाषा को अतिक्रमित करेंगे। जिस प्रकार मूल हिन्दी की (तत्सम) हिन्दी में विकृति एक जटिल सामाजिक और भौतिक कारक एवं लक्षण थी, उसी प्रकार (तत्सम) हिन्दी का (मूल) हिन्दी में रूपान्तरण की उल्टी प्रक्रिया पुनः सम्भव है जिससे एक भिन्न प्रकार की राजनीति का सूत्रपात हो सकेगा।[10]

इस प्रकार प्रोफ़ेसर आलोक राय हिन्दी के तत्समीकरण का सारा दोष हिन्दीवादी सवर्णों पर मढ़कर सन्तुष्ट हैं। हिन्दीवादी झगड़ालू हैं, अशिष्ट हैं, असहिष्णु हैं,

साम्प्रदायिक हैं और हिन्दू राष्ट्रवाद और हिन्दी साम्राज्यवाद के पुरस्कर्ता हैं। फारसी का सांस्कृतिक साम्राज्यवाद उनकी समझ में नहीं आता, और न उर्दूवादियों की सामाजिक-राजनीतिक भूमिका की तरफ ध्यान जाता है। हिन्दीवादियों को लड़ना ही क्यों पड़ा, इसकी तफसील में जाने की फ़ुरसत उनके पास नहीं है। पालेमिक्स की यही सीमा है। वह यह भी नहीं सोचते कि आख़िर क्यों, ब्रज, अवधी, मैथिली जैसी साहित्यिक क्षेत्रीय भाषाएँ हिन्दी द्वारा अतिक्रमित हो गयीं, जबकि इसके पास राजनीतिक सत्ता नहीं थी। उन्हें अंग्रेज़ी से हिन्दीवादियों का विवाद भी साम्राज्यवादी लगता है। इस सन्दर्भ में वह केवल अपने पिता स्व. अमृत राय से ही असहमत नहीं हैं; वह अपने महान पितामह मुंशी प्रेमचन्द से भी असहमत हैं जो स्वयं हिन्दुस्तानी के प्रतिबद्ध समर्थक थे। प्रोफेसर आलोक राय जैसों के सेक्युलर उन्माद की अपनी विडम्बनायें हैं। ये या तो नकारात्मक तादात्म्य का मुगालता पालते हैं या विच्छेदनवादी बनते हैं। अपनी इस पुस्तक में वह भाषा के विकास की जटिलताओं की अनदेखी करते हुए, लगभग एक सौ वर्ष पूर्व की एक अतिक्रमित बोली हिन्दुस्तानी को राष्ट्रभाषा के दर्जा के लिए व्याकुल लगते हैं।

प्रेमचन्द के समक्ष न सेक्युलर पहचान का संकट था और न 'हिन्दीवादी' होने का कलंक उनके माथे पर था। वह न केवल पंडितों के तत्समवादी आग्रह से दुःखी थे, और न वह उर्दूवादियों के फारसी-अरबी मोह से ही परेशान थे जिसकी श्री आलोक राय अनदेखी करते हैं। प्रेमचन्द के ही शब्दों में :

> हिन्दू जो आज भी लाखों की संख्या में उर्दू पढ़ते हैं, लिखते हैं और उसको अपनी मातृभाषा समझते हैं। मुसलमानों ने शुरू में हिन्दी को अपनाया, मगर अब वे हिन्दी का अक्षर देखना भी गुनाह समझते हैं। क्या हमारे मुसलमान दोस्त इस बात पर राजी होंगे कि हिन्दी हाईस्कूल तक लाजिमी करार दे दी जाय। हमारा यकीन है कि हिन्दुओं की उर्दू को हाईस्कूल तक लाजिमी बनाये जाने में एतराज न होगा। अगर दोनों जबाने हाईस्कूल तक लाजिमी हो जायँ तो दोनों जबानों का विकास इस ढंग से होगा कि वे दिन-दिन एक दूसरे के समीप आती जायेंगी और दोनों भाषाएँ एक हो जायेंगी।[11]

1935 में ही प्रेमचन्द ने शिकायत की थी कि खड़ी बोली का संसार उत्तरोत्तर उर्दूवादियों और हिन्दीवादियों में बँटता गया है, कि उर्दू मुसलमानों की और हिन्दी हिन्दुओं की भाषा बनती गयी है। अब भाषा का मुद्दा धर्म और सियासत का मुद्दा था जिसे निष्प्रभावी बनाने के लिए गाँधीजी हिन्दुस्तानी के प्रचार-प्रसार में लगे थे। इसी उद्देश्य से हिन्दुस्तानी एकेडमी की स्थापना हुई थी और वेंकटराव जैसे लोग नागरी लिपि को अपेक्षित सुधार-परिष्कार के साथ एक राष्ट्रीय लिपि बनाने में लगे थे, जो देश की अन्य लिपियों से मिलती-जुलती हो। लेकिन मुस्लिम लीग की वैचारिकी का

स्रोत 'अलीगढ़ आन्दोलन' हिन्दुस्तानी के विरुद्ध था। हकीम आदि राष्ट्रवादी मुसलमानों ने 'अलीगढ़ आन्दोलन' के विरुद्ध अलीगढ़ में ही जामिया मीलिया आन्दोलन आरम्भ किया जिसे स्थानीय विरोध के चलते दिल्ली ले जाना पड़ा। हिन्दुस्तानी एकेडमी उर्दूवादियों और हिन्दीवादियों में बँट गयी और एकतावादी कमज़ोर होते गये जिनमें प्रेमचन्द भी एक थे। प्रेमचन्द की आशंका थी कि एकेडमी के संस्थापक-संचालक सर विलिएम मॉरिस और राय राजेश्वर वली की मंशा भी यही थी, अन्यथा उर्दूवादी और हिन्दीवादी अलग-अलग न बैठाये जाते जहाँ वे निर्विघ्न अपनी-अपनी राग अलापते और डफली बजाते रहे। अंग्रेज़ी के हित में हिन्दी और उर्दू का विभाजन आवश्यक था। सारतः अंग्रेज़ी राज और अंग्रेजी भाषा एक ही सिक्के के दो पहलू थे। वैसे तो 1909 के कम्युनल एवार्ड के साथ ही कौमी विभाजन का खेल आरम्भ था जिसकी औपचारिक घोषणा 1930 में मुस्लिम लीग के मंच से की गयी। 1934 में उर्दू को कश्मीर राज्य की भाषा घोषित किया गया, जबकि वहाँ की अपनी भाषा थी। उर्दू को अब मुसलमानों से सटाकर देखा जाता था, और कश्मीर में मुसलमान बहुसंख्यक था। इसी प्रकार सीमा प्रान्त में उर्दू को स्कूली शिक्षा के लिए अनिवार्य किया गया और हिन्दी एवं गुरुमुखी में पत्राचार पर भी प्रशासकीय अंकुश लगा। परिणामस्वरूप हिन्दी-उर्दू का विवाद गहराया जिससे दो-कौमियत के सिद्धान्त को भी बल मिला, और अंग्रेज़ी ओर अंग्रेज़ी राज निरापद बने रहे। साम्राज्यवादियों की 'बाँटो और राज करो' की नीति सफल थी। उर्दूवादियों के हित अंग्रेज़ी और राज के हित के बीच कोई आधारभूत टकराव नहीं था। इस समूचे परिदृश्य में हिन्दीवादी दोहरे दबाव में थे। उनका चुप रहना चल रही भाषा-नीति का समर्थन था, और अपने पक्ष की प्रस्तुति उर्दू-विरोध था। इधर खाई उधर पहाड़। भाषाई जेहादियों के दो धड़ों के बीच हिन्दुस्तानी का आन्दोलन सिसकियाँ ले रहा था जो अंग्रेज़ी राज की मंशा भी थी। वह दोनों के बीच कोई सम्पर्क-सूत्र नहीं चाहता था। इसी में सामन्ती मुस्लिम अभिजन अपना हित देखता था और इसी के संरक्षण में उर्दू का फारसीकरण होता गया था।

अतः डॉ. नामवर सिंह का यह कहना गलत नहीं लगता कि, 'फारसी-बहुल उर्दू की हिफाजत अलगाववाद का एक अंग था।' अपने आलेख में नामवर सिंह ने भारत में हिन्दुस्तानी के कट्टर विरोधी और 'बाबा-ए-उर्दू' मौलवी अब्दुल हक़ की एक तक़रीर का जिक्र किया है जिसे उन्होंने गालिब की 92वीं जयन्ती पर 15 फरवरी 1961 को कराची में दिया था जिसमें उन्होंने पाकिस्तान को उर्दू की देन बताया था।[12] इसलिए अगर सामान्य हिन्दीभाषी फारसी लिपि में फारसी-अरबी बहुल उर्दू को भाक की निगाह से देखते हैं तो यह निराधार नहीं है। इतिहास के

भूत को आसानी से नहीं भगाया जा सकता, और खासतौर से तब जब राजनीतिक ओझा अपने छोटे-बड़े हित में इसका आह्वान करते रहते हों। बहुल समाजों की बहुलतावादी, प्रतिस्पर्धी सियासत की यह एक अनिवार्य विडम्बना है।

राजनीति में गाँधीजी की तरह साहित्य में प्रेमचन्द को इस विडम्बना का एहसास था। फरवरी 1936 में, अपनी मृत्यु से कुछ माह पूर्व, उन्होंने भारतीयों से यह पूछा था :

मगर हम पूछते हैं, अगर सर विलिएम मॉरिस और राय राजेश्वर वली ने उर्दू और हिन्दी को पृथक रखने ही के लिए एकेडमी की स्थापना की, तो अब हमारा कर्तव्य क्या है? पृथकता को बढ़ाना या घटाना? अगर बढ़ाने का निश्चय कर लिया जाय तो वह साहित्य और राष्ट्र दोनों ही के लिए अहितकर होगा। हमारा आदर्श पृथकता नहीं, एकता होना चाहिए।[13]

लेकिन प्रेमचन्द की इस 'एकता' को सुनिश्चित करने का एक फार्मूला था—नागरी लिपि में अपेक्षित सुधार के साथ हिन्दुस्तानी का विकास। कम से कम खड़ी बोली वाले इस क्षेत्र को एकीकृत बनाये रखने का यही तरीका उन्हें सूझता था। आश्चर्य नहीं, उन्होंने 1935 में लन्दन में मुल्कराज आनन्द, सज्जाद जहीर आदि द्वारा प्रलेस के लिए तैयार प्रस्ताव के चौथे बिन्दु (हिन्दुस्तानी को राष्ट्रभाषा और इंडो-रोमन लिपि को राष्ट्र-लिपि स्वीकार करने का उद्योग करना) पर असहमति जताते हुए निम्नांकित टिप्पणी की थी :

> हंस भी इन्हीं उद्देश्यों के लिए जारी किया गया है। हाँ, हम अभी इंडो-रोमन को राष्ट्र-लिपि स्वीकार करने को तैयार नहीं, क्योंकि हम नागरी लिपि में संशोधन करके उसे इतना पूर्ण बना लेना चाहते हैं, जिससे वह भारत की सभी भाषाओं के लिए समान रूप से उपयोगी हो।[14]

लेकिन इस असहमति में भी दो बातें महत्त्वपूर्ण है—एक, क्रिया-विशेषण 'अभी' जो इंडो-रोमन लिपि के प्रयोग को आत्यंतिक रूप से खारिज नहीं करता; दूसरी यह कि नागरी लिपि को सर्वस्वीकृति के लायक बनाने के लिए इसमें अपेक्षित 'संशोधन' का आश्वासन था। शायद इसी कारण लखनऊ में प्रलेस के प्रथम अधिवेशन (1936) में पारित प्रस्तावों में इसे स्थान नहीं दिया गया। श्री वेंकटेश के प्रयासों का क्या हुआ, नहीं मालूम। अक्टूबर 1936 में ही प्रेमचन्द का इंतकाल हो गया। आन्तरिक द्वन्द्व में फँसी हिन्दुस्तानी अकादमी द्वारा कोई सार्थक पहल सम्भव नहीं थी, क्योंकि इसकी स्थापना में ही कुछ खोट था। 1937 के चुनावों के दौरान मुस्लिम लीग को देश की सियासत के साम्प्रदायीकरण का खुला मौका मिला। फिर कांग्रेस का इस्तीफा, विश्वयुद्ध, 1941 में पाकिस्तान की खुली माँग, 1942, क्रिप्स और कैबिनेट मिशन्स

इत्यादि के चलते सियासत इतनी हावी होती गयी कि हिन्दुस्तानी और नागरी लिपि जैसे मसले अप्रासंगिक हो गये। प्रेमचन्द को ये दुर्दिन देखने नहीं पड़े। लेकिन इतना तय है कि पाकिस्तान के निर्माण और वहाँ बाहरी अल्पमत की भाषा होने के बावजूद, राष्ट्रभाषा के रूप में उर्दू की ताजपोशी ने हिन्दी क्षेत्र में हिन्दुस्तानी की स्थिति को गहराई से प्रभावित कर दिया। अब फारसी लिपि में उर्दू की बात बेमानी थी, क्योंकि पाकिस्तान ने इसे इस्लाम और मुसलमान की भाषा बना दिया था। हिन्दी की विडम्बना यह रही कि भारत में यह अपने राष्ट्रीय अस्तित्व को लेकर विवाद में फँस गयी, यद्यपि स्वाधीनता संग्राम के दौरान देश के लगभग सभी शीर्षस्थ नेताओं ने किसी न किसी रूप में इसे राष्ट्रभाषा बनाने का आश्वासन दिया था।

इस सन्दर्भ में बी. आर. अम्बेडकर की पुस्तिका भाषावार राज्यों पर विचार (Thoughts on Linguistic sataes 1955) की चर्चा भी आवश्यक है। बी. आर. अम्बेडकर हिन्दीभाषी नहीं थे, लेकिन भारत की एकता और अखण्डता की दृष्टि से वह हिन्दी के ही पक्षधर थे उनकी दृष्टि में :

एक भाषा लोगों की एकता को सुनिश्चित कर सकती है। दो भाषाएँ अनिवार्यतः इसे विभाजित करेंगी। यही दुर्निवार नियम है। संस्कृति भाषा द्वारा ही संरक्षित होती है। चूँकि भारतीय एकीकृत होना और विकास करना चाहते हैं, इसलिए सभी भारतीयों का यह बाध्यकारी कर्त्तव्य है कि वे हिन्दी को अपनी भाषा के रूप में अपनावें।[15]

डॉ. अम्बेडकर ने यहाँ तक लिखा कि इस प्रस्ताव को न मानना 'भारतीय होने के अधिकार को खोना है।'[16] वह भी, नेहरू जी की तरह, अंग्रेज़ी के तभी तक बने रहने के पक्ष में थे जब तक हिन्दी उसका स्थान न ले ले। उन्होंने 'एक राज्य, एक भाषा' के सिद्धान्त को सामने रखा, और आगाह किया कि इस सिद्धान्त से भटकाव राज्य के लिए खतरनाक होगा। उन्होंने इतिहास से उदाहरण भी दिये—तुर्की और आस्ट्रियाई साम्राज्य बहुभाषी होने के चलते विघटित हो गये। 1971 में पाकिस्तान और 1993 में सोवियत यूनियन के विभाजन के मूल में इनकी बहुभाषिकता भी रही। पुनः डॉ. अम्बेडकर के शब्दों में, 'भारत इस दुर्भाग्य से नहीं बच सकता अगर यह मिश्रित भाषाओं का संघटक बना रहा।'[17] उन्होंने यह चेतावनी 1955 में दी थी जब भाषावार राज्यों का पुनर्गठन देश के समक्ष एक चुनौतीपूर्ण मुद्दा था। प्रेमचन्द के मन में भी ये सारी आशांकाएँ थीं, इसीलिए वे एक राष्ट्रीय भाषा और राष्ट्रीय संस्कृति की वकालत कर रहे थे। लिप्यांतरित होकर उर्दू स्वाधीन भारत में भी राष्ट्रभाषा का दर्जा पा सकती थी, क्योंकि तब यह हिन्दुस्तानी होती न कि उर्दू। प्रेमचन्द को दुख था कि लिपि-भेद को धर्म और सियासत से जोड़ दिया गया है, जब कि बंगाल, महाराष्ट्र एवं अन्य अहिन्दी क्षेत्रों के मुसलमान वहाँ की स्थानीय भाषा

का प्रयोग करते हैं। फारसी लिपि की झंझट केवल उत्तरी भारत की है। मौलाना सलीम पानीपती ने 1933-34 में मुसलमानों को हिन्दुस्तानी (नागरी लिपि के साथ) अपनाने के लाभों को गिनाया था जिन्हें प्रेमचन्द ने उद्धृत किया—

1. हम भिन्न-भिन्न प्रकार के विचारों को व्यक्त करने में ज़्यादा समर्थ हो जाएँगे।
2. यह इल्जाम हम पर से दूर हो जायेगा कि हम केवल धार्मिक घृणा के कारण हिन्दू साहित्य से दूर भागते हैं।
3. हिन्दू हमारे साहित्य से ज़्यादा परिचित हो जाएँगे।
4. हमारी जबान सही मानों में हिन्दुस्तानी जबान कहलाने के योग्य होगी।
5. इससे हिन्दू मुसलमानों के एकता की बुनियाद मज़बूत होगी।[18]

इसमें पाँचों बिन्दु महत्त्वपूर्ण हैं जिनमें चौथा एवं पाँचवाँ विशेष ध्यान खींचते हैं। अर्थात् फारसी लिपि में उर्दू को 'हिन्दुस्तानी' जबान का दर्जा नहीं मिल सकेगा और इस देशी पहचान के बिना यह हिन्दू और मुसलमान के बीच का सेतु नहीं बन पायेगी। इस तथ्य को फ्रांसीसी विद्वान गारसाँ द तासी, किसी भी उर्दूवादी भारतीय मुसलमान और आलोक राय जैसे उग्र सेक्युलरिस्ट की तुलना में बेहतर समझते थे। वह स्पष्ट थे कि केवल लिपि-भेद के चलते हिन्दी और उर्दू एक-दूसरे से अलग है, अन्यथा तत्समीकरण अथवा फारसीकरण भी इन्हें अलग नहीं कर पाता। उनकी यह भी समझ थी कि अब हिन्दी को उसके पुराने आधारों की ओर मोड़ने का प्रयास नदी को उल्टी दिशा में बहाने का प्रयास जैसा ही नामुमकिन है।[19] कम-से-कम 1947 के बाद बने माहौल से ये दोनों ही निष्कर्ष पुष्ट होते हैं। लेकिन दोनों भाषाओं में संवाद स्थापित हो, आपसी लेन-देन की प्रक्रिया में गति आवे, इसके लिए आवश्यक है कि हिन्दी तत्समता का मोह छोड़े और उर्दू अपने फारसी मोह को त्यागे। जातीय जीवन से जुड़ाव इस प्रक्रिया को गति देगा और सुनिश्चित बनायेगा। आख़िर जातीय जीवन से जुड़ाव से ही अंग्रेज़ी का फ्रांसीसी और लैटिन से मोह छूटा था। जातीय भाषाओं के विकास का यही तर्क है जिसकी ओर रामविलासजी ने पर्याप्त ध्यान खींचा है। स्वाधीनता-पूर्व की उर्दू के लिए यह मुश्किल था, लेकिन स्वाधीन भारत की उर्दू की यह आवश्यकता है। अब इंडो-रोमन लिपि की वकालत सर्वथा बेमानी है। अतः श्री अतहर फारूकी का यह कथन कि 'हिन्दी और उर्दू अब दो अलग-अलग जबानें हैं'[20] को यदि सही मान लें तो हिन्दी के चर्चित कथाकार असगर वजाहत की यह बात भी याद रखने लायक है—'स्क्रिप्ट बहरहाल जबान नहीं होता। उर्दू को रोमन में लिखिए तो अंग्रेज़ी नहीं हो जाएगी। जबान बदलती है ग्रामर से, सिन्टेक्स से, और दूसरी बुनियादी चीज़ों से।'[21]

डॉ. रामविलास शर्मा का आग्रह है कि तकनीकी दृष्टि से उर्दू और हिन्दी

दो अलग-अलग जबानें नहीं हैं। इसकी चर्चा आगे की जाएगी। खैर, श्री अतहर फारूकी उर्दू के नागरी लिपि में लिप्यांतरण को इसका हिन्दीकरण मानते हैं और इसे संघ परिवार का एजेण्डा बताते हैं। वह भूल जाते हैं कि गाँधी, प्रेमचन्द से लेकर रामविलास, नामवर और वजाहत तक जो लिप्यांतरण को उचित ठहराते हैं, संघ परिवार की विचारधारा के विरोधी हैं। हर बात में आर. एस. एस. का एजेण्डा सूँघना 'भेड़िया आया, भेड़िया आया' वाली ग्रन्थि है जो किसी भी रूप में लाभदायक नहीं है।

यहाँ तीन लोगों की चर्चा अपेक्षित है। इनसे इस विवाद के तीन हिन्दी धड़ों को समझने में सहायता मिल सकती है। एक अनजाने हिन्दीवादी डॉ. कैलाशनाथ पाण्डेय हैं, जिन्होंने इस विवाद पर दो पुस्तकें लिखी हैं। शेष दोनों, राही मासूम रजा और डॉ. रामविलास शर्मा सुपरिचित व्यक्तित्व हैं। डॉ. पाण्डेय वैसे ही 'हिन्दीवादी' हैं जैसा श्री आलोक राय बताते हैं। उन्हें हर उर्दूवादी से चिढ़ है और प्रत्येक हिन्दीवादी उन्हें राष्ट्रीय विवेक का प्रतीक लगता है। उनके लिए उर्दू-समर्थकों के सारे तर्क 'जहरीले और कपार भन्ना देने वाले हैं' जिनसे 18वीं सदी की साम्प्रदायिकता की नाबदानी बदबू फूटती दीखती है।[22] वह उर्दू को मुसलमान और इस्लाम की भाषा के रूप में खारिज करते हैं, और इसी के साथ उसे इलाकाई जबान या दूसरी राजभाषा के रूप में भी। उनका आग्रह है कि इस्लाम और मुसलमान की जबान के रूप में ही उर्दू को पाकिस्तान में कौमी जबान का गैरवाजिब दर्जा मिला, क्योंकि यह निर्णय भाषा वैज्ञानिक एवं ऐतिहासिक न होकर विशुद्ध सियासी था।[23] पाकिस्तान में उभरे भाषा-विवाद का यही प्रमुख कारण है। अतः पाण्डेयजी भाषा के मामले में राजनीति के हस्तक्षेप को गलत मानते हैं। आश्चर्य नहीं, अपनी दूसरी पुस्तक का लगभग आधा भाग वह केवल एक अध्याय 'हिन्दी : विरोध महज राजनीतिक'[24] को समर्पित करते हैं। वैसे अपनी पहली पुस्तक में भी उर्दू को इलाकाई जबान के रूप में दूसरी राजभाषा का दर्जा दिये जाने पर उन्होंने पर्याप्त आक्रोश व्यक्त किया है। वह राजीव गाँधी, मुलायम सिंह, सुश्री मायावती की उर्दू-समर्थक राजनीतिक 'टर्र-टर्र- को वोट-बैंक की राष्ट्रघाती रणनीति के रूप में देखते हैं। वह व्यथित हैं कि राजनेताओं ने उर्दू को मुसलमान और इस्लाम की भाषा मान लिया है जो नितान्त गलत है और जिसके खतरनाक परिणाम निकलेंगे।[25] पाण्डेयजी इस तथ्य की अनदेखी करते हैं कि हिन्दी क्षेत्र की सामाजिक वास्तविकता यही है, और राजनीति इस तथ्य की अनदेखी नहीं कर सकती, चाहे इसके दूरगामी परिणाम जो हों। प्रतियोगिता की अपनी विडम्बनायें हैं।

राही मासूम रजा भी हिन्दी-उर्दू विवाद से बहुत व्यथित रहे। वह उर्दू को हिन्दी से अलग नहीं मानते और न ही लिप्यांतरण के मुद्दे को अपेक्षित गम्भीरता से लेते हैं। वह उर्दू के साहित्य को बंगला, तमिल, मराठी इत्यादि के साहित्य की तरह

हिन्दी साहित्य से 'स्वतन्त्र' नहीं मानते। उनकी दृष्टि में फारसी लिपि में लिखा गया साहित्य भी हिन्दी साहित्य ही है—'मैं तो ग़ालिब की तरह हिन्दी का शायर और प्रेमचन्द की तरह हिन्दी का कथाकार हूँ।' वह लिपि को किसी साहित्य का आधार नहीं मानते। जायसी, उस्मान, कुतुबन, ताज आदि ने उर्दू लिपि में लिखा, लेकिन वे हिन्दी साहित्य की निधि हैं। अतः राही की राह स्पष्ट है : 'मैं हिन्दी का लेखक हूँ और मैं अपनी हिन्दी-उर्दू लिपि में भी लिखता हूँ।'[26]

हिन्दी में भाषा-विवाद पर डॉ. रामविलास शर्मा ने सर्वाधिक सोचा-समझा और लिखा है। उनकी चिन्ता के केन्द्र में हिन्दी द्वारा अंग्रेज़ी वर्चस्व का विस्थापन और राष्ट्रीय एकता है जिसकी एक अनिवार्य पूर्व-शर्त हिन्दीजाति का निर्माण है जो हिन्दी-उर्दू विवाद के कायम रहते सम्भव नहीं है। अपने एक बीज-निबन्ध 'उर्दू की समस्या' में वह उर्दू के सन्दर्भ में चार प्रचलित 'गलत' धारणाओं को रेखांकित करते हैं—

1. मुसलमानों ने यहाँ आकर उर्दू भाषा को जन्म दिया।
2. उर्दू मुसलमानों के धर्म और संस्कृति की भाषा है।
3. बहुत सारे हिन्दुओं की यह मान्यता कि मुसलमान कभी हिन्दुस्तानी नहीं बन सकता, और कि भारत में उर्दू 'अरब जेहादियों का कीर्ति स्तम्भ है'।
4. उर्दू केवल इस्लाम की भाषा नहीं, वह इस्लाम और हिन्दू धर्म दोनों की भाषा है।

डॉ. रामविलास शर्मा इन चारों प्रचलित धारणाओं का ब्यौरेवार खण्डन करते हैं।[27] उनके अनुसार समस्या की जड़ में भारत में मुस्लिम बादशाहों द्वारा फारसी की 'सांस्कृतिक गुलामी', तत्कालीन सामन्तों एवं साहित्यिक और कामकाजू अभिजन द्वारा स्वार्थवश दरबारी फारसी संस्कृति एवं भाषा का अपनाया जाना और शिक्षा पर मुल्ला एवं पुरोहितों का वर्चस्व, जैसे कारक रहे हैं। दरबारी संस्कृति ने उर्दू खड़ी बोली को अपने वास्तविक जातीय स्रोत से काटा और मुस्लिम शिक्षा पर मुल्लाओं के आधिपत्य से उर्दू के फारसीकरण और अरबीकरण को बढ़ावा मिला। इसी प्रकार, हिन्दुओं में शिक्षा पर पुरोहितों की पकड़ के चलते हिन्दी का तत्समीकरण हुआ। इसके फलस्वरूप खड़ी बोली बँटी और हिन्दी एवं उर्दू बँट कर एक-दूसरे से दूर होती गयी, यद्यपि आमजन की बोल-चाल की भाषा में यह बँटवारा उतना प्रभावी नहीं रहा। उर्दू के फारसी-अरबीकरण को डॉ. शर्मा 'जातीय उत्पीड़न' के रूप में देखते हैं, जो अंग्रेज़ी राज के दौरान अंग्रेज़ी के वर्चस्व के रूप में भी कायम रहा।[28] अपने तत्समीकरण के बावजूद हिन्दी लोक-भाषाओं (ब्रज, अवधी, भोजपुरी, मैथिली इत्यादि) से संवाद बनाये रहकर जातीय जीवन से जुड़ी रही और इसका विस्तार होता रहा। आशय यह कि उर्दू का अपने जातीय जीवन से कटाव और हिन्दी का जातीय

जीवन से जुड़ाव, ये दो ऐसे तथ्य हैं जिन्हें ध्यान में रखे बगैर हिन्दी-उर्दू समस्या की समझ और इसका समाधान सम्भव नहीं है। डॉ. शर्मा का यह भी आग्रह है कि इस समाधान को राष्ट्रीय एकता के हित में हिन्दी जातीयता के निर्माण के रूप में ही देखा जाना चाहिए।

डॉ. शर्मा बोल-चाल की भाषा और व्याकरण की दृष्टि से हिन्दी-उर्दू की 'बुनियादी एकता' को रेखांकित करते हैं। क्रिया रूप, सर्वनाम, सम्बन्धकारक, वाक्यविन्यास, शब्दभण्डार इत्यादि की दृष्टि से दोनों में आधारभूत एकता है। दोनों के शब्दभण्डार में लेन-देन की असीम सम्भावना भी है। बोल-चाल की भाषा मूल खड़ी बोली के अधिक निकट है—न फारसीकृत उर्दू और न तत्सम हिन्दी के। फर्क केवल लिपि का है, और फारसी लिपि उर्दू के सर्वसाधारण तक पहुँचने में बाधक है। इस लिपि के चलते उर्दू अपने वास्तविक सांस्कृतिक स्रोत अर्थात् अपने जातीय जीवन, अपने तात्कालिक परिवेश से कटी हुई है। अतः नागरी लिपि अपना लेने मात्र से उर्दू अपने देशज संस्कारों से जुड़ जाती जिससे इसका जनाधार व्यापक होता और इसे बड़ा बाज़ार भी मिलता। इसके साथ ही, इलाकाई जबान अथवा दूसरी राजभाषा के रूप में इसकी लड़ाई भी समाप्त हो जाती जो हिन्दी जातीयता के निर्माण एवं विकास की अनिवार्य शर्त है। इससे राष्ट्रभाषा के रूप में हिन्दी का मार्ग सुगम होता और अंग्रेज़ी का वर्चस्व भी समाप्त होता। अतः स्पष्ट है, डॉ. शर्मा उर्दू का लिप्यांतरण और जातीय जीवन से जुड़ाव चाहते हैं, न कि इसका फारसीकरण। वह यह भी मानते हैं कि उत्तरोत्तर, उर्दू एक सम्प्रदाय-विशेष की भाषा बनती गयी है, अतः इसे सुरक्षित-संरक्षित रखने की आवश्यकता है, लेकिन हिन्दी के प्रतिद्वन्द्वी के रूप में नहीं, बल्कि हिन्दीजाति के एक समुदाय-विशेष की भाषा के रूप में।[29]

उपर्युक्त विवरण हिन्दी-उर्दू समस्या को लेकर हिन्दी मनीषा की प्रतिनिधि चिन्ता का रेखांकन है। स्पष्ट है, इस चिन्ता के केन्द्र में दो बातें प्रमुख हैं—एक, राष्ट्रीय स्तर पर काम-काजी भाषा के रूप में हिन्दी द्वारा अंग्रेज़ी का विस्थापन; और, दो, दूसरी राजभाषा अथवा इलाकाई भाषा के रूप में उर्दू की स्वीकृति न केवल राजभाषा के रूप में हिन्दी की स्थापना में बाधक है बल्कि राष्ट्र की एकता एवं अखण्डता के लिए भी ख़तरनाक है। विशुद्ध हिन्दी-दृष्टि से ये दोनों बातें निरापद लगती हैं। अंग्रेज़ी हमारी गुलामी का प्रतीक है जिसे बनाये रखना देश के माथे पर धब्बा जैसा है, और इस धब्बे को केवल हिन्दी की स्थापना द्वारा ही मिटाया जा सकता है। इसके पीछे सबसे बड़ा बल है हिन्दीभाषियों की संख्या और स्वाधीनता-पूर्व राष्ट्रवादी मनीषियों का आश्वासन। फारसीकृत उर्दू के प्रति जताई गयी आशंका में भी दम है,

क्योंकि 19वीं सदी में हिन्दी-उर्दू विवाद से ही उस बृहत्तर विवाद की शुरुआत हुई थी जिसके चलते अन्ततः देश का विभाजन हुआ। अतः पाकिस्तान में कौमी जबान के रूप में उर्दू की ताजपोशी के बावजूद भारत में उर्दू को दूसरी राजभाषा के रूप में स्वीकृति इतिहास से कुछ न सीखने जैसा लगता है।

लेकिन स्वाधीनता प्राप्ति के तत्काल बाद हिन्दी को लेकर संविधान सभा और कांग्रेस दल में छिड़ा विवाद, जिसकी चर्चा बी. आर. अम्बेडकर ने की है, इस बात की भी सूचक है कि स्वाधीनता संग्राम के बहुत सारे नारों एवं आश्वासनों को स्वाधीन भारत के निर्माण में यथावत् नहीं निभाया जा सकता था। राष्ट्र-निर्माण अपेक्षाकृत अधिक जटिल एवं गद्यमय प्रक्रिया है। आश्चर्य नहीं, हिन्दी के पक्ष में दिये जाने वाले तर्क चाहे जितने भी तार्किक एवं निरापद हों, जमीनी हकीकत उतनी निरापद नहीं रही। एक दौर के हिन्दी समर्थक चक्रवर्ती राजगोपालाचारी स्वाधीन भारत में हिन्दी के कट्टर विरोधी रहे और 'हिन्दी साम्राज्यवाद' से दक्षिण भारत को बचाने के लिए दो राजधानी वाले संघीय भारत तक की वकालत करने लगे थे जिसका उल्लेख बी. आर. अम्बेडकर ने अपनी पुस्तक में किया है।[30] कवि केदारनाथ सिंह दुःखी हैं कि अब बंगाल में उन्हें कोई हिन्दी समर्थक बंगाली बुद्धिजीवी नहीं मिलता।[31] यह वही बंगाल है जहाँ बंकिम, रवीन्द्र से लेकर सुभाष तक हिन्दी को राष्ट्रभाषा का गौरव देने के पक्षधर थे। गाँधीजी के गुजरात के प्रख्यात साहित्यकार उमाशंकर जोशी, स्व. हर गोविन्द पन्त (पूर्व विभागाध्यक्ष, राजनीतिशास्त्र, राजस्थान वि. वि., जयपुर) से यह कहते रहे कि हमें हिन्दी सीखने-पढ़ने से क्या मिलेगा, जबकि अंग्रेज़ी के रूप में हमें वैश्विक ज्ञान एवं साहित्य के रूप में एक खिड़की उपलब्ध है।[32] कैलाशनाथ पाण्डेय प्रसिद्ध शायर कैफी आजमी से बेहद खफा हैं कि उर्दू को दूसरी राजभाषा का दर्जा न दिये जाने के चलते उन्होंने पद्मश्री जैसा अलंकरण अस्वीकार कर दिया। वैसे प्रलेस के 1935 के प्रस्तावों से भी यह स्पष्ट है कि 1935 में गैर-हिन्दीभाषी प्रगतिशील लेखक भी राष्ट्रलिपि के सन्दर्भ में नागरी लिपि की तुलना में रोमन लिपि को वरीयता देते थे। 14-15 वर्षों तक प. बंगाल और त्रिपुरा में रहने का मेरा भी अनुभव है जहाँ निम्नांकित हिन्दी-विरोधी तर्क दिये जाते थे–

1. अंग्रेजों के चले जाने के बाद अंग्रेज़ी को साम्राज्यवादी भाषा मानना हिन्दीवादियों का 'पागलपन' है।
2. हमें हिन्दी साम्राज्यवाद स्वीकार्य नहीं है।
3. भारत में अगर 40% लोग हिन्दीभाषी हैं तो इसके माने यह कि 60% लोग इसे नहीं बोलते।

4. अगर हिन्दी-सेवी सचमुच राष्ट्रवादी हैं तो उन्हें हिन्दी के स्थान पर किसी भी अन्य राष्ट्रीय भाषा को राष्ट्रभाषा मान लेना चाहिए, और तब अन्य लोग भी उसे स्वीकार कर लेंगे।
5. नागरी लिपि के अपनाने से बंगला विलुप्त हो जाएगी। अपनी लिपि के बिना भाषा कैसी।
6. हिन्दी वालों के पास इतना भी शऊर नहीं रहा कि वे अपनी स्वतन्त्र लिपि विकसित कर पाते।
7. हिन्दीभाषियों ने त्रिभाषा फार्मूला के साथ विश्वासघात कर हिन्दी का ही नुकसान किया है।
8. स्कूली शिक्षा के रूप में अंग्रेज़ी को समाप्त कर देने से भारत अद्यतन वैश्विक ज्ञान से कट जायेगा, और यह दावा कि हम अन्य विदेशी भाषाएँ सीख लेंगे या हिन्दी उस खालीपन को भर देगी, महज धोखा है।
9. भारत में अन्तर्जातीय बौद्धिक एवं तकनीकी भाषा के रूप में अंग्रेज़ी का स्थान लेने लायक अभी कोई दूसरी भाषा नहीं है।

उर्दूवादी भी इन सारे बिन्दुओं को उठा सकते हैं, लेकिन खुलकर नहीं उठाते क्योंकि उनमें कतिपय इतिहास-निर्मिति मानसिक गतिरोध हैं। मुस्लिम अभिजन सामान्यतया हिन्दी की तुलना में अंग्रेज़ी को वरीयता देता है जिसकी झलक उनके द्विभाषी (उर्दू और अंग्रेज़ी) होने से मिलती है। यहाँ मेरा आग्रह इतना भर है कि उपर्युक्त बिन्दुओं की सर्वथा अनदेखी कर हिन्दी अभिलषित हित का संवर्धन सम्भव नहीं है। 1966 से राष्ट्रीय राजभाषा की गेंद गैर-हिन्दीवादियों के हाथ में है, अतः केवल हिन्दीवादियों के चाहने मात्र से अब कुछ होने वाला नहीं है। ध्यातव्य यह भी है कि हिन्दी प्रदेशों में भी राष्ट्रभाषा के रूप में हिन्दी का मुद्दा हिन्दी विभागों और हिन्दी लेखकों तक सिमटता गया है। फिर भी 14 और 15 अगस्त 2004 को राष्ट्रपति अब्दुल कलाम और प्रधानमन्त्री मनमोहन सिंह (दोनों अहिन्दीभाषी हैं) द्वारा हिन्दी राष्ट्र को सम्बोधन इस बात का सूचक था कि राष्ट्रीय राजनीति में हिन्दी की अग्रणी उपस्थिति असंदिग्ध है। संसद में भी संख्यात्मक दबाव दिखता है और बहसें अंग्रेज़ी या हिन्दी में ही होती हैं।

फिलहाल हिन्दी-उर्दू विवाद दरकिनार है और हिन्दी मनीषी बदले सन्दर्भों में सोचने लगे हैं। 'हिन्दी दिवस' के अवसर पर 14 सितम्बर, 2004 को बलिया जाते समय डॉ. नामवर सिंह ने कहा कि 'बासी भात में खुदा का साझा' निबन्ध उर्दू को इलाकाई जबान बनाने की मुहिम की 'प्रतिक्रिया' में लिखा गया था। लेकिन उनके अनुसार अब हिन्दी या उर्दू, हिन्दी या अंग्रेज़ी जैसी बात सम्भव नहीं है। अब

हिन्दी, उर्दू और अंग्रेज़ी की बात साथ-साथ होनी चाहिए–'जिनकी मादरेजबान उर्दू है उनके लिए हर स्तर पर उर्दू की पढ़ाई लेकिन मुख्यधारा के साथ अलग से उर्दू विश्वविद्यालय खोलकर नहीं।' अब नामवरजी हिन्दी को राष्ट्रीय भाषा के साथ-साथ अंग्रेज़ी को अन्तरराष्ट्रीय भाषा के रूप में आवश्यक बताते हैं और कहते हैं कि अंग्रेज़ी की तरह हिन्दी का भविष्य भी बाज़ार से जुड़ गया है। वह हिन्दी के भविष्य के प्रति आश्वस्त हैं, क्योंकि अंग्रेज़ी के बाद हिन्दी के पास ही सबसे बड़ा बाज़ार है जिसके फलस्वरूप जनसंचार माध्यमों में हिन्दी का प्रवेश बढ़ता जा रहा है। फिर भी उनकी दृष्टि में हिन्दीभाषियों का एक भाषा-भाषी होते जाना 'खतरनाक है–'केवल हिन्दी जानने बोलने से हम पिछड़ते जाएँगे।' उन्हें सन्तोष है कि अन्य भारतीय भाषाओं की तुलना में हिन्दी में अधिक पुस्तकें अनूदित होती हैं और हिन्दी में शुद्धता या तत्समता का आग्रह नहीं है–'तत्समता संकीर्ण बनाती है और राजनीति में अधिनायकवाद की ओर ले जाती है।' उन्हें अफसोस है कि हिन्दी-उर्दू विभाजन के चलते आज हिन्दी क्षेत्र का इतिहास-निर्माण में 1857, 1921-22, 1942 जैसा कोई असरदार दखल नहीं है और इसीलिए इसके पास राष्ट्रीय नेतृत्व भी नहीं है–'जे.पी., वी.पी. और चंद्रशेखर भी एक बड़े राष्ट्रीय आन्दोलन से ही निकले थे।' आश्चर्य नहीं, नामवरजी आज के प्रगतिशील लेखन के दायरे में हिन्दी-उर्दू विभाजन की खाई को पाटने में सक्रिय हैं। दरअसल, साझा संस्कृति की अवधारणा को हिन्दी प्रदेश की सोच-समझ में केन्द्रस्थ करने का प्रयास एक राष्ट्रीय ज़िम्मेदारी है जिसे हिन्दीभाषियों को निभाना है।

लेकिन यहाँ मूल प्रश्न हिन्दी-उर्दू समस्या को लेकर है। इस सन्दर्भ में निम्नांकित बिन्दुओं को मैं रेखांकित करना चाहूँगा–

1. उर्दू अब हिन्दीजाति के एक विशिष्ट समुदाय की भाषा है जिसे मुसलमान कहते हैं और जिसकी भावना एवं तहजीब की अभिव्यक्ति हिन्दी में नहीं, उर्दू में ही स्वीकार्य है। अतः इलाकाई भाषा के रूप में इसकी स्वीकृति जायज है।
2. त्रिभाषा फार्मूले का संशोधित रूप अखिल भारतीय स्तर पर अनिवार्य किया जाना चाहिए। संस्कृत अथवा हिन्दी अब अंग्रेज़ी का विकल्प वैसे ही नहीं रही जैसे फारसी या अरबी उर्दूभाषियों के लिए हिन्दी का विकल्प नहीं हो सकती। अतः जहाँ उर्दूभाषी समाज है वहाँ आरम्भिक शिक्षा मातृभाषा उर्दू में दी जानी चाहिए, लेकिन इस प्राविधान के साथ कि एक स्तर पर बच्चे राष्ट्रभाषा हिन्दी और फिर अन्तरराष्ट्रीय भाषा अंग्रेज़ी को अपना सकें।
3. लिप्यांतरण पर बल दिया जाना उचित नहीं है, क्योंकि इससे नकारात्मक

प्रतिक्रियाएँ पैदा होती हैं। हिन्दी का विराट बाज़ार लिप्यांतरण की विवशता पैदा करेगा। प्रक्रिया चालू भी है। इस सन्दर्भ में राही मासूम रजा की समझ सर्वोत्तम है।

4. हिन्दीभाषियों के लिए उर्दू में डिप्लोमा पाठ्यक्रमों की शुरुआत होनी चाहिए ताकि आम शिक्षित जन दोनों के लेखन से यथासम्भव परिचित हो सकें। उर्दूवादी हिन्दी से कटता गया है, और हिन्दीवादी उर्दू व अंग्रेज़ी दोनों से ही। संस्कृत से जुड़ना तो अब टेढ़ी खीर है।
5. उर्दू के फारसीकरण या अरबीकरण से आतंकित होने की जरूरत नहीं है। आज़ाद भारत का राजनीतिक माहौल गुलाम भारत वाला नहीं है। उर्दू के शायरों एवं लेखकों को अपनी जातीय परिवेश से जुड़ना ही होगा जो उनकी जबान को जमीनी बिम्बों, प्रतीकों इत्यादि से देशज बनायेगा। जैसे हिन्दी का तत्समीकरण रुका है वैसे ही उर्दू का फारसीकरण भी रुकेगा। एक इलीट जरूर होगा, और जिसे रहना भी चाहिए, जो अपनी क्लासिक्स से जुड़ा होगा।
6. यह भी ध्यान में रखने की जरूरत है कि भाषा राष्ट्रीय एकता की एकमात्र शर्त नहीं है। इस एकता के बहुत सारे अभिकरण, उपकरण और प्रक्रियाएँ हैं, जैसे संघीय संविधान, अखिल भारतीय सेवाएँ, बाज़ार और परस्पर आर्थिक निर्भरता, आवागमन और संचार माध्यम, सहभागी राजनीति, अन्य सक्रियताएँ इत्यादि। आर्थिक विकास, आधुनिक शिक्षा का विस्तार, आधुनिक तकनीक इत्यादि जो आधुनिकीकरण की प्रक्रिया को तेज करती हैं, पर बल बने रहना चाहिए। इस प्रक्रिया में इतिहास के बहुत सारे, अनसुलझे मुद्दे आशंकाएँ अतिक्रमित हो जा सकती हैं। 'इतिहास' से बहुत अधिक चिपकना भी खतरनाक है। अतः आधुनिकता के क्षेत्रों का विस्तार होते रहना चाहिए।

कुल मिलाकर निष्कर्ष यह कि स्वाधीन भारत की भाषाई एवं सांस्कृतिक बहुलता और इससे निःसृत सियासी पेंचीदगी को ध्यान में रखते हुए हमें अपने हिन्दीवादी जेहाद पर थोड़ा कम और अन्यान्य सामाजिक-आर्थिक एवं सियासी प्रक्रियाओं पर अधिक भरोसा करना होगा। इतिहास-प्रदत्त चुनौती का उत्तर अन्ततः इतिहास ही होता है, बशर्ते इसके अभिकरणों के पास जटिलता की समझ और धैर्य हो।

सन्दर्भ

1. देखें, 'प्रेमचन्द : विविध प्रसंग' भाग-3, सं. अमृत राय, (हंस प्रकाशन, इलाहाबाद, 1962), पृ. 105-106
2. देखें, नामवर सिंह, 'बासी भात में खुदा का साझा', हेडलाइन प्लस (अक्टूबर 2003), 51-53, नोट, यह निबन्ध उर्दू को इलाकाई जबान के रूप में मान्यता हेतु छिड़े आन्दोलन के प्रतिवाद में लिखा गया था जो सर्वप्रथम हंस (अगस्त 1987) में छपा था।

3. राहुल सांकृत्यायन, 'आज की राजनीति' (किताब महल : इलाहाबाद, 1948)
4. देखें, अतहर फारूकी और सुहेल वहीद के आलेख, 'हेडलाइन प्लस' (अक्टूबर, 2003), पृ. 21-22, और पृ. 25-28
5. देखें, पी.एन. सिंह, 'स्साकशी : एकालापी पाण्डित्य का निदर्शन', आलोचना-2002
6. आलोक राय, 'हिन्दी नेशनलिज्म', (2001, ओरिएन्ट लांगमैन, नयी दिल्ली, 2002); नोट—सभी उद्धरण मूल अंग्रेज़ी से ही अनूदित हैं।
7. वही, पृ. 5
8. वही, पृ. 118, 111-12
9. वही, पृ. 120
10. 'प्रेमचन्द : विविध प्रसंग', भाग 3, पृ. 314
11. वही, पृ. 318
12. वही,
13. वही,
14. वही, पृ. 137-38
15. बी. आर. अम्बेडकर, 'थाट्स ऑन लिंग्विस्टिक स्टेट्स', 'बी. आर. अम्बेडकर : राइटिंग्स एंड स्पीचेज', वाल्यूम-5 (एजूकेशन डिपार्टमेंट, गवर्नमेंट आफ महाराष्ट्र, बम्बई, 1989), पृ. 145
16. वही, पृ. 146
17. वही, पृ. 143
18. 'प्रेमचन्द : विविध प्रसंग', भाग 3, पृ. 294-95
19. 'प्रेमचन्द : चिट्ठी-पत्री-2', संक. अमृत राय, (हंस प्रकाशन : इलाहाबाद, 1962), पृ. 166-67
20. अतहर फारूकी, 'उर्दू और हिन्दी साहित्यकारों के बीच पैरलल्स ड्रा नहीं किये जा सकते', 'हेडलाइन प्लस' (अक्टूबर, 2003)
21. असगर वजाहत, 'बढ़ावा देने से कोई अच्छा लेखक नहीं बनता', वही, पृ. 16
22. कैलाशनाथ पाण्डेय, उर्दू : दूसरी राजभाषा' (अनिल प्रकाशन : इलाहाबाद, 2003), पृ. 35
23. वही, पृ. 135
24. कैलाशनाथ पाण्डेय, 'हिन्दी : कुछ नयी चुनौतियाँ' (लोकभारती : इलाहाबाद, 2004), पृ. 21-23
25. कैलाशनाथ पाण्डेय, 'उर्दू : दूसरी राजभाषा', पृ. 112
26. राही मासूम रजा, 'लगता है बेकार गये हम', संक. एवं सं.—कुँवरपाल सिंह (वाणी, नयी दिल्ली, 1999), पृ. 77-78
27. रामविलास शर्मा, 'भारत की भाषा समस्या' (राजकमल प्रकाशन, नयी दिल्ली, 1989), पृ. 132-33
28. वही, पृ. 135
29. देखें, वही., पृ. 153-56
30. बी. आर. अम्बेडकर 'राइटिंग्स एण्ड स्पीचेज', वाल्यूम-1, पृ. 148-50
31. केदारनाथ सिंह, 'कब्रिस्तान में पंचायत' (राधाकृष्ण : दिल्ली, 2003), पृ. 66
32. नोट : अब प्रो. पन्त नहीं रहे। यह बात उन्होंने 1984 में मुझसे जयपुर में बातचीत के दौरान कही थी।

समकालीन सोच, जून-दिसम्बर 2007

गाँधी और टैगोर

गत 16 अप्रैल, 1907 को मुझे उमरपुर-नरियाँव (जमानियाँ) जाना पड़ा, सिद्धार्थ कान्वेन्ट स्कूल का उद्‌घाटन करने। गाजीपुर शहर से लगभग 30 कि.मी. दूर, गाजीपुर-जमानियाँ मुख्य मार्ग से 4-5 कि.मी. बायीं तरफ, धुर देहात में। इसी के लिए सत्यनारायण जी किसी के साथ भरी दोपहरी में मुझे आमंत्रित करने आये थे। मैं अन्यमनस्क था—बाहर जाना, सारा दिन बर्बाद करना, मात्र घंटा भर बोलने के लिए। श्रोता भी ऐसे कि उनके कुछ पल्ले ही नहीं पड़ता, ऐसे लोग जो या तो अपना परम्परागत धर्म समझते हैं या जाति अथवा जाति-केन्द्रित राजनीति। अपना-अपना स्वार्थ तो सर्वोपरि है ही। खैर, सत्यनारायण जी अपने कान्वेन्ट स्कूल का उद्‌घाटन किसी पढ़े-लिखे आदमी से ही कराना चाहते थे। मुझे वह पढ़ा-लिखा मानते थे और अंग्रेज़ी का शिक्षक तो रहा ही हूँ। उनकी इस पुनीत इच्छा का देर तक अनादर सम्भव नहीं था। मेरे बारे में वे बहुत कुछ अतिशयोक्तिपूर्ण भाषा में कहे जा रहे थे। इसलिए देर तक मैं टिक न सका और हाँ कर दिया।

अन्ततः 16 अप्रैल आ ही गया। सत्यनारायण जी का फोन आया कि वे किसी को लाने के लिए भेज रहे हैं। मुझे 9 बजे सुबह तक तैयार हो जाना था। तैयार हो गया और आने वाले सज्जन का इन्तजार करने लगा। थोड़ा समय बीता तो फिर 'कुटज' के निबन्ध पढ़ने लगा। उनके द्वारा भेजे गये सज्जन साढ़े दस बजे आये। यूँ ही मैं गर्मी और जाड़ा दोनों का साफ्ट टारगेट हूँ। मोटरसाइकिल से यात्रा की बात सुनते ही, मैं परेशान हो गया। सोचा इनकार कर दूँ। इस उधेड़ बुन में पड़ा ही था कि गाँधी जी की एक बात याद आयी, और मैं चलने के लिए उठ खड़ा हुआ। गाँधी जी की वह बात ही मुझे दिन भर उस लू और थकान में टाइट किये रही। गाँधी जी की बात निम्न थी—"नेवर मेक एनी कमिटमेन्ट इन हेस्ट। एण्ड इफ मेड ऐट ऑल, देन फुलफिल इट ऐट द कास्ट ऑफ़ योर लाइफ।" अर्थात्, जल्द बाजी में कोई वादा न करें, और यदि कर ही दें तो जीवन की बाजी लगाकर

उसे पूरा करें। बापू के केवल इस वाक्य के सहारे मैं बिना किसी शिकायत के नरियाँव धूप में गया और वहाँ बोल-चाल कर शाम 5 साढ़े 5 बजे तक वापस गाजीपुर आ गया। किसी सूत्र के सहारे जीवन की कठोरतम शर्तों को भी झेला जा सकता है।

गाँधी जी की इस बात को इत्तेफाकन मैंने दो-तीन दिन पहले ही अमर्त्य सेन की पुस्तक 'द ऑर्गुमेन्टेटिव इण्डियन' में पढ़ा था। पूरी पुस्तक इस लोकप्रिय आरोप का प्रतिवाद है कि भारतीय मनीषा सोचने-समझने, बहस-मुबाहिशा करने, आपस में तर्क-वितर्क करने इत्यादि को छोड़कर प्रवाह-पतित हो गयी है। यह पुस्तकों की गुलाम है—उन 'पवित्र' पुस्तकों की गुलामी जैसे वेद और उपनिषद, ब्राह्मण ग्रन्थ, पौराणिक आख्यानों इत्यादि की गुलामी। भारतीय हिन्दू समाज एक लम्बे अरसे तक पुरोहित-संचालित समाज रहा है। मैं स्वयम् इस बात में विश्वास करता रहा हूँ। समूचा फुले और अम्बेडकर चिन्तन इसी समझ पर टिका है, और एक अर्से तक उनकी हिन्दू-समालोचना से मैं अभिभूत रहा हूँ। राहुल जी भी मुझे इसी तरह आकर्षित करते रहे हैं। उनका एक निबन्ध "पुस्तक की गुलामी" का मैं स्वयं गुलाम रहा हूँ। वी. एस. नायपॉल का भारत-विमर्श भी लगभग इसी धुरी पर टिका है। जेम्स मिल और मैकाले ने तो समूचे भारतीय, बल्कि प्राच्य बौद्धिक सामर्थ्य को ही नकार दिया था। ये आलोचक भी बिल्कुल निराधार नहीं थे। हमारा मध्य युग पुस्तकों की गुलामी का युग है, जिसमें समाज में पुरोहित का ही प्राधान्य रहा। हमारे यहाँ गुरु से असहमति का प्रश्न ही नहीं था। गुरु की महिमा ईश्वर से बड़ी रही है। कबीर जैसा मुखर बुद्धिधर्मी भी गुरु को चुनता है, गोविन्द को नहीं। गोविन्द सर्वोच्च हैं, लेकिन बिना गुरु के ज्ञान के उस सर्वोच्च तक पहुँचना सम्भव नहीं है। कहीं एक कथा है कि एक आदमी शिव का पुजारी था और अपनी आराधना में लीन था। एक सुबह आराधना में लगा हुआ था कि उसके गुरु उससे मिलने आ गये। उस क्षण उसने गुरु को नहीं ईश्वर को चुना। गुरु ने नाराज होकर शाप दे दिया। अब उसका पराभव शिव भी नहीं रोक सकते थे। परम्परा में गुरु की महत्ता ईश्वरीय महत्ता से बड़ी बताई गयी है। बात भी सही है। ईश्वर एक कल्पित सत्ता है जिसे गुरु परम्परा ने ही पीढ़ी दर पीढ़ी हस्तानांतरित कर एक शाश्वत, अपौरुषेय सत्ता के रूप में स्थापित कर दिया है। हम प्रवाहपतित बने रहने के लिए अभिशप्त हैं। डिपार्चर असम्भव सा है। पश्चिमी और भारतीय परम्परा में यही मूल भेद है—पश्चिम की यूनानी परम्परा के केन्द्र में संशय और असहमति है। सुकरात अपनी पूर्व की बहुत सारी स्थापनाओं से असहमत थे और इस असहमति के लिए उन्होंने हँसते-हँसते जहर पिया। अपने इन्टेलेक्चुअल कान्सेन्स को लोकप्रियता के ऊपर रखा। कम से कम प्लेटो ने जिस सुकरात को हमारे सामने प्रस्तुत किया है, उसके माने तो यही है। उनके शिष्य अरस्तु, प्लेटो से अपनी असहमति दर्ज करने में

नहीं हिचकता। जिस पश्चिम की परम्परा की हम बात करते हैं, वह यही परम्परा है जो किसी न किसी रूप में चलती और पुनर्जीवित रही है।

ईसाईयत ने इसी चिन्तन परम्परा को विनष्ट किया और सोच-समझ के स्थान पर आस्था को प्रतिष्ठित किया। मध्ययुगीन यूरोप में चर्च आध्यात्मिक सत्ता का केन्द्र बन गयी जिस पर पोप का निरंकुश शासन था। अब बाइबिल केन्द्र में थी, और बाइबिल के माने वही था जो चर्च बता रही थी, और चर्च उतना ही जानती थी जितना पोप अपने अस्तित्व के लिए आवश्यक मानता था। अन्ततः सत्य का चर्च से नाता टूट गया और वह पोपवाद की इच्छा का प्रतीत बन गया। दोस्तोएव्स्की ने अपने सर्वश्रेष्ठ उपन्यास ''कर्माजोव बन्धु'' में लिखा है कि अगर आज क्रिस्ट अवतरित हो जायें तो चर्च जो उनकी पूजा करती है, वही अपने हित में उन्हें पुनः क्रॉस पर लटका देगी। जार्ज बर्नार्ड शा का प्रसिद्ध नाटक ''सेण्ट जॉन'' का केन्द्र भी यही है जिसके अन्त में परलोक से आयी सेन्ट जॉन की आत्मा चीख उठती है : ओ गॉड! ह्वेन दिस वर्ल्ड ऑफ़ मेन शैल बी गुड एनफ टु वेलकम इट्स सेन्ट्स? अर्थात् हे ईश्वर! कब तक यह मनुष्य का संसार इतना अच्छा बन सकेगा कि यह अपने सन्तों का स्वागत करने लायक होगा। शायद कभी नहीं। बड़े ही सूक्ष्म ढंग से सैमुअल टेलर कॉलरिज ने इसे लिखा है—anybody begins by loving Christianity more than truth, he will proceed to love his Church more than Christianity and will end by loving his own opinions better than either. अर्थात्, अगर कोई सत्य से अधिक ईसाइयत को प्रेम करना आरम्भ करता है तो वह ईसाइयत से अधिक अपने चर्च को प्यार करेगा और अन्त करेगा इन दोनों से बेहतर अपनी ही रायों को प्रेम से।

पश्चिम में यही हुआ, और नवजागरण इसके विरुद्ध बौद्धिक प्रतिक्रिया था। दाँते, लुथर, लियोनार्ड द विंसी, कोपर निकस, गैलीलियो, रॉगर बेकन, फ्रैन्सिस बेकन, मान्तेन, चासर, मार्लो, शेक्सपियर इसी प्रतिवाद की विभिन्न अभिव्यक्तियाँ हैं। लेकिन नवजागरण के पूर्व अगर यूरोप चर्च के झूठे परलोकवाद से संचालित था, तो इसके वर्तमान चयन में यही टेक्नॉलाजी पुनः लागू है। यदि मध्ययुगीन गुलामी को आध्यात्मिक गुलामी माना जाय तो समकालीन गुलामी को भौतिकवादी गुलामी के रूप में अभिहित किया जा सकता है। आज हम टेक्नॉलाजी की महासत्ता के समक्ष उतने ही निर्विकल्प हैं। गाँधी इसके सम्भावित खतरों को सम्भवतः समझते थे और उन्होंने एक विकल्प का भी प्रयास किया था, लेकिन वह दरकिनार हो गया। हमें बर्बादी ही समझा पाती है। लेकिन इसका भी क्या कहा जाय कि हिरोशिमा और नागासाकी भी हमें नहीं समझा सके हैं।

लेकिन अमर्त्य सेन का मानना है कि भारत में हमेशा से तर्क-वितर्क के लिए जगह रही है। आरम्भ में श्रमण-ऋषि विमर्श है, वैदिक-अवैदिक विमर्श है, वैदिक परम्परा के भीतर वेद-उपनिषद विमर्श है। उसी परम्परा में विश्वामित्र-वशिष्ट विमर्श है, बौद्ध-हिन्दू, बौद्ध-जैन, जैन-हिन्दू, सिद्ध-नाथ और परम्परा के बीच का विराट द्वन्द्व है जो पुनः सन्त-भक्ति साहित्य में फूटा और फिर 19वीं सदी के नवजागरण काल में समाज-सुधार और स्वाधीनता संग्राम के रूप में मुखर हुआ। स्वाधीनता संग्राम के दौर में भी मुख्य धारा के बीच अनेक विमर्श हैं—गाँधी-टैगोर विमर्श, टैगोर-मकसूदन विमर्श, मार्क्स-गाँधी विमर्श, गाँधी-दलित विमर्श, गाँधी-नेहरू विमर्श इत्यादि। इसके माने यह कि सपाट ढंग से भारतीय अतीत को देखना उचित नहीं है।

खैर, बात चली थी उस एक वाक्य की जिसने मुझे 16 अप्रिल की धूप में 80 किलोमीटर की दुःखद यात्रा के दौरान न केवल खड़ा ही रखा, बल्कि इतनी ताकत दी कि मैंने थकावट का एहसास ही नहीं किया। गाँधी के इस एक वाक्य से एक और सन्दर्भ जुड़ा है जो ध्यातव्य है। गाँधी जी ने उक्त वाक्य को कभी अपनी शान्ति निकेतन यात्रा में वहाँ की एंट्री बुक में हस्ताक्षर करने के पूर्व लिखा था। शायद कोई आदर्श वाक्य लिखने की परम्परा रही हो। गाँधी जी की कलम से जो वाक्य निकला वह मात्र आदर्श वाक्य नहीं था, सुभाषित नहीं था। वह उनकी जिन्दगी का निचोड़ था। इसे पढ़कर रवीन्द्रनाथ ठाकुर बहुत उत्तेजित हुए थे और उन्होंने उसके ठीक नीचे इसके प्रतिवाद में बांग्ला की एक कविता लिखी थी जिसकी अन्तिम पंक्ति अंग्रेज़ी में थी ताकि गाँधी जी उसे पढ़ सके। अन्तिम पंक्ति के माने कुछ यह था—some wrong promise hsa been made, then throw it ffo. रवीन्द्र भी भारतीय चेतना के प्रतिनिधि और प्रहरी थे। महाकवि और विचारक तो थे ही। गाँधी जी से उनकी मित्रता जितनी मशहूर थी उतनी ही मशहूर थी उनकी असहमतियाँ। चरखा को लेकर, पश्चिम के राष्ट्रवादी दृष्टिकोण को लेकर, औद्योगीकीकरण को लेकर, ये बहुत सारे मुद्दे थे जिन पर दोनों अपने-अपने पक्ष पर मुखर थे।

मेरे सामने ये दोनों ही विकल्प थे। गाँधी का सहारा लेकर मैं गया था, लेकिन रवीन्द्र के सहारे मैं अस्वीकार भी कर सकता था। लेकिन मेरी तौल में गाँधी वजनदार लगे। गाँधी के स्टैण्ड में चरित्र बल है और संवेदना का स्वर भी प्रमुख है, लेकिन रवीन्द्र के स्टैण्ड में कोरी बौद्धिकता है। यह बौद्धिकता सुविधापरस्त भी हो सकती है, अगर इसके पास संवेदना का अभाव है। इसमें चारित्रिक दुर्बलता है। किसी वादे के साथ अन्यों की बहुत सारी अपेक्षाएँ जुड़ी होती हैं—निमन्त्रण कार्ड, सुनने के लिए आये लोग, किसी अतिथि का अचानक न आना इत्यादि आयोजकों की परेशानी का अंदाजा लगाया जा सकता है। दूसरी बात यह कि अपने बारे में पूरी व्यावहारिक

प्रक्रिया में गये बगैर उसकी निरर्थकता का गहरा एहसास कैसे हो सकता है? फिर वादाख़िलाफ़ी का आरोप ऊपर से। विश्वसनीयता के संकट का क्या किया जाए?

दरअसल, गाँधी और टैगोर दो भिन्न किस्म के व्यक्तित्व थे। टैगोर शब्द, स्वर और रेखा-साधना के व्यक्ति थे। समाज से उनका सीधा संवाद लगभग नहीं के बराबर था। वे अपनी दुनिया में जीते थे। उनके लिए प्रमुख समाज नहीं बल्कि आत्माभिव्यक्ति थी। इसके विपरीत, गाँधी सीधे सामाजिक संग्रामों से जुड़े व्यक्ति थे। राष्ट्रीय मुक्ति संग्राम के वे सबसे बड़े नेता थे। लेकिन वह केवल नेता ही नहीं थे, साधक भी थे और उनके लिए राजनीति उनकी व्यक्तिगत समझ की साधना-स्थली थी। टैगोर शब्दों में अभिव्यक्ति तक सीमित थे, गाँधी के लिए यह अपर्याप्त था। वह अपने शब्दों को सामाजिक प्रयोग का हिस्सा बनाते थे। किसी सत्य की महत्ता उसकी शाब्दिक अभिव्यक्ति में कम, उसे जीने में, सामाजिक स्तर पर जीने में है। कवि और महापुरुष में यही अन्तर है। विश्वामित्र बड़े हैं, लेकिन राम उनसे बड़े दिखते हैं, क्योंकि विश्वामित्र के विचारों को सामाजिक स्तर पर जीने का जोख़िम राम ने ही उठाया। राम में भी दो प्रकार की इयत्ताएँ हैं। वशिष्ठी राम ने शम्बूक की हत्या की। पुरोहित-असहमति से वे डरते थे। आस्था या चलन उनकी वास्तविक ताकत थी। लेकिन विश्वामित्री राम ने ऋषि परम्परा को यज्ञ-विरोधी राक्षसों से मुक्ति दिलाई। विश्वामित्री राम ने ज्ञान और साधना के पथ को प्रशस्त किया। आशय इतना ही कि इतिहास में विचारक उतना महत्त्वपूर्ण नहीं होता जितना एक्टर हुआ करता है। अगर किसी विचार को एक्टर्स न मिलें तो वह उस बीज की तरह है जो अनुकूल आबोहवा न मिलने से चुपचाप मिट्टी में पड़ा अन्ततः सूख कर निष्प्राण हो जाता है। मार्क्स क्या होते अगर लेनिन और माओ इतिहास पटल पर न आये होते? गाँधी का सबल पक्ष यह है कि वे विचारक हैं और अपने विचारों को व्यवहार की कसौटी पर कसने का उनमें साहस और सांगठनिक क्षमता भी है। रवीन्द्र नाथ की प्रतिभा उन्हें शाब्दिक अभिव्यक्ति के लिए विवश करती रही जो मानवता के लिए एक बड़ा सांस्कृतिक अवदान है। गाँधी की प्रतिभा उन्हें शब्दों के पार व्यवहार में उतरने के लिए विवश करती रही जो मनुष्यता के विकास की आवश्यक शर्त है। रवीन्द्र विचारक हैं, गाँधी विचारक और अपने विचारों के योद्धा भी हैं। रवीन्द्र सुन्दर हैं, गाँधी उदात्त। रवीन्द्र महापुरुष हैं, गाँधी महामानव। रवीन्द्र नाथ समकालीन विश्वामित्र और जनक हैं; गाँधी महावीर और तथागत। दोनों की प्रजातियाँ दुर्लभ हैं, लेकिन गाँधी की प्रजाति अधिक दुर्लभ है। गाँधी की शक्ति उनके विवेक और सामाजिक संघर्ष के समन्वय में है; रवीन्द्र की शक्ति उनके विवेक, शब्दानुशासन और स्वरानुशासन में है। एक विचार और विवेक का योद्धा है, दूसरा विचार और विवेक का गायक।

समकालीन सोच, अंक 51-52, जनवरी-सितम्बर 2011

स्वामी विवेकानन्द : मेरी दृष्टि में

स्वामी विवेकानन्द (1863-1902) जैसी एक बड़ी और विलक्षण प्रतिभा शून्य में नहीं आती। वह एक बौद्धिक-सामाजिक परम्परा और परिवेश की उपज होती है। भारतीय नवजागरण के जनक राममोहन राय का जन्म विवेकानन्द के जन्म से लगभग एक सदी पहले 1774 में हुआ था। सर सैय्यद अहमद 1817 में जन्मे थे। ईश्वरचंद विद्यासागर 1820 में, स्वामी दयानन्द सरस्वती 1824 में, ज्योतिबा फुले 1827 में, केशवचंद्र सेन 1838 में और रानाडे 1842 में जन्मे थे। इतना ही नहीं, 19वीं सदी के छठवें दशक के प्रथमार्द्ध में, स्वामी जी के जन्म से दो वर्ष पूर्व, 1861 में रवीन्द्रनाथ टैगोर का और उसी दशक के उत्तरार्द्ध में स्वामी जी के जन्म के छह वर्ष बाद 1869 में महात्मा गाँधी का जन्म हुआ था। इसके बाद 1889 में जवाहरलाल नेहरू और 1891 में बी. आर. अम्बेडकर जन्मे थे। ये सारे वे महापुरुष हैं जिन्होंने अपने समाज की स्थापित परम्पराओं से संघर्ष कर उन्हें आधुनिक बनाने का महाप्रयास किया था। लेकिन एक ही दशक में तीन महापुरुषों—रवीन्द्रनाथ, स्वामी विवेकानन्द और महात्मा गाँधी का जन्म कुछ मायने रखता है। इस तरह विवेकानन्द उस समय जन्मे थे जब देश का सामाजिक और धार्मिक वातावरण बहुत गर्म था। हिन्दू धर्म-परिवर्तन करा ही नहीं सकता, वैसे आर्य समाज और कुछ अन्य हिन्दू संगठन जरूर इस चक्कर में पड़े और लगभग असफल ही रहे। हिन्दू समाज में इतनी सामाजिक बुराइयाँ थीं, जैसे जात-पाँत, बहुविवाह, धनी-गरीब, दलित-उत्पीड़न, स्त्री-समस्या इत्यादि कि इसे आधुनिक बनाने में बहुत श्रम और विवेक की आवश्यकता थी। आर. सी. मजूमदार के अनुसार स्वामी जी के जीवन में तीन महत्त्वपूर्ण क्षण हैं : पहला, उनका रामकृष्ण परमहंस के सानिध्य में जाना; दूसरा, उनकी अमरीकी यात्रा; और तीसरा, जो सर्वाधिक महत्त्वपूर्ण है, अमेरिका से लौटने के बाद भारत में काम करना। प्रोफेसर मजूमदार के शब्दों में स्वामी जी ने जो कुछ भी किया उसे शेक्सपियर की एक काव्यात्मक पंक्ति "There's a divinity that shapes our aims" में व्यक्त किया जा सकता है।[1] स्वामी विवेकानन्द महत्त्वपूर्ण इसलिए ही हैं कि धार्मिक संन्यासी होने के साथ-साथ

वे जीवन की सेक्युलर शर्तों को कभी नहीं भूले। 1893 में शिकागो की ''धर्म की वैश्विक संसद' में बोलते हुए वे धर्म और अध्यात्म की चर्चा करने के साथ-साथ भारत की गरीबी को भी रेखांकित करते रहे।

II

शिकागो की धर्म संसद में जाने के लिए स्वामी जी लगभग कटिबद्ध तो थे ही, लेकिन उसके लिए उन्हें भारत में बहुत पापड़ बेलने पड़े। खैर, खेतड़ी के राजा तथा मद्रास की उनकी भक्त जनता से विशेष सहयोग मिला और वे बम्बई जाकर पानी के जहाज से 31 मई 1893 को शिकागो के लिए रवाना हुए।[2] रोमा रोलाँ के अनुसार जहाज से जाते समय उन्होंने श्रीलंका, चीन, जापान आदि देशों के अनेक महत्त्वपूर्ण स्थानों को देखा और वहाँ उन्हें भारतीय संस्कृति की झलक तो मिली ही, उन्हें एशिया की आध्यात्मिक एकता का भी बोध हुआ।[3] उनका जहाज अन्ततः वैनकुवर पहुँचा और वहाँ से वे रेल से शिकागो गये। शिकागो शहर से वे बेहद प्रभावित हुए और पश्चिमी सभ्यता की खोजी और रचनात्मक प्रतिभा का उन्हें एहसास हुआ।[4] इस रूप में वे टैगोर और गाँधी से अधिक संवेदनशील लगते हैं। वे एक दिन धर्म संसद के कार्यालय में गये लेकिन वहाँ भावी धर्म संसद में बोलने हेतु अनुमति पत्र नहीं मिला। वे बेहद परेशान थे। लेकिन एक दिन जब वे बोस्टन जा रहे थे तो ट्रेन में उन्हें मेसाच्युशेट की एक समृद्ध महिला मिस कैथरीन सन्बार्न से मुलाकात हुई जो उनसे बेहद प्रभावित हुईं और उन्हें अपने घर ले गयीं। उन्होंने ही उनकी मुलाकात हारवर्ड के एक प्रोफेसर जे. एच. राइट से करायी। जॉन राइट स्वयं स्वामी जी की बौद्धिक प्रतिभा से इतने प्रभावित हुए कि उन्होंने स्वामी जी को धर्म संसद में शामिल होने के लिए उसके अध्यक्ष को एक परिचय-पत्र लिखा जिसमें स्वामी जी की विलक्षण बौद्धिक प्रतिभा की चर्चा करते हुए उन्होंने उन्हें धर्म संसद में प्रवेश की अनुमति देने की अनुशंसा की। लेकिन दुर्भाग्यवश स्वामी जी का वह परिचय-पत्र शिकागो से लौटते समय कहीं खो गया और जब स्वामी जी देर रात शिकागो पहुँचे तो ठण्ड से बचने के लिए स्टेशन के खाली डब्बे में किसी-किसी तरह रात बिताई। वे हताश और निराश थे। अन्ततः वे सड़क के किनारे बैठ गये। एक महिला ने उन्हें बैठे देखा और वह दरवाजा खोलकर उनके पास आईं। उन्होंने अपनी परेशानियाँ बताईं। वह महिला और उसके पति उस धर्म संसद के सरोकारों से जुड़े हुए व्यक्ति थे। अतः वह उन्हें अपने घर ले गयी और उनकी धर्म संसद सम्बन्धी सम्पूर्ण व्यवस्था करा दी।[5] इसे क्या कहा जाए, समझ के परे है। भाग्य कहें या भगवान या चांस। समझ में नहीं आता।

III

खैर, 11 दिसम्बर, 1893 को शिकागो की धर्म संसद में भारतीय वेदान्त के प्रतिनिधि के रूप में उन्होंने एक छोटा-सा वक्तव्य दिया। उम्र बमुश्किल 30 वर्ष। झिझक के साथ उन्होंने लगभग अन्त में अपना सम्बोधन किया और उनके सम्बोधन का अमेरिकी श्रोताओं पर गहरा प्रभाव पड़ा। जैसे ही उन्होंने 'सिस्टर्स एण्ड ब्रदर्स आफ अमेरिका' के रूप में सम्बोधन किया, लोग लगभग तीन मिनट तक तालियाँ बजाते रहे, क्योंकि किसी और ने उन्हें ऐसे शब्दों में सम्बोधित नहीं किया था। तालियों की गड़गड़ाहट के बाद वे अपने औपचारिक वक्तव्य की ओर मुड़े और एक छोटा-सा परिचयात्मक व्याख्यान दिया। उस व्याख्यान में ही अजीब-सा आत्मविश्वास था। अपना परिचय देते हुए उन्होंने कहा :

मुझे उस धर्म में होने का गर्व है जिसने विश्व को सहनशीलता और वैश्विक संस्कृति की शिक्षा दी है। हम लोग आज वैश्विक सहनशीलता में विश्वास ही नहीं करते, बल्कि हम सभी धर्मों को सत्य मानते हैं। मुझे उस देश का होने पर गर्व है जिसने पृथ्वी पर सभी वर्गों और राष्ट्रों के पीड़ित और निष्कासित व्यक्तियों को शरण दी है।[6]

लेकिन यह सोचना गलत होगा कि इन्होंने धर्म संसद में मात्र हिन्दुत्व की ही बड़ाई की। उन्होंने विश्व के प्रत्येक प्रमुख धर्म की मूल आस्थाओं एवं शिक्षाओं के समन्वय की बात कही। उन्होंने अपने व्याख्यान में यह भी कहा कि 'अगर एक धर्म सत्य है तो सभी धर्म सत्य होंगे' और इस रूप में हिन्दू विश्वास जितना मेरा है उतना ही यह आपका भी है। उनके अनुसार श्रम भी प्रार्थना ही है। मनुष्य का जीवन ही स्वयं में एक धर्म है।

इसी तरह 15 सितम्बर 1893 को अपने दूसरे व्याख्यान में उन्होंने हिन्दू धर्म की कमजोरियों की बात उठाई। लेकिन कमजोरियाँ उन्होंने मात्र हिन्दू धर्म में ही नहीं देखा, बल्कि इन कमजोरियों को उन्होंने विश्व के सारे महत्त्वपूर्ण धर्मों में देखा :

> मैं हिन्दू हूँ। मैं अपने छोटे कुएँ में बैठा सोच रहा हूँ कि मेरा छोटा कुआँ ही समग्र विश्व है। ईसाई अपने छोटे कुएँ में बैठा ऐसा ही सोचता है। मुसलमान भी अपने छोटे कुएँ में बैठे उसी को समस्त विश्व मान लेते हैं।[7]

इसलिए उन्होंने समस्त अमेरिकावासियों को इस बात के लिए धन्यवाद दिया कि उन्होंने अपने मंच के माध्यम से धार्मिक विविधताओं को हटा कर एक बनने की राह दिखाई है। वहाँ उपस्थित किसी दूसरे धर्मशास्त्री के पास न तो इतनी निर्वैयक्तिक एवं तटस्थ विश्लेषण की भाषा थी और न ही किसी ने इतना उदात्त विचार ही व्यक्त किया था। एक तरह से उन्होंने वैश्विक धर्म की बात उठाई जो वहाँ उपस्थित धर्म के ठेकेदारों के लिए भले ही अग्राह्य हो, लेकिन वहाँ के जनसमूह को उनकी बातें पसन्द

आई। अन्य लोग अपने-अपने धर्म की महानता का गीत गा रहे थे और हिन्दू धर्म की आलोचना कर रहे थे, लेकिन भारत से एक ऐसा संन्यासी पहुँचा था जो एक वैश्विक धर्म की बात कर रहा था। इतना ही नहीं, स्वामी जी ने 'गीता' को उद्धृत करते हुए कहा :

जिस तरह विभिन्न धाराएँ जिनके उद्‌गम विभिन्न स्थानों में हैं, लेकिन सभी समुद्र में ही मिलती हैं, उसी तरह, ऐ मालिक, मनुष्य भी अपनी भिन्नता के अनुसार विभिन्न रास्ते अपनाता है, जो एक-दूसरे से भिन्न दिखाई देते हैं, चाहे ये टेढ़े हों या सीधे, लेकिन वे तुम्हीं तक पहुँचते हैं।[8]

इसी तरह अपने 19 सितम्बर 1893 वाले व्याख्यान में वे हिन्दुत्व की व्याख्या करते हैं और यह बताते हैं कि पुराने धर्मों में हिन्दुत्व, ज़ोरोथस्त्रवाद और जुदावाद तीनों सबसे पुराने हैं, लेकिन इनमें विवेकानन्द के अनुसार मात्र हिन्दुत्व ही एक ऐसा धर्म है जो इतिहास की ठोकरें खा-खा कर भी पुनः जीवित होता रहा है। वे आगे कहते हैं : वेद के माने किताब नहीं बल्कि इसके माने है 'आध्यात्मिक नियम' जो विभिन्न लोगों द्वारा विभिन्न समयों में खोजे गये हैं। वे बताते हैं कि सृष्टि की न कोई शुरुआत है और न अन्त।[9] वह औपनिषदिक अध्यात्म को पूर्णतः वैज्ञानिक बताते हैं क्योंकि विज्ञान ने भी यह निष्कर्ष दिया है कि भौतिक वैयक्तिकता एक विभ्रम है, क्योंकि 'मेरा शर्रार निरन्तर बदलता हुआ एक शरीर है और भौतिकता अटूट समुद्र है। यहाँ न तो बहुदेववाद है और न हेनोथिज़्म है।[10] अन्धविश्वास मनुष्य का बहुत बड़ा दुश्मन है, लेकिन मतांद्धता इससे भी बुरी है। आख़िर ईसाई के पवित्र क्रॉस के क्या माने हैं? कोई ईसाई चर्च क्यों जाता है? प्रार्थना करते समय ध्यान आसमान की तरफ क्यों करता है? कैथोलिक चर्च में भी बहुत सारी मूर्तियाँ क्यों हैं? दरअसल, ये सभी माध्यम हैं। मनुष्य दैवीय बनता है मात्र दैवीयता का एहसास करके। अन्ततः शिकागो को कोलम्बिया की 'स्वाधीनता की मातृभूमि' बताते हुए वे कहते हैं कि 'भारत को धर्म की आवश्यकता नहीं है।'[11] उसके पास पर्याप्त धर्म हैं।

अपने 20 सितम्बर के व्याख्यान में विवेकानन्द ने स्पष्ट शब्दों में अमेरिकावासियों से कहा कि 'भारत को धर्म नहीं, रोटी चाहिए।' वह स्पष्टता से कहते हैं कि भारत को धर्म के मिशनरी की नहीं, उसके शरीर को भूख से बचाने की जरूरत है :

आप भारत में चर्चे बना रहे हैं, लेकिन पूरब की आवश्यकता धर्म नहीं है—उनके पास पर्याप्त धर्म है, वहाँ के लोग अपने सूखे कंठ से चिल्ला रहे हैं कि उनकी आवश्यकता रोटी है। वे हमसे रोटी माँगते हैं, लेकिन हम उन्हें पत्थर दे रहे हैं।[12]

इसके बाद 25 सितम्बर के व्याख्यान में वे बौद्ध-दर्शन की चर्चा करते हुए कहते हैं कि 'हिन्दुत्व भी पूर्णतः बुद्धवाद है।' दोनों में अन्तर नहीं है। दोनों एक ही हैं। हिन्दू धर्म के दो हिस्से हैं—एक है कर्मकाण्ड और दूसरा अध्यात्म। बौद्ध जीवन-बोध हिन्दुओं की इसी आध्यात्मिकता से संबद्ध है। अन्ततः उनकी एक महत्त्वपूर्ण टिप्पणी है :

बुद्धत्व के बिना हिन्दुत्व जी नहीं सकता और न तो हिन्दुत्व के बिना बुद्धत्व। ध्यान दें, इनका विभाजन क्या दिखाता है? ब्राह्मणों के मस्तिष्क और दर्शन के बिना बौद्ध नहीं खड़ा हो सकता और न तो बौद्धों के हृदय के बिना ब्राह्मण। दरअसल भारत की गिरावट का कारण है बौद्धों और ब्राह्मणों में अलगाव।[13]

उन्होंने आगे कहा, हमें ब्राह्मणों की आश्चर्यजनक बौद्धिकता के साथ बौद्धों के हृदय और उनकी उदात्त आत्मा को उस महान मालिक की आश्चर्यजनक मानवीय शक्ति से मिलाना होगा।[14]

और अपने अन्तिम व्याख्यान में जिसे 27 सितम्बर, 1893 के अन्तिम सत्र में दिया था, उन्होंने साफ़-साफ़ कहा कि :

ईसाई को हिन्दू या बौद्ध बनने की आवश्यकता नहीं है, और न ही किसी हिन्दू या बौद्ध को ईसाई बनने की। लेकिन यह प्रत्येक के लिए आवश्यक है कि वह दूसरे की आत्मा (स्पिरिट) को ठीक से आत्मसात कर अपनी वैयक्तिकता को कायम रखे और विकास के अपने नियमों के अनुसार विकसित हो।[15]

और उन्होंने अन्ततः कहा कि अगर यह लागू हो सका तो प्रत्येक धर्म के झंडे पर लिखा होगा : " 'मदद करो, लड़ो मत', 'आत्मसात् करो, न कि किसी का विनाश', 'मतभेद नहीं, तादात्म्य और शान्ति'।"[16] इस तरह स्वामी विवेकानन्द ने धर्म-परिवर्तन को नकारा। उनके अनुसार सभी धर्मों में कमजोरियाँ हैं और अच्छाइयाँ भी हैं। अतः उन्होंने ज़ोर देकर कहा कि जरूरत अपने-अपने धर्म में रहकर ही हम उन्हें सुधारें ताकि मनुष्य शान्ति और सन्तुष्टि का जीवन बिता सके। उन्होंने आगे कहा कि मात्र आत्मा में उलझने से ही काम नहीं चलेगा। यह जानना ही होगा कि विश्व में कौन भूखा है। इसलिए भूखे की रोटी का इंतजाम करना भी बहुत बड़ा धर्म है।

IV

यह समझना गलत होगा कि स्वामी विवेकानन्द मात्र अध्यात्म और मुक्ति की ही बात करते रहे। रामधारी सिंह दिनकर ने अपनी पुस्तक 'संस्कृति के चार अध्याय' में स्वामी विवेकानन्द को 'तन से राजसी और मन से जिज्ञासु' कहा है।[17] उनका शरीर विशाल और मांसपेशियाँ सुस्पष्ट थीं। वे कुश्ती, बॉक्सिंग, दौड़-घुड़दौड़, तैराकी इत्यादि में खूब रुचि लेते थे। वे संगीत प्रेमी थे और तबला बजाने के उस्ताद भी। वे शेली के सर्वात्मवाद और वड्र्सवर्थ की दार्शनिकता तथा हीगेल के वस्तुनिष्ठ आदर्शवाद के भी प्रेमी थे। फ्रांस की क्रान्ति का भी उन पर प्रभाव था, क्योंकि वे स्वतन्त्रता, समता और भ्रातृत्व के भी प्रशंसक थे। छात्र-जीवन में वे पहले "शंकरवादी" थे और इसके बाद थोड़ा बहुत नास्तिक भी। इसके साथ-साथ सृष्टि क्या है? जीव शान्त है अथवा अशान्त? जन्म से पूर्व हम कहाँ थे? —इस तरह के प्रश्नों से भी

वे परेशान रहा करते। इन्हीं प्रश्नों ने उन्हें रामकृष्ण परमहंस तक पहुँचाया था। इसी तरह सांस्कृतिक राष्ट्रीयता के प्रति भी उनकी जिज्ञासा गहरी थी। रवीन्द्रनाथ ठाकुर के अनुसार 'यदि कोई भारत को पहचानना चाहता है तो उसे विवेकानन्द को पढ़ना चाहिए।' श्री अरविन्द के अनुसार 'पश्चिमी जगत में विवेकानन्द को जो सफलता मिली वही इस बात का प्रमाण है कि भारत केवल मृत्यु से बचने के लिए नहीं जगा है वरन् वह विश्व-विजय के लिए जगा है।' सुभाषचन्द्र बोस के अनुसार 'विवेकानन्द का धर्म राष्ट्रीयता को उत्तेजना देने वाला धर्म है।'[18] स्वामी जी ने योरप और अमेरिका को अध्यात्म की शिक्षा और भारत को प्रकृति का उपदेश देने का मन बनाया था। उनके विदेश जाने के स्पष्ट उद्देश्य थे : एक, भारतवासियों के इस अन्धविश्वास को दूर करना कि समुद्र पार नहीं करना है; दो, भारत पश्चिम को क्या दे सकता है, इसे देखना-समझना; और तीन, चूँकि सभी धर्म मूलतः एक हैं, इसलिए धार्मिक एकता की बात करना।[19] यह भी ध्यान देने की बात है कि स्वामी जी ने बौद्धों और जैनियों की अहिंसा की कभी खुलकर प्रशंसा नहीं की। इतना ही नहीं, अपने अमरीकी प्रवास के दौरान किसी भी प्रकार के भोजन से उन्हें परहेज नहीं था।

'डिस्कवरी ऑफ़ इण्डिया' में जवाहरलाल नेहरू ने भी स्वामी विवेकानन्द पर ठीक से कलम चलाया है। उनके अनुसार वेदान्त या अद्वैत दर्शन ही भावी मानवता का दर्शन है क्योंकि यह केवल आध्यात्मिक ही नहीं बल्कि बौद्धिक और वैज्ञानिक खोजों के अनुकूल है। उनके अनुसार वेदान्त को प्रतिदिन के जीवन में जीवन्त और काव्यात्मक होना चाहिए। भारत इसलिए इतना गिरा है कि उसने अपने को संकीर्ण बनाया और दूसरे देशों से कट गया। जात-पाँत का बोध जो कभी आवश्यक था वही धीरे-धीरे भारतीय समाज के पतन का कारण बना। उन्होंने बड़ी जातियों के 'मुझे मत छुओ, नहीं तो मैं अशुद्ध हो जाऊँगा' की सख्त आलोचना की। उन्होंने स्पष्ट कहा कि 'हमारा धर्म हमारे रसोई घर में है। हमारा ईश्वर खाना बनाने का बर्तन है।' हमारा धर्म हुआ : 'मुझे मत छुओ, मैं पवित्र हूँ।' विवेकानन्द ने कभी राजनीति की चर्चा नहीं की, लेकिन वे बार-बार स्वतन्त्रता और समता की बातें करते रहे और आमजन के उत्थान की बातें भी खूब की। विचारों और कार्यों में स्वाधीनता को उन्होंने जीवन की शर्त माना और यही कारण है कि वह बार-बार कहते रहे कि 'आमजन ही भारत की एकमात्र आशा हैं, क्योंकि भारत के ऊपरी तबकों के लोग भौतिक और नैतिक दृष्टि से मर चुके हैं।'[20]

विवेकानन्द ने चाहा था कि किसी-न-किसी रूप में भारतीय अध्यात्म और योरोपीय समाजशास्त्र एक हों। इसके साथ ही धीरे-धीरे वे अन्तरराष्ट्रीय होते गये, 'राजनीतिशास्त्र और समाजशास्त्र की समस्याएँ जो अभी बीस वर्ष पूर्व ही राष्ट्रीय थीं, आज राष्ट्र के

दायरे में इनका समाधान सम्भव नहीं है।'[21] विवेकानन्द के अनुसार, 'विश्व के दूसरे देशों से हमारा अलगाव ही हम लोगों के पतन का कारण बना।' इसलिए जरूरी है कि 'हम दूसरे देशों के बहाव के नजदीक जाएँ। गति ही जीवन का चिह्न है।'[22] उन्होंने भारतीयों से कहा, 'इस दर्शन को अपनाना दुनिया के सबसे बड़े सत्य को अपनाना है जो सबसे आसान चीज़ है, इतना आसान जैसे हमारा अस्तित्व।' उन्हें अन्धविश्वासों से नफ़रत थी और उन्होंने बल देकर कहा कि 'मैं चाहूँगा कि तुममें से अधिकांश अन्धविश्वासी मूर्ख बनने के बजाए नास्तिक बन जाओ, क्योंकि नास्तिक जीवन्त होता है और तुम्हीं लोग उससे कुछ निर्माण कर सकते हो। अगर अन्धविश्वास हावी हो गया तो बुद्धि हीन हो जाओगे, मस्तिष्क नरम हो जायेगा और जीवन अधोगामिता का शिकार।'[23] इसीलिए स्वामी विवेकानन्द ने यह स्पष्ट शब्दों में कहा था—

कुछ अर्थों में भौतिकवाद भारत को बचाने के लिए हर आदमी का दरवाजा खोलता आया है। इसने जात-पाँत सम्बन्धी एकनिष्ठ सुविधाओं को समाप्त कर, जो अकूत सम्पत्ति कुछ के हाथों में छिपी हुई थी, वह सर्व-सुलभ हुई और अपनी उपादेयता खो दी।[24]

स्वामी जी ने यह भी ठीक से समझा था कि "पश्चिम शाइलाक के अत्याचार से और पूरब पुरोहितों के अत्याचार से त्रस्त हैं, जबकि इन्हें चाहिए कि वे एक-दूसरे को नियन्त्रित करें।"[25] उन्होंने यह भी कहा कि 'हम विश्व को बहुत कुछ सिखा सकते हैं और उससे बहुत कुछ हम सीख भी सकते हैं।'[26] स्वामी जी आश्वस्त थे कि अगर आध्यात्मिक आधार न हुआ तो पश्चिम की सभ्यता अगले पचास वर्षों में ही धराशायी हो जायेगी। उन्होंने पूछा कि सर्वोच्च व्यक्ति और निम्नतम व्यक्ति में क्या फर्क है? देवता और मनुष्य में क्या अन्तर है? फिर उन्हीं का उत्तर है : 'अज्ञान।' उन्होंने यह भी कहा कि 'ताकत ही अच्छाई है और कमज़ोरी पाप है।'[27] इस स्थिति में मनुष्य को ज्ञान ही बचाता है। उसे अभय चाहिए। उन्होंने यह भी खुलकर कहा कि 'भारत विश्व को एकता की शिक्षा दे सकता है जो इस विश्व के लिए जरूरी है।'

अपने एक व्याख्यान में उन्होंने भारत में बढ़ती मुस्लिम और ईसाई आबादी की भी चर्चा की है। लेकिन इसके लिए उन्होंने हिन्दुओं से पूछा :

आज हम सभी उस धर्म और धार्मिक कमज़ोरियों के लिए रो रहे हैं, लेकिन इससे पहले हमने उनके साथ किया क्या? क्या हमने उनके लिए कुछ किया? अगर नहीं तो यह हमारी गलती है। हम किसी को दोषी न ठहरावें, यह उचित नहीं है। हम अपने ही कर्म के दोषी हैं।[28]

उन्होंने खुलकर कहा कि देश में कोई भी वाद या सम्प्रदाय सफल नहीं हो सकता, अगर हम न चाहें। उन्होंने यह भी कहा कि हम दूसरों के बारे में सोचने या बहस करने वाले नहीं हैं। हम अपने बारे में ही सोचें कि पिछले छह-सात सौ वर्षों में हमने क्या किया है? उनके अनुसार हमने निरर्थक बातें की हैं—इस गिलास का

पानी दाएँ हाथ से लें या बाएँ हाथ से? हम अपने हाथ दो बार धोयें या तीन बार? हमें पाँच बार गलतियाँ करनी चाहिए या छह बार? इस तरह से बात करने वाले व्यक्ति क्या कर पायेंगे, चाहे वे कितने ही बड़े दर्शनशास्त्र के विद्वान हों। इसलिए स्वामी जी ने यह साफ़-साफ़ कहा कि हमारे पूर्वजों ने कहा है कि 'सर्वोत्तम देन तो आध्यात्मिक जीवन है, लेकिन दूसरे नंबर पर सेक्युलर ज्ञान ही आता है।'[29] उन्होंने स्पष्ट कहा कि 'अगर हमारा हृदय मज़बूत रहा तो अगले पच्चीस वर्षों में हमारी सारी समस्याओं का समाधान मिल जायेगा।'

V

स्वामी विवेकानन्द ने बहुत सारी महत्त्वपूर्ण बातें कहीं। भारतीयों को बहुत ललकारा, बहुत उकसाया और एक बात वह बार-बार कहते कि तुम्हारे लिए एकमात्र विकल्प 'अभय' है। अतः लोगों से वह कहते, 'निर्भीक और मज़बूत बनो।' आश्चर्य नहीं, विवेकानन्द ने कमज़ोर आध्यात्मिक बनने से मज़बूत नास्तिक बनने को बेहतर माना। उन्होंने कमज़ोर लोगों को पूजा करने के बजाए फुटबाल खेलने की बात कही। इतना ही नहीं, उन्होंने भारत के सुखमय भविष्य के सन्दर्भ में यह भी कहा कि भारत के जनमानस के लिए एकमात्र उपयोगी साधन समाजवाद है। अगर भारत नहीं बदला तो उनके अनुसार चीन की ही तरह भारत में भी उच्च श्रेणियाँ शूद्र के स्तर पर आ जायेंगी और 'शूद्र अपनी शूद्रता के साथ' शासक बनेंगे। स्वामी जी के अनुसार, 'पश्चिमी दुनिया में इस नयी शक्ति की शुरुआत हो चुकी है तथा चिन्तनशील लोग इस ताजी घटना पर सोचते हुए परेशान हैं। समाजवाद, अराजकतावाद या सर्वनकारवाद और इसी तरह की अन्य धाराएँ सामाजिक क्रान्ति में अगुवा दस्ता बनकर आने वाली हैं।'[30] स्वामी जी के अनुसार शूद्र-राजरूपी समाजवाद आने वाला है और वे मात्र इसकी नवता के कारण इसके स्वागत के लिए तैयार हैं :

मैं समाजवादी हूँ, इसलिए नहीं कि मैं इसे पूर्ण व्यवस्था मानता हूँ, बल्कि इसलिए कि रोटी न मिलने की तुलना में आधी-आधी रोटी सबको मिले, यह अच्छा है। दूसरी व्यवस्थाएँ आजमायी गयी हैं, और सब असफल रही हैं, तो फिर इसके लिए एक बार कोशिश की जानी चाहिए—अगर किसी और चीज़ के लिए नहीं तो इसकी नवता के लिए ही।[31]

स्वामी जी का यह समाजवादी सपना यूँ ही नहीं आया था। दरअसल, यह उनकी सामाजिक सोच का प्रतिफल था। लेकिन समाजवाद भी उनकी मृत्यु के 15-16 वर्षों के अन्दर ही आया और बमुश्किल 60-70 वर्षों की उसकी जिन्दगी रही। वह आज धराशायी है। लेकिन यह कहा जा सकता है कि विश्व के एक-दो देशों में समाजवादी प्रयोग सफल नहीं हो सकता, क्योंकि पूँजीवाद का अभी भी निर्णायक वर्चस्व कायम है। सम्भव है अगले दौर का वैश्विक समाजवाद सफल हो जाये।

सन्दर्भ

1. आर. सी. मजुमदार, स्वामी विवेकानन्द : ए हिस्टॉरिकल रिव्यू; 1965; अद्वैत आश्रम, एन्टाली रोड, कलकत्ता, 1999, पृ. 39
2. स्वामी गम्भीरानन्द, युगनायक विवेकानन्द; अनु। डॉ. केदारनाथ भाल, 1994; रामकृष्ण मठ नागपुर, 2010, पृ. 357-62
3. रोमा रोलाँ, द लाइफ ऑफ़ विवेकानन्द; 1931; अद्वैत आश्रम, एन्टाली रोड, कलकत्ता, 2002, पृ. 26
4. वही, पृ. 27
5. वही, पृ. 27-28
6. द कम्पलीट वर्क्स ऑफ़ विवेकानन्द; मायावती मेमोरियल एडिशन; 1907; अद्वैत आश्रम, एन्टाली रोड, कलकत्ता, 2005, पार्लियामेण्ट ऑफ़ रिलिजन्श, पृ. 3
7. वही, पृ. 5
8. वही, पृ. 4
9. वही, पृ. 6-7
10. वही, पृ. 15
11. वही, पृ. 20
12. वही, पृ. 20
13. वही, पृ. 23
14. वही, पृ. 21
15. वही, पृ. 24
16. वही, पृ. 24
17. रामधारी सिंह दिनकर, संस्कृति के चार अध्याय; 1956; उदयाचल, राष्ट्रकवि दिनकर पथ, राजेन्द्र नगर, पटना, 1990, पृ. 584
18. वही, पृ. 586
19. वही, पृ. 589
20. जवाहरलाल नेहरू, डिस्कवरी ऑफ़ इण्डिया; 1940; आक्सफोर्ड यूनिवर्सिटी प्रेस, 1994, पृ. 338
21. वही, पृ. 338
22. वही, पृ. 338। देखें, विवेकानन्द, लेक्चर्स प्रसाम कोलम्बो टु अल्मोड़ा, पृ. 198
23. वही, पृ. 339
24. स्वामी विवेकानन्द, लेक्चर्स प्रसाम कोलम्बो टु अल्मोड़ा; अद्वैत प्रकाशन, कलकत्ता, 2005, पृ. 65
25. वही, पृ. 65
26. वही, पृ. 67
27. वही, पृ. 74
28. वही, पृ. 75
29. वही, पृ. 75
30. विनय के. राय, सोसिओ पॉलिटिकल व्यूज ऑफ़ विवेकानन्द; 1970, पी.पी. एच. नयी दिल्ली, 1986, पृ. 48-49
31. उद्धृत, नेहरू, डिस्कवरी ऑफ़ इण्डिया, पृ. 338

समकालीन सोच, अंक 56-57, जनवरी 2014

मार्क्सवादी चिन्तन एवं व्यवहार : प्रासंगिकता का प्रश्न

मार्क्सवाद की प्रासंगिकता को लेकर उठने वाले सवालों का सिलसिला प्रायः उतना ही पुराना है जितना स्वयं मार्क्सवाद। 1889 में दूसरे कम्युनिस्ट इण्टरनेशनल ने मार्क्सवाद को एक क्रान्तिकारी राजनीतिक विचारधारा के रूप में स्वीकारा, लेकिन इस इन्टरनेशनल के एक अग्रणी नेता एदुआर्द बर्नस्ताइन ने 1899 में ही प्रचलित मार्क्सवाद की मूल राजनीतिक मान्यताओं को अप्रासंगिक घोषित कर दिया। उन्होंने दिन-प्रतिदिन की चुनौतियों के उत्तर में उठे आन्दोलनों पर बल दिया, न कि दूरगामी साम्यवादी समाज की रचना पर। अर्थात, उनके लिए साधन ही सब कुछ था, साध्य कुछ नहीं : 'Movement is everything, final gda nothing'। इसी प्रकार, प्रथम विश्वयुद्ध के दौरान एक दिग्गज मार्क्सवादी कार्ल काउत्स्की ने 'वर्ग-संघर्ष', 'सशस्त्र-क्रान्ति', 'सर्वहारा की तानाशाही', 'अन्तरराष्ट्रीयतावाद' इत्यादि को अप्रासंगिक बताया और समाज तथा राज्य के बदलते चरित्र एवं युद्धकालीन स्थिति को दृष्टि में रखते हुए राष्ट्रीय संसदीय लोकतान्त्रिक सरकारों से सहकार की बात की। शास्त्रीय मार्क्सवादियों ने बर्नस्ताइन को 'संशोधनवादी' और काउत्स्की को 'भगोड़ा' बताया। इतिहास ने भी इन्हीं का साथ दिया और काउत्स्की की स्थापनाओं के बावजूद 'समाजवादी' क्रान्तियाँ हुईं और प्रथम विश्वयुद्ध के बाद के दौर को समाजवादी क्रान्तियों के दौर के रूप में अभिहित किया गया। साथ ही अनेक देशों में सामाजिक रूपान्तरण के समाजवादी प्रयोग किये जाने लगे। विशेषतः दूसरे विश्वयुद्ध के बाद एक समाजवादी विश्व का जन्म हुआ। इस संघर्ष में ध्यातव्य है कि प्लेखानोव और ग्राम्सी जैसे मार्क्सवादी विचारकों ने सोवियत क्रान्ति को ही गैर-मार्क्सवादी मानकर खारिज कर दिया था। इधर सोवियत रूस में गोर्बाच्योव द्वारा क्रियान्वित 'खुलापन' (ग्लैस्नॉस्त) और 'पुनर्रचना' (पेरेस्त्रोइका) के सिद्धान्त ने समाजवादी दुनिया को अप्रत्याशित धक्का दिया। जन-उभार के दबाव में पूर्वी योरप की 'समाजवादी' सत्ताएँ बालू की दीवार सिद्ध हुईं। इतिहास इतना आगे बढ़ चुका था कि पोलैण्ड के साथ

वह नहीं किया जा सकता था जो 1956 में हंगरी और 1967 में चेकोस्लोवाकिया के साथ किया गया था। स्वयं सोवियत रूस विघटित हो गया। चीन को तियानमन चौक का हादसा झेलना पड़ा और आज वह विश्व पूँजीवाद के दबाव में अपने बचाव के लिए संघर्षरत है। इन घटनाओं ने मार्क्सवादी चिन्तन की सार्थकता एवं प्रासंगिकता को गम्भीर चुनौती दी है। बहुतों की दृष्टि में अब मार्क्सवाद पुराना पड़ चुका है। औद्योगिकोपरांत (post-industrial) 'समृद्ध' समाजों के लिये अब मार्क्सवाद की आवश्यकता नहीं। आज मार्क्सवाद सुरक्षात्मक है। स्पष्ट है, इतिहास का वर्तमान दौर पूँजीवाद के उत्कर्ष और मार्क्सवाद के पराभव का दौर है। पीछे मुड़ कर देखने से लगता है कि रूसी क्रान्ति लेनिनवादी थी और चीनी क्रान्ति माओवादी; कि प्लेखानोव और ग्राम्सी की समझ सही थी, और बर्नस्ताइन और काउत्स्की भी हवा में नहीं बोल-लिख रहे थे।

यह सच है कि कुछ महत्त्वपूर्ण मार्क्सवादी स्थापनाएँ आज संदिग्ध बनी हैं। जिस प्राविधिक क्रान्ति ने औद्योगिक क्रान्ति दी और सर्वहारा को एक ऐतिहासिक ज़िम्मेदारी सौंपी उसी के अगले चरण ने दोनों को नकार-सा दिया है, और इस प्रकार सर्वहारा की सामाजिक स्थिति और ऐतिहासिक दायित्व सम्बन्धी मार्क्सवादी समझ को एक सीमा तक झुठला दिया है। पूँजीवाद के विकास के साथ सम्पत्ति के केन्द्रीकरण का स्वरूप बदला है और गरीबी और फटेहाली की भयावहता कम हुई है। मध्यवर्ग विलुप्त न होकर ताकतवर हुआ है और सामाजिक-राजनीतिक दृष्टि से उत्तरोत्तर महत्त्वपूर्ण बनता गया है। वर्ग-संघर्ष की धार भोथराई है और इसका राजनीतिक चरित्र उत्तरोत्तर अर्थवादी बना है। धीरे-धीरे क्रान्तिकारी परिवर्तनों के स्थान पर नग्न बूर्जुआ लोकतान्त्रिक परिवर्तनों की विश्वसनीयता बढ़ी है। आज का विश्व तो फेबियनवादी भी नहीं रहा; यह आक्रामक ढंग से 'रेगनवादी' है। 'मूल्य-निर्माता' अब सर्वहारा नहीं बल्कि पूँजीवादी माना जा रहा है। 'घोड़ा-गौरय्या' का रेगनवादी सिद्धान्त क्रियान्वित हो चुका है। गौरय्या घोड़े की लीद का अन्न खाकर ही अधिक उत्पादक एवं स्वस्थ रह सकती है। यह सब शास्त्रीय मार्क्सवाद के लिए गम्भीर चुनौती है।

इतना ही नहीं, लोगों का ध्यान रूसी और चीनी समाजवादी क्रान्तियों के राजनीतिक चरित्र की ओर भी गया है। ये क्रान्तियाँ क्रान्ति के मार्क्सवादी व्याकरण द्वारा अनुशासित नहीं लगतीं। कार्ल मार्क्स की सामाजिक क्रान्ति पूँजीवादी विकास की चरम स्थितियों से उत्पन्न अन्तर्विरोधों का समाधान थी, इसे उन्होंने पूँजीवादी व्यवस्था के सकारात्मक रूपान्तरण के रूप में देखा था। इसे वे एक अनिवार्य किन्तु स्वाभाविक ऐतिहासिक चरण के रूप में देखते थे। लेकिन 20वीं सदी की समाजवादी क्रान्तियाँ उन समाजों में हुईं जहाँ पूँजीवादी विकास या तो अत्यन्त ही सीमित

था जैसे रूस, या नहीं के बराबर था जैसे चीन। इसीलिये ये अपना 'सकारात्मक अतिक्रमण' नहीं कर सकीं और 'सर्वहारा की तानाशाही' का दौर लम्बा होता गया। सत्ता और समाज के बीच की दूरी बढ़ती और गहराती गयी। परिणामतया राज्य का अंकुश ढीला होने के बजाय कसता गया। भौतिक विकास तो हुआ लेकिन समाज नेताशाही और नौकरशाही का शिकार बन गया। राजनीतिक शिरकत और आर्थिक प्रोत्साहन के अभाव में आम आदमी उदासीन अथवा राज्याश्रित उपभोक्तावाद की ओर उन्मुख हुआ। अन्ततः समाज आर्थिक एवं वैचारिक ठहराव का शिकार बना। आश्चर्य नहीं, सोवियत समाज को 'खुलापन' और 'पुनर्रचना' के खतरनाक दौर से गुजरना पड़ा और पिछले सत्तर वर्षों की उपलब्धियाँ नकारी गयी हैं। चीनी कम्युनिस्ट पार्टी भी अपने राजनीतिक वर्चस्व को बनाये रखकर आर्थिक उदारवाद अपनाने की कोशिश कर रही है, जिसे राजनीतिक अभिव्यक्ति न मिल सकने के कारण थियानमन चौक का हादसा झेलना पड़ा। फिर भी समाज और राजनीति के विश्लेषकों के बीच करीब-करीब यह सहमति है कि मार्क्सवाद के बगैर आधुनिक समाजों को नहीं समझा जा सकता जो योरोपीय नवजागरण की कोख से निकले हैं और आधुनिक चिन्तन न्यूनाधिक मार्क्सवाद से प्रभावित है, ठीक वैसे ही जैसे वर्तमान सदी के प्रथमार्ध तक हम सभी धर्म-दर्शन से प्रभावित थे। मार्क्सवादी चिन्तन और उससे प्रेरित आन्दोलनों ने हमारे विश्व-बोध, राजनीतिक क्रियाकलाप, सामाजिक चिन्तन एवं आचरण को गहराई से प्रभावित किया है। इसने हमारे दर्शन, साहित्य, सौन्दर्यशास्त्र, नीतिशास्त्र, मनोविज्ञान, अर्थशास्त्र जैसे विशेषीकृत अकादमिक क्षेत्रों में भी अपना प्रभाव छोड़ा है।

वैसे तो समाजवादी व्यवस्था के विघटन एवं विलोपन के अनेक कारण रहे लेकिन एक प्रमुख कारण उसकी वैचारिक-सांस्कृतिक जड़ता भी थी। इस जड़ता के फलस्वरूप समूची समाजवादी व्यवस्था नौकरशाही की जकड़ और तकनीकी-आर्थिक ठहराव का शिकार हो गयी। इसके मूल में समाजवादी इतिहास-पुरुषों की कतिपय स्थापनाएँ थीं जिन्हें मार्क्सवादी राजनीतिकों ने यांत्रिक ढंग से स्वीकारा और असहमति को 'संशोधनवाद' घोषित कर निन्दित-तिरस्कृत किया। सर्वप्रथम हैं कार्ल मार्क्स की कतिपय स्थापनाएँ जो व्यापक सन्दर्भ में सही होते हुए भी राजनीतिक मार्क्सवाद के विशेष सन्दर्भों में हानिकारक सिद्ध हुईं। इन स्थापनाओं में पाँच प्रमुख हैं—1. आज तक का समूचा सामाजिक इतिहास वर्ग-संघर्षों का इतिहास रहा है; 2. भौतिक आधार में बदलावों के साथ 'अधिरचना' (विचारधारात्मक अभिव्यक्तियाँ जैसे—राजनीतिशास्त्र, धर्म, संस्कृति, कला, साहित्य इत्यादि) भी उसी के अनुरूप कमोबेश बदलती जाती है; 3. आज तक दार्शनिकों ने विश्व की जो व्याख्या की है, प्रश्न इसे बदलने का है; 4. मेहनतकशों का अपना कोई देश नहीं होता; और

5. धर्म आमजन की अफीम है। विवेचन-विश्लेषण के स्तर पर ये सभी अकाट्य हैं, लेकिन राजनीतिक-सामाजिक व्यवहार में इनसे गम्भीर बाधाएँ उपस्थित होती रही हैं, क्योंकि मार्क्सवादी आइडियलाग्स इन्हें मौसम-बेमौसम दुहराते रहे हैं, और जमीनी कार्यकर्ता भी इनके शिकार रहे हैं। इनमें एक तो कम्युनिस्ट मैनिफेस्टो से है, दूसरी राजनीतिक अर्थशास्त्र की समालोचना में अवदान की 'प्रस्तावना' से; पाँचवीं 'हीगेल के अधिकार के दर्शन की समालोचना में 'अवदान' से और तीसरी जर्मन वाम-हीगेलवादी दार्शनिक लुदविग फायरबाख पर मार्क्स द्वारा लिखी 11वीं थीसिस (सूत्र-वाक्य) है।

पहली स्थापना के प्रभाव स्वरूप साम्यवादी आन्दोलन वर्ग-संघर्ष (सामान्यतया हथियारबन्द वर्ग-संघर्ष) पर अत्यधिक ज़ोर देते रहे जिसके कई हथियारबन्द पक्षों के बीच के संवाद की स्थिति समाप्त होती गयी जो औद्योगिक क्रान्ति के बाद के विकासमान लोकतान्त्रिक सामाजिक-राजनीतिक इतिहास की एक अनिवार्य शर्त रही है। 2. आतंकवादी कार्यवाही और मार्क्सवादी कार्यवाही में अन्तर क्षीण होने लगा और संचार माध्यमों ने मार्क्सवादियों को भी उसी रंग में रंग कर समाज को बताया। 3. वर्ग-संघर्ष पर अत्यधिक बल देने से वर्ग-सहकार या वर्गों के सामाजिक सहअस्तित्व को राजनीतिक अनैतिकता के रूप में अभिहित किया जाने लगा जिसके चलते बहुत सारे मानवीय सरोकार एवं शिरकतें, जो वर्ग की सीमा को अतिक्रमित करती हैं, मार्क्सवादी कार्यकर्ताओं की निगाह में संदिग्ध बनती गयीं। वर्गों के राजनीतिक सन्दर्भ में वर्ग-संघर्ष की अवधारणा भले ही सही हो, सामाजिक व्यवहार की दृष्टि से यह समझ अपर्याप्त है। समाज की भी जैवीकीय प्रकृति है जिसमें वर्गीय केन्द्रीयता के बावजूद परस्पर निर्भरता कायम रहती है। इतना ही नहीं, आधुनिक समाजों में इतना स्तरीकरण है कि अब इनका स्पष्ट वर्ग-विभाजन सम्भव नहीं है, और मुख्यधारा की राजनीति ऐसे विभाजन को सजग रूप से रोकती भी है और अन्ततः वर्गीय दृष्टि से महापुरुषों की सम्यक् समझ कठिन है। गौतम बुद्ध और गाँधी जैसे व्यक्तित्वों को केवल वर्गीय दृष्टि से नहीं समझा जा सकता। कुल मिलाकर व्यक्तियों की समझ के सन्दर्भ में वर्गीय दृष्टि अपर्याप्त है और सामाजिक दृष्टि से संकीर्ण है। यह सांस्कृतिक अनुवांशिकी (cultural genetics) जातीय स्मृति जैसे उलझे प्रश्नों की अनदेखी करती है। यह दर्शन, कला, साहित्य, संगीत इत्यादि को 'आधार' से अनुदत्त (derivative) समझकर इनकी निजता को अस्वीकारती है जिससे कलाकार की अपनी सृजनधर्मिता को अपेक्षित महत्त्व नहीं मिल पाता। सपाट ढंग से यह मान लिया गया कि भौतिक-अस्तित्व चेतना का निर्माण करता है, न कि चेतना भौतिक-अस्तित्व का। प्रारम्भ की स्थिति चाहे जो हो, सभ्यता के इतिहास में दोनों ने एक-दूसरे को प्रभावित और अनुकूलित किया है। यद्यपि कार्ल मार्क्स इसकी

बारीकियों से बखूबी परिचित थे, और एंगेल्स ने तो इस सपाट समझ एवं व्यवहार के विरुद्ध बार-बार आगाह भी किया था, लेकिन राजनीतिक मार्क्सवाद की अपनी विवशताएँ थीं। इस सन्दर्भ में लेनिन और गोर्की के बीच गहरे मतभेद रहे। रैडेक और ज्यानोव जैसे सांस्कृतिक कमिजार व्यवस्था के साहित्यिक-सांस्कृतिक कार्य एवं व्यवहार पर उत्तरोत्तर हावी होते गये जिससे चिन्तनशील एवं सृजनशील प्रतिभावों का व्यवस्था से अलगाव हुआ और उनका पश्चिम को पलायन भी।

तीसरी स्थापना ने व्यवस्थावादी मार्क्सवाद को वैचारिक दृष्टि से गतिहीन बनाया। गतिशील सामाजिक यथार्थ को समझने और अपने को अद्यतन बनाये रखने से विरत होकर केवल समाज को बदलने पर ज़ोर रहा। यह बात भुला दी गयी कि सामाजिक-आर्थिक रूपान्तरण केवल राजनीतिक सरोकार नहीं है। मार्क्स की यह चेतावनी भी भुला दी गयी कि 'शिक्षकों को शिक्षित होते रहने की आवश्यकता' होती है। अतः मूल स्थापनाओं को ही कमोबेश दुहराया जाता रहा जिससे किसी सैद्धान्तिक या व्याख्यात्मक विकास की सम्भावना क्षीण होती गयी। इस सन्दर्भ में यह ध्यातव्य है कि विश्व में सामाजिक संवेदना-सम्पन्न बुद्धि जीवियों को मार्क्सवाद प्रारम्भ से ही आकर्षित करता रहा है, लेकिन राजनीतिक मार्क्सवाद ने राजसत्ता के सरोकार को एकमात्र महत्त्वपूर्ण सरोकार बना-बताकर बुद्धिशीलता एवं सृजनशीलताा को दरकिनार किया। व्यवस्था को 'आइडियलाग्स' की आवश्यकता रही, बुद्धिधर्मी या निष्पक्ष विवेचक-विश्लेषक की नहीं। अतः परिवेश बदलता गया और मूल स्थापनाओं के प्रति मोहाच्छन्नता बनी रही। वर्ग-संघर्ष को केन्द्र में रखकर सारा ध्यान राजनीतिक 'टैक्टिक्स' और 'स्ट्रैट्जी' पर रहा। सांस्कृतिक दृष्टि से राजनीतिक मार्क्सवाद विच्छेदनवादी बनता गया जिसका लाभ प्रतिक्रियावादियों को मिला। राजनीतिक सक्रियतावादियों के हावी होते जाने से व्यवहृत मार्क्सवाद 'मूलतागामी' और उत्साहवादी बना। मार्क्सवादी आन्दोलन ब्रेजनेव या गोर्वाच्योव, रणदिवे या डांगे, चारू मजुमदार-कानू सान्याल या ज्योतिबसु, गैंग ऑफ़ फोर या देग च्याओपिंग की दो परस्पर विरोधी अतियों में बँटता गया। एक की अभिव्यक्ति भारतीय नक्सलवाद की माओवादी आस्था की 'सत्ता बन्दूक की नोक से निकली है' के रूप में हुई, तो दूसरे की गोर्वाच्योव या ज्योतिबाबू के इस विश्वास में कि पूँजीवादी तन्त्र और अर्थनीति के सहारे व्यवस्थागत जकड़न से मुक्ति पायी जा सकती हैं। परिणाम सामने हैं।

चौथी स्थापना कि मेहतनकशों की कोई अपनी मातृभूमि नहीं होती, अनुभूति के स्तर पर सही नहीं उतरती। पूँजीवादी विकास के साथ ही राष्ट्रवाद एक ठोस एवं आक्रामक सचाई है जिसके समक्ष समाजवादी अन्तरराष्ट्रीयता हल्की सिद्ध हुई है। इसके चलते साम्यवादी आन्दोलन अपने-अपने समाजों में परेशान और सुरक्षात्मक

रहे हैं। लेनिन को छोड़कर कोई भी इस नारे के सहारे सफल नहीं हो सका, लेकिन बोल्शेविकों की सफलता भी लम्बे साम्राज्यवादी युद्ध में थके-हारे जारशाही रूस की विशेष परिस्थिति के चलते थी। अन्यथा राष्ट्रीय सन्दर्भों में समाजवादी आन्दोलनों के समक्ष अविश्वसनीयता का संकट हमेशा कायम रहा। 1969-71 के फ्रैन्को-प्रशन युद्ध के दौरान भी यह संकट कायम था और प्रथम विश्वयुद्ध के आरम्भ में ही तीसरा इण्टरनेशनल इसी प्रश्न पर विभाजित हो गया जब कार्ल काउत्स्की जैसे बड़े नेता लेनिन से अलग हो गये। भारत में भी 1942 और 1962 में साम्यवादी आन्दोलन को इसी अविश्वसनीयता का शिकार होना पड़ा था। 1968-71 के दौरान तो नक्सलपन्थी 'चीन का चेयरमैन हमारा चेयरमैन है' जैसा उन्मादी नारा देने लगे थे। इसके ठीक विपरीत रूस और विशेषतः चीन अपनी-अपनी राष्ट्रवादी संवेदनाओं में फँसे एक-दूसरे से टकराते रहे और साम्यवादी राष्ट्र वियतनाम को चीनी आक्रमण झेलना पड़ा। यह दुखद ही है कि गरीबों एवं मेहनतकशों के हित में लड़ने वाले साम्यवादी दल राजनीति की मुख्यधारा से अलग-थलग पड़े रहते हैं, जबकि जिनके हितों के लिए वे लड़ते हैं उनका ही राष्ट्रीय बहुमत होता है। समाजवादी अन्तरराष्ट्रीयता सही है, लेकिन राष्ट्रीय हितों की कीमत पर नहीं। इधर इतिहास ने भी सिद्ध किया है कि जो मध्यवर्ग राष्ट्रवाद का सम्यक रहा है वह अपनी मंशा, आस्वाद और उपभोग की दृष्टि से सर्वाधिक अन्तरराष्ट्रीय बना है और उसमें राष्ट्रवादी संवेदनाएँ क्षरित हुई हैं। आज वह देश की कीमत पर विकसित होता है और फिर विदेशों के विकास में अपनी प्रतिभा को खपाता है। लेकिन श्रमिकों को अब अपने मूल समाजों में ही सिमटकर कमाना-खाना है। दरअसल, अब उदारीकरण और वैश्वीकरण के वर्तमान दौर में श्रमिकों एवं उनका प्रतिनिधित्व करने वाले दलों को निर्णायक रूस से राष्ट्रवादी होना होगा, अन्यथा आर्थिक-सांस्कृतिक प्रतिरोध की राजनीति नहीं निर्मिति की जा सकेगी और 'विकासशील' एवं 'पिछड़े' देश आर्थिक एवं सांस्कृतिक दृष्टि से गुलाम बनते जायेंगे। वर्तमान दौर को श्रमिक राष्ट्रवाद की धुरी पर ही श्रमिक अन्तरराष्ट्रीयतावाद को परिभाषित किया जाना चाहिए, और इस परिप्रेक्ष्य में मार्क्सवादी आन्दोलनों की महत्त्वपूर्ण भूमिका सम्भव है। आज किसी 'श्रमिक फादरलैण्ड' को बचाने की चुनौती सामने नहीं है।

पाँचवाँ बिन्दु कि 'धर्म आमजन के लिए अफीम है', आधारहीन नहीं है, लेकिन कार्ल मार्क्स ने इतना ही नहीं कहा था। उन्होंने इसी के साथ यह भी कहा था कि धर्म 'हृदयहीन परिस्थितियों का हृदय है', अन्धकार के आगोश में फँसे व्यक्ति का सूर्य है। अर्थात्, यह सही होते हुए भी कि पुरोहिती और थैलीशाही तिकड़म के चलते धर्म आज भी जनमानस पर छाया हुआ है, फिर भी यह थके-हारे विपन्न मन का संबल है जिसके सहारे वह अमानवीय परिस्थितियों में भी मानवीय बना रहता है। इस प्रकार धर्म मानवी सरोकार भी है। कार्ल मार्क्स ने धर्म की इस द्वंद्वात्मक भूमिका

को ठीक से समझा और विश्लेषित किया था, लेकिन राजनीतिक मार्क्सवाद यह नहीं समझ पाता कि सत्ता एवं व्यवस्था से दरकिनार व्यक्ति 'निर्वासन' (alienation) और 'आत्म-निर्वासन' (self-aliention) का शिकार बनता है, और ऐसी स्थिति में धर्म, संस्कृति, वैयक्तिक कलात्मक-साहित्यिक सृजन की ओर अनिवार्यतः उन्मुख होता है। समूची चेतना का राजनीतिकरण सम्भव नहीं है, इसलिए सत्ता का आक्रामक धर्म-विरोध अन्ततः अनुत्पादक ही नहीं प्रति-उत्पादक सिद्ध हुआ है। इस सन्दर्भ में भी मार्क्सवादी आन्दोलनों को संवेदनशील एवं सृजनशील होना होगा।

दो स्थापनाएँ लेनिन की हैं जिनका बेजा इस्तेमाल हुआ है। पहली यह कि 'साहित्य को सर्वहारा के सामान्य हितों का हिस्सा बनना होगा, इसे मात्र एक महान सोशल-डिमॉक्रेटिक यंत्र का जो समस्त श्रमिकों के राजनीतिक रूप से सजग, अगुवा दस्ते के रूप में गतिशील है, कल-पुर्जा बनना होगा।' और दूसरी स्थापना कि 'तालस्ताय का समग्र लेखन रूसी क्रान्ति का 'आईना' है जिसमें रूसी किसान विद्रोह की कमजोरियों, सीमाओं तथा अन्तर्विरोधों को देखा जा सकता है।' पहली स्थापना लेनिन के एक निबन्ध 'पार्टी संगठन और पार्टी साहित्य' (1905) से है जिसमें इन्होंने पार्टी से जुड़े साहित्यकारों को सम्बोधित किया था, तथा दूसरी उनके एक निबन्ध 'रूसी क्रान्ति के दर्पण लियो तालस्ताय' (1912) से। पहली स्थापना पार्टी से जुड़े साहित्यकारों के लिए है जो पार्टी नीति-रीति से असहमति का अवसर नहीं देती, तथा दूसरी साहित्यिक मूल्यांकन में 'दर्पण' को एक सार्वभौम सर्वग्राही मेटाफर के रूप में प्रस्तुत करती है जो सृजन की निजता, उसकी भाषिक विशिष्टता, उसके कल्पना-वैभव की अस्वीकृति है। 1934 में पार्टी की प्रभुता के दायरे में 'समाजवादी यथार्थवाद' की औपचारिक स्वीकृति के बाद सोवियत संघ में वैचारिक एवं सृजनात्मक विकल्प की गुंजाइश समाप्त हो गयी और वास्तविक रूसी साहित्य यथार्थवादी न रहकर सामाजिक फंतासी का शिकार होता गया जो साहित्यिक मनीषा के 'आत्मनिर्वासन' की अभिव्यक्ति था। इस प्रकार की स्थापनाओं को उनके सन्दर्भों से काटकर सार्वभौम आलोचनात्मक अवधारणा के रूप में प्रस्तुत करना रचना और समालोचना दोनों के लिए घातक सिद्ध हुआ। समाजवादी आलोचना गैर-समाजवादी साहित्य की श्रेष्ठता को पहचानने में अक्षम होती गयी, और सृजन 'समाजवादी यथार्थवाद' के औपचारिक साँचे में सिमटकर यांत्रिक, स्टीरियोटाइप' हो गया-सृजनशील क्रान्तिकारी सर्वहारा नायक बनाम समाजघाती खलनायक सामन्त या बूर्जुआ। इस साहित्य में व्यक्ति की सम्भावनाओं को खोजने-पहचानने की ललक नहीं थी, जबकि आधुनिक समाजों में व्यक्ति एक स्वीकृत एवं अनुभूत इयत्ता है। इस प्रकार समाजवादी यथार्थवाद अयथार्थवादी होता गया, और पार्टी रीति-नीति में ढल कर नीरस एवं यांत्रिक। इसका वह सामाजिक-सांस्कृतिक विवेक कमज़ोर पड़ता

गया जो दलीय वर्गीय सरोकारों को अतिक्रमित करते हुए इनके ऊपर बेलौस टिप्पणी कर पाता। ऐसी स्थिति में सत्ता का संवेदनहीन होते जाना स्वाभाविक था। ब्रेजनेव तक आते-आते समाज और सत्ता का एक दूसरे से कटाव निर्णायक बिन्दु तक पहुँच गया, और प्रूस्त की असफलता, गोर्वाच्योव का पतन और येल्तसिन का प्रादुर्भाव स्वाभाविक बन गये। सोवियत संघ के विघटन एवं समाजवादी सत्ताओं के पतन के सन्दर्भ में केवल अन्तरराष्ट्रीय पूँजी की षड्यन्त्रकारी भूमिका को रेखांकित करते रहना इस विराट एवं त्रासद परिघटना का सही मूल्यांकन नहीं लगता। समाजवादी व्यवस्था के विरुद्ध पूँजीवादी षड्यन्त्र अप्रत्याशित नहीं था, अप्रत्याशित थी व्यवस्था की आन्तरिक सड़न जिसके प्रति राजनीतिक मार्क्सवाद सावधान नहीं रह सका। कहा यह भी जा सकता है कि इसमें अपेक्षित सीमा तक सावधानी की सम्भावना भी नहीं थी। अधिकतम यह दमनात्मक हो सकता था, जैसे हंगरी और चेकोस्लोवाकिया, पोलैण्ड और अफगानिस्तान में। वैचारिक गतिहीनता और ठिठुरी सृजनशीलता की स्थिति में चुनौतियों के समक्ष रचनात्मक पहल सम्भव नहीं हुआ करती। वालेसा के समक्ष पराजित होने का यह प्रमुख कारण था।

ऐसा नहीं है कि वैचारिक-सांस्कृतिक मार्क्सवाद ठहरा हुआ था। यह सक्रिय था, लेकिन समाजवादी विश्व से बाहर, विशेषतः पश्चिम में जहाँ उसे पूँजीवाद से रूबरू होना था। यहाँ भी राजनीतिक मार्क्सवाद के उपकरण के रूप में नहीं, बल्कि वैकल्पिक सांस्कृतिक परिप्रेक्ष्य एवं प्रतिरोधी मानस तैयार करने के सन्दर्भ में। पश्चिमी पूँजीवाद की सांस्कृतिक समालोचना होने के साथ-साथ यह सोवियतवाद विरोधी भी था। इसका उत्स 'वैज्ञानिक' मार्क्स नहीं, बल्कि 'हीगेलवादी' मार्क्स था जिसे 'आरंभिक मार्क्स' के रूप में देखा-समझा जाता है। लेकिन यही इसकी सीमा और उपलब्धि भी है। यह व्यवस्था की समालोचना तो था, लेकिन व्यवस्था के बदलाव का राजनीतिक उपकरण नहीं हो सकता था। सम्भवतः इसी कारण पश्चिमी पूँजीवाद ने इसे प्रश्रय दिया और सत्तासीन सोवियत मार्क्सवाद ने इसे इकबारगी खारिज कर दिया। इसमें तीन प्रमुख 'स्कूल' हैं जिनका परिचयात्मक रेखांकन भर यहाँ आवश्यक है।

फ्रैन्कफर्त स्कूल (Frankfurt school)

पश्चिमी मार्क्सवाद की यह सर्वाधिक महत्त्वपूर्ण एवं प्रभावशाली धारा है और प्रमुखतः 'आरम्भिक' मार्क्स से प्रभावित एवं प्रेरित है, जब अभी मार्क्स पर हीगेलवादी प्रभाव कमोबेश हावी है। यह फ्रैन्कफर्त (जर्मनी) में 1623 में स्थापित हुआ था और 'सामाजिक शोध संस्थान' से संबद्ध था। लेकिन जर्मनी में नाजीवाद के प्रादुर्भाव के बाद इससे संबद्ध समाज चिन्तकों को अमेरिका भागना पड़ा और वहीं फ्रैन्कफर्त

नगर में इन्होंने इस संस्थान की पुनः स्थापना की। इस स्कूल के प्रमुख विचारकों में मैक्स हार्खाइमर, फ्राइड्रक पोलक, थियोदो अदोर्नो, एरिक प्रसाम, हर्बर्ट मार्कूजे, लियो लोवेन्थल, वाल्टर बेन्जामिन आदि हैं। इन्हें 'आलोचनात्मक सिद्धान्तकार' (critical theorists) के रूप में भी जाना जाता है। जार्ज लूकाच की प्रसिद्ध पुस्तक इतिहास और वर्ग चेतना' (1922) और कार्ल मार्क्स की 'मार्क्सवाद और दर्शन' (1923) इनकी प्रेरणास्रोत बनीं। बाद में अन्तोनियो ग्राम्सी के निबन्धों और टिप्पणियों ने भी इस चिन्तन धारा पर अपना प्रभाव छोड़ा। इस स्कूल के मार्क्सवाद को 'सांस्कृतिक मार्क्सवाद' अथवा 'अधिरचना का मार्क्सवाद' के रूप में भी जाना जाता है।

फ्रैन्कफर्त स्कूल दूसरे एवं तीसरे अन्तरराष्ट्रीय संघों के मार्क्सवाद को यांत्रिक, प्रत्यक्षवादी, रूढ़िवादी और रिडक्शनिस्ट मानता है। इसकी दृष्टि में प्रचलित मार्क्सवाद ने जर्मन विचारधारा, कम्युनिस्ट घोषणा-पत्र, दुहरिंग मतखण्डन और प्रकृति की द्वन्द्वात्मकता (dialectics of nature) जैसी पुस्तकों की अतिसरलीकृत स्थापनाओं को अकाट्य एवं अनुलंघनीय मान लिया जिससे मार्क्सवादी चिन्तन की सृजनशीलता बाधित हो गयी। इस स्कूल ने लेनिनवादी सोवियत मार्क्सवाद को नकारा और इसे पश्चिमी औद्योगिक समाजों के लिए अप्रासंगिक माना। यह मार्क्सवाद प्रथम विश्वयुद्ध के बाद उत्पन्न आर्थिक-सामाजिक संकटों के प्रति सांस्कृतिक एवं समाजशास्त्रीय प्रतिक्रिया था। प्रथम महासमर के बाद पश्चिमी योरप में वाम-श्रमिक आन्दोलनों की पराजय हुई। जर्मनी के लोकप्रिय वामपन्थी दल या तो सुधारवादी बने या मास्को की छत्रछाया में चले गये और रूसी मार्क्सवाद स्तालिनवादी जड़ता का शिकार हुआ। इन घटनाओं ने सृजनशील मार्क्सवादी विचारकों के समक्ष नयी चुनौती प्रस्तुत की। सामान्य मार्क्सवादी इस संकट की घड़ी में या तो जड़ पार्टीवादी बना या समाजवाद को अपरिहार्य ऐतिहासिक नियति मानकर सुकून महसूस करने लगा। लेकिन फ्रैन्कफर्त स्कूल ने इन बदली परिस्थितियों का अपने तरीके से आकलन एवं विश्लेषण किया और इस प्रकार मार्क्सवाद की मूल आलोचनात्मकता एवं सृजनधर्मिता को पुनर्जीवित करने का प्रयास किया।

फ्रैन्कफर्त विचारकों की दृष्टि में 'अधिरचना' को 'आधार' के वैचारिक बिम्ब के रूप में देखना (लेनिनवादी यही कर रहे थे) 'अधिरचना' की निजता को नकारना है। इन्होंने सांस्कृतिक कारकों एवं विशिष्टता को रेखांकित किया, जो मनुष्य की आत्मिकता की पहचान बनते हैं। उनकी समझ में इतिहास-निर्माण कोई यांत्रिक क्रिया नहीं है। इतिहास उन कारकों के क्रिया-कलापों से बनता है जो चेतना-सम्पन्न होते हैं। मार्क्स ने भी इतिहास को चेतना-सम्पन्न मनुष्य के कार्य-व्यापार के रूप में ही देखा था। अतः इतिहास निर्माण में मनुष्य के विचारों और सपनों का अपना विशिष्ट अवदान होता है। इन विचारकों ने हर प्रकार की प्रभुता की आलोचना की। इन्होंने राज्य के बढ़ते

प्रभाव के चलते नौकरशाही के कसते शिकंजे और आम आदमी की घटती शिरकत को रेखांकित किया। इन्होंने पूँजीवादी सांस्कृतिक प्रभुता के खतरनाक मानव-विरोधी चरित्र की भी विवेचना की। पूँजीवादी समाजों में अकूत 'सांस्कृतिक निवेश के फलस्वरूप 'संस्कृति-उद्योग' ने आम आदमी की सामाजिक चेतना को अनुकूलित किया है और राज्यों के अधिनायकवादी तेवर को प्रामाणिकता एवं स्वीकृति दी है। इन्होंने बताया कि आधुनिक औद्योगिक समाजों में विशेषज्ञता विवशता है, और इसके अपरिहार्य राजनीतिक परिणाम हैं। कार्य और ज्ञान के विभिन्न क्षेत्रों में अन्तहीन विशेषीकरण के चलते सामूहिक चेतना में गिरावट आयी है। फलतः वर्गीय चेतना कुंठित हुई है और प्रभुत्व (hegemony) का स्वरूप उत्तरोत्तर निर्वैयक्तिक होता गया है। विभिन्न क्षेत्रों एवं सम्बन्धों का जैसे-जैसे जिन्सीकरण (commodification) हुआ है वैसे-वैसे सामाजिक सम्बन्ध अबूझ होते गये हैं। परिणामतया, आज सामाजिक-राजनीतिक संघर्षों के केन्द्र में केवल सतही मुद्दे हैं जिनका वर्तमान समाज की नींव अथवा आधार से कुछ भी लेना-देना नहीं है। अब व्यक्ति स्वतःस्फूर्त सकारात्मक क्रियाओं वाला कर्ता नहीं रहा। अब वह अपने से स्वतन्त्र एवं वस्तुनिष्ठ उद्देश्यों को पूरा करने का निमित्त मात्र है। संस्कृति धीरे-धीरे उद्योग बना दी गयी है। कला, संगीत, साहित्य आदि की निजता एवं गुणवत्ता का आधार अब उनकी प्रभावोत्पादकता है। उत्तर-औद्योगिक समाजों में ये भी अब व्यक्ति को बाहरी दबावों से सुरक्षा देने की स्थिति में नहीं रहे। उत्तरोत्तर समाज जटिल और व्यवस्था दमनात्मक होती गयी है। आज मुद्दा क्रान्ति नहीं, स्थिरता है। व्यवस्था ने विरोध को आत्मसात कर लिया है। व्यक्ति की निजता का लोप हुआ है। वह चेहराविहीन भीड़ का एक हिस्सा है, व्यवस्था रूपी विशाल, विराट तन्त्र का एक अनपहचाना पुर्जा।

फ्रैन्कफर्त स्कूल के विचारकों ने अपने विश्लेषणों में इतिहास को केन्द्र में रखा। इतिहास-निरपेक्ष दर्शन, साहित्य, कला, मानव-स्वभाव आदि को ये अर्थहीन अमूर्तन मानते हैं। इनकी दृष्टि में इतिहास-निरपेक्ष चिन्तन अनिवार्यतः अमानवीय होगा। ये समस्त ज्ञान को इतिहास-सापेक्ष मानते हैं। फिर भी इन्होंने 'आलोचना' के स्वायत्त क्षणों की सम्भावना की भी चर्चा की और यह रेखांकित किया कि सामाजिक हितों से स्वतन्त्र होकर भी तर्क द्वारा सत्य का निरूपण सम्भव है। इस प्रकार इन्होंने आधुनिक समाजों में बुद्धिधर्मी की सामाजिक भूमिका पर बल दिया। उनका समस्त समाजशास्त्रीय चिन्तन एक ही साथ 'विश्लेषण' और 'हस्तक्षेप' दोनों है। उनका उद्देश्य बन्द विचार-व्यवस्थाओं की जकड़ को तोड़ना और उन संस्थाओं एवं परम्पराओं को अवमूल्यित करना है, जो आलोचनात्मक बोध के विकास में बाधक बनती हैं। इस प्रकार फ्रैन्कफर्त स्कूल के विचारकों ने आधुनिक औद्योगिक

समाजों के सन्दर्भ में, मार्क्स के मूल प्रयासों के अनुरूप रहते हुए, मार्क्सवाद को स्वातंत्र्योन्मुख आलोचनाशास्त्र के रूप में विकसित किया।

नव-वाम एवं अन्य

1956 में हंगरी में रूसी सैनिक हस्तक्षेप और फिर ख्रुश्चेव के 'गुप्त भाषण' से इंग्लैण्ड के रैडिकल एवं कम्युनिस्ट बुद्धिधर्मियों में कम्युनिज्म के रूसी माडेल से मोहभंग हुआ और 'नव-वाम' आन्दोलन सामने आया। आश्चर्य नहीं, 'नव-वाम' सोवियत साम्यवादी प्रारूप के पूर्णतया विरुद्ध रहा है। यह एक ही साथ बौद्धिक और राजनीतिक दोनों था। इसमें विभिन्न प्रकार के मार्क्सवादी बुद्धिधर्मी सक्रिय हुए, किन्तु इन्हें वैचारिक प्रेरणा मुख्यतया फ्रैन्कफर्त स्कूल से मिली थी। अमेरिका में मार्कूजे की तरह इन्होंने भी सन् साठ के दशक में उमड़े सत्ता-विरोधी विद्यार्थी आन्दोलनों को सैद्धान्तिक आधार एवं समर्थन दिया। इनकी प्रेरणा का दूसरा स्रोत फ्रांसीसी मार्क्सवाद के अग्रणी विचारक अल्थूजर और गोल्डमन थे। यूँ तो 'नव-वाम' राजनीतिक आन्दोलनों के प्रति संवेदनशील रहा है, लेकिन इसका मुख्य बौद्धिक सरोकार सांस्कृतिक विवेचना ही है। इन्होंने भी आधार पर कम, अधिरचना पर अधिक बल दिया है। इस प्रकार नव-वाम ने 'आलोचना की संस्कृति' के विकास में फ्रेन्कफर्त स्कूल के कार्य को आगे बढ़ाया। इस आन्दोलन के जिन विचारकों ने अन्तरराष्ट्रीय ख्याति अर्जित की है इनमें पेरी एंडर्सन, मिलि ब्रैण्ड, पाल स्वीजी, ई.पी. टाम्पसन और टेरी ईगल्टन आदि हैं। रेमण्ड विलिएम्स भी कमोबेश इस आन्दोलन से जुड़े रहे। इनमें प्रथम तीन ने राजसत्ता, पूँजी और संस्कृति के अन्तर्सम्बन्धों की व्याख्या प्रस्तुत की और इन्हें 'डीमिस्टिफाइ' कर पूँजीवाद और श्रमिकवाद दोनों के अतिरेकों से संत्रस्त राजसत्ता की लोकतान्त्रिक सम्भावनाओं को उद्घाटित किया है। ई.पी. टाम्पसन ने, बदलते सन्दर्भों में, श्रमिक वर्गों के जीवन एवं इतिहास पर प्रकाश डालकर एंगेल्स की पुस्तक 'कन्डीशन ऑफ़ द वर्किंग क्लास इन इंग्लैण्ड' (1843) की स्मृति को ताजा की। टेरी ईगल्टन ने साहित्य एवं साहित्य-सिद्धान्तों में निहित विचारधाराओं का उद्घाटन किया और इस प्रकार 'पाठ' के आतंक से आलोचना को मुक्ति प्रदान करने की दिशा में महत्त्वपूर्ण कार्य किया है। रेमण्ड विलिएम्स ने 'सांस्कृतिक भौतिकवाद' (cultural materialism) और 'सांस्कृतिक अनुवांशिकी' (cultural genetics) जैसी अवधारणाओं की सुसंगत व्याख्या करते हुए 'क्रान्तिकारी कूद' (revolutionary jump) की शास्त्रवादी अवधारणा को अस्वीकार किया और लोकतान्त्रिक प्रक्रिया को एक 'लम्बी क्रान्ति' (the long revolution) के रूप में विकसित किया। इसी प्रकार इन्होंने लूसन गोल्डमन की व्याख्याओं की रोशनी में 'आधार' और 'अधिरचना' की

अन्तःसूत्रता को रेखांकित कर 'निर्धारण' या 'अनुकूलन' के स्थान पर 'मिडिएशन' की अवधारणा को स्पष्ट किया। अर्थात् आधार और अधिरचना को निर्धारित अथवा अनुकूलित कर दोनों एक-दूसरे को संस्कारित करते हैं और दोनों एक साथ एक अन्विति (totality) सृजित करते हैं जिसका निरूपण ज्योर्ज लूकाच ने 1922 में अपनी पुस्तक 'इतिहास और वर्ग-चेतना' में किया था।

इसी प्रकार फ्रांस के तीन विचारकों—ज्या.पा.सार्त्र, अल्थ्यूजर और लूशां गोल्डमन हैं। सार्त्र ने मार्क्सवाद को अस्तित्ववाद से जोड़ा और व्यक्ति स्वातंत्र्य और प्रतिबद्ध ता की अवधारणा को केन्द्रस्थ कर मार्क्सवाद का विस्तार किया। अल्थ्यूजर ने मार्क्सवाद और संरचनावाद को समन्वित करते हुए मार्क्सवाद की वैज्ञानिकता को रेखांकित किया। इन्होंने सर्वप्रथम मार्क्स में संज्ञानात्मक क्रमभंग की बात उठाई, और बाद वाले वैज्ञानिक मार्क्सवाद की महत्ता को रेखांकित किया जिसे फ्रैन्कफर्त स्कूल नकार रहा था। इसी प्रकार गोल्डमन ने सादृश्य (correspondence) और संगतता (hormology) जैसी अवधारणाओं को विकसित कर साहित्यिक सिद्धान्त एवं समालोचना में नया अध्याय जोड़ा। इस सन्दर्भ में ध्यातव्य है कि भारतीय मार्क्सवादियों ने मार्क्सवादी चिन्तन में कोई हस्तक्षेप नहीं किया। इधर हाल में डॉ. रामविलास शर्मा ने दो खंडों में प्रकाशित अपनी चर्चित पुस्तक 'भारतीय संस्कृति और हिन्दी प्रदेश' में 'दार्शनिक भौतिकवाद' जैसी अवधारणा जरूर विकसित की है, लेकिन यह भी सैद्धान्तिक निरूपण के रूप में सामने नहीं आयी है। मार्क्सवादी चिन्तन अथवा आलोचना में अभी कोई मौलिक भारतीय हस्तक्षेप नहीं दिखता।

उपर्युक्त रेखांकन का उद्देश्य इतना भर है कि वैज्ञानिक-सांस्कृतिक छटपटाहट व्यवस्थावादी मार्क्सवादियों में नहीं, बल्कि पूँजीवाद में आत्मनिर्वासित मार्क्सवादियों में रही। व्यवस्थावादी मार्क्सवाद 'आइडियालाग' बनते गये, जिससे उनकी बुद्धिधर्मिता कुंठित हुई और वे समाजवादी तन्त्र के 'पुर्जे' के रूप में काम करने लगे। एक सीमा तक यह आवश्यक भी था, लेकिन एक सीमा तक ही। इससे अन्ततः आलोचना की संस्कृति का विकास नहीं हो सका जिससे समानुरूपता आयी, और समाजवादी सत्ताएँ मतवैभिन्य एवं आलोचना के प्रति असहिष्णु होती गयीं। प्रथम समाजवादी समाज सोवियत रूस में पैस्तरनक, सोल्जेनित्सिव, सखारोव, एसेनिन, अख्मातोवा जैसी अनेक प्रतिभाएँ इसकी शिकार हुईं। आलोचना के प्रति असहिष्णु संस्कृति या राजसत्ता पथरा जाती है, विकास नहीं कर पाती, आत्मातिक्रमण नहीं कर पाती। इसका लचीलापन समाप्त हो जाता है और इसके साथ ही अपेक्षित दिशा में अनुकूलन की क्षमता भी। समाजवादी सत्ताएँ अविरत प्राविधिक परिवर्तनों के सामाजिक-राजनैतिक निहितार्थों को समझने में असफल रहीं। 1968 में ड्यूबचेक का दमन सम्भव था, लेकिन 70 के दशक में वालेसा का दमन सम्भव न हो सका।

समाजों की संरचना में परिवर्तन आ चुका था और उसी के साथ राजनीतिक चेतना का स्वरूप भी बदला था। मध्यवर्ग अब निर्णायक धुरी था, श्रमिक नहीं। 1926 के बाद पूँजीवाद ने स्वयं को बदलना प्रारम्भ कर दिया था, जबकि पार्टीवादी मार्क्सवाद अपनी पुरानी आस्थाओं पर ही टिका रहा। वह नहीं समझ सका कि आज का पूँजीवाद दमन पर कम, सहमति पर अधिक टिका है। अब उसके पास एक विराट सामाजिक आधार है। इसने अपनी सांस्कृतिक प्रभुता कायम की है 'संस्कृति निवेश' के बलबूते, वैयक्तिक स्वतन्त्रता और मानवाधिकारों को केन्द्रस्थ कर, अपनी संस्थाओं जैसे बहुदलीय राजनीति, समयबद्ध आम चुनाव, व्यक्तिगत सम्पत्ति इत्यादि को सामाजिक विश्वसनीयता दिलाने में अद्‌भुत सफलता पायी है। आज वर्ग-संघर्ष, क्रान्ति, सर्वहारा का अधिनायकवाद, सामूहिक सम्पत्ति, सार्वजनिक सम्पत्ति आदि अस्वाभाविक लगने लगे हैं। इसी प्रकार सांस्कृतिक राष्ट्रवाद, नक्सलवाद, सम्प्रदायवाद, जातिवाद जैसी संकीर्ण धारणाएँ समाजवादी विश्वदृष्टि से टकरा रही हैं और उत्तर-आधुनिकता ने इन्हें सैद्धान्तिक आधार दिया है। इतिहास में मनुष्य कभी भी इतना समृद्ध एवं सशक्त, इतना अधिकारचेता एवं सन्निकट (आज हम 'वैश्विक गाँव' के निवासी हैं) लेकिन इतना संकीर्ण, विभक्त, संघर्षरत, लहूलुहान, आत्मनिर्वासित एवं असहाय नहीं रहा है। समाजवादी प्रारूप के विखण्डन से समझदार एवं संवदेनशील व्यक्ति मनुष्यता के स्वस्थ भविष्य के प्रति आशावान नहीं है। कुछ मनीषियों का मानना है कि भारत या विश्व के लिए गाँधीवादी प्रारूप अधिक सार्थक एवं आश्वस्तिदायी सिद्ध हुआ होता। मेरी समझ है कि गाँधीवादी समाज एक यूटोपिया है जो वैयक्तिक यथार्थ तो बन सकता है, लेकिन सामाजिक विकल्प नहीं बन सकता। युग धर्म के विरुद्ध लिये जाने वाले संकल्प व्यक्ति विशेष को गरिमामय भले बनाते हों, सामाजिक व्यवहार नहीं बन पाते। आशय यह है कि आधुनिक समाजों में आये एवं अनवरत हो रहे परिवर्तनों से रूबरू हुए बगैर अब समाजवादी या गाँधीवादी रूपान्तरण सम्भव नहीं है। मानव इतिहास 1917 और 1949 से बहुत आगे निकल चुका है और विभिन्न रूपों में पूँजीवादी हस्तक्षेप गहरे एवं सूक्ष्म हुए हैं। सामाजिक-सांस्कृतिक परिवेश की जटिलता और मानव चेतना को अनुकूलित करने के असीम सूक्ष्म प्रयासों से बेखबर रहकर कुछ भी कर पाना सम्भव नहीं है। रेमण्ड विलिएम्स का कहना है कि आज हम वस्तुओं का उपयोग नहीं उपभोग करते हैं। उपभोक्ता की विश्वदृष्टि ही भिन्न होती है। कार्ल मार्क्स की समझ थी कि पूँजीवाद में निरर्थक आवश्यकताओं को सार्थक आवश्यकताओं में बदल डालने की असीम क्षमता होती है। महात्मा गाँधी इसे आवश्यकता और लोभ के द्वन्द्व के रूप में देखते थे—इस दुनिया में प्रत्येक व्यक्ति की आवश्यकता पूर्ति के लिए पर्याप्त है, लेकिन एक लोभी व्यक्ति के लिए यह दुनिया बहुत छोटी है। आज सभी सभ्यता के मात्रात्मक मानकों के दबाव में

उपभोक्तावादी बनने के लिए विवश हैं। आधुनिक समाजों में उपभोक्तावाद का संरक्षण एवं चलन, शोरगुल एवं मांसल उत्तेजनाओं को बढ़ावा देते जनसंचार माध्यम, लोकतन्त्र को चुनाव-तन्त्र में विकृत कर राजनीति को रोज़ी-रोटी, शिक्षा, स्वास्थ्य से अलग-थलग रखने की सफल चेष्टाएँ, पढ़े-लिखों में निर्विचारिता एवं आंतरिकता के प्रतिक्रिया स्वरूप बढ़ रहा फैशन, बाबावाद और धर्म के नाम पर कर्मकाण्ड को असीम संरक्षण एवं उनका पुनरुत्थान इत्यादि के खतरनाक सामाजिक-सांस्कृतिक सन्दर्भ हैं। आज मनुष्य सजे-धजे, कुशाग्र, उत्पादक एवं बिकनेवाले पशु के रूप में जीने के लिए अभिशप्त है। आज वह सचमुच अर्थमानव (economic man) में विकृत होता जा रहा है, जिससे कार्ल मार्क्स उसे बचाना चाहते थे। अतः आज परिप्रेक्ष्य-सम्पन्न आलोचना की संस्कृति विकसित करने का प्रयास आवश्यक है, जिसे राजनीतिक मार्क्सवाद ने बूर्जुआ प्रयास कहकर नकार दिया था।

लेकिन समालोचना की संस्कृति कैसे विकसित की जाय? आजकल आलोचनाओं के शोरगुल में कुछ भी सुनाई नहीं देता, और लोग उदासीन या संशयवादी होते जा रहे हैं। यह किसी न किसी किस्म के अधिनायकवाद का पूर्वाभास है। एक रूप में पूँजी का अधिनायकवादी फंदा हमें कसता जा रहा है। महात्मा गाँधी इस फंदे की असलियत को समझते थे, लेकिन उन्होंने इसे ख़ारिज कर एक वैकल्पिक जीवन-बोध एवं पद्धति विकसित करने का महाप्रयास किया। उन्होंने बड़ी पूँजी के परिणामों को तो समझा, लेकिन उसकी प्रक्रिया और सभ्यतागत अनिवार्यता एवं अपरिहार्यता को नहीं समझा। उनका निष्कर्ष प्रतिक्रियात्मक था, इतिहासगत सम्भावनाओं को बिल्कुल दरकिनार करता था। लेकिन कार्ल मार्क्स ने पूँजीवादी विकास की अनिवार्यता, अपरिहार्यता और उसकी सीमाओं को समझते हुए एक इतिहास-बोध-सम्पन्न, मानव-केन्द्रित विकल्प देने का प्रयास किया था। गाँधी की प्रतिक्रिया मूलतः नैतिक है, इतिहासपरक नहीं। इसी कारण यह पूँजीवाद को खारिज करके, 'बाहर' करके अपना जीवन-बोध रचती है जिससे युग को संबल मिलने वाला नहीं है, और इसी कारण यह कतिपय व्यक्तियों के विवेक और संकल्पों तक सीमित है।

अतः आलोचना की संस्कृति और इतिहास-बोध-सम्पन्न विश्वदृष्टि इत्यादि को विकसित करने के लिए हमें कार्ल मार्क्स की तरफ लौटना पड़ता है। अपनी एक प्रारंभिक कृति *आर्थिक और दार्शनिक पाण्डुलिपियाँ-1844* में ही युवा कार्ल मार्क्स ने एक योजना बनाई थी। योजना थी कि सर्वप्रथम कानून, नीतिशास्त्र, राजनीतिशास्त्र, अर्थशास्त्र आदि विषयों पर 'पृथक् एवं स्वतन्त्र' आलोचनाएँ लिखीं जायँ और इनके निष्कर्षों को ध्यान में रखते हुए एक ग्रन्थ लिखा जाय जो विभिन्न क्षेत्रों में ज्ञान के अन्तःसम्बन्धों को रेखांकित करता हो। बाद में उन्होंने एक पुस्तक बाल्जाक और एक सौन्दर्यशास्त्र पर भी लिखने की योजना बनाई। वर्षों तक विज्ञान और

उच्च-गणित पढ़ते रहे। योजना ऐसी थी जो किसी एक व्यक्ति के जीवन-काल में पूरी नहीं हो सकती थी। मार्क्स भी केवल इतिहास, हीगेलवादी दर्शन और राजनीतिक अर्थशास्त्र पर ही आलोचना-ग्रन्थ लिख सके। जीवन भी छोटा मिला था—मात्र 65 वर्ष का। उसका भी अधिकांश समय फरारी, गरीबी, बीमारी आदि में बीता। इसके बावजूद जो सामने आया वह विश्व चिन्तन और समाज को झकझोरने के लिए काफी था। अपने बहुपठित ज्ञान का लाभ भी उन्हें मिला। पूँजी (दास कैपिटल) केवल अर्थशास्त्र नहीं है। अर्थशास्त्र के साथ-साथ यह समाजशास्त्र, राजनीतिशास्त्र, नीतिशास्त्र और सौन्दर्यशास्त्र आदि भी है। यह पूँजीवाद के आंतरिक क्रिया-कलापों का लेखा-जोखा होने के साथ इस पर नैतिक, आर्थिक, राजनीतिक, सामाजिक एवं सौन्दर्यशास्त्रीय टिप्पणी भी है। आश्चर्य नहीं, कार्ल मार्क्स को योरोपीय नवजागरण के अन्तिम युगपुरुष के रूप में भी देखा गया है। किसी भी युगपुरुष को केवल उसके अनुयायियों की सफलता-असफलता के आधार पर आँकना भारी भूल है। वैसे शायद ही कोई इतिहास-पुरुष हो, जिसने लेनिन, एंगेल्स और माओ जैसे तेजस्वी अनुयायी पैदा किये हों और इतिहास को इतने व्यापक और गहरे स्तर तक प्रभावित किया हो। 'यूरोपियन' समालोचना, विश्लेषण एवं निष्कर्षों से यह सम्भव नहीं था।

मार्क्स को अप्रासंगिक सिद्ध करने के लिए कुछ एक मुद्दे उठाये जाते हैं जिनमें से प्रमुख निम्न हैं—

1. उन्होंने साम्यवाद को मनुष्य के सामाजिक इतिहास का अन्तिम बिन्दु माना।
2. वे प्रविधि क्रान्ति और उसके दूरगामी सामाजिक परिणामों को नहीं समझ सके थे।
3. मार्क्स मध्यवर्ग के स्वतन्त्र अस्तित्व को नकारते थे और केवल पूँजीपति-सर्वहारा वाला ही समाजवादी प्रारूप उनके सामने था।
4. उन्होंने पूँजी के विकास के साथ सर्वहारा की बढ़ती 'निरपेक्ष गरीबी' (absolute poverty) की बात की है, जो समय की कसौटी पर खरी नहीं उतरी है।
5. उन्होंने इतिहास निर्माण में प्रमुख कारक के रूप में व्यक्ति की भूमिका को नकारा और उसे केवल सामाजिक ताकतों अर्थात् संगठित हितों के उपकरण (instrument) के रूप में देखा, जो मानव-गरिमा के प्रतिकूल है।
6. उन्होंने इतिहास की प्रेरक एवं निर्धारक भक्ति के रूप में केवल संगठित वर्गीय हितों के टकराव को देखा जो इतिहास की व्याख्या की दृष्टि से अपर्याप्त है।
7. उनकी सर्वहारा की तानाशाही की अवधारणा आधुनिक लोकतान्त्रिक समाजों के सन्दर्भ में सर्वथा अप्रासंगिक है।
8. पूँजीवाद समाज को उखाड़ फेंकने के लिए मार्क्स की सशक्त क्रान्ति का सिद्धान्त अब पुराना पड़ चुका है।

इसी प्रकार के अनेक अन्य बिन्दु भी उठाये जाते रहे हैं और जाते रहेंगे। इनके सन्दर्भ में सविस्तार कुछ कहने की गुंजाइश यहाँ नहीं है। फिर भी, उपर्युक्त बिन्दुओं पर स्पष्टीकरण के लिए बिन्दुवार कुछ संक्षेप में कह देना आवश्यक प्रतीत होता है।

1. मार्क्स ने साम्यवाद को मानव इतिहास का अन्तिम चरण नहीं माना है। इसे वे इतिहास-क्रम में पूँजीवाद के अगले स्वाभाविक एवं अपरिहार्य चरण के रूप में देखते हैं, ठीक वैसे ही जैसे पूँजीवाद, सामन्तवाद का अगला अपरिहार्य ऐतिहासिक चरण था। उनका विश्लेषण यह भी बताता है कि संगठित वर्गीय हितों के आपसी आत्मघाती टकराव की परिसमाप्ति साम्यवादी समाज की एक प्रमुख विशेषता है। साम्यवादी समाज वर्गीय टकरावों से मुक्त होगा अतः 'मानवीय' होगा और अपना अतिक्रमण करता रहेगा। उसके नियम भिन्न होंगे। अतः मार्क्सवाद को पूँजीवाद से साम्यवाद तक के सामाजिक रूपान्तरण के सिद्धान्त के रूप में ही देखा जाना चाहिए और साम्यवाद को एक अपरिहार्य ऐतिहासिक चरण के रूप में साम्यवादी समाज भी अन्तर्विरोधों से मुक्त नहीं होगा। हाँ, मार्क्स ने इतनी कल्पना जरूर की थी कि साम्यवादी मनुष्य 'सामाजिक व्यक्ति' होगा जो अपने हित-साधन में अनजाने भी दूसरों के हितों को साधता रहेगा। वस्तुनिष्ठ परिस्थितियाँ ऐसी होंगी जिसमें संगठित हितों के आपसी टकराहट की गुंजाइश नहीं होगी। अन्य प्रकार के अनेकानेक अन्तर्विरोध होंगे। इस प्रकार साम्यवाद ऐतिहासिक नियतिवाद नहीं, बल्कि समाज की द्वंद्वात्मक गतिशीलता के अन्तहीन क्रम में एक पड़ाव मात्र है। इस प्रकार ऐतिहासिक भौतिकवाद बन्द नहीं खुला है, ओपेन एन्डेड है। ध्यातव्य यह भी है कि मार्क्स ने हेगेलवादी द्वंद्ववाद की आलोचना इसलिए भी की थी कि उससे निकाले गये सामाजिक निष्कर्ष मनमाने थे, उसकी खुली प्रकृति के विरुद्ध यथास्थितिवादी थे और हेगेल प्रजा-राज्य को आदर्शीकृत करते हुए उसे सामाजिक गति की चरम अभिव्यक्ति के रूप में देखते थे।

2. यह कहना सही नहीं कि मार्क्स प्रविधि-क्रान्ति और उसके सामाजिक परिणामों से बिल्कुल अभिज्ञ थे। औद्योगिक क्रान्ति भी अपने जमाने की प्रविधि-क्रान्ति ही थी, और कार्ल मार्क्स उसी के सामाजिक आर्थिक प्रभावों के विवेचक थे। वर्तमान प्रविधि-क्रान्ति के दौर को 18वीं सदी की औद्योगिक क्रान्ति के अगले विकसित चरण के रूप में ही देखना उचित होगा। इसमें विस्मयकारी जो भी हो, अप्रत्याशित कुछ भी नहीं है। मार्क्स को विज्ञान की अनन्त सम्भावनाओं में अटूट विश्वास था। ग्रंद्रिज में उनकी टिप्पणियों से पता चलता है कि उन्होंने निरन्तर चल रहे प्राविधिक परिवर्तनों के फलस्वरूप उत्पादन में सर्वहारा की घटती भूमिका और गैर-सर्वहारा तबकों की बढ़ती भूमिका से अनभिज्ञ नहीं थे। (ग्रंद्रिज, पृ. 592-94 उद्धृत राम वाटमोर सं. मेकर्स ऑफ़ माडर्न सोशल साइन्स, काल मार्क्स, प्रेन्टिस हाल 1973, पृ. 17-18)।

3. यह कहना भी उचित नहीं है कि कार्ल मार्क्स ने पूँजीवादी समाज का जो माडल रखा, वह केवल पूँजीपति और सर्वहारा की द्वंद्वात्मक अन्विति है। यह मान लेना सही नहीं है कि उन्हें समाज के अन्य वर्गों का पता ही नहीं था। उन्होंने पूँजी भाग तीन के 52वें अध्याय में वर्गों के विश्लेषण का प्रयास किया, दुर्भाग्यवश वह अध्याय अधूरा रह गया। लेकिन उपलब्ध विवेचन यह बताता है कि उन्होंने पूँजीपति, सर्वहारा और भूस्वामी जैसे तीन बड़े वर्गों की चर्चा करते हुए डाक्टर, नौकरशाह जैसे वर्गों की भी बात की। उन्होंने यह भी रेखांकित किया है कि किसी भी समाज का वर्गीय बँटवारा शुद्ध रूप में नहीं हो पाता। उसमें मध्यम और अन्य बीच वाले स्तर होते हैं जो वर्गों की विभाजक रेखाओं को धूमिल कर देते हैं। इसी प्रकार लूई बोनापार्ट की 18वीं ब्रूमेयर में उन्होंने किसान को एक अन्तर्गठित वर्ग के रूप में देखा और इनके वर्गीय चरित्र पर सविस्तार प्रकाश डाला। (पूँजी भाग-iii, प्रोग्रेस, 1976, पृ. 885-86, कार्ल मार्क्स, लूईबोनापार्ट की 18वीं ब्रूमेयर, संकलित, कार्ल मार्क्स, सेलेक्टेड वर्क्स, भाग-1; प्रेग्रे 1976, पृ. 478-85; स्टाानिसला आसोवस्की, द माक्सियन सिन्थेसिस, संकलित, टाम वाटमोर, मेकर्स ऑफ़ माडर्न सोशल साइन्स कार्ल मार्क्स, पृ. 79-91)।

4. जर्मन विचारधारा और कम्युनिस्ट घोषणा-पत्र में पूँजीवाद के विकास के साथ एक तरफ पूँजी के केन्द्रीकरण और दूसरी तरफ सर्वहारा की बढ़ती और गहराती दरिद्रता की चर्चा की गयी, लेकिन उन्होंने पूँजीवादी विकास के साथ उत्पादकता में वृद्धि की चर्चा भी की। इसीलिए उन्होंने सर्वहारा की 'निरपेक्ष गरीबी' की चर्चा न कर उसकी 'सापेक्ष गरीबी' की भी चर्चा करते हैं। आशय यह कि जिस अनुपात में पूँजी बढ़ती है, उसी अनुपात में श्रम मूल्य नहीं बढ़ता, इसीलिए पूँजीवाद में समृद्धि और गरीबी के बीच का अन्तराल बढ़ता जाता है। सर्वहारा के सामाजीकरण का यही आधार बनता है। स्वयं-में-वर्ग से स्वयं-के-लिए में रूपांतरित होने की यह एक अनिवार्य शर्त है, लेकिन क्रान्ति के सन्दर्भ में ध्यातव्य है कि श्रमशक्ति के मूल्य में इस सापेक्ष वृद्धि ने भी सर्वहारा को एक सीमा तक पूँजीवाद से जोड़ा है और उसकी सामाजिक चेतना का गैर-राजनीतिकरण किया है। लेकिन इस जुड़ाव के कारणों को पूँजीवाद के संस्कृति उद्योग, संस्कृति निवेश और हस्तक्षेपवादी एवं कल्याणकारी राज्य में भी देखना चाहिए। इसके अभाव में मार्क्सवादी क्रान्ति की अवधारणा को आज के सामाजिक सन्दर्भों से नहीं जोड़ा जा सकता।

5. मार्क्स ने स्पष्ट रूप से कहा है कि इतिहास व्यक्ति निरपेक्ष नहीं होता; वह स्वयं नहीं बदलता, मनुष्य ही उसका कर्ता और नायक होता है। लेकिन साथ ही उन्होंने यह भी रेखांकित किया कि मनुष्य अपने ऐतिहासिक क्रिया-कलापों एवं उद्देश्यों के निर्धारण में बिल्कुल स्वतन्त्र नहीं हुआ करता। वह अतीत का वाहक

है और अपने वर्तमान का नियंता भी। मनुष्य इतिहास की निर्मिति और निर्माता दोनों ही है। आशय यह कि उसकी प्रत्येक महत्त्वपूर्ण सामाजिक गतिविधि अतीत एवं वर्तमान के द्वंद्वात्मक टकराव से संचालित होती है। व्यक्ति इसके प्रति सजग भी रह सकता है, नहीं भी। मार्क्स की समझ यही है कि अगर मनुष्य की सोच में द्वन्द्वात्मक वस्तुनिष्ठता बनी रहेगी, तो वह अपने निर्णयों को बेहतर समझेगा और अपनी ऐतिहासिक भूमिका का बेहतर निर्वाह करेगा। फिर वह न तो अंधी ताकतों जैसे मिथक की चर्चा करेगा और न वह धार्मिक अथवा नियतिवादी ही बनेगा। यह प्रयास मनुष्यता या मनुष्य के व्यक्तित्व की प्रतिष्ठा का प्रयास है न कि उसके अवमूल्यन का। मार्क्स की समझ में इतिहास का महानायक भी अपने समाज के भौतिक एवं सांस्कृतिक परिवेश एवं उनसे उत्पन्न जनाकांक्षा की दिशा को संगठित करता है और इसे धार एवं गति देता है न कि उसका उल्लंघन। युग के दबाव को ठीक से समझने वाला आदमी ही युग-निर्माता हुआ करता है। भारत में उभर रही स्वतन्त्रता की उद्दाम जनाकांक्षा के विरुद्ध जाकर गाँधी महानायक नहीं बन सकते थे। गाँधी या जिन्ना को इसी परिप्रेक्ष्य से बेहतर समझा जा सकता है। दोनों जमाने की परस्पर विरोधी चेतना को अलग-अलग अपने-अपने ढंग से संगठित करते हैं और नेतृत्व देते हैं। आशय यह कि कार्ल मार्क्स ने इतिहास में व्यक्ति की भूमिका को नहीं नकारा है, हाँ उसे वस्तुनिष्ठ परिस्थितियों के सन्दर्भ में देखने दिखाने का प्रयास किया है। मार्क्स की यह निर्भ्रान्त समझ है कि अज्ञानता ने अभी तक किसी की कोई मदद नहीं की है।'

6. यह आक्षेप कि मार्क्सवाद केवल अर्थवाद है, मार्क्सवाद विरोधियों की अधूरी समझ के कारण है। मार्क्सवाद केवल आर्थिक हितों पर ही बल नहीं देता। वह रोटी को मनुष्य का उद्देश्य नहीं घोषित करता, लेकिन उसे उसके अस्तित्व की अपरिहार्य शर्त के रूप में जरूर रेखांकित करता है। मार्क्सवाद की समझ है कि मस्तिष्क इन्तज़ार कर सकता है, पेट नहीं। भूखा आदमी सुसंस्कृत नहीं हो सकता। इसीलिये मार्क्सवाद ने इस रोटी वाले प्रश्न को वरीयता दी। मार्क्स को तकलीफ थी कि पूँजीवाद ने व्यक्ति को अर्थ मानव बना डाला है, अतः वे संपूर्ण व्यक्ति की कल्पना करते थे जो रोटी-रोज़ी कमाने के साथ-साथ कुछ संगीतकार भी हो, कुछ कवि और आलोचक भी, चिन्तक और दार्शनिक भी। रोटी की समस्या से स्वतन्त्र कविता, आलोचना, दर्शन, संगीत आदि की बात करना खोखला या अमूर्त नहीं है जो वास्तविकता पर नहीं टिका है, इसीलिए टिकाऊ नहीं हो सकता। इसीलिए मानव जीवन के आर्थिक पक्ष पर मार्क्स और एंगेल्स ने अतिरिक्त बल दिया, लेकिन उनके शिष्यों ने जीवन के सांस्कृतिक बौद्धिक सरोकारों की उपेक्षा की और अपने राजनीतिक आन्दोलनों में भौतिक, विशेषतः आर्थिक पक्षों को ही अतिरंजित ढंग से पेश किया। एंगेल्स ने

अपने पत्रों में इस खतरे के विरुद्ध बार-बार आगाह किया है। उन्होंने आधार और अधिरचना के जटिल अन्तःसम्बन्धों को रेखांकित किया और उसे सरलीकृत ढंग से पेश न करने की हिदायत दी। आशय यह कि मार्क्सवाद की मूल समझ है, एक, रोटी मनुष्य के जीवित रहने की अपरिहार्य सच्चाई है, उसके इतिहास का उद्देश्य नहीं; और दो, आधार अधिरचना को प्रभावित करता है, निर्धारित नहीं। इस प्रकार, एक सीमा तक अर्थ से स्वतन्त्र, व्यक्ति की अपनी सांस्कृतिक इयत्ता भी होती है, कम से कम मार्क्स ने ऐसा ही सोचा था।

7. और 8. मार्क्सवादी विद्वानों के बीच एक मत यह भी है कि स्वयं कार्ल मार्क्स ने सर्वहारा की तानाशाही वाक्यांश का प्रयोग नहीं किया है। वे किसी भी अल्पमत की तानाशाही के विरुद्ध थे। लूई ब्लो और बाकुनिन का उनसे इस मुद्दे पर भी विरोध था। मार्क्स समाजवादी क्रान्ति को पीड़ित विशाल बहुमत का शोषक अल्पमत के विरुद्ध विस्फोट मानते थे। कम्युनिस्ट घोषण-पत्र में भी उन्होंने इसे इतिहास में पहली बहुमत की क्रान्ति के रूप में अभिहित किया। इस सन्दर्भ में एक पक्ष और उजागर होता है। अपने हालैण्ड में दिये गये भाषणों और इंग्लैण्ड, हालैण्ड तथा अमेरिका की राजनीति पर अपनी टिप्पणियों में उन्होंने लोकतान्त्रिक अधिकारों पर बहुत बल दिया है। उनकी यह राय जरूर है कि सुविधा प्राप्त लोग आसानी से अपनी सुविधाओं को नहीं छोड़ देते।

अतः सम्पत्ति से मुक्ति का रास्ता आसान नहीं। लेकिन कम्युनिस्ट घोषणा पत्र में ही जो कार्यक्रम रखा गया है, वह एक मूलगामी जनवादी कार्यक्रम है। इतिहास निर्माण और सामाजिक परिवर्तन में बल प्रयोग की भूमिका से इनकार नहीं किया जा सकता। लेकिन यह स्पष्ट मार्क्सवादी समझ है कि जहाँ सार्वभौम मताधिकार प्राप्त है, वहाँ श्रमिकों को राजनीतिक लड़ाई में कूदना चाहिए और अपनी संख्या का लाभ लेना चाहिए। क्रान्ति का सशस्त्र होना कोई अपरिहार्य भार्त नहीं है। कोई क्रान्ति सशस्त्र होगी या शान्तिपूर्ण, यह बहुत दूर तक सत्तासीन लोगों और राजसत्ता के चरित्र पर निर्भर करता है। जब मार्क्स लिख रहे थे तो विश्व के अधिकांश देशों में या तो दमनात्मक सामन्ती सत्ताएँ थीं या लेजेज पेसयर वाला पूँजीवाद का नग्न-शोषण व्याप्त था। साम्यवादी आन्दोलनों ने धीरे-धीरे समाज के लोकतन्त्रीकरण करने में महत्त्वपूर्ण भूमिका निभाई है। इन्होंने ही हस्तक्षेपी एवं कल्याणकारी राज्य की अवधारणा दी जिसके फलस्वरूप पूँजीवाद का मानवीकरण हुआ और सामन्तवाद के विरुद्ध परिप्रेक्ष्य सम्पन्न संघर्ष प्रारम्भ हुए। अतः बहुमत की सरकार की बात करना मार्क्सवाद विरोधी नहीं है। दरअसल, दूसरे और तीसरे कम्युनिस्ट अन्तरराष्ट्रीय संगठनों ने लोकतन्त्र की अवधारणा को अवमूल्यित किया और इसे बूर्जुआ शासन तन्त्र के रूप में देखा समझा। उन्होंने लोकतान्त्रिक भावना

के क्रमगत विकास एवं उसके सामाजिक राजनीतिक परिणामों को ऐतिहासिक दृष्टि से नहीं देखा। लेनिनवादियों ने लोकतन्त्र को समाजवाद विरोधी घोषित कर दिया और उसे बूर्जुआतन्त्र के रूप में देखा। लेनिन के सामन्ती ड्यूमा के विरुद्ध वक्तव्यों को सामान्यीकृत और सार्वभौम बना दिया गया। व्यवस्थापरक मार्क्सवादियों की इस राजनीतिक भूल का पूरा लाभ पूँजीवादी सिद्धान्तकारों और शासकों ने उठाया है। परिणामतः संघर्ष का मुद्दा पूँजीवाद बनाम समाजवाद न रहकर समाजवाद बनाम स्वाधीनता बन गया। समाजवाद की आर्थिक सामाजिक अन्तर्वस्तु को दरकिनार कर लोकतन्त्र के रूप में चुनाव और व्यक्ति स्वायत्तता की पूजा प्रारम्भ हो गयी। लोकतन्त्र धीरे-धीरे चुनाव-तन्त्र में विकृत हो गया। व्यवस्थापरक मार्क्सवादियों की राजनीतिक भूलों के चलते समाजवाद अवमूल्यित हुआ और लोकतन्त्र विकृत। दरअसल, समाजवादी अन्तर्दृष्टि एवं परिप्रेक्ष्य के बिना लोकतन्त्र को चुनाव तन्त्र में विकृत होने से नहीं बचाया जा सकता। राजनीतिक मार्क्सवादियों की राजनीतिक भूलों के लिए मार्क्सवाद को दोषी ठहराना निहित पूँजीवाद का राजनीतिक षड्यन्त्र है।

सारांश यह कि मार्क्सवाद में कुछ शाश्वत है और कुछ व्यवस्था-सापेक्ष। व्यवस्था-सापेक्ष चिन्तन के रूप में मार्क्सवाद मूलतः पूँजीवादी व्यवस्था की सम्भावनाओं और अन्तर्विरोधों की विवेचना और समाधान है। अतः किसी भी रूप में जब तक पूँजीवाद विद्यमान है, मार्क्सवाद के केन्द्रीय परिप्रेक्ष्य एवं निष्कर्ष कमोबेश प्रासंगिक रहेंगे। यह सच है कि पूँजीवाद ने रूप बदला है, लेकिन उसका हर नया रूप उसमें निहित तर्क या सम्भावना की परिधि के भीतर ही रहेगा। वह कभी भी व्यक्तिवाद, निजी-संपत्ति और लाभ-मोह से उत्पन्न शोषण, स्वार्थ, और अनैतिकता आदि से मुक्त नहीं हो सकता। आज पूर्वी यूरोप के वे बुद्धिजीवी भी जो साम्यवादी कठमुल्लों के विरुद्ध खड़े थे, चिन्तित हैं। उनकी परेशानी यह है कि समाजवाद अवमूल्यित हो गया है और पूँजीवाद कभी भी सामाजिक आदर्श नहीं बन सकता। इसीलिए, मूल मार्क्सवादी चिन्तन में वह बहुत कुछ बीज रूप में विद्यमान है जो पूँजीवाद के नये-नये रूपों की व्याख्या करने में सहायक हो सकते हैं। इस दिशा में इसे विकसित करने की आवश्यकता थी जिसे व्यवस्थापक एवं पार्टीवादी मार्क्सवादियों ने नहीं किया और न करने दिया। इनकी यही अक्षमता इनके वर्तमान पराभव की जड़ में है।

मार्क्सवाद में जो शाश्वत है, वह है उसकी चिन्तन-पद्धति और उसका मानवीय-विजन। इसकी द्वंद्वात्मक भौतिकवादी विश्लेषण पद्धति में ठहराव और जड़ता के लिये कोई स्थान नहीं है। समाज का द्वंद्वात्मक विकास ही इसका चिरंतन सत्य है। मार्क्सवादी द्वंद्वात्मक चिन्तन-पद्धति प्रत्येक दैवीय को पार्थिव, प्रत्येक पारलौकिक को इहलौकिक और काल्पनिक को वास्तविक आधार पर लाकर उसे उसके ऐतिहासिक

परिप्रेक्ष्य में देखती-परखती है और उसकी सम्भावनाओं को रेखांकित करती है। अर्थात, मार्क्सवाद का 'चाहिए? कोई वाह्य नैतिक आरोपण नहीं है, वह 'है' में ही निहित सम्भावना है। यही इसके सत्य या नैतिकता की वैज्ञानिक वस्तुनिष्ठता है। चूँकि 'है' हमेशा गतिमान है, इसीलिए 'चाहिए' भी गतिमान होगा अर्थात् सत्य का स्वरूप बदलता रहेगा, बिल्कुल वैज्ञानिक सत्य की ही तरह। चिन्तन-पद्धति कायम रहेगी, निष्कर्ष बदलते रहेंगे। इसी मानो में यह पद्धति वैज्ञानिक कही जाती है और यही इसकी चिरंतन सार्थकता है।

मार्क्सवाद का अपना एक मानवीय विजन भी है जिसे सामाजिक सौन्दर्यशास्त्रीय विजन के रूप में अभिहित किया गया है। जिस साम्यवादी समाज की कल्पना मार्क्स ने की है, वह मात्र एक वर्ग-विहीन, शोषण-विहीन और राज्य-विहीन समाज नहीं है। ये सब तो उस समाज के केवल भौतिक लक्षण हैं। उसकी आत्मिक अन्तर्वस्तु है, सम्पूर्ण मनुष्य जीविकोर्पाजन करने के साथ-साथ साहित्य और संगीत रचता है और समालोचक भी है अर्थात् जिसकी सौन्दर्यशास्त्रीय चेतना एवं सामाजिक संवेदना का समुचित विकास हुआ है। मार्क्स द्वारा पूँजीवाद की आलोचना का एक महत्त्वपूर्ण बिन्दु यह है कि पूँजीवाद मनुष्य को अर्थ-मानव बनाता है। पूँजीवाद में आदमी की कलात्मक रुचियों का विकास सम्भव नहीं है। प्रवृत्या पूँजीवाद कला विरोधी होता है। मार्क्स के सपनों का साम्यवाद एक ऐसा समाज है जिसमें मनुष्य की आत्माभिव्यक्ति सहज एवं प्रामाणिक होगी, अर्थात् जिसमें आत्माभिव्यक्ति ही आत्मपुष्टि होगी। यही उत्कृष्ट कला एवं साहित्य की विशिष्टता है। आशय यह कि साम्यवादी समाज में प्रत्येक क्रिया सृजनात्मक होगी। इसी प्रकार मार्क्स ने आत्मपोशी व्यक्ति के स्थान पर सामाजिक व्यक्ति की कल्पना की अर्थात, साम्यवादी समाज में व्यक्ति की निजता या वैयक्तिकता सामाजिक हितों से नहीं टकराती। इसमें व्यक्ति और समष्टि में टकराव नहीं होगा, यह भी सौन्दर्यशास्त्रीय अवधारणा है। कवि-व्यष्टि हमेशा ही समष्टि की अभिव्यक्ति होता है।

यह मानवीय विजन बहुत कुछ यूटोपियन लगता है, लेकिन मार्क्स के लिए यह यूटोपियन नहीं था। मार्क्स का द्वंद्वात्मक भौतिक विजन इसे जागतिक यथार्थ में निहित सम्भावना के रूप में देखता है। इतना ही नहीं, यह विजन अर्थात् 'चाहिए' वर्तमान यथार्थ अर्थात् 'है' की आलोचना का भास्वर सन्दर्भ है। यही वह आधार है जिसके सहारे मनुष्य किसी भी प्रकार की जड़ता का निषेध कर पाता है और अपने आलोचनात्मक विवेक को कायम रखते हुए उत्तरोत्तर बेहतर भविष्य की ओर उन्मुख रहता है।

समकालीन सोच, जनवरी 2002

कम्युनिस्ट मैनिफेस्टो की स्मृति में

कम्युनिस्ट मैनिफेस्टो साम्यवादी दलों का प्रेरणास्रोत भले हो, अब यह किसी का घोषणा-पत्र नहीं है। अब हमारे समक्ष यह एक ऐतिहासिक दस्तावेज के रूप में है, लेकिन एक ऐसा दस्तावेज़ जिसने 1848 में अपने प्रकाशन से लेकर लगभग 150 वर्षों तक विश्व की सामाजिक-राजनैतिक नियति को गहराई से प्रभावित किया है। मानव-इतिहास में कुछ भी महत्त्वपूर्ण घटा है उसे याद रखना और उसे अद्यतन सन्दर्भों में देखते-परखते रहना बुद्धिधर्मिता की सांस्कृतिक ज़िम्मेदारी है। बुद्धिजीविता गायन-पूजन अथवा निन्दा-निषेध करती है, लेकिन बुद्धिधर्मिता का दायित्व विवेचन, मूल्यांकन है। समकालीन सोच के वर्तमान अंक में कम्युनिस्ट मैनिफेस्टो का स्मरण इसी सांस्कृतिक ज़िम्मेदारी का एक छोटा-सा प्रयास है।

विगत 150 वर्षों के दौरान इसकी असीम प्रशंसा एवं अकथ निन्दा हुई है। लेकिन जैसे धर्म की दुनिया से धम्मपद, गीता, बाइबिल, कुरआन आदि को 'विशअवे' नहीं किया जा सकता उसी प्रकार कम्युनिस्ट मैनिफेस्टो को राजनीति की दुनिया से खारिज नहीं किया जा सकता। तथ्य तो यह है कि 1889 से 1985 के दौरान इसका जितना व्यापक प्रभाव रहा उतना कभी भी किसी धर्म अथवा सेक्युलर विचारधारा का इतिहास में नहीं रहा। इस दरम्यान सभी धर्म एवं राजनीतिक विचारधाराएँ इसी के 'भूत' से लड़ते रहे और इसी की रोशनी में अपने-अपने इहलौकिक परिप्रेक्ष्य को संशोधित-परिवर्धित करते रहे। यह इसकी प्राणवत्ता का सबूत था।

कुछ पुस्तकें जो विश्व के आधुनिक बनने में प्रेरक रही हैं उनमें इरैस्मस की 'प्रेज आफ फाली' (1509), सर टॉमस मूर की 'यूटोपिया' (1516), जॉन लॉक की 'ट्रीटिजेज ऑन गवर्नमेंट' (1690), रूसो की 'द सोशल कान्ट्रैक्ट' (1762), एडम स्मिथ की 'वेल्थ आफ नेशन्स' (1776), टॉमस पेन की 'राइट्स आफ मैन' (1791-92), विलियम गाडविन की 'ऐन इन्क्वायरी कंसर्निंग पोलिटिकल जस्टिस' (1793), चार्ल्स डार्विन की 'द ओरिजिन आफ स्पेसीज' (1859), और कार्ल मार्क्स की दो पुस्तकें 'कम्युनिस्ट मैनिफेस्टो' (1848) तथा 'दास कैपिटल' (खण्ड एक, 1867) का नाम प्रमुखता से लिया

जा सकता है। विभिन्न रूपों में विभिन्न स्तरों पर सबका अपना-अपना युगान्तरकारी प्रभाव रहा है। लेकिन इनमें भी कार्ल मार्क्स की उपर्युक्त पुस्तकों का प्रभाव जितना प्रत्यक्ष, विराट एवं विस्फोटक रहा उतना किसी अन्य का नहीं। प्रसंगात, नितान्त भारतीय सन्दर्भ में जो महत्ता एक दौर में तिलक की पुस्तक 'गीता रहस्य' (1915) और गाँधी की 'हिन्द स्वराज' (1908) को मिली अथवा जो केन्द्रीयता आज दलित आन्दोलन में बी. आर. अम्बेडकर की 'द एन्निहिलेशन आफ कास्ट' (1936) को मिल रही है, वही केन्द्रीयता वैश्विक स्तर पर 'कम्युनिस्ट मैनिफेस्टो को' इतिहास के साम्यवादी दौर में मिली। 1848 से 1985 के दौरान सामाजिक सरोकारों से जुड़ा प्रत्येक संवेदनशील व्यक्ति या तो इसका विरोधी था या समर्थक। इस दौर में करोड़ों-करोड़ों संवेदनशील लोग जो शोषितों-पीड़ितों के दुःखों का इहलौकिक समाधान चाहते थे वे इससे अभिभूत रहे। इसी से अनुप्रेरित आन्दोलनों ने पूँजीवाद को मानवीय चेहरा धारण करने के लिए विवश किया और, आश्चर्य नहीं, इन आन्दोलनों के कमज़ोर पड़ते ही आज नव-साम्राज्यवाद अपने ख़ोफ़नाक रूप में उभर रहा है। आज मानव इतिहास में एक विराट मानवीय हस्तक्षेप विभिन्न बाह्य एवं आन्तरिक कारणों से विरूपित एवं निष्प्रभ हुआ है और जो पुनः उभरा है वह है मानव-निरपेक्ष, स्वार्थप्रेरित व्यवहारवाद जो केवल शक्तिशील एवं उपादेय को आदर्श मानता है तथा प्रत्येक मानवीय एवं सुन्दर को अनुपादेय और इसलिए निरर्थक। इसका आदर्श मनुष्य नहीं बल्कि 'अर्थमानव' (economic man) है। अगर कार्ल मार्क्स की शब्दावली में कहें तो पूँजीवाद मनुष्य की सारी वैचारिक एवं सौन्दर्यशील इन्द्रियों को कुंठित कर उसकी मात्र एक इन्द्रिय, अर्थेन्द्रिय (economic sence) को अत्यधिक विकसित किया है। कार्ल मार्क्स का समूचा प्रयास इसी के विरुद्ध वैचारिक-राजनीतिक विद्रोह था और कम्युनिस्ट मैनिफेस्टो इसी विद्रोह की आधारशिला।

कार्ल मार्क्स ने इस मैनिफेस्टो को 1847-48 की क्रान्तिकारी परिस्थिति में नव-गठित 'कम्युनिस्ट लीग' के घोषणा-पत्र के रूप में लिखा था। लिखने की समयबद्ध ज़िम्मेदारी मार्क्स और एंगेल्स दोनों को दी गयी थी। एंगेल्स ने तो प्रश्नोत्तर रूप में एक लिखित मसौदा 'साम्यवाद के सिद्धान्त' समय प्रस्तुत कर दिया था, लेकिन कार्ल मार्क्स 1848 की फरवरी क्रान्ति के बाद ही अपना मसौदा 'लीग' को सुपुर्द कर सके जिसे 'लीग' ने स्वीकार किया। उत्तरोत्तर श्रमिक आन्दोलनों के बीच इसकी लोकप्रियता बढ़ती रही और यह योरप की विभिन्न भाषाओं में अनूदित होता रहा। 1889 तक आते-आते द्वितीय अन्तरराष्ट्रीय श्रमिक संघ की स्थापना के साथ श्रमिक आन्दोलनों ने इसे अपना वैचारिक हथियार बनाया और बीसवीं सदी की साम्यवादी क्रान्तियों का यह प्रेरणास्रोत रहा। जिस चाव से इसे इसको चाहने वालों ने पढ़ा

उतने ही चाव से इसके विरोधियों ने भी। साम्यवाद विरोधी एक विद्वान मेल्विन रेडल का यह कथन कि 'मार्क्स इतना महान है कि उसे केवल मार्क्सवादियों पर ही नहीं छोड़ा जा सकता', शत-प्रतिशत सही है। महत्त्वपूर्ण विचार मानवता की थाती होते हैं और प्रत्येक युग उसमें अपना-अपना अर्थ एवं व्याख्या खोजता पाता रहता है।

कम्युनिस्ट मैनिफेस्टो अब एक राजनीतिक विरासत है। दरअसल, यह मात्र एक ठूँठ, नीरस दलीय कार्यक्रम तो कभी नहीं था। अगर मात्र इतना ही रहा होता तो आज 150 वर्ष बाद 1998 में इसके स्मरण की आवश्यकता न होती। इसमें कुछ है जो स्थान-काल को अतिक्रमित करता है। भाषा के स्तर पर यह जर्मन साहित्य का एक स्वीकृत मानक है। विवेचना के स्तर पर यह पूँजीवाद की विराट उपलब्धियों तथा इसमें निहित मानव-विरोधी वास्तविकताओं का लेखा-जोखा है। इतिहास लेखन के स्तर पर यह द्वन्द्वात्मक भौतिकवादी पद्धति का सूत्रपात है। वर्ग-संघर्ष को केन्द्रस्थ कर यह इतिहास को राजा-रानियों, सामन्तों, नेताओं और उनके चाटुकारों तथा महामानवों एवं अतिमानवों के इर्द-गिर्द फैलाए गये धुंध को भेद कर श्रमिकों की हित-सापेक्ष संगठित भूमिका को रेखांकित करता है। यह बताता है कि इतिहास किसी महामानव की सदिच्छा अथवा अतिमानव की रखैल न होकर एक वस्तुनिष्ठ प्रक्रिया है जो जीवन-यापन की विवशताओं से उत्पन्न उत्पादन के साधनों में निरन्तर हो रहे परिवर्तनों (हथकरघा>पावरलूम>कपड़ा उद्योग; लकड़ी>कुदाल>हल>ट्रैक्टर इत्यादि) द्वारा अनुशासित होता है। सम्भवतः यह पहली महत्त्वपूर्ण कृति है जो इतिहास के अभिकरण के रूप में व्यवस्था के संचालक राजाओं-महाराजाओं अथवा पूँजीशाहों को नकार कर व्यवस्था से अनिवार्य रूप में जुड़े, लेकिन व्यवस्था द्वारा शोषित-प्रताड़ित (गुलाम, अर्द्धदास, श्रमिक की संगठित वर्गीय चेतना) को स्वीकारती है। इसके माने यह कि इतिहास के खास चरण में कोई खास वर्ग ही क्रान्ति का वास्तविक वाहक होता है, प्रत्येक वर्ग नहीं। क्रान्तिकारी परिवर्तन का वास्तविक संवाहक वह वर्ग होता है जो अपनी इतिहास-प्रदत्त स्थिति के चलते इसे भीतर से पंगु बनाने की स्थिति में होता है और इस परिवर्तन में ही इसकी मुक्ति निहित होती है। इस प्रकार यह मैनिफेस्टो बताता है कि मानवमुक्ति ऐतिहासिक प्रश्न है और इसका उत्तर इतिहास-प्रदत्त उपकरणों द्वारा, इतिहास-प्रदत्त सम्भावनाओं के दायरे में ही सम्भव है, किसी महामानव की इतिहास-निरपेक्ष सदिच्छा या किसी महाकवि के अमूर्त एवं उदात्त 'विजन' के पीछे होश-हवाश खोकर दौड़ने से नहीं। इतिहास में प्रेरक तत्वों को वास्तविक कारक मानना भारी भूल है। इस प्रकार यह मैनिफेस्टो क्रान्तिकारी बदलाव में आत्मगतता एवं रूमानी उत्साह को खारिज कर विचार, समझ और रणनीति को केन्द्रस्थ करता है। यह इस मानी में भी महत्त्वपूर्ण है कि यह युग के प्रभावी (dominating) विचारों को प्रभावी वर्गों के हितों से

जोड़ता है तथा शोषितों-पीड़ितों का अपने हित में एक वैकल्पिक इतिहास-बोध-सम्पन्न विश्वदृष्टि सृजित करने के लिए आह्वान करता है। इस प्रकार यह ग्राम्शी की 'वर्चस्व' (हेजीमनी), देरिदा की 'विखंडन' (डिकन्सट्रक्शन) और फूका की 'नॉलेज ऐज डॉमिनेशन' जैसी अवधारणाओं के सूत्रपात का पूर्वाभास है।

इसी मैनिफेस्टो में कार्ल मार्क्स का जर्मन विचारधारा (1845) की विस्तृत 'आत्म-व्याख्या' के बाद अपनी प्रारंभिक दार्शनिकता से सर्वथा मुक्त होकर भौतिकवादी चिन्तक एवं श्रमिक आइडियलॉग में निर्णायक रूपान्तरण होता है जिसकी चरम अभिव्यक्ति पूँजी (Das Capital) है। अर्थात् इस पुस्तक में कार्ल मार्क्स का 'संज्ञानात्मक पार्थक्य' (epistemological break) स्पष्ट है। यह मैनिफेस्टो एक ही साथ साम्यवादी स्वप्न, उसका वैचारिक आधार और उसे साकार करने की राजनीतिक रणनीति का पहला दस्तावेज है। इस सन्दर्भ में इसकी एक बड़ी उपलब्धि समाजवाद सम्बन्धी अवधारणात्मक स्पष्टता है। यह जमाने में समाजवाद के प्रचलित तीन प्रारूपों (प्रतिगामी समाजवाद; बूर्जुआ समाजवाद; एवं आलोचनात्मक स्वप्निल समाजवाद) से मार्क्स के वैज्ञानिक समाजवाद को अलग करता है जो समाजवादी क्रान्ति को किसी व्यक्ति, वर्ग की आदर्श चाह से स्वतन्त्र इतिहास-प्रदत्त अनिवार्य 'एजेण्डा' के रूप में प्रस्तुत करता है। इस प्रकार यह समाजवादी आन्दोलन को एक 'आध्यात्मिक हथियार' एवं ऐतिहासिक तर्क (द्वन्द्वात्मक भौतिकवाद और ऐतिहासिक भौतिकवाद), पूँजीवादी दौर में क्रान्ति का इतिहास-प्रदत्त अभिकरण अर्थात् 'भौतिक हथियार' (आत्मचेता संगठित सर्वहारा), तथा सिविल सोसायटी को अतिक्रमित कर एक वर्गविहीन मानवीय समाज (साम्यवादी समाज) जिसमें मनुष्य द्वारा मनुष्य का शोषण नहीं होगा और जिसमें 'एक व्यक्ति का स्वतन्त्र विकास सबके स्वतन्त्र विकास की पूर्व-शर्त होगा' प्रदान करता है। इतना ही नहीं, इसने साम्यवाद को इतिहास का अनिवार्य एजेण्डा घोषित कर संवेदनशील लोगों में एक निर्वैयक्तिक नैतिक दायित्व-बोध जगाया जिसके फलस्वरूप अनगिनत बुद्धिधर्मा चिन्तक, राजनेता और शहीद पैदा हुए जिसकी मिसाल अन्यत्र नहीं।

लेकिन इतने उदात्त आदर्श, इतनी वैचारिक ऊर्जा और राजनीतिक शक्ति के बावजूद मार्क्सवादी समाजवाद आज पराभूत, अवमूल्यित और निष्प्रभ है। यहाँ इसकी मीमांसा अप्रासंगिक होगी, लेकिन अद्यतन सन्दर्भों में कम्युनिस्ट मैनिफेस्टो पर थोड़ा दृष्टिपात आवश्यक है। इसकी कुछ मूलभूत अतिउत्साहपरक स्थापनाएँ थीं जो विश्व कम्युनिस्ट आन्दोलन के सम्प्रति अवसान का कारण बनी हैं। इन पर थोड़ी चर्चा अपेक्षित है।

ऐसी पहली महत्त्वपूर्ण स्थापना राष्ट्रीय प्रश्न को लेकर है। मैनिफेस्टो स्पष्ट रूप से घोषित करता है—'श्रमिकों का अपना कोई देश नहीं है। हम उनसे वह नहीं ले सकते जो उनके पास है ही नहीं। चूँकि सर्वहारा को सर्वप्रथम राजनीतिक वर्चस्व

प्राप्त करना है, उसे राष्ट्र के अग्रणी वर्ग के रूप में उठना है, वह स्वयं में 'राष्ट्र' है और यहाँ तक वह राष्ट्रीय है, यद्यपि पूँजीवादी अर्थ में नहीं।' यहाँ राष्ट्र को नकारा तो नहीं गया है, लेकिन पूँजीवादी राष्ट्र की अवधारणा ('राष्ट्र उसका है जो राष्ट्रीय सम्पत्ति पर काबिज है'—हेनरी अडम्स) को सर्वथा नकार कर सर्वहारा के राष्ट्र रूप में रूपांतरित होने की बात कही गयी है। लेकिन मूल बल उसके अन्तरराष्ट्रीयतावाद पर है, क्योंकि पूँजीवादी बाज़ार-व्यापार और उत्पादन-पद्धति में आ रही एकरूपता के चलते राष्ट्रीय भिन्नताएँ और वैमनस्यता को समाप्त हो जाना है। इतना ही नहीं, मैनिफेस्टो यह मानकर चलता है कि सर्वहारा का वर्चस्व राष्ट्रों के समापन की गति को बढ़ायेगा, क्योंकि अपनी मुक्ति के लिए 'सभ्य' औद्योगिक देशों के सर्वहारा को भी अन्य देशों के सर्वहारा के साथ लड़ना पड़ेगा। अतः सर्वहारा आन्दोलन राष्ट्रीय प्रश्न का अन्तरराष्ट्रीय हितों के दायरे में ही उठायेगा। यह समझ सैद्धांतिक रूप से सही है, लेकिन साम्राज्यवाद के विरुद्ध संघर्षरत देशों में मुक्तिकामी राष्ट्रीय संकल्प जिसका नेतृत्व मध्यम वर्ग करता है और वर्गीय मुक्ति-संकल्प जिसका नेतृत्व साम्यवादी करना चाहता है के बीच टकराव का लाभ हर जगह राष्ट्रवादी मध्यम वर्ग को ही मिलता है और साम्यवादी आन्दोलन अराष्ट्रीय घोषित होकर सुरक्षात्मक बनता है, यद्यपि राष्ट्रीय संकल्प में उसकी भूमिका हमेशा महत्त्वपूर्ण होती है। कार्ल मार्क्स ने खुद 1871 के अपने व्याख्यान 'फ्रांस में गृहयुद्ध' में इस त्रासद द्वन्द्व की चर्चा की है। राष्ट्रीयता के इसी बिन्दु पर प्रथम विश्वयुद्ध के पूर्व ही द्वितीय अन्तरराष्ट्रीय श्रमिक संघ टूट गया और काउत्स्की जैसे धुरंधर इससे अलग हो गये। भारत में भी यह मुद्दा साम्यवादियों का सिरदर्द बना रहा। 1962 के भारत-चीन युद्ध तथा 68-69 के नक्सलवादी आन्दोलन ने भी इस द्वन्द्व को तल्खी से उभारा जिसका राजनीतिक दोहन मध्यमवर्गीय कांग्रेस, समाजवादी एवं साम्प्रदायिक ताकतों ने जमकर किया। चीन और सोवियत यूनियन की आपसी टकराहटों ने भी मार्क्सवादी अन्तरराष्ट्रीयतावाद की समझ को अव्यावहारिक सिद्ध किया। राष्ट्रवाद की भावना को अभी भी इतिहास अतिक्रमित नहीं कर पाया है और मध्यमवर्ग के विस्तार के साथ यह भावना और जड़ीभूत हुई है। इतना ही नहीं, इस प्रश्न पर श्रमिकों का बहुमत भी अपने मालिकों के साथ हो जाता है।

यह *मैनिफेस्टो* मध्यमवर्ग की भूमिका और पूँजीवादी व्यवस्था के अवसान के आकलन के सन्दर्भ में अतिउत्साह एवं जल्दबाजी का शिकार है। यह यह मानकर चलता है कि पूँजीवाद के विकास के साथ सम्पत्ति का केन्द्रीकरण होगा, मध्यमवर्ग के निचले हिस्सों का सर्वहाराकरण होगा, ऊपरी हिस्सों का एक भाग अपने भविष्य की चिन्ता में सर्वहारा के साथ मिल जायेगा और इस प्रकार पूँजीपति अलग-थलग पड़ जायेगा। आशय यह कि संघर्ष विराट संगठित सर्वहारा शक्ति और मुट्ठीभर पूँजीपतियों के बीच

का रह जायेगा। आश्चर्य नहीं, मार्क्स सर्वहारा क्रान्ति को 'डिमॉक्रेटिक' बताते हैं। लेकिन पूँजीवाद के विकास के साथ जो चित्र उभरा है वह बिल्कुल उलटा है। मध्यमवर्ग का विस्तार होता गया है और श्रमिक वर्ग सिमटता गया है। उत्पादकता में बेतहाशा इजाफा के चलते एक तरफ़ श्रमिक वर्ग को अर्थवाद में डालकर, उसकी सुविधाओं व सुख में इजाफा करके व्यवस्था का अंग बना लिया गया है। इसके साथ ही कीन्सवादी हस्तक्षेप के चलते दरिद्रीकरण की प्रक्रिया को भी प्रभावी ढंग से रोका गया है। इतना ही नहीं, तकनीकी क्रान्ति के चलते वर्गीय संरचना सरल न होकर अत्यन्त जटिल हुई है। मैनिफेस्टो के पास इस प्रकार के पूँजीवादी विकास का कोई बोध नहीं है।

मैनिफेस्टो आश्वस्त है कि जैसे-जैसे सर्वहारा आत्मचेता वर्ग के रूप में संगठित होगा वैसे-वैसे वह अपने वास्तविक हितैषी श्रमिक दल के साथ पंक्तिबद्ध हो जायेगा। इसे यह आभास नहीं है कि विभिन्न श्रमिक संगठन सर्वहारा के वास्तविक हितैषी का दावा ठोंकते हुए सदा-सर्वदा एक-दूसरे को तोड़ने-पछाड़ने की फिक्र में रहेंगे। मार्क्स के जमाने में भी स्थिति यही थी जिसे उदीयमान अधकचरी वर्गचेतना की अभिव्यक्ति के रूप में देखते थे। लेकिन बहुदलीय राजनीतिक व्यवस्था के सार्वभौम प्रवेश के साथ ही छोटे-बड़े वैचारिक-व्यावहारिक मुद्दों को लेकर श्रमिक दल बुरी तरह विभक्त हैं और सभी अपने-अपने को श्रमिक हित के वास्तविक दावेदार के रूप में पेश करते हैं। राष्ट्रवाद और नेतृत्व की महत्त्वाकांक्षा ने कभी विश्व कम्युनिस्ट आन्दोलन को तोड़ा था जिसके परिणाम स्वरूप सर्वहारा दल स्थानीय स्तर पर भी एक दूसरे के विरुद्ध खड्‌गहस्त हुए और यह सिलसिला आज भी कायम है।

इस मैनिफेस्टो के चलते एक परेशानी धर्म, परिवार, मूल्य, संस्कृति आदि को लेकर भी है। यह इन्हें वर्चस्वशील व्यवस्था से उत्पन्न एवं उसी के द्वारा निर्धारित मानता है और इस कारण यह भी मान लेता है कि वर्तमान व्यवस्था में परिवर्तन के साथ ही ये अपने आप समाप्त हो जाएंगे। इसकी यह समझ है कि वर्गविहीन कम्युनिस्ट समाज की अपनी सार्वभौम संस्कृति होगी जिसमें स्त्री-पुरुष के बीच समता के चलते पूँजीवादी पारिवारिक सम्बन्ध जो सम्पत्ति पर टिका है और जिसमें स्त्री शोषिता है, अपने आप समाप्त हो जायेगा। लेकिन कम्युनिस्ट परिवार कैसा होगा इसकी कोई रूपरेखा प्रदान नहीं की गयी है। लगता यह है कि मार्क्स प्लेटो और गाडविन-कन्डोरसेट के विचारों से अत्यधिक प्रभावित थे। लेकिन सामाजिक सत्य यह है कि स्त्री-पुरुष समता के बावजूद परिवार रहेगा, व्यवस्था में बदलाव के बावजूद पुराने विचार एवं मूल्य एक सीमा तक अपनी भूमिका बनाये रखेंगे और इस प्रकार इनसे बदला की सपाट क्रान्तिकारी प्रक्रिया प्रभावित होती रहेगी। इस तथ्य की ओर कार्ल मार्क्स का भी ध्यान बाद में गया था और इस पर मार्क्सवादियों ने काफी काम किया है। इस सन्दर्भ में रेमण्ड विलिएम्स

की 'सांस्कृतिक आनुवंशिकी' (cultural genetics) की अवधारणा सही लगती है। आशय यह कि मैनिफेस्टो पारम्परिक सम्पत्ति-सम्बन्ध से 'मूलगामी विच्छेद' (radical rupture) के द्वारा पारम्परिक विचारों से जिस 'सर्वाधिक मूलगामी विच्छेद' की बात करता है वह इतिहास के वर्तमान दौर में सम्भव नहीं दिखता। इतिहास में करिश्माई हस्तक्षेप को मैनिफेस्टो स्वीकार भी नहीं करता क्योंकि क्रान्ति खतरों से भरी व्यावहारिक क्रिया है, उत्साही काव्य-पाठ अथवा कोरा सिद्धान्त निरूपण नहीं।

मैनिफेस्टो में व्यक्त साम्यवादी समाज की एक भारी समस्या इसका 'यूटोपियन' चरित्र है। इसका कल्पित आदर्श समाज पूँजीवादी समाज की निमर्म आलोचना का सन्दर्भ तो बनता है, लेकिन अपने 'यूटोपियन' चरित्र के चलते यह व्यवहृत मार्क्सवाद पर उतनी ही निर्मम टिप्पणी बन जाता है। यह काम्य एवं प्रेरक भले हो, प्राप्य नहीं है। दरअसल, यह समस्याग्रस्त पूँजीवादी समाज का एक निरपेक्ष, समस्यामुक्त समाज की फंतासी है। कुछ विचारकों का यह भी मानना है कि निरपेक्ष आदर्शों वाला राज्य हमेशा निरंकुश होता है और मनुष्य इसका अभिकरण बनकर रह जाता है, उद्देश्य नहीं बन पाता जो कार्ल मार्क्स की पुनीत इच्छा थी—'मनुष्य का उद्देश्य केवल मनुष्य है।'

पिछले 150 वर्षों का इतिहास बताता है कि सामाजिक जीवन कहीं बीच में है, अधिकतम केन्द्र से थोड़ा बाएँ। पेण्डुलम की तरह घूम-फिर कर यह बीच में ही लौटता है और ज़्यादा बाएँ ले जाने पर ज़्यादा दाएँ भागता है तथा ज़्यादा दाएँ ले जाने पर ज़्यादा बाएँ। फ्रांसीसी और रूसी क्रान्तियों का हस्र तो यही सन्देश देता है। क्रान्तियाँ अपने सपनों और संस्कारों की गाढ़ी, रूमानी स्मृति के रूप में जीवित रहती हैं, अपने मूल यथार्थ के रूप में नहीं।

अद्यतन सन्दर्भों में कम्युनिस्ट मैनिफेस्टो एक प्रेरक सन्दर्भ हो सकता है, वास्तविक कार्यक्रम नहीं। लेकिन मार्क्सवाद का संशोधन-परिवर्धन मार्क्सवाद की मूल संवेदना एवं समझ के दायरे में ही सम्भव है और इसके लिए इसमें प्रारंभिक एवं परवर्ती मार्क्स तथा मार्क्सोत्तर मार्क्सवादी चिन्तन को समाहित करना होगा। वर्तमान पूँजीवादी दौर में मार्क्सवाद विश्लेषण एवं समाज परिवर्तन का एक प्रभावी उपकरण बन सकता है, बशर्ते इसे 'अपडेट' किया जाए अर्थात् इसे अद्यतन यथार्थ में हस्तक्षेप के लायक बनाया जाए। इसका अद्यतन स्वरूप कैसा होगा, यह आज के मार्क्सवादी आन्दोलनों एवं विचारकों के समक्ष सबसे बड़ी सैद्धांतिक चुनौती है। कुल के बावजूद इतना अवश्य है कि वर्तमान विश्व की विवेकसंगत एवं मूलगामी समझ एवं व्याख्या की दृष्टि से अभी भी मार्क्सवाद से बेहतर वैचारिक एवं व्यावहारिक उपकरण उपलब्ध नहीं है।

समकालीन सोच, सितम्बर-दिसम्बर 1998

❑❑